明代职官考核制度研究

李瑶 著

天津出版传媒集团

天津人民出版社

图书在版编目（CIP）数据

明代职官考核制度研究 / 李瑶著. -- 天津 ： 天津
人民出版社，2022.8
ISBN 978-7-201-18396-1

Ⅰ．①明… Ⅱ．①李… Ⅲ．①官制－研究－中国－明
代 Ⅳ．①D691.42

中国版本图书馆 CIP 数据核字(2022)第 074149 号

明代职官考核制度研究
MINGDAI ZHIGUAN KAOHE ZHIDU YANJIU

出　　版	天津人民出版社	
出 版 人	刘　庆	
地　　址	天津市和平区西康路 35 号康岳大厦	
邮政编码	300051	
邮购电话	(022)23332469	
电子信箱	reader@tjrmcbs.com	

责任编辑	郭雨莹	
装帧设计	汤　磊　崔永根	

印　　刷	天津新华印务有限公司	
经　　销	新华书店	
开　　本	710 毫米×1000 毫米　1/16	
印　　张	24	
插　　页	2	
字　　数	300 千字	
版次印次	2022 年 8 月第 1 版　2022 年 8 月第 1 次印刷	
定　　价	96.00 元	

序

柏　桦

　　李女史瑶以《明代职官考核制度研究》一书即将出版来告，且嘱为之序。李女史瑶曾经是余的博士研究生，在获得法学博士前后，一直在天津科技大学任教，授课之余，笔耕不辍，时不时有文发表，且常发来切磋，师生联系从无间断。想多年交往之雅，念常时之谊，更兼亦师亦友，余岂能够婉辞乎？

　　是书乃是李女史瑶在博士学位论文的基础上加以增删修订，想当初博士学位论文写就之后，曾经被抽中盲审，其虽曾经惴惴不安，却也因为得到全优的评价而增强信心。在顺利通过博士学位论文答辩之后，李女史瑶却也没有因此满足，又历经数个寒暑，广泛收集资料，不断进行修订充实，终于完成此书，由天津人民出版社予以出版。

　　明代开国之初，朱元璋即着手整顿吏治，在修订各种典章制度的同时，重点加强对官吏的考核，制定比较严密的职官考核制度，其后世子孙则不断加以完善，并且长期予以实施，以至于时人认为："其法最为精尽。"虽然是赞美之词，所言又受时局的影响，但也不可否认其在制度设计层面确实具有独到之处。

　　以考核程序而言，虽然由吏部主管，但要都察院参与，更有监察权力的介入。在中央层面，除要求吏部、都察院堂上官会同考察之外，皇帝还经常指派内阁大臣参与。在考核过程中，无论是吏部与都察院堂上官，还是吏部考功司、河南道监察御史、吏科给事中，只要是发现问题，即可以提出。考核是以考满结合考察，内外结合，构成相互制约的关系，每一环节都在于防弊，不能够使任何人拥有决定别人前程命运的权力，其设计理念是非常明确的。

以考核层级而言，从州县级开始，知县、知州考核所属，年终填注考语，送交府（直隶）州复核；府州考核所属，并对州县正官进行考核，填注考语，送分巡、分守道复核。分巡、分守道也考核所属，并对府州正官进行考核，填注考语，送按察司、布政司复核。按察使、布政使考核所属，并对分巡、分守进行考核，填注考语，送抚按复核。抚按除了核实上报的考核文册及考语外，对按察使、布政使也进行考核，然后送交吏部、都察院复核。这种层层监督的体制，配合以朝廷的督察，与职官制度联系在一起，也就具有层层考核与监督的效用。

以监察权力介入而言，在定期考察与不时考察之后，允许科道官拾遗，可以对考察中的不法不公，乃至遗漏实施有效监察。借助监察的力量以对考察者进行制约，根本目的在于有效地掌控考核。虽然这种设计理念不在于如何完善职官考核制度，但也是职官考核的必要举措，要对权力实行有效制约，乃是制度设计必须要予以考虑的问题。

以考核申辩而言，如果在考满、考察、不时考察过程中出现冤假错误，制度规定允许被冤枉的职官进行伸理，或让其他人为自己进行论辩。经过伸理论辩，既可以改正错误，也可以对考核者进行监督。虽然官僚们出于自身利益而进行的伸理论辩，常常与社会治理毫无关联，所伸理论辩者也多是枝叶末节，很少涉及国家根本大计，制度发挥的效用有限，但也不可否认其设计理念，毕竟是爱惜人才而慎重黜陟，同时也可以在一定程度上纠正考核中的偏颇。

以考核内容而言，明代职官考核注重道德，以清廉、谨慎、勤恪为本，与贪酷、不谨、疲软相对应，乃是为官的根本，更关系到价值追求和精神风貌。

明代虽然没有对不同的官员设定具体的业绩考核标准，但在《诸司职掌》《明会典》《到任须知》等典章中，都明确规定各个衙门应该办理的事项，而由君主撰写的《官箴》也是基本的要求，更是考核的根本。值得注意的是，道德考核逐渐成为文字游戏，弄虚作假也在所不免，以至于道德律人不律己，若是以道德律己，反而被认为不符合世道。业务考核只重视急务，乃是朝廷当时要求的工作重点，随着社会的发展变化，原本应该顺应社会发展而进行调整的业务考核，逐渐变成业绩考核，治理成为因循，抚绥变为科敛，也就制约了社会的发展。

明代职官考核制度作为时代的产物，曾经在强化君主专制中央集权制度，维护王朝的政治统治，规范官员行政行为等方面发挥过重要的作用，但在具体实施过程中也曾经出现许多问题。诸如重德而不重行、务虚文而忽实政、考察权责不明、重催科而轻实政、信传言而略核实等，都是值得认真思考的。

实绩考核原本是以社会可持续发展为根本的，不容易马上见到功效，却是长治久安之道。政绩考核则容易急功近利，马上可以收到立竿见影的效果，却罔顾社会发展，竭泽而渔，杀鸡取卵，也会给社会带来危害。明人常常形容地方官为了考绩而不顾人民死活，这仅仅是一种表象，不顾社会现实，摧残社会经济，毁坏自然环境，才是政绩考核的弊端所在。

明代职官考核制度一直秉持奖优汰劣的方针，无论是定期考察，还是不时考察，都要举荐贤能卓异，弹劾不公不法，汰除年老有病、罢软无力，才力不及等不能够在政务中发挥作用的人，乃是可取的。奖优汰劣要注重实绩，若是按照比例升赏与淘汰，也就很难注重实绩了，而明代职官考核优劣却有固定的比例。因为比例规定，原本不应该淘汰的被淘汰了，不应该升赏的被升赏了，以至于罚不能够惩恶，赏不能够劝善，进而导致廉静之节尽丧，贪污之风大行，做事不能够认真，认真则祸随焉，而滥赏滥罚，非但收不到考核的实际效果,反而会给社会带来恶劣的影响。

明代职官考核过程中务虚文而忽实政的现象,是不容忽略的问题。务虚文则以之为弥缝之计,就不会实心于政务,既不能够注意民生而以富民为己任,也不能够稳定社会秩序而让百姓宁静生活,更不能够移风易俗而弘扬正气。明代职官每逢考核时,总是雇用一些人加工制作考核文册,以至于数字造假而全无实事,程序无误而意在规避,最终是劳民伤财而对社会发展毫无实际意义,于吏治民生关碍甚巨。

明代职官考核注重官府监督与舆论监督,从制度设计来看,乃是立足于博采众议,原本是无可厚非的,但在具体实施过程中,却存在许多难以克服的弊端。官府监督则难免朋党阿私,毁誉不公,官僚之间互相吹捧攻击,以至于任情毁誉,上下左右都容易受到蒙蔽。采诸舆论,却不辨别舆论是非,更不问舆论来自何方,道听途说,都可以进入弹劾奏章之中,甚至受理匿名揭告,不去核实具体情况,在考核过程中却采纳这些人为操纵的舆论,则难以发挥舆论监督的效用。要知道考核的特点在于公开、公正,采诸舆论,并不是人民监督,虚假而有意操纵的舆论,也难免败坏官场与社会风气。

明代职官考核制度值得深入研究的问题很多,认真总结经验教训,分析得失利弊,既是评价历史制度所应该持有的态度,也应该具有前瞻性。明代职官考核制度至今已经不复存在,也不可能复生,但其曾经基于当时社会治理而设置,也曾经因为社会治理而滞后,乃至于阻碍社会治理,故此研究不应该局限于古为今用的经验教训总结,而要关注前瞻性的内容,注意到未来的社会发展,所构建的理论体系,更应该以中国特色的社会治理为本,赋予研究以生命力,乃是历史制度研究者的责任。

传统政治制度的研究方兴未艾,尚有许多领域需要开拓。在对传统政治制度进行研究的时候,不可否认其中有许多不合理之处,有些还与现代国情不符,但也不可否认对传统政治制度的研究,不但有利于现代政治制度的完善,更有利于未来政治制度的构建。历史告诉我们,现在比过去进步,未来也会比现在更进步,而一切进步,都必须脚踏实地地去努力争取,在将理想逐步变成现实的同时,更应该着眼于未来,因为未来才是人类的希望所在。历史是过去的存在,不能用现在的心情去看待历史,也犹如不能预测未来一样,但它能够发现规律。研究传统政治制度必须掌握大量的史料,放宽研究视野,要把静态的文本放到复杂的社会现实中予以考察,在这一考察过程中,研究视角的选择及研究方法的运用至关重要。只有立足于当时,根基于现代,放眼于未来,才会赋予研究以生命。期待众多奋发有为而置身于传统政治制度研究的来者,不断为之努力且成果丰硕,兼以鼓励李女史瑶。

是为序。

2022 年 5 月于北京寒舍

前　言

　　明代职官考核制度是重要的人事管理制度,不但关系到职官个人的切身利益,也关系到官府机构职能的发挥,更与当时的政治有密不可分的关系,举凡吏治清浊、治乱兴衰、官场风气,乃至社会风俗无不与之相关。

　　明代职官考核制度在继承前代的基础上,逐渐形成定制,既有考满,又有考察。考满与任期相结合,考察有朝觐考察、京察、巡视考察、军政考选等名目。除此之外,还有派遣专差专使,以及因灾异变故的不时考察。在制度规定上,有考满通例与特例、考察通例、朝觐考察例、军政考选例,以及抚按通例、出巡事宜与《宪纲》等,彼此既相对独立,又相互照应,形成缜密而又严格的制度体系。

　　明代职官考核内容,既有道德方面的考核,也有业绩的考核,更有重点的考核。在道德上要求清、慎、勤,在业绩上有《实政册》,地方官考核重点有"本等六事",彼此相互联系而重点突出,但在具体实施过程中,常常会出现顾此失彼,侧重一方面而忽略其他,特别是业绩考核变成政绩考核以后,对当时的社会政治、经济、文化等方面影响很大。

　　明代职官考核的方法,初期主要以《实政册》,后来则以考语为主,因为考语采取四六俪文,措辞华美而少实绩,逐渐出现揭帖与访单,声称是采诸舆论,实际上是助长毁誉之风,对明代后期政治的影响甚巨,以至于成为党争的工具,其教训是深刻的。

　　明代职官实行层层考核,知县知州考察所属并写定考语,送交府(直隶)州;知府知州考察所属及州县正官,写定考语送交布政司;布政使考察所属及府州县正官并写定考语,交按察司复核。在巡抚、巡按制度确立以后,复核与考评的决定权在抚按之手,后来抚按还拥有了对布政司、按察司各官考核的权力。抚按考核之后,在朝觐考察时将考语送吏部。吏部与都察院一方面核实朝觐官携带的文册,另一方面根据抚按的考语评定等级。在京各衙门,由堂上官考核注考,吏部与都察院会同考察。四品以上官员自陈得失,由皇帝定夺。还有科道官拾遗与申辩制度。在制度设计上简要而详尽,也存在一些弊端。

　　明代职官考核制度是利弊共存的,在具体实施过程中,容易出现重德不重行,务虚文而忽实政,考察权责不明,重催科而轻实政,信传言而略核实等弊端。在考核方面有奖廉惩贪、重在考绩、淘汰老病、淘汰无能力等效果。在考核困境上有朝觐考察妨碍地方政务、增加地方负担、设定黜免名额指标,以及制度本身的弊端,更有事上安下的政治体制问题。明代职官考核制度还有一些值得思考的问题,诸如实绩考核与政绩考核,奖优汰劣,照刷文卷与核实情况,官府监督与舆论监督等问题。

　　明代职官考核制度涉及方方面面,全面梳理明代职官考核制度的具体制度规范及内容、分析统治者及官僚对职官考核问题的认识及看法、对专业术语进行解析、关注制度的实施、注重制度运行效果、分析制度实施的困境,乃是本书的创新之处。本书在职官考核制度与其他制度的关系、史料收集及理解、案例分析、理论深度方面也存在一些不足。在研究过程中,笔者还发现了一些值得深入研究的问题,为今后的研究奠定了一定基础。

目　录

导　论 ……………………………………………………………… 1

　第一节　研究对象及意义 ……………………………………… 1

　　一、研究对象 ………………………………………………… 2

　　二、研究意义 ………………………………………………… 6

　第二节　文献综述 ……………………………………………… 8

　　一、著作 ……………………………………………………… 9

　　二、论文 ……………………………………………………… 13

　　三、研究现状分析 …………………………………………… 27

　第三节　研究理论与方法 ……………………………………… 30

　　一、基本理论 ………………………………………………… 30

　　二、研究方法 ………………………………………………… 34

第一章　明代职官考满制度 …………………………………… 36

　第一节　考满期限与评定 ……………………………………… 36

　　一、考满期限 ………………………………………………… 37

　　二、考满评定 ………………………………………………… 39

第二节　内外官考满 …………………………………………… 42

一、京官考满 …………………………………………… 43

二、外官考满［附王府官］ …………………………… 56

三、教官考满 …………………………………………… 68

四、杂职官入流仓官考满 ……………………………… 71

第三节　考满有关规定 ………………………………………… 81

一、考满通例 …………………………………………… 81

二、考满特例 …………………………………………… 89

三、考满违例 …………………………………………… 96

第二章　明代职官考察制度 ……………………………………… 102

第一节　京官考察 ……………………………………………… 102

一、京察缘起 …………………………………………… 103

二、京察例［王府官附］ ……………………………… 111

三、考察通例 …………………………………………… 119

第二节　外官考察 ……………………………………………… 123

一、朝觐考察始末 ……………………………………… 123

二、朝觐考察例 ………………………………………… 136

三、不时考察 …………………………………………… 146

第三节　武官考察 ……………………………………………… 151

一、军政考选 …………………………………………… 151

二、军政考选之法 ……………………………………… 156

三、军政考选的实施 …………………………………… 162

第三章　明代职官巡视考察制度 …………………………………… 167

　第一节　抚按巡视考察 ………………………………………… 167

　　一、巡按巡视考察 ……………………………………………… 167

　　二、巡抚巡视考察 ……………………………………………… 171

　　三、抚按通例 …………………………………………………… 175

　第二节　专差专使巡视 ………………………………………… 180

　　一、镇守中官巡视 ……………………………………………… 180

　　二、钦差巡视 …………………………………………………… 185

　　三、专使考察 …………………………………………………… 191

　第三节　地方巡视考察 ………………………………………… 194

　　一、二司守巡道巡视 …………………………………………… 195

　　二、兵备道巡视 ………………………………………………… 202

　　三、《出巡事宜》 ……………………………………………… 205

第四章　明代职官考核内容与方法 ………………………………… 213

　第一节　考核内容 ……………………………………………… 213

　　一、道德考核 …………………………………………………… 214

　　二、业绩考核 …………………………………………………… 221

　　三、本等六事 …………………………………………………… 230

　　四、实政册 ……………………………………………………… 235

　第二节　考语与访单 …………………………………………… 242

　　一、考语不足有访单 …………………………………………… 242

　　二、考语的内容 ………………………………………………… 245

　　三、考语与访单的关系 ………………………………………… 250

四、考语与访单的利弊 ⋯⋯⋯⋯⋯⋯⋯⋯⋯⋯ 254

第三节 察例 ⋯⋯⋯⋯⋯⋯⋯⋯⋯⋯⋯⋯⋯⋯⋯⋯⋯⋯ 257

一、察例的形成 ⋯⋯⋯⋯⋯⋯⋯⋯⋯⋯⋯⋯⋯ 257

二、察例的实施 ⋯⋯⋯⋯⋯⋯⋯⋯⋯⋯⋯⋯⋯ 276

第五章 明代职官考核制度评析 ⋯⋯⋯⋯⋯⋯⋯⋯⋯⋯ 284

第一节 明代职官考核制度的设计理念 ⋯⋯⋯⋯⋯ 284

一、考核程序 ⋯⋯⋯⋯⋯⋯⋯⋯⋯⋯⋯⋯⋯⋯ 285

二、层层考核 ⋯⋯⋯⋯⋯⋯⋯⋯⋯⋯⋯⋯⋯⋯ 286

三、科道官拾遗 ⋯⋯⋯⋯⋯⋯⋯⋯⋯⋯⋯⋯⋯ 288

四、申辩制度 ⋯⋯⋯⋯⋯⋯⋯⋯⋯⋯⋯⋯⋯⋯ 290

五、考核内容 ⋯⋯⋯⋯⋯⋯⋯⋯⋯⋯⋯⋯⋯⋯ 294

第二节 明代职官考核制度的设计缺陷 ⋯⋯⋯⋯⋯ 297

一、重德不重行 ⋯⋯⋯⋯⋯⋯⋯⋯⋯⋯⋯⋯⋯ 298

二、务虚文而忽实政 ⋯⋯⋯⋯⋯⋯⋯⋯⋯⋯⋯ 302

三、考察权责不明确 ⋯⋯⋯⋯⋯⋯⋯⋯⋯⋯⋯ 305

四、重催科轻实政 ⋯⋯⋯⋯⋯⋯⋯⋯⋯⋯⋯⋯ 307

五、信传言略核实 ⋯⋯⋯⋯⋯⋯⋯⋯⋯⋯⋯⋯ 309

第三节 明代职官考核制度的实施 ⋯⋯⋯⋯⋯⋯⋯ 316

一、考核的效果 ⋯⋯⋯⋯⋯⋯⋯⋯⋯⋯⋯⋯⋯ 317

二、考核的困境 ⋯⋯⋯⋯⋯⋯⋯⋯⋯⋯⋯⋯⋯ 327

三、值得思考的问题 ⋯⋯⋯⋯⋯⋯⋯⋯⋯⋯⋯ 336

结 语 ⋯⋯⋯⋯⋯⋯⋯⋯⋯⋯⋯⋯⋯⋯⋯⋯⋯⋯⋯⋯⋯ 345

附 录 ⋯⋯⋯⋯⋯⋯⋯⋯⋯⋯⋯⋯⋯⋯⋯⋯⋯⋯⋯⋯⋯ 349

参考文献 …………………………………………………… 353

致　谢 …………………………………………………… 367

导　论

明朝上承宋元，下启清代，是中国古代社会向近代社会转型的关键时期，从政治体制来看，"至少从表面上看来，明代是一个政府很坚强有力的时代。它的开国之君把它建成了一个强大的，充满自信的、高度中央集权的政体"①。明朝乃是专制主义中央集权制的国家，构建了一个成熟和稳定的职官制度，为了确保职官能够有推行王朝意图、政策和社会经济方案的权力和能力，一套结构严整、规定细密的职官考核制度也随之构建起来。职官考核制度的实施效果，不但关系到职官是否能够严谨、有序、有效地工作，也关系到王朝的治乱兴衰。

第一节　研究对象及意义

明朝的政治体制既容纳了传统的专制主义中央集权制，又在政治统治过程中具有创新的特点。在形成颇有特色的政治统治模式的同时，其考核制度日趋成熟，并且在具体实施的过程中不断完善，但也产生了各种弊端。对该时期考核制度的研究，不但具有深远的历史意义，也有一定的现实意义。

---

① ［美］牟复礼、［英］崔瑞德编：《剑桥中国明代史》，中国社会科学出版社，1992年，第2页。

一、研究对象

政治制度的发展具有延续性,虽然新中国成立以后采用了全新的国家政治制度,在政治理论方面也大量吸纳西方的相关成果,以期不断完善当今的政治制度体系。然而文化是不可能完全移植的,只能够是相互交融及影响的,旧时的制度影子不但深存于每个国人的心中,并且时常对当前现实层面的制度运行产生影响。适合中国的政治制度,就应该符合中国的国情。而这种政治制度,不但受到当今的政治制度影响,也受到传统的政治制度影响。在这种情况下,温故而知新,研究考察中国古代传统政治制度的构建及其运作,根据其运行的效果,分析影响其运行的因素,能为当代中国政治制度的良好构建和运行提供有益的借鉴。因此选定明代职官考核制度为研究对象。

职官考核制度是中国古代一项源远流长的人事管理制度。"夫有官必有课,有课必有赏罚。有官而无课,是无官也。有课而无赏罚,是无课也。"[①]考核制度是维系官僚队伍正常运作的必然手段,也是职官管理不可或缺的制度之一。中国每个朝代都构建了适合自己王朝特点的官员考核制度。

明代职官考核制度由考察和考满两大系统组成,"考察,通天下内外官计之,其目有八:曰贪,曰酷,曰浮躁,曰不及,曰老,曰病,曰罢,曰不谨。考满之法,三年给由,曰初考,六年曰再考,九年曰通考"[②]。这两个系统相辅而成,设计合理,制度严密,在中国职官考核制度历史中具有承前启后的特点。"在中国古代政治制度的基本原则中,始终包含着两个截然不同的要点和三个不可解决的矛盾。两个要点:一是官必须拥有权力,主要表现在设官分职

---

① [明]黄淮、杨士奇编:《历代名臣奏议》卷32,台湾商务印书馆《景印文渊阁四库全书》,1984年,第440册第661页。

② [清]张廷玉等撰:《明史》卷71《选举志三》,中华书局,1974年,第1721页。

上；二是官不能拥有不受限制的权力，主要表现在自上而下的层层监督和由中央直控的监察制度上。三个不可解决的矛盾：一是行政权力支配一切与人治的矛盾，二是官僚分职任事与皇权专制的矛盾，三是统治阶层的权力和财产分配的矛盾，这些矛盾直接影响官场的风气。在一个新王朝建立之初，官僚秩序初建，君主和官僚均拥有很高的个人威信和名望，故这三种矛盾还不突出，官场风气还不至于败坏到不可收拾的地步。随着官僚秩序的巩固和官僚队伍的扩充，君主的威严还在，而官僚威信却随着人事的更替而变动，三种矛盾也就变得十分突出，官场的排挤倾轧、争权夺利也变得非常激烈，官场的风气也随之败坏，官僚们那种对权和利的欲望也从各方面表现出来。"①明代以考满和考察所构成的职官考核制度，也受到两个要点及三个矛盾的影响，有其兴起、完善、衰败的过程，值得总结的历史经验教训也很多。

明代职官分为文、武官两大系列，在考核上也存在着不同，历来论述考核制度多以"官员""官吏""文官""武官""文武"等进行表述。严格来说，这些表述是不科学的。首先，官员涵括文武官员，但从现有的研究来看，所有研究历代考核制度的论著都没有讲到武官，仅仅用官员来表述，显然是不全面的。其次，官吏在中国古代固然可以泛指官员，但严格地区分，官和吏是两个不同的系列。官是各部门事务的决策者和主持者，吏是具体办事人员。"在古代中国官僚政治中，有官必有吏，有吏必有官。官和吏是官僚政治中两个重要的政权载体，所以对官和吏两者系统与功能、社会地位与权力区分，乃至两者的依存与矛盾关系的研究，十分重要。"②"官有罪可能贬为吏，吏考满也可升为官。"③但吏不能成为重要官员。既然是两个不同且严格区分的政权载体，再用官吏来进行表述，也显得不够全面，更何况此前有关考

---

①　柏桦：《明代州县政治体制研究》，中国社会科学出版社，2003 年，第 373 页。

②　李洵：《下学集》，中国社会科学出版社，1995 年，第 173 页。

③　方志远：《明代国家权力结构及运行机制》，科学出版社，2008 年，第 177 页。

核制度的研究也几乎没有涉及"吏"这个群体。最后,用"文官"来进行表述则容易混淆,因为近代以来从西方传过来的文官概念,乃是关于各级文官的考试、选拔、任用、管理、权利和义务以及退休等一整套的制度的概念,这种观念与中国传统的文官概念截然相反。

《古代汉语词典》中对"职官"的解释为文武百官的通称。本书根据历史的习惯,也为了准确地表达,使用"职官"来进行表述,也是有一定理由的。早在战国时期就提出"官分文武,王之二术"的问题,历代一直实行文武分职设官的制度,特别是明代,文武职官在官僚机器运转过程中发挥主要作用。使用职官的概念来区别现代文官的概念,以职官的考核为研究重点,既可以研究明代考核制度的主要内容,又可以将胥吏的考核制度排除在外,还可以使研究重点得以突出。

选择"明代职官考核制度"为研究对象,其目的是在理解职官考核制度构建的基础上,梳理与考核制度有关的内容,在弄清制度设计原则的情况下,针对具体内容进行细致分析,以期勾勒出明代职官考核制度的全貌。

制度是死的,人是活的,制度的运作既离不开制度,更离不开人,因此研究制度不应该停留在死的制度之上,要特别关注制度的运作。以制度运作为基点,在概述明代职官考核制度具体内容的基础上,结合当时的政治情况,动态地分析制度运行,乃是本书的重点内容之一。

明代职官考核制度在很大程度上维系了官僚机构的正常运转,也曾经有效地促进职官的工作,不但出现过"士大夫廉耻自重,以挂察典为终身之玷"的现象,而且在很大程度上保持了吏治的清明。由于君主专制政体难以克服的三个矛盾,原本激励与监督职官工作的考核制度,也成为政治斗争的工具,在明代后期出现了"群臣水火之争",最终"党局既成,互相报复,至国亡乃已"①。正常的制度在人为的作用下,居然成为亡国的一个原因,是值得令人深思的。分析其利弊得失,从中得到一些有益的启示,也是本书的主要内容。

明代历史有着从盛转衰的过程,而这种过程与职官考核制度有一定的关系。明史分期问题一直没有定论,师伯毛佩琦曾经提出开创、守成、祸乱、中兴、衰敝 5 个时期的划分。② 研究历史制度问题有一定分期的话,行文比较方便,因此结合明代职官考核制度的发展过程,以分期来叙述制度的嬗变,结合不同时期的特点来讲制度的运作,既有必要,又有可能。本书之所以注重分期论述,是在关注明王朝兴衰过程中,职官考核制度如何发生变化,在具体运作过程出现哪些变异,试图解决朝廷的政治制度与社会发展之间存在的制约与反制约的关系,进而对现代的政治制度应该顺应社会发展问题提出自己的见解。按照马克思的观点,经济基础决定上层建筑,但也不能够忽略上层建筑对经济基础的强大反作用,如果政治制度不适应社会发展,给社会带来的危害也是巨大的,这也是本书核心内容所在。

明代职官管理制度在相当长的历史阶段,大体上能够有序运行。该制度在因循前代制度的基础上,通过统治实践,不断进行完善,既有其发展的过程,也有其衰败的过程。作为职官管理制度重要内容之一的考核制度,也曾经发挥重要的作用,不但能够提高政治统治效能,而且起到激励与儆戒作用。专制主义中央集权制度的核心就是君主绝对专制,"专制的国家没有任何基本法律,也没有法律的保卫机构"③。在这种情况下,君主的意志也会导致职官考核制度得不到保障,在缺乏保障机构的情况下,便很难按照制度规范运行。这种政治体制所导致的官僚政治,更是影响制度运行的重要因素,

---

① [清]张廷玉等撰:《明史》卷 71《选举志三》,中华书局,1974 年,第 1721 页。
② 参见毛佩琦:《明代分期刍议》,载《明史论文集》,黄山书社,1994 年,第 179~186 页。
③ [法]孟德斯鸠:《论法的精神》,张雁深译,商务印书馆,1963 年,第 17 页。

"在这种情势下,官僚或官吏就不是对国家或人民负责,而只是对国王负责。国王的语言,变为他们的法律,国王的好恶,决定了他们的命运(官运和生命)、结局,他们只要把对国王的关系弄好了,或者就下级官吏而论,只要把他们对上级官吏的关系弄好了,他们就可以为所欲为的不顾国家、人民的利益,而一味图所以自利了"①。从君主专制及官僚政治的角度来解析职官考核制度的实施,上升到理论层面进行分析,试图总结出规律,也是本书的重点内容。

总之,以明代职官考核制度为研究对象,既要弄清其历史渊源,又要关注明朝的发展变化,更重要的是分析这种制度具体发挥的效用,在关注制度具体实施情况的同时,以体用结合、表里互映的动态描述,勾勒出职官考核制度的具体概貌,在分析其利弊得失的基础上,得到一些有益的启示。

二、研究意义

研究明代职官考核制度,就应该把握该制度的设置目的、所要发挥的作用,在静态地勾勒制度的具体内容的同时,动态地分析制度的运行。既然是以职官考核制度为研究对象,就应该以职官为研究重点,包括职官的具体内涵和职官所发挥的作用,针对他们而制定的考核制度。考核制度中既有针对所有官吏的一面,也有专门针对职官的一面,分析各自的不同,在探寻总体规律的基础上,分析不同存在的具体原因。"法律制度中起作用的准则不是原则或抽象的标准",这是因为"人们究竟从来没有见到规则,人们只看见行为模式"②。也就是说政治制度表现了人的行为,"政治制度是'一套相互作用',即一种社会制度,换言之,政治制度不是机构或机器,而是行为,是与

---

① 王亚南:《中国官僚政治研究》,商务印书馆,2010 年,第 10 页。

② [美]劳伦斯·M. 弗里德曼:《法律制度——从社会科学角度观察》,李琼英、林欣译,中国政法大学出版社,2004 年,第 48 页。

其他行为相互联系的行为"①。既然政治制度与人们的行为相关联,研究明代职官考核制度,就不能够忽略在制度规范下的职官的行为,也不能够忽略他们行为的社会属性,这就要求在具体的制度研究过程中必须结合人们行为的社会属性。这样的研究,不但有历史意义,也有一定的现实意义。

就历史意义而言,明代职官考核制度的承前启后、继往开来,不但彰显了皇权专制的不断强化,也体现了中央集权制度发展的特点,既有统治者的刚柔相济、张弛结合的治理理念,又有制度规范的特点。"一个法律制度,从其总体来看,是一个由一般性规范同适用与执行规范的特殊性行为构成的综合体。它既有规范的一面,又有事实的一面。"②从规范的角度看,职官考核制度是规范职官;从事实的角度看,还有被规范的职官面对规范而出现的各种行为。规范与行为结合的研究,其本身就是静态与动态的结合,既要反映出制度本身的具体内容,又要看到在制度规范下的群体行为,这就使研究具有了实际的意义。

就制度实施效果及影响而言,明代职官考核制度有制定、完善、衰败的发展过程,其中既收到了预期的效果,也存在制度的不足,最终不仅失去了实际效果,而且对政治产生很大的影响。所谓的影响既包括对当时的影响,也包括对后世的影响,因此从效果到影响的研究,既有过程研究,也有理论分析,最终使研究具有一定的理论意义。"国家问题就是一个归属问题,国家可谓是各种各样的人的活动所投入的共同点,不同的人的活动归属一个共同点。"③以国家与制度及人的角度,通过具体研究,上升到理论层面研究,也就突出了本研究的理论意义。

---

① [美]劳伦斯·M.弗里德曼:《法律制度——从社会科学角度观察》,李琼英、林欣译,中国政法大学出版社,2004年,第6页。

② [美]E.博登海默:《法理学法律哲学与法律方法》,邓正来译,中国政法大学出版社,1999年,第238页。

③ [奥]凯尔森:《法与国家的一般理论》,沈宗灵译,中国大百科全书出版社,1996年,第215页。

就研究的现实意义而言,可以通过对明代职官考核制度的研究,探讨该制度在王朝统治中所发挥的效用,从该制度运作过程进行动态考察,进而在注重历史经验探求的基础上,寻找历史的逻辑,总结利弊得失。从完善当今考核制度的角度出发,展望未来,在提供经验教训的基础上,进行一定的思考,进而突出研究的现实意义。

总之,明代职官考核制度,既是传统政治制度的重要组成部分,又是中国古代君主专制中央集权制度发展到顶峰时期的产物。制度构建与社会利益紧密相关,不可能不对社会产生重大影响,而制度的实现过程是一个不断循环的圆圈。起点是制度构建,终点是制度的实施效果。制度构建期待预期的效果,实际效果总要评判制度的成败。从明代职官考核的制度构建,可以看到伴随着明朝的兴衰,职官考核制度从不完善到完善,再从完善走向腐朽,又从腐朽走向不完善,然后再进行完善,最终成为政治斗争的工具,终究逃不脱覆亡的怪圈。这是制度构建的过程,也是制度实施的过程,更是历史发展的过程。因此,在对明代职官考核制度演变过程的描述中,尽可能公正地分析与评价,乃是研究的重要意义所在。

第二节　文献综述

国内外学术界有关明代职官考核制度的研究,就所能够掌握的材料来看,目前尚无专门、系统研究的论著。但在涉及明代政治制度、法律制度、职官制度等相关论著中,或多或少地都会提到明代职官考核问题。对这些研究成果的分析,是本研究确立的前提条件之一,也是开拓思路与眼界的必由之路。

一、著作

20 世纪 90 年代以来，随着学术研究的不断深入，相继出版的中国政治制度方面的研究呈现出史料运用更丰富、研究更具系统性的特点。然而，就能够搜集到的著作来看，真正与本书内容密切相关的却并不多，主要有王兴亚《明代行政管理制度》（中州古籍出版社，1999 年版），韦庆远、柏桦《中国官制史》（东方出版中心，2001 年版），柏桦《明代州县政治体制研究》（中国社会科学出版社，2003 年版），《中国政治制度史（第 3 版）》（中国人民大学出版社，2011 年版），张显清、林金树主编《明代政治史》（广西师范大学出版社，2003 年版），万明主编《晚明社会变迁问题与研究》（商务印书馆，2005 年版），郭培贵《明史选举志考论》（中华书局，2006 年版），方志远《明代国家权力结构及运行机制》（科学出版社，2008 年版），楼劲、刘光华《中国古代文官制度》（修订本，中华书局，2009 年版）等。有关明史研究的著作很多，有些现在已经难以查到，况且以一人之力也难以穷其尽，只能够在力所能及的情况下，尽量查看有关职官考核制度的研究，试图在前人研究的基础上有所发展，进行总结提高。

王兴亚《明代行政管理制度》一书，将明代行政管理制度放入历史整体进程中进行研究。书中专设一章，从考核制度的确立、具体措施、实施、废弛与局限等四个方面分析了明代官吏考核制度，这是从行政管理角度进行论述，所占篇幅不多，但也勾勒出了考核制度的概貌。①

韦庆远、柏桦《中国官制史》研究了中国自夏代始到 1911 年清朝崩解、清帝逊位之前，有关历代政体的构成形式、各种类型和级别官府的设置和运行；大小文武官员的配备、管理监督、升黜奖惩，以及出身任选、等级待遇等

---

① 参见王兴亚：《明代行政管理制度》，中州古籍出版社，1999 年，第 170～196 页。

有关职、权、责、利的划分和运用。该书对中国官制的形成和发展、王权和皇权制度、中枢辅佐机构、中央政务机构和主要职官、司法和监察机构、军事制度、财政制度、地方官制、文教卫生等机构,胥吏、幕僚和家人、职官管理制度等进行了介绍。第十一章《职官管理制度》第三节考课和奖惩制度,对考课期限、内容、标准、奖惩进行了宏观介绍。①

柏桦《明代州县政治体制研究》对明代州县行政体制、明代州县行政地位与运行机制、明代州县官的施政重点和环境、明代州县官的施政行为及心理进行了系统的论述,有助于了解朝觐考察在地方的实际运行状况,特别是论及对州县官的奖惩制度,在总结特点的时候注意到了考核制度。②

张显清、林金树主编《明代政治史》一书第五章《明代的官僚管理制度》第三节介绍了明代官吏考核制度。明代官员考核制度由考满和考察两大系统组成,并与监察制度紧密结合。考满分为京官、外官、教官、杂职官和吏员、承差、知印的考满。考察分为京察和外察。外察又包括巡视考察和朝觐考察。考核标准包括实政册、本等六事、考语与访单、察例。该书虽然没有展开论述,但注意到考核的各个细节,有助于深入研究。③

万明主编《晚明社会变迁问题与研究》,对晚明人口流动及其社会影响、商业与社会变迁、白银货币化与中外变革、晚明的地方精英与乡村控制、变迁中政府权力的转移、明代卑幼人法律地位的考察、军户与社会变动、东林党、复社与晚明政治、泰州学派与儒学的平民化趋势等问题进行了介绍与论述。该书第八章《东林党、复社与晚明政治》介绍了从依附到参与的政治文化嬗变、政治萌芽的孕育、复社的政党化趋向等问题,特别论述了他们将考

① 参见韦庆远、柏桦:《中国官制史》,东方出版中心,2001年,第396~412页。
② 参见柏桦:《明代州县政治体制研究》,中国社会科学出版社,2003年,第268~295页。
③ 参见张显清、林金树主编:《明代政治史》,广西师范大学出版社,2003年,第610~622页。

核作为工具对党争起到推波助澜的作用,可以看到考核沦落的过程。①

郭培贵《明史选举志考论》对于《明史·选举志》逐条辨析正误,澄清史实;补缺略,明原委。对涉及的每一制度和事件,努力溯其源流、考其演变、论其得失、明其意义。其中《荐举、选官与考核》考论了朝觐考察的时间、依据、科道拾遗制度等,并指出随着时间的推移,尤其到明代后期,考察的消极影响日益明显。主要表现为考察不公、兴师动众、旷日持久、费用浩大,请托贿赂之风日益盛行。该书对明代朝觐考察制度领域的贡献主要有四:一是经过严谨考证,得出"明代'外官三年一朝觐,以辰、戌、丑、未岁,察典随之'之制,实确定于洪武十八年";二是指出"始于洪武中的考察,其考目经历了长时期的演变,至弘治初,才形成《志》文所言'八目'";三是指出朝觐考察不仅对于整肃和改善当时的吏治具有积极作用,而且"对于加快官员队伍的更新,缓解大批选人等待官缺的淹滞状况也起到了积极作用";四是系统地考证分析了明代朝觐考察制度的主要消极影响。在叙述明代考满与考察制度出现流变的时候,汇集相关的文献,也就为进一步研究奠定了基础。②

方志远《明代国家权力结构及运行机制》将明代国家权力结构看成一个动态过程,将特定时期因为"阴差阳错"而发生,却在后来被证明是重要的历史事件,以及推动这些事件发生、发展并且对国家权力关系产生影响的个人行为、群体行为纳入研究视野。该书围绕明代中央决策系统的权力关系:内阁、内监与皇帝;明代中央行政系统的权力制衡:外廷、内府与科道;明代地方国家权力的调整与重组:抚按、司道与乡里组织等相关问题展开系统论述。③ 对于将明代文职官考核制度与明代政治体制结合起来进行研究具有帮助。

① 参见万明主编:《晚明社会变迁问题与研究》,商务印书馆,2005 年,第 537 ~ 567 页。
② 参见郭培贵:《明史选举志考论》,中华书局,2006 年,第 364 ~ 382 页。
③ 参见方志远:《明代国家权力结构及运行机制》,科学出版社,2008 年。

楼劲、刘光华《中国古代文官制度(修订本)》对官僚和官僚制度、中国古代官僚制度的建立、行政体制及其人事部门、官僚选拔途径的结构和变化、官僚的任用程序、任职形式和任用期限、相辅相成的考核与监察制度、官僚等级、俸禄制度和其他待遇等进行了介绍。该书第七章《相辅相成的考核与监察制度——宋元明清的考核与监察》的第二节《明代考核制度》围绕考核组织步骤、考核标准与赏罚进行了讲解,并进行评价,认为从有明一代考核领域的总体情况看,制度本身的大量局限和问题,始终都使其实际贯彻力不从心,从而使已经变本加厉的集权体制和每况愈下的官场陋习给考核带来的种种恶果变得更加难以收拾。考察制度的贯彻虽然要比考满切实得多,但其标准笼统,总在导致聚讼。每每流于毁誉和聚讼的考察,很快又陷入了朋党交攘的漩涡。①

李铁《中国文官制度》第三章《文官的政绩考核——考绩制度》第二节《历代的考绩方式与规定——课法》之九明的《考满》与《考察》围绕考课机构的高度专权化、考课程序的简化与定制、考满法与《考核通例》、考察法与《考察通例》、明代考绩的得失进行整体上的论述。

侯建良《中国古代文官制度》第四章《考课制度》分为四节,介绍了历代考课制度的沿革,分析了考课内容和标准,论述了考课结果及其使用,重点解析考课中出现的问题及考课监督问题,在承认存在时代及阶级局限性的同时,也看到该制度蕴涵的科学成分,从文化遗产角度予以肯定,但因为是古代通论,明代考课制度论述比较简略。②

李治安、杜家骥《中国古代官僚政治:中国古代行政管理及官僚病剖析》第六章《官僚的考课监察与官场周期性动乱》,从古代行政管理的角度,以官

---

① 参见楼劲、刘光华《中国古代文官制度(修订本)》,中华书局,2009 年,第 350～377 页。
② 参见侯建良:《中国古代文官制度》,党建读物出版社,2010 年,第 340～364 页。

僚政治为分析基点,对古代官员政绩考课与奖惩进行论述,从考课标准、方式谈及效用,试图探讨周期性动乱的原因。①

左言东、卢广森等从古代行政管理的角度谈到官吏考核,因为是概论,况且是讲整个古代,于明代考核制度着墨不多。② 在众多的中国政治制度史著作中,对考核制度的论述不可能占据很大篇幅,也很难深入,即便是专门论述明代政治制度,也不会从考核制度展开,如陶希圣、沈任远《明清政治制度》讲到《明代考核》,也不过寥寥数千字。③

从查阅的相关著作来看,系统研究明代职官考核制度的并不多,可见研究有深入之可能,而各类制度从多角度的研究与探索,也开拓了研究视野,更从整体上给研究以史料、论点、理论的支持。

二、论文

与明代文职官考核制度研究有关的论文,主要以 CNKI 中国知网的相关数据库为数据来源,经过整理与分析,最后确定的检索范围为 1980—2015 年。先以"考核"为检索词,题名检索有 76405 条,有关明代为 15 条;主题检索有 272382 条,与明代有关联者 15 条;关键词检索有 5431 条,与明代有关者 0 条;全文检索有 4547336 条,与明代有关联者 41 条。

以"考满"为检索词,题名检索有 4 条,有关明代为 0 条;主题检索有 718 条,与明代有关联者 11 条;关键词检索有 697 条,与明代有关为 0 条;全文检索有 2760 条,与明代有关联者 41 条。

以"考察"为检索词,题名检索有 138197 条,有关明代为 0 条;主题检索

---

① 参见李治安、杜家骥:《中国古代官僚政治:中国古代行政管理及官僚病剖析》,书目文献出版社,1993 年,第 160～167 页。
② 参见左言东:《中国古代行政管理概要》,知识产权出版社,1989 年,第 587～598 页;卢广森:《中国古代行政管理概论》,河南人民出版社,1993 年,第 192～196 页。
③ 参见陶希圣、沈任远:《明清政治制度》,台湾商务印书馆,1967 年,第 202～207 页。

有790053条,与明代有关联者11条;关键词检索有1912条,与明代有关为0条;全文检索有5931519条,与明代有关联者27条。

以"京察"为检索词,题名检索有6条,有关明代为2条;主题检索有186条,与明代有关联者18条;关键词检索有177条,与明代有关为18条;全文检索有2255条,与明代有关联者29条。

以"外察"为检索词,题名检索有3条,有关明代为0条;主题检索有53条,与明代有关联者1条;关键词检索有0条,与明代有关为0条;全文检索有1650条,与明代有关联者22条。

以"朝觐"为检索词,题名检索有439条,有关明代为5条;主题检索有1147条,与明代有关联者8条;关键词检索有38条,与明代有关为1条;全文检索有18857条,与明代有关联者18条。

以"巡视"为检索词,题名检索有7219条,有关明代为0条;主题检索有16663条,与明代有关联者8条;关键词检索有203条,与明代有关为0条;全文检索有432327条,与明代有关联者79条。

以"巡视考察"为检索词,题名检索有4条,有关明代为0条;主题检索有14条,与明代有关联者0条;关键词检索有0条,与明代有关为0条;全文检索有366条,与明代有关联者14条。

以"文职官"为检索词,题名检索有0条,有关明代为0条;主题检索有4条,与明代有关联者0条;关键词检索有0条,与明代有关为0条;全文检索有130条,与明代有关联者6条。

经过检索,将与本选题有关的论文进行收集,并仔细研读,兹将相关研究作一分析与整理。

(一)明代职官考核制度的整体性研究

陈国平认为,明代的考核制度包括考满、考察、稽查三种形式。三者各有偏重,考满着意于官员的任职期限及其间的政绩,考察注重官员的品德及其表现,稽查的重点则在于每件具体事情的完成与否。但三者又相互贯通,对于整个国家来说,如果真能够在这三个方面实施有效监督,那么庞大的官僚机器也许可以顺畅地永无休止地运转下去。但明中叶以后考满制度流于形式,考察制度蜕变为党争的工具,稽查制度被废而不用,这套严密的考核制度终因跟不上形势的发展而与实际严重脱节,最后无可奈何地衰败了。①

董倩在谈明代官吏考核制度时,重点分析了考满和考察。考满包括京官考满和外官考满,考察包括京察和外察,外察包括朝觐考察和巡视考察。明代官吏考核的结果有:擢升、加衔、复职、致仕、降调、黜、罢、免、贬为民、充边、酷刑。明代中后期考核制度江河日下,走向衰亡,表现为考核机构瘫痪、考课严重失实、官吏考核流于形式。②

高寿仙认为,明代有异常严密和繁复的考核程序,但始终没有制定像唐代"四善二十七最"那样明确系统的考核标准与内容,不过在考核过程中有依法定职掌攒造的实政册,有对官员素质品鉴的考语,有计过而不计功的察例,更有广泛征求意见的访单,其考核标准与内容也是随着社会发展而变化的。③

何桂凤认为,明代的文官考核主要由吏部和都察院负责。都察院作为检察机关,参加文官考核的全过程,这是明代文官考核制度的特色之一。考核的形式主要是"考满"与"考察",再补以"拾遗"。考满包括京官考满与外官考满,考察包括京察与外察,而外察又有大计和朝觐两种方式。考核的标准是太祖朱元璋制定的《诸司职掌》和《责任条例》。同时又因各个时期的政治、经济情况而有所增补。明代文官考核制度利弊兼存,应作具体分析。④

---

①　参见陈国平:《明代官员考核制度述论》,《中南政法学院学报》,1993 年第 1 期。

②　参见董倩:《明代官吏考核制度探析》,《甘肃社会科学》,1995 年第 2 期。

③　参见高寿仙:《明代官员考核标准与内容考析》,载张中政主编:《明史论文集》,黄山书社,1994 年,第 265～287 页。

④　参见何桂凤:《明代文官考核制度略述》,《牡丹江大学学报》,2011 年第 10 期。

课、有课必有赏罚、难于法之必行六个方面谈论了借鉴意义。①

（二）明代考察制度的研究

暴鸿昌从明代考察时间、内容及处分、考察机关及被考察官员范围、考察程序等方面论述了明代官员考察制度化的过程。认为考察制度的推行受到皇帝、宦官、辅臣及被考察者的干扰，考察制度存在不实、教条化、腐败等弊病，应关注其成为滋长贪污腐败和党同伐异的工具，最后趋于瓦解的现实，但即便如此，也应该承认明代考核制度成熟的一面。②

陈连营认为，明代实行的外官朝觐制度具有深刻的社会背景，一是为了长治久安的统治而重视地方行政队伍的建设，二是专制主义中央集权政治长期发展的必然趋势。朝觐制度的内容主要包括：以考察政绩为旌劝，反映地方情形以备制定国家政策参考，针对地方实际情况发表自己的看法和建议举行与中央政府官员会议，选拔人才。朝觐制度的积极意义是：有利于提高行政效率，可以减少中央政府制定政策的盲目性，有利于建立一支经验丰富、精力充沛精干的地方行政队伍，有利于激发各级地方官员忠于职守的政治热情，这一制度的执行还起到了对地方官员进行轮训的作用。朝觐制度也具有其自身局限性：皇权至高无上使朝觐考察往往带有浓厚的主观色彩；朝觐考察时间短，被查人员多，极易造成流于形式及其他弊病，而官僚作风也影响着朝觐制度积极作用的发挥。③

常越男从朝觐考察渊源谈起，讲到明代朝觐考察的基本规则，再论及清代朝觐考察的形式与发展，最后针对清代废朝觐考察而行"大计"展开论述，认为制度变迁既有外力的干预，也有制度本身的局限性，而明清考察的重要

① 参见周承业：《明代文官考课制度及其借鉴意义》，《广西大学学报》（哲学社会科学版），1994 年第 2 期。

② 参见暴鸿昌：《明代官员考察制度述论》，《学习与探索》，1990 年第 5 期。

③ 参见陈连营：《明代外官朝觐制度述论》，《河南大学学报》（哲学社会科学版），1990 年第 1 期。

目的都是君主宣威天下,因此不能够忽略君主的作用。① 在关注明清时期朝觐考察制度发展演变的同时,常越男既看到清代对明代制度的因循,也看到清代制度的创新,而清代废除朝觐考察,既节约了成本,也避免了朝觐过程中的行贿与受贿,而清代的引进制度则弥补了朝觐废除以后的缺失。②

柳海松围绕朝觐制度的建立、内容、作用进行了论述。认为洪武十一年把朝觐与考核联系在一起,从而开启了朝觐考核的先河。而朝觐制度的内容则是围绕朝觐官吏的资格、朝觐时间、保证朝觐考核质量的三条规定(攒造"事文册"或"纪功图册";朝觐官入京后不得请求势要,有私访亲识故旧,或馈赠土物者以不谨论罪,以开报贤否恐吓僚属为买土物者以贪论;来朝官饮食一律从简)而展开的。朝觐制度纯洁了官僚队伍,推动了经济和文化教育,一定程度上缓和了阶级矛盾,有利于社会稳定。③

刘志坚、刘杰从明代考察制度的发展演变、外官考察制度、京官考察制度、考察奖惩制度以及考察救济制度五个方面进行论述,对其中有争议的一些问题提出自己的见解,认为从成化年间考察制度已经呈现了衰败,而张居正以后则遭受严重的破坏,至于考察救济制度也是时兴时废。④

余劲东针对京察访单制度的出现,对访单制作、发放、回收程序进行分析,认为这是科道官行政监督权的体现,体现了明代政府运行中各部门相互制衡的特点,认为访单与考语互为补充,乃是行政决策中的重要一环,可惜只是以制度而论制度。⑤ 他还针对明代文官考察过程中的大计考语虚与实的问题提出了自己的看法,认为考语不实,不仅仅是因为注考官员责任感的

①　参见常越男:《明清时期的朝觐考察》,《历史档案》,2014 年第 2 期。

②　参见常越男:《明清交替之际的制度变迁——以朝觐考察制度为例》,《"10—19 世纪中国制度变迁与社会演进"国际学术研讨会论文集》,2014 年 5 月,第 279~287 页。

③　参见柳海松:《论明代的朝觐制度》,《社会科学战线》,1994 年 4 期。

④　参见刘志坚、刘杰:《试论明代官吏考察制度》,《西北师范大学报》(社会科学版),2001 年第 3 期。

⑤　参见余劲东:《明代京察访单之研究》,《中州学刊》,2015 年第 2 期。

缺失,而且是在于考语保密性不足,因此应该关注注考官员的心理博弈,因为注考的风险和收益极不均衡,制度设计应该兼顾官员正常的心理诉求。①

杨万贺认为明代朝觐考察有整顿改善吏治、加快官僚队伍更新换代、开创了朝觐与考察相结合的考核制度新时代的积极影响,也有考察不公、拘于程式,有法不依、处罚不严,请贿之风盛行、朋党之争激烈的消极影响。因此应该客观地进行评价,分析得失利弊,以得出可供借鉴的历史经验与启示。②

(三)明代巡视考察制度的研究

艾永明从明代巡按御史的权力与权势出发,认为要想让他们不腐败都难,他们乃是劣迹昭著、声名狼藉的贪腐大军,其根源就在于监察机关的工具性本质,决定了其职能严重异化,导致他们不但沦为党争的工具,而且所产生的危害还决定了监察制度的命运,认为权力一体化缺乏整体性,必须服从最高权力,也就难免出现各种弊害。③

蔡明伦简单讲述了明代巡按御史制度的特点、职权,认为其对地方的澄清吏治、保障政令畅通、促进司法公正、维护民众利益等方面有积极影响;产生举劾不公、干预地方政务、加重地方负担等消极影响。④

董倩认为,明代出现过许多优秀的巡按御史,为国家的长治久安做出了应有的贡献,但也应该看到巡按权力扩张的问题,不但造成地方行政的严重失调,还破坏了原有的地方监察体制,更出现抚按之争,而权力的不断扩张,使他们不可遏止地卷入到腐败的滚滚浊流之中。⑤

付海梅简述了明代巡按御史制度的形成、有关规定及职能,然后进行评

---

① 参见余劲东:《明代大计考语"虚"、"实"探因》,《江南大学学报》(人文社会科学版),2016年第4期。
② 参见杨万贺:《论明代朝觐考察的作用与影响》,《黑龙江史志》,2010年第21期。
③ 参见艾永明:《明清"巡视"制度的异化与弊害》,《决策探索》,2013年7期下半月。
④ 参见蔡明伦:《明代巡按御史制度的兴废》,《中国纪检监察》,2014年第20期。
⑤ 参见董倩:《巡按御史与明代地方政治》,《青海社会科学》,2000年第1期。

价与思考,认为积极作用明显,且具有一定先进性,是监察制度的强化,具有借鉴意义;但监察权与行政权合一,自然会影响到监察的效能,还会起到加剧官场贪污腐败方面的消极作用。①

高春平认为,巡按的职能是察吏、安民,察吏包括荐举人才和纠劾不法官吏;安民主要包括赈济灾荒、革除苛政,督查仓库税粮户口、均平赋役,抑制豪强、断理冤狱,督修农田水利,检查学校教育,存恤孤老、族表孝义等。其选拔、任用、考察、升降、回避均有制度,其实质是专制皇权的产物。作用有三:是皇帝监控地方的有效手段,整饬吏治而有效地限制了地方官员的贪污腐化,赈济灾荒、断理冤狱、打击豪强等一系列活动,在一定程度上为广大人民群众伸张了正义,客观上反映了下层民众的利益和愿望。②

李德宝从明代巡按御史的设立,谈及其主要职权,然后从巡按御史监察权力、司法权、军事权、行政权的加强与扩大,来指出巡按制度在澄清吏治、加强中央集权、维护国家统一方面所发挥的效用,还注意到巡按御史干扰地方正常行政的问题,以及巡按御史本身的腐败。③

李熊认为,朝廷对巡按御史的任务、出巡要求、任满考核、任职资格和次序等都有严格的规定,但在具体实施过程中,有些巡按御史并未认真遵守,甚至置法律和宪纲于不顾,滥用职权、谋取私利、犯法乱纪也屡见不鲜,特别是明代中后期,巡按御史要秉公行事,不但困难,还有一定风险。④

梁尔铭从巡按御史考察职权的发展演变,看到巡按御史在朝觐考察、军政考察、不时考察过程中所发挥的作用;从审录罪囚、照刷文卷、稽查庶政等考核方式看考察的实际效果;从考察的纠举权、惩治权看考察职权的延伸;

① 参见付海梅:《明代的巡按御史制度研究》,《兰台世界》,2014 年第 35 期。
② 参见高春平:《试论明代的巡按制度》,《山西大学学报》(哲学社会科学版),1990 年第 1 期。
③ 参见李德宝:《明代巡按御史的职权演变考略》,《学理论》,2010 年第 33 期。
④ 参见李熊:《明代巡按御史》,《史学月刊》,1988 年第 4 期。

进而指出虽然巡按御史职权扩大,有滥用职权的现象,但这也不能掩盖其闪光之处。①

齐晓静从巡按御史制度的形成,谈及有关御史出巡的规定,概述监察地方官、照刷文卷、审录罪囚、检察非法用刑等职能;认为巡按御史有维护封建国家的统一、维护地方统治秩序的相对稳定、缓和阶级矛盾与社会矛盾等作用;从监察权与行政权合一、御史自身贪赃枉法、官僚内部的重重关系网等方面进行一些思考,希望能够吸取经验教训,促进法治社会的发展。②

宋纯路从明代巡按御史权力逐渐强化的过程,看到他们的地位日益提高,进而分析巡按御史权力的膨胀、泛滥的原因:以耳目近待之臣强有力的权威,期收以内制外之效;选授资格渐重,助成巡按御史骄纵之风;拥有考察举劾大权,使地方官员望而生畏;缺少制度化的制约机制。要看到巡按御史权力加强和扩张的积极作用,但也不能忽略其妨碍地方行政机关正常职能的发挥,以权谋私、贪赃枉法所带来的恶劣影响。③

王世华从明代御史巡按制度草创、发展完善和逐步败坏的过程谈起,以洪武朝为草创阶段,永乐到弘治为发展完善阶段,弘治以后为逐步败坏阶段,并且概述各个阶段制度发展变化的情况,然后总结明代御史巡按制度的特点:一是巡按御史任职时限固定;二是巡按御史的监察职能较前扩大;三是御史巡按制度严密;四是由中央特派的巡按御史与地方上原有的按察司官互相配合,形成地方上的双重监察体制。看到制度严密的一面,也不能够忽略从吏治"去污剂"变成吏治腐败"催化剂"的原因。弘治以后巡按权力不断扩张,攫取了行政权、军事权,既破坏了原来的双重监察体制,又使监察制

---

① 参见梁尔铭:《论明代巡按御史的考察职权》,《历史教学》(高校版),2007 年第 8 期。
② 参见齐晓静:《明代巡按御史制度研究》,《牡丹江大学学报》,2013 年第 2 期。
③ 参见宋纯路:《明代中后期巡按御史权力的膨胀及其原因》,《牡丹江师范学院学报》(哲学社会科学版),2003 年第 5 期。

度日趋行政化,更何况还有君主专制与官僚政治自身的问题。①

　　余兴安认为,巡按御史是明代监察地方的重要制度,乃是中国古代巡回监察制度中的典型范例,在明代政治史上有重要地位,对当时的政治产生很大的影响。从制度层面来看,也是臻为完备的,既有前代的继承,又有本朝的创新。②

　　陶道强、秦家伟论述了明代御史巡按制度确立时间,对洪武二年(1369)、洪武六年(1373)、洪武十年(1377)三种说法的根据进行分析,赞成洪武十年(1377)确立的观点。以永乐以后发展为制度完善期,至正统十年(1445)达到一个全新的高度,不但有系统的管理和运行机制,还有出巡规定及禁令,与此同时也出现制度式微的征兆——随着政治环境的日益腐败,巡按御史也不能够独善其身,不但巡按功能衰退,不务实与专擅威福,更加助长政治腐败。式微的表现除了贪污腐败之外,还表现在巡按御史侵越职权,不能够发挥监察效能,反而阻碍地方社会的发展。③

　　王云认为,明代巡视制度的构成体系包括都察院、北镇抚司、六科给事中;地方行政监察方面,都察院派出巡视官员即"巡按御史",代表皇帝亲临,考评地方官政绩。明代巡视制度的代表性机构有锦衣卫、东厂、西厂、内行厂,听命于皇帝一人,权力过于扩大化,导致巡视制度变异。从明代巡视制度的演变过程得到以下启示:必须加强监督职能部门的职权,增设独立的巡视部门;对巡视人员进行培训;巡视工作必须做到有法可依,有罪必究。④

　　王仰文在概述中国古代巡视制度的同时,站在现代立场上进行观察,认为古代巡视制度发展是个积累,必然有历史的局限性,但可以将巡视制度发

---

　　①　参见王世华:《略论明代御史巡按制度》,《历史研究》,1990 年第 6 期。

　　②　参见余兴安:《明代巡按御史制度研究》,《中国史研究》,1992 年第 1 期。

　　③　参见陶道强、秦家伟:《明代御史巡按制度发展阶段述论》,《大庆师范学院学报》,2015 年第5 期。

　　④　参见王云:《明代巡视制度及其历史启示》,《兰台世界》,2014 年第 19 期。

展的历史与现实中国的权力监督环境衔接起来,研究已经具有时代价值和现实意义了,以史为鉴,对当前党内巡视制度提出一些看法。①

因为当前党内巡视制度正在发展构建,在以史为鉴的情况下,谈及中国古代巡视制度的论文很多,基本上是站在现代立场上来看古代,并不注重于对古代制度的解析,因此不再一一介绍。

(四)张居正"考成法"的研究

蒋长芳认为,张居正的考成法是在《陈六事疏》的基础上提出来的,为了推行考成法,张居正恢复和健全了以六科控制部院,以部院控制地方巡抚,又创制了内阁控制六科,在月有考、岁有稽的基础上,明确六年一次的京察制度。考成法的推行,对于保证税收、增强边防军力、兴修水利、整顿驿递方面起到促进作用,但随着张居正被抄家,考成法也随之废除了。②

金式认为,考成法的主要内容有:一是规定各项政务的完成期限,并实行注销制度;二是置各部院政务考成簿二本,一本送科注销,一本送内阁查考;三是实行各层机构之间的互相监督制。为了推行考成法,张居正在考核制度方面,规定了以考成簿作为吏部考核官吏勤惰、贤否的依据;规定了地方官吏政绩考成的标准。这对于提高明朝统治的行政效率,加强中央集权,发挥了一定作用,但不能够从根本上解决问题,在贿赂、贪污、侵盗、腐化等风气盛行之时,这种借助政治上高压力量的考成,只能在短时期内起一定的作用,而考成法废止以后,政治重趋黑暗。③

张海瀛认为,张居正的考成法,乃是在明代考察官吏制度混乱不堪、弊端丛生的历史条件下提出来的,《陈六事疏》是考成法的主张,万历元年(1573)的《请稽查章奏随事考成以修实政疏》,即是考成法。其内容可概括

---

① 参见王仰文:《中国古代巡视制度的现代观察》,《兰州学刊》,2010 年第 2 期。

② 参见蒋长芳:《张居正的考成法及其在改革中的作用》,《学术研究》,1980 年第 1 期。

③ 参见金式:《张居正的考成法》,《安徽史学》,1985 年第 5 期。

为两条:官员应办之事分为三本,部院留底簿,六科、内阁各一本;部院按底簿登记逐月检查,完成一件,注销一件,六科据簿稽查。考成法给腐败的官场中吹进了一股改革的清风,使趋于瘫痪的国家机构复苏过来了。考成法是重大改革,内阁可以稽查六科,实行内阁集权,而考成法是张居正的政治主张,人存政举,人亡政息。①

孟昭信认为,考成法是针对内阁职权长期不稳而设,确立以内阁领导六科,以六科监督六部,以六部统帅文武百官及地方抚、按的新体制,给王朝带来了生机。不过考成法试图将宦官稽查章奏之权移交内阁,旨在确立内阁作为辅弼机构的合法地位,不但涉及更改祖宗之制,而且触动一些人的利益,也就给别人留下了攻击的把柄和口实,也难免人亡政息。考成法的废除,表明这一统治阶级已腐朽到无可救药的程度,而清初吸取明朝教训,认定内阁是合法的国家中枢机构、皇帝的得力辅弼机关,从而更好地维护了皇权。②

王娟娟从考成法实施的背景谈起,讲到考成法勒定办事期限,设定三本账簿,实行层层督察的内容,分析张居正推行考成法的阻力,也是以人存政举、人亡政息来看待,然后将之与历代官吏考课进行比较,指出考成法的独特性。③

胡铁球认为,张居正改革具有横征暴敛、承前启后、南辕北辙三大特征,此论一反此前评论改革家的看法,认为横征暴敛是以严酷搜刮为能,以增加财政为旨归;承前启后是上承此前变革,后启明末搜刮之风;南辕北辙是改革并没有触及财政危机的核心体制。为此,先从明代政绩考核标准的演变入手,谈及以征收赋税为考课核心的始末。然后从考成法引起的“酷比”现

①　参见张海瀛:《论张居正的考成法》,《晋阳学刊》,1987 年第 5 期。
②　参见孟昭信:《试论张居正的“考成法”》,《吉林大学社会科学学报》,1993 年第 5 期。
③　参见王娟娟:《张居正考成法探析》,《山东省农业管理干部学院学报》,2010 年第 3 期。

象进行分析,在敛财的情况下,逼民逃亡与反抗,更延伸出官吏的腐败,以至于吏治大坏。对张居正改革的财政问题,认为是得益于天时地利。对张居正改革失败原因分析,则以没有触及核心体制入手,认为其改革本身就违背了经济规律和基本的人性,见解确实具有新意。①

任翔从考成法的推行过程,看到张居正触碰万历帝的利益,在权归一人的情况下,必然遭官僚集团抵制,而他去世便后继无人,认为是功亏一篑。这是在有关张居正基本史料基础上做出的结论,有一定史实依据,但忽略了张居正死后,考成法曾经废而复兴的情况。② 认为张居正以考成法监督官员,对明朝积弊进行有效改革;但因威胁皇权导致万历不满,因集权受到官僚体系抵制,同时由于实施时间太短未成循例,最终在张居正辞世后改革功亏一篑。

张小昆从考成法的两项内容,谈及张居正所建立的以内阁为首的组织系统和统治体系,重点在于对现行绩效评估机制的启示,认为现行政府绩效评估机制多是引入的,应该借鉴考成法,加强中央政府垂直领导,在行政系统内部建立自上而下的严格绩效评估制度,对地方政府进行有效的监控。③

陈莹从政治文化的观念出发,考察了张居正传统的体系文化观,而作为一个政治角色,他的意识反映在考成法中。张居正的政治过程文化观,坚定了他严格推行考成法的决心。张居正的政策文化观,使他不敢直言改革,更不敢挑战祖制。④

汪成玉在概述考成法的内容时,指出考成法有考核内容明了确切,赏罚分明;考核体系周密健全,互相监督;考核方法简单易行,操作性强;考核结

---

① 参见胡铁球:《新解张居正改革——以考成法为中心讨论》,《社会科学》,2013 年第 5 期。
② 参见任翔:《从考成法看张居正改革失败原因》,《内江师范学院学报》,2014 年第 9 期。
③ 参见张小昆《由明朝"考成法"谈起》,《黑龙江史志》,2015 年第 3 期。
④ 参见陈莹:《张居正的政治文化观与考成法》,《黑龙江史志》,2014 年第 19 期。

果实用权威等特点。对张居正改革的成效,总结为确立中央政府权威,加强集权;提高行政办事效率,澄清吏治;充实国库,强公室,杜私门,减轻民负;抵御外敌入侵,增强边防力量;整顿学风,迫使官员学子务实。张居正改革成效显著,其原因在于身为表率,以坚定的决心和坚强的意志推行变法;不拘一格用人才,培养具有执行力的力量;尊祖制的变法观念,减少阻力,争取支持;铁三角的强势推动。启示在于改革家要拥有政治魄力;政令必须贯彻执行;注重优秀文化传统以减少变革的阻力;培养忠实可靠的后继执行者;多方面考察人才;构建完善的监督机制等。其意也是在今不在古。[①]

张和年认为,张居正考成法的内涵是以监察为抓手,以改革为手段,以实绩为依据,以效能为目的。在此基础上得出认真实行以上率下,严格执行法律制度,强化纪律监察权威,合理利用考核结果的启示。提出借鉴考成法应该注意利用考核结果要一视同仁,进行实绩管理不能太细,重视对官员的社会评价等问题。立足点在于今,而不在于考成法本身。[②]

三、研究现状分析

从 20 世纪 80 年代以来的明代职官考核制度研究现状来看,该制度的研究虽然有些进展,但仍停留在《明史》《明会典》所陈述的考课之制,对其中涉及的各项规定细节并没有展开研究,对考课制度的败坏原因也没有细致的分析。可以说有关明代职官考核制度的研究,在很大程度上存在着单薄、分散、零碎和偏失,有必要进行全面、系统的梳理与分析。

---

① 参见汪成玉:《谈张居正改革的成效、原因及启示——以"考成法"为视角》,《荆楚学刊》,2015 年第 3 期。

② 参见张和年:《张居正考成法的内涵及启示》,《重庆科技学院学报》(社会科学版),2016 年第 4 期。

（一）整体研究需要深入

从目前的研究来看,很少将明代职官考核制度作为一项单独的制度进行研究,以著作来说,不是将考核制度作为行政管理的一章,就是作为政治制度中的一节,抑或是与奖惩制度合在一起论述,这就很难勾勒出职官考核制度的整体概貌,更难对某些细节展开论述。如王兴亚《明代行政管理制度》是专门讲行政管理的专著,考核制度虽然设有专章,但不到两万字,却讲了确立、措施、实施、废弛与局限等四项内容,正如作者所讲:"是向我校明清史硕士研究生进行讲授,并且根据研究生们的意见,在内容上作了调整、补充、和修改。"①著作是在教材的基础上完成的,也就决定了难以全面进行考量。

目前没有专门研究明代职官考核制度的专著,一些高校的硕士研究生虽然有以考核制度为名的毕业论文,但区区数万字,除去绪论、导言之类的内容,真正涉及主题的内容很少,不但很难勾勒出明代职官考核制度的全貌,还受到现代的影响,以现代的问题去裁量历史,当然也不能够深入。

从 20 世纪 80 年代以来发表的有关明代职官考核制度的论文来看,基本上还是停留在述论的层面上,一篇文章,既要讲出考满、考察、稽查的内容,又要论述其中的弊端,分析利弊得失,也就很难全面、具体地讲述历史的实际。若是以借鉴为视角,更不会去考虑细节问题,势必采取宏观之论,以跟不上形势的发展,江河日下走向衰亡,利弊兼存,促进作用与副作用之类的语言为论述基点,势必将研究重点放在评析之上,于史实则缺乏深入了解。

根据目前的研究,明代职官考核制度有必要从整体上展开更深入的研究,在全面了解职官考核制度各项具体内容的基础上,对该制度进行客观与公正的评价,既看到形成与发展,更不能够脱离当时的政治与社会环境。立

---

① 王兴亚:《明代行政管理制度》,中州古籍出版社,1999 年,第 365 页。

足于当时,探讨发展的规律,乃是整体研究必须关注的问题。

(二)零散研究需要整合

从 20 世纪 80 年代以来的论著来看,明代职官考核制度所涉及的各种内容,已经在不同程度上得到关注。如对张居正推行"考成法"的新看法,一反此前改革成就、人亡政息说,认为:"张居正苛刻的考成法,最后引起了明末大规模的民变。以往我们总认为他们推行的'改革方案'本身没错,错的是用人不当或没有长期有效推行,实际上完全不是这样,而是他们的改革方案本身就违背了经济规律或基本的人性。"①张居正改革与"考成法"的推行违背了经济规律或基本的人性,而张居正去世并没有使"考成法"因此退出历史舞台,反而出现搜刮之风。再如对明代京察访单、大计考语虚与实的研究,涉及职官考核的具体问题,并且上升到政治体制层面,认为:"访单是明代不少行政决策中的重要一环。"②"在保证中央政令科学合理的同时兼顾官员正常的心理要求,才是保证中央意志完全落实的关键所在。"③从小问题上升到政治体制高度,从不同角度解析制度,这对全面细致研究明代职官考核制度是有所帮助的。

不能否认的是,对明代职官考核制度的研究不能脱离社会现实。当巡视组出现以后,古代巡视制度便成为研究热点。当完善公务员考核机制成为重点,古代考核便成为研究热点,以至于沉寂多年的"考成法"又被重新提起。不能够说这些研究没有意义,但仅立足现代,就不会认真地挖掘历史,那么所谓的历史经验,也就缺乏历史的内涵。如果仅按照现代的理解予以定义,既不利于了解历史,也不利于现代社会发展。

---

①　胡铁球:《新解张居正改革——以考成法为中心讨论》,《社会科学》,2013 年第 5 期。
②　余劲东:《明代京察访单之研究》,《中州学刊》,2015 年第 2 期。
③　余劲东:《明代大计考语"虚"、"实"探因》,《江南大学学报》(人文社会科学版),2016 年第 4 期。

现在对明代职官考核制度的研究,基本上还是停留在分散、以事论事、以今论古的层面上,有必要在整合已有研究成果的基础上,进行分析、贯通、深入、综合、提炼的工作,对明代职官考核制度的具体内容进行解析,注重制度运行,结合历史现实,客观地对该制度的实施和效果进行评析,乃是写作过程中必须予以关注的问题。

第三节 研究理论与方法

研究理论与方法,是每项研究必须予以关注的问题,不但决定研究的具体走向,而且决定研究的细节。研究理论是研究的灵魂,以何种理论为支撑,决定着研究的意义,也决定研究是否有深度及广度。研究方法是研究的工具,以何种方法进行研究,不但决定研究的层面,而且关系到研究的细节。由于每个研究对象都有自身特性,这也决定研究方法和研究理论不可能是单一的。将多种理论进行综合,使用多种方法进行研究,不但是各种研究的发展趋势,也是研究必须予以关注的问题。

一、基本理论

历史研究应该注重史实与史料的考察,但不是单纯地史料搜集、整理与汇集,也不是针对某种历史现象的简单描述,应该是在史实与史料的基础上,从理论层面进行分析。与其他人文社会科学研究一样,历史研究不能够忽略发展规律,同样也不能够忽略理论总结。无论是何种研究对于理论内涵的追求,都需要有相关学科的理论支撑,更需要将各种理论综合应用于研究。

(一)历史制度主义理论

"制度是非常稳定地组合在一起的一套规范、价值标准、地位和角色,它们都是围绕着某种社会需要建立起来的。"①"历史制度主义既是当代西方以经验为基础的政治科学的主要分析范式之一,也是新制度主义政治学内部的一个重要流派。"②历史制度主义的特点体现在它的结构观和历史观上。历史制度主义既强调政治制度重要作用,也强调影响政治结果的各政治变量之间的结构关系。它通过研究为何不同国家面临同样的问题时,会制定不同的公共政策,强调政治制度的重要作用。同时,历史制度主义不认为制度是影响政治后果的唯一因素。它还关注利益、观念等因素。历史制度主义的历史观强调前一阶段的政策对后一阶段政策选择的影响,提出政治生活中具有"路径依赖",进而提出了制度变迁理论。"制度变迁是把制度当作因变量,分析制度在什么客观条件和情境下将会发生再生、转型、替换和终止的过程。"③制度变迁包括制度生成和制度转变。历史制度主义认为制度变迁是在历史传统基础上的发展。在这个基础上就可以解答为什么不同的国家或地区,往往会沿着自己独特的制度轨迹演进,为什么社会不能经常地选择更为成功的制度结构,什么因素影响或决定了这样的选择,等等之类的问题。

对制度演进的研究,仅依靠经典化或法典化的文本,是不可能了解历史进程的,只有结合当时的历史实际,才可以进行历史进程的研究,最终把握制度变迁的真实轨迹和内在动因,进而把握制度在实际运作中的成长性变革。明代职官考核制度经历着日积月累的变革,因此在研究明代职官考核制度的时候,不但要避免以停滞和静态的眼光看问题,而且要避免将一切制度的弊端都归结为传统的束缚,更要避免将一些制度的负面笼统置于不符

① [美]伊恩·罗伯逊:《社会学》(下册),黄育馥译,商务印书馆,1990 年,第 453 页。

② 何俊志:《结构、历史与行为——历史制度主义的分析范式》,《国外社会科学》,2002 年第 5 期。

③ 刘圣中:《历史制度主义:制度变迁的比较历史研究》,上海人民出版社,2010 年,第 123 页。

二、研究方法

研究方法关系到本书的分析和论证的逻辑,也关系到本书的结构和意义。基于本书研究的对象,拟从如下两种研究方法入手。

(一)历史主义方法

以明代职官考核制度为研究对象,属于历史研究范畴,因此历史主义方法尤为重要。历史主义方法认为:"历史是连续的发展过程,每一历史事件的发生都与以往的历史有着某种联系,历史事物与思想意识的形成离不开特定的时间、处所及具体的社会环境,因此,必须将事物放在一定的历史范围内予以考察。"①

从明代职官考核制度实施的政治环境来看,考核明显受到多方面政治势力的制约,而在君主专制中央集权制度下,围绕着君主所形成的各种政治势力,以君主为轴心,在争得君主宠信的基础上,必然会惟上是从;君主也会充分地利用各种政治势力以形成相互制约的态势,进而凸显至高无上的权力。无论是君主专制中央集权制度,还是在君主专制中央集权制度下的职官,都不能脱离当时的社会,也不能摆脱个人素质因素的影响,更不能摆脱制度的束缚,而这些都会影响职官考核制度的运行。

制度运行过程中权力的非对称性,也就决定在制度上存在设计者的失误,在现实中有统治者对形势估计的不足,再加上制度实施过程中不可避免地要存在惰性,都会导致制度的理念与现实的情况脱节,这也是明代职官考核制度研究所要总结利弊得失的根本点所在。

分析职官考核制度,既要明确每一个主体在整套规则体系中的角色和

① 乔治忠:《历史主义方法是史学批评的基本方法》,《郑州大学学报》(哲学社会科学版),2004 年第 1 期。

结构性地位,又要分析该制度对整个政治制度运行将会产生的影响和后果;既要评价该制度对维护政治制度的稳定性和权威性所做的贡献,又要理性分析该制度在改变政治制度运转方向上所起到的正面或负面作用。而这些都要在明代特定的时空条件中进行分析,只有如此才能够客观地把握研究对象的性质、特点、作用等,才能够还历史以原貌。

（二）文献分析法

文献分析法是针对研究对象,查阅有关文献资料,通过梳理,去伪存真,为提出观点提供事实依据的方法。明代职官考核制度研究是历史制度研究,就必须在历史文献上花气力。学术研究需要充分地占有第一手资料,进行搜集、鉴别和整理,并通过对文献的研究形成对事实的科学认识。比如说,在叙述明代职官考核制度的时候,首先要依据大量的典章制度文献,梳理该制度的具体内容,在典章制度文献记载异同的基础上,尽可能地还原该制度的原貌,进而为研究奠定基础。再如,在明代职官考核制度具体实施研究中,也必须通过各种历史文献比对,才能够贴近历史,因为明朝人有一种思想,即可以成为一生作恶多端的人,但不可以留身后骂名,因此大多数文人都会写一部可以传后世的书,正因为他们这种不要生前名,只求死后名,才会出现不同的文献有截然相反的说法,因此必须进行比对,尽可能还历史以原貌,为具体分析制度提供坚实的基础。

领官在任三年,所司具其政绩,申达首部吏司,典史在任者,给由赴京"①。这个诏书是在《大明令》的基础上颁布的,随后必然要落实在制度上。洪武五年(1372),"定六部职掌,岁终考绩,以行黜陟"②。

考满是以九年为期,但最初并不是三年一考,洪武九年(1376),命中书、吏部:"自今诸司正佐、首领、杂职官俱以九年为满,其犯公私罪应笞者赎,应徒流杖者纪。每岁一考,岁终,布政使司呈中书省,监察御史按察司呈御史台,俱送吏部纪录。各处有司知府以实历俸,月日为始,每年一朝觐。其佐贰官及知州、知县每三年一朝觐,仓库、司局、钱谷官吏以历俸周岁为满,收受者少,以数付代,官给由多者,以半俸守支,毕日给由,虽经改除,亦以九年通论。"③也就是说,职官是以九年为考满,其间犯有公私罪者,笞罪可以收赎,徒、流、杖罪者纪录在案。每年考核,地方呈报以后,由中书省、御史台审核,再交吏部纪录,三年综合定为等级,再以三次等级综合,确定考满以后的等级,是九年通论。最初各处有司知府每年一朝觐,不久都改为三年一朝觐。

外官考满以任期为主,京官考满则以年月为主。洪武六年(1373),京官是"以三十月为一考,每考升一等"④。自洪武九年(1376)定:"自今诸司正佐、首领、杂职官俱以九年为满。"⑤以后,内外官九年考满成为常制。

洪武十三年(1380),撤销中书省以后,文职官考核事宜归吏部考功司负责,武职官考核事宜归兵部职方司负责。洪武十四年(1381),将官员考核的

---

① 《明太祖实录》卷45,洪武二年九月癸卯条,国立北平图书馆藏红格本,1962年,第882页。
② 《明太祖实录》卷74,洪武五年六月癸巳条,国立北平图书馆藏红格本,1962年,第1360页。
③ 《明太祖实录》卷110,洪武九年十二月己未条,国立北平图书馆藏红格本,1962年,第1830~1831页。
④ 《明太祖实录》卷85,洪武六年九月癸卯条,国立北平图书馆藏红格本,1962年,第1508页。
⑤ 《明太祖实录》卷110,洪武九年十二月己未条,国立北平图书馆藏红格本,1962年,第1830页。

相关规定进行了相应调整,依然是三年一考,九年通考黜陟①。在实施过程中,臣下对一些特殊的职官,如钦天监、太医院、光禄司等官的考满时间提出看法,朱元璋认为:"命官固宜内外相参,然九年为满,无内外之分,对迁亦须慎择,难为常例,临时处置可也。"②九年考满之制基本确立,以后仅仅进行小幅度修正,也只不过是针对不同的官员而已。

二、考满评定

洪武十六年(1383),吏部奏定考核之制,规定了在京官员的考核,属官均要各衙门正官考核,"本衙门以应考官员功过具奏,送部考核"③。最终考核评定等级,是由吏部负责核实。洪武十七年(1384),因为监察御史提出:"任官宜内外相参,以杜权党。"朱元璋命令吏部会议制定《考绩法》,在评定

---

① 定考劾之法。在京六部五品以下及太常司、国子学属官听本衙门正官察其行能,验其勤怠,定为称职、平常、不称职。五军各卫首领官俱从监察御史考劾,各三年一考,九年通考黜陟。其四品以上及通政使司、光禄司、翰林院、尚宝司、考功监、给事中、承敕郎、中书舍人、殿廷仪礼司、磨勘司、判禄司、东宫官俱为近侍监察御史为耳目风纪之司,太医院、钦天监及王府官不在常选。任满黜陟,俱取自上裁。直隶有司首领官及属官从本司正官考劾,任满从监察御史覆考。各布政使司首领官及属官并从提刑按察司考劾。其茶马司、盐马司、盐运司、盐课提举司并军职首领官任满,俱从布政使司考劾,仍送提刑按察司覆考。其布政使司四品以上、按察司、盐运司五品以上任满考黜陟,取自上裁。内外入流并杂职官,九年任满,给由赴吏部考劾,依例黜陟,果有殊勋异能,超迈等伦者,取自上裁。所司事繁而称职无过者升二等,有私笞公过者升一等,有纪录徒流罪一次者本等用,二次者降一等,三次者降二等,四次者降三等,五次以上杂职内用。繁而平常无过者升一等,有私笞公过者本等用,有纪录徒流罪一次者降一等,二次者降二等,三次者降三等,四次以上杂职内用。简而称职与繁而平常同简而平常无过者本等用,有私笞公过者降一等,有纪录徒流一次者降二等,二次者杂职内用,三次以上黜之。其繁而不称职初考降二等,简而不称职初考降三等,若有纪录徒流罪者,俱于杂职内用。九年之内二考称职、一考平常从称职,二考称职、一考不称职或二考平常、一考称职或称职、平常、不称职各一考皆从平常。其繁简之例:在外府以田粮十五万石以上,州以七万石以上,县以三万石以上,或亲临王府、都司、布政使、按察司并有军马守御、路当、驿道、边方、冲要、供给之处俱为事繁;府粮不及十五万石,州不及七万石,县不及三万石及僻静之处俱为事简;在京诸司俱从繁例。《明太祖实录》卷139,洪武十四年冬十月壬申条,国立北平图书馆藏红格本,1962年,第2199页。

② 《明太祖实录》卷164,洪武十七年八月癸未条,国立北平图书馆藏红格本,1962年,第2537页。

③ 《明太祖实录》卷155,洪武十六年六月己卯条,国立北平图书馆藏红格本,1962年,第2412页。

方面,"四品以上黜陟取自上裁,五品以下考核称职无过,升二等,有公过而私罪轻者,升一等,有纪录罪至徒流一次,本等用,二次降一等,三次降二等,四次降三等,五次以上于未入流内用,平常无过升一等,有公过而私罪轻者本等用。凡犯纪录徒流罪者,俱于未入流内用"。对所谓的近侍官及监察御史、王府官等不入常选的官员,"任满黜陟,取自上裁"。如果千篇一律,势必会导致论资排辈,所以吏部提出:"如才德出众与谨守官职、夙夜奉公、特蒙升擢者,难以例拘。京官有缺,则于在外曾经考核称职者对迁为宜。"①朱元璋认为很好,对于那些特殊人才,可以不拘于常例,采取临时处置,这就给吏部及皇帝留下了自由裁量权。

洪武二十五年(1392),"更定巡检考课之法"②;洪武二十六年(1393),"定学官考课法,以科举生员多寡为殿最"③;并且颁行《诸司职掌》,其吏部考功司目下有《通行条例》12条,不但确定"内外入流并杂职应考官员,任满给由赴京"制度,而且规定:"果有殊功异能,超迈等伦者,取自上裁。"④

明代官员考满区分比较细致,京官之内还有近侍官,外官之内还有王府官,此外,教官、杂职官、仓官、收粮官也单独分类,还有专门针对吏员的考满。每个系统内部都要细致的规定,哪怕是微有区别,都定为则例,以便遵守,职官管理制度的集权性和等级性也充分地体现出来。

任何一个官员都必须考满,而且要履行必要的手续。正因为如此,在则例制定的时候,既关注了官员的品秩等级,也注意到官员的工作性质不同。不同的品秩等级考满之后的待遇不同,不同的工作性质考满的方式不同,既

---

① 《明太祖实录》卷164,洪武十七年八月癸未条,国立北平图书馆藏红格本,1962年,第2537页。

② 《明太祖实录》卷223,洪武二十五年闰十二月辛卯条,国立北平图书馆藏红格本,1962年,第3267页。

③ 《明太祖实录》卷227,洪武二十六年五月丙寅条,国立北平图书馆藏红格本,1962年,第3317页。

④ [明]申时行等:《明会典》卷12《吏部·考核》,中华书局,1989年,第76页。

有考核标准不同，又有考核待遇不同，看起来非常烦琐复杂，但有利于具体实施。"总体来说，级别越高、与皇帝关系越接近的官员，其考满程序越是简单而流于形式化；反之，级别越低、与皇帝关系越疏远的官员，其考满程序越是复杂严格。"①

是否形式化及复杂严格，除了制度的因素之外，还与当时的皇帝作为以及吏治息息相关。如朱元璋很关注考满之事，对考满过程中出现问题，也是毫不留情地予以处置。例如，洪武九年（1376），"擢济南府德州知州张瑛等三百四十三人为南昌府知府以下官有差，皆以考课第优等升之"②。当吏部以莒州日照县知县马亮"无课农兴学之绩，而长于督运"，可以定为称职的时候，朱元璋认为"农桑，衣食之本；学校，风化之原。此守令先务，不知务此，而曰长于督运，是弃本而务末，岂其职哉？苟任督责以为能，非岂弟之政也，为令而无，岂弟之心？民受其患者多矣。宜黜降之，使有所惩"③。曾经申明农桑、学校为考课重点，如今没有农桑、学校方面的政绩，即便是有所特长，也是弃本逐末，称职也就变为不称了。再如，国子监祭酒宋讷，因为"严立学规"④，因此"为众所嫉"。当时国子监助教金文徵与吏部尚书余熂是同乡，不断构陷，想将宋讷驱逐出国子监，余熂便利用宋讷考满之时，"移文令致仕"。国子监祭酒是国子监的正官，按照规定，离任要面见皇帝辞行。当宋讷陛辞时，朱元璋很吃惊地问是什么原因，"讷陈非本意，乃鞫所由，熂吐实。上怒熂专擅威柄，并文徵等诛之"⑤。在这种情况下，官员在考满上作弊，是有身家性命的危险的。

---

① 张显清、林金树主编：《明代政治史》，广西师范大学出版社，2003 年，第 613 页。
② 《明太祖实录》卷 106，洪武九年五月辛卯条，国立北平图书馆藏红格本，1962 年，第 1771 页。
③ 《明太祖实录》卷 106，洪武九年五月乙未条，国立北平图书馆藏红格本，1962 年，第 1773 页。
④ ［清］张廷玉等：《明史》卷 137《宋讷传》，中华书局标点本，1974 年，第 3952 页。
⑤ 《明太祖实录》卷 172，洪武十八年三月丁酉条，国立北平图书馆藏红格本，1962 年，第 2632 页。

当皇帝怠忽、吏治败坏的时候,考满作弊乃是司空见惯的事情。如成化时,"仓大使李添瑀,官满考验不称,例降杂职"。为此他"贷银千两赂内官郭聪",郭聪以手帖嘱吏部,结果"注添瑀湖广倚北湖河泊所"。事发之后,吏部及相关人等都应该治罪,成化帝却下旨云:"既认罪,姑贷之。今后有以帖子嘱托者,随即奏闻,不许隐匿。"①都没有治罪,只是讲今后不许嘱托,但如此岂能够制止嘱托? 再如万历时,吏部尚书赵焕②,因为帝嗛焉,"考满当增秩,寝不报"③。再如,严嵩④当权时,赵承谦⑤"为南吏部,三年考满,严世蕃⑥闻其名,使索数百金为质"⑦。赵承谦不给,则外放广东为布政司左参议。在皇帝姑息、权臣索贿、党争剧烈之时,无论是简略的程序,还是复杂的程序,都会存在种种弊端。

第二节　内外官考满

明代官制在大体上是可以用内外来区别的,但在考满时却划分得极为细致,因此在总的考满原则的情况下,不但要区分正官、佐贰官、属官、首领官等,还要根据管理不同的事务区分近侍、教官、杂职、边远等,所以相当繁杂。

---

① 《明宪宗实录》卷17,成化元年五月癸酉条,国立北平图书馆藏红格本,1962年,第368页。
② 赵焕(1541—1619),字文光,号吉亭,掖城人,嘉靖四十四年(1565)进士,历官知县、工部主事、御史、府丞、工部右侍郎、吏部左侍郎、刑部尚书、兵部尚书、吏部尚书。
③ [清]张廷玉等:《明史》卷225《赵焕传》,中华书局标点本,1974年,第5923页。
④ 严嵩(1480—1566),字惟中,号介溪,江西分宜县人,弘治十八年(1505)进士,62岁为首辅,把持朝政近20年。
⑤ 赵承谦(1487—1568),字德光,号益斋,常熟人。嘉靖十七年(1538)进士,历官推官、南京吏部主事、广东布政使司参议。
⑥ 严世藩(1513—1565),字德球,号东楼,严嵩之子,先于其父被处死。
⑦ [明]焦竑辑:《国朝献征录》卷99《广东布政司左参议益斋赵公承谦传》,台湾学生书局,1984年,第4407页。

一、京官考满

京官是指北京、南京各衙门以及顺天府、应天府的官员。按照职能不同和地位尊卑，一般分为正官、佐官、属官、首领官。正官是指各机构中的主要负责官员，属官是指各机构中分理政务的属员及子机构中的官员，首领官是指各机构中负责文移及庶务的官员；设有首领官的机构，正官又称堂上官。

京官考核，按照洪武二十六年（1393）规定：“在京官，初入仕者，且令试职一年，后考核堪用者与实授，不堪用者降黜，量才录用。其在任未经考核试职官，遇有调除，仍于本衙门及别衙门本等职事内用，通理月日。降除及对品改除者，止理见任月日，俱候一年，照例考核。或有为事释免，再任除授者，试职，照例考核。”在万历年间，京官一年考核之例废除，“惟试御史，一年考核实授。试中书舍人，三年考核实授。主事署郎中、员外郎，六年考核实授。员外郎署郎中，三年考核实授”①。除了总的考核原则之外，还进行了细致的区分。

1. 在京堂上正佐官。按照总的原则，他们“考满三年、六年，俱不停俸，在任给由，不考核，不拘员数，引至御前，奏请复职”。永乐元年（1403）奏准：“太仆寺、光禄寺、通政司、大理寺、国子监、鸿胪寺、翰林院、五品以下堂上官，照例不考。”这是吏部提出上述衙门：“旧例四品以上本部不考，五品以下未有定拟。”永乐帝“命准四品以上之例”②。永乐五年（1407）奏准：“詹事府六品以上官，照太常寺等官例，亦不考，候九年奏请黜陟。”这是吏部认为：“詹事府六品以上正佐官，三年考满，宜如太常寺等衙门官例，不考，俟九年

---

① ［明］申时行等：《明会典》卷12《吏部·考核》，中华书局，1989 年，第70 页。
② 《明太宗实录》卷21，永乐元年六月秋七月戊寅条，国立北平图书馆藏红格本，1962 年，第394 页。

奏请黜陟。"①永乐帝从之,成为定例。隆庆元年(1567)议准:"六部、都察院堂上官,通政司、大理寺正官,俱随到随引,不拘员数,不候类引。其大理少卿、寺丞,左右通政、参议,及小九卿堂上官,仍候类引,另本具奏。"万历八年(1580)令:"大臣考满,俱面引单奏,遵照旧规行。"这是经过大学士张居正奏请以后所下达的敕令:"京堂官给由者,照旧规单奏面引,大选文武官员,皆于常朝面奏。"②万历十三年(1585)题准:"两京堂上官考察论劾改调者,以后任之日为始,另历给由,不许通理。若自行陈请,得旨改调者,仍许通理。"③这是万历十二年(1584)礼部详定恤典事宜中的一款,因为"诏纂入会典"④,所以成为定例。

2. 一品二品官。"凡一品二品官考满,赐羊酒钞锭。尚书、都御史六年考满,加太子少保;九年,加太子太保。吏部尚书,有三年即加太子少保,六年加太子太保者。内阁三六九年考满,应升官秩,取自上裁。其一品九年考满,或赐宴、或赐敕奖励及诰命、荫子等项,俱出特恩。或奉旨查例,议拟奏请。"⑤这是对高级官员的特殊优待,除了按例升官秩、加官衔之外,还可以有特恩,而特恩一出,便成为例。

3. 督抚官。派往各地的总督、巡抚,因都带有都察院、兵部、寺卿等官衔,在考核上也属于京官序列。最初规定:"凡督抚官考满,三年、六年满日,移咨到部,具奏复职,仍行本官知会。"嘉靖三十一年(1552)题准:"宣大、蓟辽、保定、山、陕、延、宁、甘肃各边巡抚,系佥都御史,三年,升副都,即照三品例荫子;再考,升侍郎,加从二品俸。系副都御史,三年,除本等荫子外,升侍

---

① 《明太宗实录》卷65,永乐五年三月丙子条,国立北平图书馆藏红格本,1962年,第922页。

② 《明神宗实录》卷105,万历八年十月甲子条,国立北平图书馆藏红格本,1962年,第2047页。

③ 以上未注引文见[明]申时行等:《明会典》卷12《吏部·考核》,中华书局,1989年,第70页。

④ 《明神宗实录》卷150,万历十二年六月丁卯条,国立北平图书馆藏红格本,1962年,第2791页。

⑤ [明]申时行等:《明会典》卷12《吏部·考核》,中华书局,1989年,第70页。

郎,加正二品俸级服色,再考,升部院正官,即与二品应得诰命。其以侍郎及右都御史,或尚书总督,三年考满者,侍郎升右都御史,右都御史升尚书,尚书量加宫保,再考,各于前官上递升一等,即给与应得诰命,俱要实历边俸,及边俸居三分之二以上者,转行兵部,查无地方失事,或虽曾失事而罪不掩功,方准题请。其有未及考满,别以军功蒙恩者,不在此限。有考满而各项恩典已得者,不再重加。"①这是嘉靖帝下诏"更定边方官久任升除降调格例"②,经吏部具题后成为则例。嘉靖四十三年(1564)议准:"佥都三年荫子,副都三年升正二品服俸,又三年加正二品封赠,俱要兵部查回,果有安攘之功,曾经赏赍者,临时酌拟,上请定夺。其山西、保定、陕西三边,较之七边不同,止与题请升职。以上恩典,虽曾以别项军功,蒙恩相等者,亦准重加。其历俸月日,中间如带有别俸通理者,必须边俸居三分之二以上,方得照例题请。"③这是因为"巡抚山西右佥都御史杨宗气考满,吏部拟升右副都御史,仍旧巡抚,而不及荫子,因请稍更旧法,使边臣不得援特恩以为例",所以才"更定边方督抚官考绩之例"④。隆庆五年(1571)题准:"在内部寺为督抚,在外督抚回部院,某处督抚升调某处督抚,俱候到任支俸,乃作实历。其在途、在家月日,不许一概朦胧扣算。若已升调候代,尚在地方理事者,得准实历。离任之后,截日住支,待其给由,吏部查理明白,方为引奏。"⑤这是因为一些京官被任命为督抚以后,就开始计算自己的实历,而实际上还未履任,"实未历俸,遂亦藉口命下,朦胧考满,非惟以无为有,事属欺罔,亦且迁延桑梓,旷废职业"。基于这种情况,吏部提出处理意见,隆庆帝"命查议公差升

①　[明]申时行等:《明会典》卷12《吏部·考核》,中华书局,1989年,第70页。
②　《明世宗实录》卷381,嘉靖三十一年春正月丁酉条,国立北平图书馆藏红格本,1962年,第6746页。
③　[明]申时行等:《明会典》卷12《吏部·考核》,中华书局,1989年,第70页。
④　《明世宗实录》卷534,嘉靖四十三年五月癸卯条,国立北平图书馆藏红格本,1962年,第8677页。
⑤　[明]申时行等:《明会典》卷12《吏部·考核》,中华书局,1989年,第70页。

授官员给由事例"①,最终勒定此则例。万历元年(1573)令:"以后各官考满,例该升级者,止许开具应升缘由,以俟朝廷裁予,毋得辄自定拟职任。"②顺天巡抚杨兆原本为带都察院右佥都御史衔,经过三年考满,按例应升右副都御史,"吏部照例拟升"③,万历帝允许,但提出要奏请,因此勒定此例。

4. 在京各衙门属官。洪武二十六年(1393)定,"六部、太常司、光禄司、通政司、大理寺、国子监、太仆寺、钦天监、翰林院、太医院、仪礼司属官,五军都督府、各卫军职文官,应天府首领官,并所属上元、江宁二县官,俱从本衙门正官考核"④。"六部五品以下官,太常司、光禄司、通政司、大理寺、国子监、太仆寺、钦天监、翰林院、太医院、仪礼司属官,历任三年,听于本衙门正官察其行能,验其勤惰,从公考核明白,开写称职、平常、不称职词语,送监察御史考核,本部覆考。其在京军职文官,俱从监察御史考核。各以九年通考。"这是最初定的通例,载在《诸司职掌》中。弘治元年(1488),"令各衙门属官考满,堂上官出与考语,送都察院并本部覆考。如原来考语得当,续出考语不嫌雷同不当,听覆考官从公考核。平常者引奏复职,有赃者罢黜为民。其有前考平常,后能惩艾,勉于为善者,亦宜书称。前考称职,后或放肆改节者,亦书平常,以凭黜陟"⑤。这是都察院左都御史马文升上言十五事之中所讲一事,"令六部堂上官考核属官,察其平日行能,斟酌考语,本院据以甄别称否。如本院考不称职,而捏词妄奏者,御史劾奏,谪调外任。若御史挟私妄考者,一体究治"。弘治帝"以所言多切时弊,命所司议处以闻"⑥,最终勒定该例。嘉靖二十七年(1548)奏准:"在京各衙门给由官员,堂上官务

① 《明穆宗实录》卷 58,隆庆五年六月己亥条,国立北平图书馆藏红格本,1962 年,第 1418 页。
② [明]申时行等:《明会典》卷 12《吏部·考核》,中华书局,1989 年,第 70 页。
③ 《明神宗实录》卷 18,万历元年十月庚申条,国立北平图书馆藏红格本,1962 年,第 523 页。
④ [明]申时行等:《明会典》卷 12《吏部·考核》,中华书局,1989 年,第 70 页。
⑤ [明]申时行等:《明会典》卷 12《吏部·考核》,中华书局,1989 年,第 70 页。
⑥ 《明孝宗实录》卷 10,弘治元年闰正月己巳条,国立北平图书馆藏红格本,1962 年,第 211 页。

要严加考核,从公填注贤否的实考语,封送本部,以凭覆考,案候考察年分,查照黜陟,毋得市恩避怨,含糊浮泛,以致是非颠倒,人心不服。仍行南京吏部,转行各衙门,一体遵行。"①这是吏部尚书闻渊,奉诏陈言七事之一:严考核"谓各衙门考语多溢美失真,宜令其严加品隲,毋得市恩避怨,有妨公道"②。得到嘉靖帝交部核议,最终奏准为例。隆庆二年(1568)议准:"三六九年考满官到部,仍照旧例,分别三等,不得概考称职。其平常与不称职各官,或量行别处,或请旨罢斥。"③大学士张居正上疏讲道:"乞敕下吏部严考课之法,审名实之归,遵照祖宗旧制,凡京官及外官,三六年考满,毋得概引复职,滥给恩典,须明白开具称职、平常、不称职,以为殿最。"隆庆帝"览卿奏,皆深切时务,具见谋国忠恳,该部院看议以闻"④。吏部据此议准条例,予以规范。

5. 左右春坊、司经局官。洪武二十六年(1393),以各官乃是东宫官,"系近侍官员,任满黜陟,取自上裁"。考满也与其他衙门有别,不用咨都察院及掌印官考语,"从本衙门,将本官行过事迹,并应有过犯,备细开写,送吏部考核"⑤。这些官员后来多由朝官兼任,所以没有修订则例。

6. 科道官。洪武二十六年(1393)定:"监察御史从都御史考核,给事中从都给事中考核,都给事中从本衙门,将行过事迹,并应有过犯,备细开写,送本部考核。"六科是独立的部门,且为监察官员,所以他们的考满不用咨都察院,而都察院所属首领官及监察御史等也不用咨都察院。因为"监察御史系耳目风纪之司,任满黜陟,取自上裁"⑥。正统二年(1437),因为六科都给

---

① [明]申时行等:《明会典》卷12《吏部·考核》,中华书局,1989年,第70页。
② 《明世宗实录》卷340,嘉靖二十七年九月壬辰条,国立北平图书馆藏红格本,1962年,第6194页。
③ [明]申时行等:《明会典》卷12《吏部·考核》,中华书局,1989年,第70页。
④ 《明穆宗实录》卷23,隆庆二年八月丙午条,国立北平图书馆藏红格本,1962年,第640页。
⑤ [明]申时行等:《明会典》卷12《吏部·考核》,中华书局,1989年,第70页。
⑥ [明]申时行等:《明会典》卷12《吏部·考核》,中华书局,1989年,第70页。

事中多有阙员,行在吏科给事中郑泰等奏:"今行在吏、户、礼、刑四科,俱缺都给事中,遇有给事中考满,无官考核。"①事下行在吏部核议,奏准:"给事中考满,本科如无都给事中,许掌科给事中考核。"②有了这样的规定,给事中阙员也就成为惯例。

7. 尚宝司、中书舍人。他们"系近侍官员,任满黜陟,取自上裁"。因此考满"俱从本衙门,牒呈通政司,关顺天府,呈部考核,不咨都察院"③。成化四年(1468),因为不经吏部,不经选拔、廷推和部议的传奉官过多,而传奉官大多授中书舍人,故此中书舍人黄埕等奏:"本朝置中书舍人,纪录纶命,书写诰敕,在朝廷为近侍之臣,永乐、宣德间,皆以进士、监生为之,升擢亦异。比年来,有由勋旧录用者,有由技术乞恩报效者,猥以白丁,冒居清秩,名器之滥,莫此为甚。请自今除中书舍人,一如永乐、宣德间例。"④此奏下吏部核议,最终奏准:"中书舍人九年考满称职,系进士、举人出身者升员外郎,监生出身升主事,乞恩报效出身升寺副等官。"⑤中书舍人多是荫袭者,如严嵩的孙子严绍庆才八岁,严嵩就"恩请移荫"⑥,且得到批准。既然是权贵子弟多为中书舍人,其考满也会适度调整。嘉靖三十二年(1553)议准:"中书舍人及文华、武英两殿办事中书舍人,系官恩生、儒士出身,九年考满,升寺副,带俸办事。"嘉靖四十二年(1563)议准:"中书舍人系内阁荫官出身者,九年考满,升礼部各司主事,照旧带俸办事。"嘉靖四十四年(1565)议准:"中书舍人系监生、儒士出身,九年考满,升光禄寺署正,带俸办事。"⑦万历元年(1573),

---

① 《明英宗实录》卷28,正统二年三月丁酉条,国立北平图书馆藏红格本,1962年,第558页。
② [明]申时行等:《明会典》卷12《吏部·考核》,中华书局,1989年,第70页。
③ [明]申时行等:《明会典》卷12《吏部·考核》,中华书局,1989年,第70页。
④ 《明宪宗实录》卷61,成化四年十二月辛卯条,国立北平图书馆藏红格本,1962年,第1235页。
⑤ [明]申时行等:《明会典》卷12《吏部·考核》,中华书局,1989年,第70页。
⑥ 《明世宗实录》卷381,嘉靖三十一年春正月壬寅条,国立北平图书馆藏红格本,1962年,第6748页。
⑦ [明]申时行等:《明会典》卷12《吏部·考核》,中华书局,1989年,第71页。

通政使司带俸右参议、文华殿中书夏范，"九年考满，取自上裁"①，被升为正四品服俸，因此题准："两殿中书官，升至正五品而止，再有年劳，止许加升服俸。"②

8.国子监官。实行九年考满制，一般不升迁到其他衙门。宣德四年（1429），北京国子监助教王仙提出："今国子监博士、助教，从八品，三考任满称职，止加从七品俸，俾之复职，散官仍旧，及至六考，任满称职，又不加俸升用，老于学官，情实可悯。"宣德帝认为："自今国子监博士、助教，考满称职者，必升用。"③然而在具体实施上还有阻力，宣德五年（1430），北京国子监博士汪奉、许子谟升"翰林院检讨，仍理博士事"，吏部就提出"国子监官九载考满者，但复职增俸"。宣德帝坚持升迁，并且说："若教官中有学术才识出众者，尤当不拘资格拔擢，勿谓儒者不可用。"④进而下令："学行端悫者、量加翰林史职、仍理教事。"⑤在正德年间，还议准国子监官考满加俸。

9.钦天监、太医院属官，鸿胪寺通事官。这些官"俱从礼部考核，咨送吏部"。洪武四年（1371），吏部提出："钦天监司历杨野、俞钧，职专司天，非常选官之比，宜令久任，非奉特旨，不得升调。"⑥朱元璋批准，他们不考满，但以后"俱照例考满"⑦。洪武十四年（1381），定考劾之法时就规定："太医院、钦天监及王府官不在常选。任满黜陟，俱取自上裁。"⑧洪武二十六年（1393），成为定例。成化十四年（1478）令："译字、通事、序班等官，九年考满，无相应

①　《明神宗实录》卷13，万历元年五月己亥条，国立北平图书馆藏红格本，1962年，第431页。
②　[明]申时行等：《明会典》卷12《吏部·考核》，中华书局，1989年，第71页。
③　《明宣宗实录》卷58，宣德四年九月乙卯条，国立北平图书馆藏红格本，1962年，第1382页。
④　《明宣宗实录》卷70，宣德五年九月甲寅条，国立北平图书馆藏红格本，1962年，第1649页。
⑤　[明]申时行等：《明会典》卷12《吏部·考核》，中华书局，1989年，第71页。
⑥　《明太祖实录》卷62，洪武四年三月癸卯条，国立北平图书馆藏红格本，1962年，第1198页。
⑦　[明]申时行等：《明会典》卷12《吏部·考核》，中华书局，1989年，第71页。
⑧　《明太祖实录》卷139，洪武十四年十月壬申条，国立北平图书馆藏红格本，1962年，第2197页。

员缺者,升授别衙门职事带俸,仍于本衙门办事。"此例似乎与钦天监、太医院无关,但这两个衙门也有这些官,所以嘉靖二十一年(1542)题准:"两京钦天监、太常寺、太医院属官,及译字、通事等官,九年考满,有应升之缺者,照例升职。无应升之缺,而原缺见在者,升俸二级,仍以旧职办事,原缺不补。若系额外冗员,并无见缺可升,而原缺又已补者,照例搭选,不许牵合比例,添注带俸。若译字、通事,例难改选者,候挨次照缺升补。"嘉靖二十二年(1543)题准:"太医院属官,三六九年考满,先送礼部填注考语,转咨吏部。违越者,礼部参究。钦天监、鸿胪寺通事官,俱照此行。"不久又题准:"吏目九年考满,应升御医者,行礼部查回,应否升补,方与题请。其原系署职者,九年考满,止题实授。"①这里明确礼部在钦天监、太医院属官,鸿胪寺通事官考满过程中的作用既有填注考语之责,又有参究之责。

10.行人司官。洪武十三年(1380)置设行人一,秩正九品,左、右行人各一,秩从九品。洪武十六年(1383)吏部奏定考核之制,行人司正官从本衙门以应考。洪武二十二年(1389),"命孝廉、茂才年四十以下者,于行人司差遣,以试其才"②。洪武二十五年(1392),"升行人司正为正七品,左右司副为从七品,行人为正八品,凡设官四十员,咸以进士为之"。由此行人司独立地位确定,"凡赍捧诏赦、奉使外夷、谕劳、赏赐、祭祀、征聘贤才、赈济军务、整点军马等事,则遣之,余非奉旨,诸司不得擅差而行人之任重矣"③。建文年间曾经废除行人司,永乐帝即位后恢复,有额定行人345人。洪武二十六年(1393)定:"行人以一年为满,从本司正官考核,分豁称职、不称职,呈送礼部,转送本部覆考。称职者,于从九品内升用;不称职者,于未入流品官内叙

---

① [明]申时行等:《明会典》卷12《吏部·考核》,中华书局,1989年,第71页。
② 《明太祖实录》卷196,洪武二十二年六月辛亥条,国立北平图书馆藏红格本,1962年,第2948页。
③ 《明太祖实录》卷232,洪武二十七年三月戊申条,国立北平图书馆藏红格本,1962年,第3389页。

用;有过,罚差一年。其正官,从本衙门,将行过事迹,并应有过犯,备细开写,送本部考核。"在万历时,行人一年考核制废除,改为"行人仍以三年为满,从本司正官考核,呈送礼部,转送吏部,咨都察院,行河南道考核,牒回覆考。司副,与正官同,止本部考核,不咨都察院"。

11. 京府治中通判推官。京府治中正五品,通判正六品,推官从六品,乃是佐贰官。洪武二十六年(1393)定:"应天府五品以下官,从都御史考核。"永乐年间,北平改为顺天府,自此有二京府。万历年间改为"俱从本府正官考核,呈部,咨都察院堂上官考核,咨回核考"。

12. 公差官员。明代差遣官员很多,诸如管理各边粮草屯种,管理河道、砖厂、钞关、闸坝,以及漕运、理刑、提学御史、巡按等。这些官"不得赴京,具呈该衙门,将行过事迹,并考语咨部,应行河南道者,候牒回覆考具题,就彼复职管事。其巡按审录,并各钞关洪闸等差,俱候事完,赴部补考"。嘉靖四十五年(1566)议准:"南直隶印马、屯田御史,云南、贵州、广东、广西、福建、四川巡按御史,不拘三六年,若满期已过,差事未完,不得赴京。及南北各差未完,而考满及期,遇有升迁事故者,俱许具由呈部。在京者听都察院考核,在南京者听南京部院考核,移咨吏部覆考具题,应得恩典,一体请给。其余各差御史,仍照旧例,事完回京补考。"①隆庆五年(1571),吏部提出在外公差"藉口命下,朦胧考满"的问题,隆庆帝命"查议公差升授官员给由事例"②,勒定"云贵、两广、福建、四川审录郎中等官,许就差考满,具由申部。其余省分审录官,仍照例,事完回京补考"。"公差官员考满到部,正限内准作实俸,若违限日久,应送问者,照例送问。其未及送问者,正限之外,俱作虚旷。在差升任者,必到任之日,方准实俸。如有假捏月日,朦胧考满者,俱听吏部参

① ［明］申时行等:《明会典》卷12《吏部·考核》,中华书局,1989 年,第71 页。
② 《明穆宗实录》卷58,隆庆五年六月己亥条,国立北平图书馆藏红格本,1962 年,第1418 页。

究,罢职不叙。"万历五年(1577)令:"各边管粮郎中,三年满日,回部考察无过,方许复职。"①万历八年(1580),"户部因差主事侯世卿②,往管淮安府常盈仓,遂请照各边管粮例,将本仓及徐州、临清、德州、天津管理主事,俱以三年为限,久任以便责成"③。吏部因此题准:"徐、淮、临、德、天津,各管仓官,差内如遇三年考满,照各边管粮官例,将行过事迹,具呈该部,咨送吏部类考,行令就彼复职。"④又因为"近来朝廷功令,各抚按官通不着实奉行,曲庇属官,扶同欺罔,其奏缴文册,不过纸上虚文,何足凭据,乃命差忠实明敏司属一员,严查以报"⑤。于是差户部郎中梁承学前去严查,查出"各官捏报招垦虚数,罔上要功"⑥,皆予以降级处分。

13. 兵马司官。中、东、西、南、北五城兵马指挥司,各设正六品指挥一人,正七品副指挥四人,吏目一人,掌管"巡捕盗贼,疏理街道沟渠及囚犯、火禁之事。凡京城内外,各画境而分领之。境内有游民、奸民则逮治。若车驾亲郊,则率夫里供事"⑦。弘治三年(1490)题准:"先赴兵部考核,咨送吏部,行河南道考核,牒回覆考。"⑧

14. 京卫首领官。京卫有上直卫 26 个,即洪武年间设置锦衣、旗手、金吾前、金吾后、羽林左、羽林右、府军、府军左、府军右、府军前、府军后、虎贲左12卫。永乐中设置金吾左、金吾右、羽林前、燕山左、燕山右、燕山前、大兴

---

① [明]申时行等:《明会典》卷12《吏部·考核》,中华书局,1989年,第71页。
② 侯世卿(1535—1604),字国辅,号贞轩,武强县人,隆庆二年(1568)进士,历官府推官、知府、郎中、兵备道、按察使、布政使等官。
③ 《明神宗实录》卷100,万历八年五月己卯条,国立北平图书馆藏红格本,1962年,第1985~1986页。
④ [明]申时行等:《明会典》卷12《吏部·考核》,中华书局,1989年,第71页。
⑤ 《明神宗实录》卷100,万历八年五月己卯条,国立北平图书馆藏红格本,1962年,第1985~1986页。
⑥ 《明神宗实录》卷111,万历九年四月乙巳条,国立北平图书馆藏红格本,1962年,第2122页。
⑦ [清]张廷玉等:《明史》卷74《职官志三》,中华书局标点本,1974年,第1814页。
⑧ [明]申时行等:《明会典》卷12《吏部·考核》,中华书局,1989年,第71页。

左、济阳、济州、通州 10 卫,宣德八年(1433)设置腾骧左、腾骧右、武骧左、武骧右 4 卫。"番上宿卫名亲军,以护宫禁,不隶五都督府。"①此外还有隶都督府的 33 卫,京卫非亲军而不隶都督府者 15 卫。各卫首领官属于文职,其考满"系上直卫所,径送。属五府由该府起送,赴部考核"②。

15. 京县管马官。京县指大兴、宛平、上元、江宁,各有主簿一人为管马官,他们考满"咨兵部,转行太仆寺,查马数,回日发落"③。

16. 两京所正、所副、所丞、大使、副使、司狱、杂职等官。在北京、南京的营缮所、文思院、皮作局、颜料局、宝源局、鞍辔局、军器局、节慎库、织染所、杂造局、抽分竹木局、提举司、柴炭司、司狱司等官,"例不考核,查俸明白,引奏复职。至九年考满,升一级"④。

17. 内府各衙门工匠出身官员。这些官也实行九年考满,但"俸职俱不升"。弘治年间,因为大兴土木,许多工匠被传升为官,导致国库空虚,弘治十六年(1503),户部会同文武大臣及科道官,议上足国裕民之策十二事中讲道:"宜将诸司传升官,不系勋戚荫叙定员者,通查具请,量为裁革,及匠官年老残疾,或艺业不精者,俱放回闲住,存留者支与半俸,匠役除原额外,收新收者尽革退。"⑤因此"令匠艺官三年六年,俱免赴吏部考满。年老者,工部径自施行,待其九年,方许给由一次,吏部验有衰老不能供事者,著令应替之人替役,年貌未衰者,照旧复职"⑥。

18. 两京神乐观、道录司、僧录司官。两京"僧、道录司掌天下僧道"。"神乐观掌乐舞,以备大祀天地、神祇及宗庙、社稷之祭,隶太常寺,与道录司

① [清]张廷玉等:《明史》卷76《职官志五》,中华书局标点本,1974 年,第 1860 页。
② [明]申时行等:《明会典》卷12《吏部·考核》,中华书局,1989 年,第 71 页。
③ [明]申时行等:《明会典》卷12《吏部·考核》,中华书局,1989 年,第 71 页。
④ [明]申时行等:《明会典》卷12《吏部·考核》,中华书局,1989 年,第 71 页。
⑤ 《明孝宗实录》卷 198,弘治十六年四月丁未条,国立北平图书馆藏红格本,1962 年,第3660 页。
⑥ [明]申时行等:《明会典》卷12《吏部·考核》,中华书局,1989 年,第 71 页。

无统属。"①他们"例不考核,九年考满,具奏复职,照旧供事"②。

19. 各带俸官。带俸官是仅食该官的俸禄而不管事的官,武职带俸者多,文职带俸者少,在成化年间,因为滥受传奉官过多,成化十六年(1480)题准:"本衙门查有相应员缺,照该升品级升补,如无,亦升别衙门相应职衔,仍带俸管事。"③正因为如此,出现了"一署有数百员带俸者,计其大数无虑百千"④。弘治以后,文职带俸官逐渐减少,但作为制度,终明之世一直存在。

20. 京官三年六年考满。按照规定:"俱不停俸,在任给由。命下之日为始,连闰但足三十六个月或三十七个月,俱准一考。多历、少历,俱参问。满后三月,无故不给由者,参问。公差准理。"⑤这里明确考满时间的计算,是从任命之日起,以三年通算,考完之后,三个月内吏部必须给由。公差也按照此计算。

21. 京官推选改授。这类官员"品级相等而支原官俸给者,考满俱准通理"。嘉靖四十年(1561),因为"翰林院讲读学士、春坊谕德,品级相同,得准通转俸历考满"⑥。

22. 考满京官候审引间。"如升两京别官品级不同,及升迁外任者,俱不与引奏,止类付三司知会。如原系署员外郎主事,升署郎中事主事者,仍照旧引奏。如先系署职,得升实授者,不准。"

23. 在京给由官员。"不拘升俸、住俸、罚俸,俱以见任职事,所历月日,准作实历。"

24. 在京致仕、闲住、为民、起用复任官。"旧例以后任历俸日为始,另历

---

① [清]张廷玉等:《明史》卷74《职官志三》,中华书局标点本,1974年,第1817页。

② [明]申时行等:《明会典》卷12《吏部·考核》,中华书局,1989年,第71页。

③ [明]申时行等:《明会典》卷12《吏部·考核》,中华书局,1989年,第71页。

④ 《明宪宗实录》卷247,成化十九年十二月甲申条,国立北平图书馆藏红格本,1962年,第4187页。

⑤ [明]申时行等:《明会典》卷12《吏部·考核》,中华书局,1989年,第71页。

⑥ [明]申时行等:《明会典》卷12《吏部·考核》,中华书局,1989年,第71页。

三年给由。正德六年,令前后历俸,俱准通理。"

25.京官原系考满升俸者。"即同见任,照俸扣满,其余不准。病痊支俸者,只算实俸,其患病住俸月日,不准。"

26.京官年七十以上。"不论三六九年考满,俱不考核,行令致仕。系堂上官,亦不引奏,特具本奏请,取自上裁。惟钦天监例不致仕,仍引奏复职。"

27.南京堂官。两京制出现以后,南京堂官考满事宜要由北京负责。永乐五年(1407)奏准:"考满日停俸,赴京给由。"给嘉靖四十五年(1566)题准:"今后南京各堂上官,虽遇考满之期,必须本衙门见有堂官在任,方许给文赴京。如无堂官,各先具由,移咨本部知会,候有官接管,然后起行。"

28.南京各衙门属官。成化二十一年(1485)题准:"俱南京吏部、都察院考核,停俸赴京给由,吏部类引复职,给凭还任。"成化二十二年(1486)奏准:"南京各衙门属官、首领官,三年九年考满,照例赴京听引。其六年考满,从南京吏部考核,具由类奏复职,免其赴京。其赴京考满官员,以给文日为始,除水程四十日外,扣违四个月之上参问,虽有事故,亦不准理。"嘉靖三十四年(1555)题准:"南京官考满给文,将及三年,未到部者,吏部查参,冠带闲住。"万历七年(1579)题准:"南京官三九年考满官员,行至中途,或丁忧患病回籍,服满病痊,起文到部者,候复除之日,准补给由。"万历十二年(1584)题准:"南京官公差到京复命,已准复职,计其回任半年之内,遇应考满者,比照朝觐事例,免其赴京,从南京吏部、都察院考核,咨部题覆。"①

以上28项是京官考满细则,可以看出自朱元璋勒定考满制度以来,基本上没有变化,所增加的则例都是根据当时的情况,略做修订。京官考满有一定的呈式,其履历及考语都书写得明明白白。如《许观考满呈式》:

---

① ［明］申时行等:《明会典》卷12《吏部·考核》,中华书局,1989年,第71~72页。

翰林院修撰许观,年三十三岁,系直隶池州贵池县在城民籍。由本县儒学生员,洪武十七年岁贡考试中式,送国子监读书。当年中应天乡试,为丁父忧不曾会试。洪武二十一年十月间起复,仍送国子监读书。洪武二十四年二月内礼部会试中式,三月初十日殿试,赐进士及第,当月十七日除授翰林院编修,洪武二十五年除授翰林院修撰。洪武二十五年八月二十三日闻祖母丧,承重丁忧。洪武二十七年十一月二十三日服满,洪武二十八年正月内到部,□□日复除原职。至洪武二十九年八月□日,实历俸三十七个月,已是三年考满,例应考核。今将任内行过事迹,有无过名开坐,须至呈者。一,事迹:撰述文字,检阅经史,撰写刑部等衙门榜文,编写《诸司职掌》,编写《省贪》等录,考试岁贡生员,考国子监每季课业,清理军职贴黄,注销各衙门前件。一,过名:无。本院学士刘三吾署考云:修撰许观,发身科第,擢居翰林,器局疏通,莅事勤谨,在位三年,可谓称职。①

许观②在建文时受到重用,为右侍中,朱棣靖难之役后进京,以许观为文职奸臣第六,金川门失守后,许观投江自杀身死,此《考满呈式》在万历年间得自其后裔,当时有两个人自认为是许观后裔,各持世系,因为有此呈式而被确认为真。这也是现在保留不多的《考满呈式》,以此可见京官考满之一斑。

二、外官考满[附王府官]

外官是指布政司、按察司、府、州、县等行政机构,以及行太仆寺、苑马

----

① [清]谈迁:《枣林杂俎·逸典·许观考满呈式》,中华书局,2006 年,《元明史料笔记:枣林杂俎》第 27~28 页。

② 许观(原名黄观),洪武中贡入太学。洪武二十四年(1391)状元,累官礼部右侍郎,建文时任右侍中,燕王入京,列为奸臣。

寺、都转运盐使司、盐课提举司等专务机构的官员。外官每考的历俸月日与京官是相同的。他们除特殊情况外,一般每考都要赴京接受考核。

1. 布政、按察二司官。洪武二十六年(1393)定:"各处布政司、按察司首领官、属官,从本衙门正官考核。按察司首领官,从监察御史考核。布政司四品以上,按察司五品以上,俱系正官、佐贰官,三年考满,给由进牌,别无考核衙门,从都察院考核,本部覆考,具奏黜陟,取自上裁。"弘治间定:"布政司堂上官,仍咨送都察院考核。按察司堂上官,径赴都察院考核,俱吏部覆考。首领等官,从河南道考核,功司覆考。"①

2. 边方兵备副使、佥事。副使、佥事本是按察司的副职,有巡察之责,在社会矛盾加剧的时候,以副使、佥事整饬兵备,其"时间应该在天顺六年三月至天顺八年二月之间"②。因为其职权特殊,既是按察司派出人员,又对巡抚及兵部负责,因此在考满上也有特殊规定。嘉靖四十五年(1566)题准:"吏部转行兵部,查其操练、修筑、屯种,果有成效、隄备、调遣,果无疏失者,升二级,照旧供职。平常者,照常迁叙。"③

3. 管屯副使、佥事。乃是按察司副职专管屯田事宜,而以前考满则按照按察司官的标准。天顺四年(1460),户部提出:"各处管屯副使、佥事,职专管屯,别无问因催办事务,及至三年六年九年考满到部,不将该管屯粮已未完结数目开报本部查理,止凭牌册虚文,考作称职,复任升除,以致屯粮负欠,欲移文吏部、都察院,今后遇有管屯副使、佥事考满到部,务要将任内该管屯田数目,移文该部查理。"④因此奏准:"将任内该管屯田数目,移文该部查理。如果完结,考作称职。不完,考平常。"

---

① 以上引文见[明]申时行等:《明会典》卷12《吏部·考核》,中华书局,1989年,第72页。
② 方志远:《明代国家权力结构及运行机制》,科学出版社,2008年,第315页。
③ [明]申时行等:《明会典》卷12《吏部·考核》,中华书局,1989年,第72页。
④ 《明英宗实录》卷315,天顺四年五月甲辰条,国立北平图书馆藏红格本,1962年,第6595页。

4. 行太仆、苑马二寺卿丞。原本没有考核衙门，永乐三年（1405）令："行太仆寺从都察院考核，吏部覆考。"永乐八年（1410）奏准："北京、辽东、陕西、甘肃等处苑马寺卿丞等官，依行太仆寺官例考核。主簿从本寺考，仍送都察院河南道考核，吏部覆考。其属官监正、监副、录事，止于各寺考。圉长，从本监本寺官考核。俱吏部覆考，仍行兵部，稽其所养马数升降。其九年考满者，先以缺申部，候代官至，方许给由。"①随着巡抚的普遍设置，行太仆寺、苑马寺的事务多被干预，弘治十五年（1502），都察院右副都御史杨一清督理陕西马政，所下敕书云："巡抚、巡按等衙门，不得干预尔职；寺监官员，惟尔所统，不许各衙门凌辖。"②因此"令考察行太仆寺、苑马寺官，不必会同布、按二司，各寺官果有才行超卓者，一体推举升用"③。

5. 盐运司官。两淮、两浙、长芦、河东、山东、福建各盐运司，四川、广东、海北、云南黑盐井、白盐井、安宁、五井各盐课提举司，陕西灵州盐课司，江西南赣盐税，都归户部管辖，但都在地方，故此洪武十四年（1381），定考劾之法时，"其茶马司、盐马司、盐运司、盐课提举司并军职首领官任满，俱从布政使司考劾，仍送提刑按察司覆考"④。洪武二十六年（1393）定："盐运司首领官、属官，从本衙门正官考核。盐课提举司正官至首领官任满，俱送本处布政司正官考核，仍送本处按察司覆考。盐运司五品以上正佐官，别无考核衙门，从都察院考核，吏部覆考。"⑤永乐八年（1410），吏部提出："盐运司判官

① 以上引文见[明]申时行等：《明会典》卷12《吏部·考核》，中华书局，1989年，第72页。

② 《明孝宗实录》卷194，弘治十五年十二月辛酉条，国立北平图书馆藏红格本，1962年，第3580页。

③ [明]申时行等：《明会典》卷12《吏部·考核》，中华书局，1989年，第72页。

④ 《明太祖实录》卷139，洪武十四年十月壬申条，国立北平图书馆藏红格本，1962年，第2198页。

⑤ [明]申时行等：《明会典》卷12《吏部·考核》，中华书局，1989年，第72页。

考核事例,职掌未载,请依本司堂上官例。"①万历年间,"两淮、长芦,径具由赴部,咨送都察院考核,吏部覆考。其山东、两浙、福建、河东、陕西运司,并各处市舶、盐课提举司,俱由布、按二司考核,申部覆考,不送都察院。仍各行户部,稽查钱粮明白,至日发落"②。

6. 府州县官。"府正官,从布、按二司考核。府州佐贰、首领官,及所属州县大小官,卫所首领官,从府州正官考核。县佐贰、首领官及属官,从县正官考核。俱经布、按二司考核,功司覆考。"府州县官是明朝考核的重点,故出台的则例较多。洪武元年(1368)令:"各处府州县官,以任内户口增,田野辟为上,所行事迹,从监察御史、按察司考核明白,开坐实迹申闻,以凭黜陟。"洪武二十六年(1393)定:"在外有司府州县官,三年考满,先行呈部,移付选部作缺铨注,司勋开黄,仍令给由。其见任官,将本官任内行过事迹,保勘覆实明白,出给纸牌,攒造事迹功业文册,纪功文簿,称臣金名,交付本官,亲赍给由。如县官给由到州,州官当面察其言行,办事勤惰,从实考核,称职、平常、不称职词语。州官给由到府,府官给由到布政司,考核如之。以上俱从按察司官覆考,仍将考核覆考词语,呈部考核,平常、称职者,于对品内别用。不称职,正官、佐贰官黜降,首领官充吏。"洪武三十五年(1402),也就是建文四年,各处守城及有司官次第来朝,永乐帝"令有司官三年考满到部,考核称职、平常者俱复任,九年通考,不称职者,依例降用"③。宣德五年(1430),山西按察使张政言:"所属府州县官,有当考满,而任内税粮未完,淹久不能赴部,难以作缺铨注,多委杂职权署,人不听从,岂能集事,亦虑各处皆然。乞敕吏部,凡天下官三年六年满者,俱令赴部给由回任,所欠税粮,立

①　《明太宗实录》卷111,永乐八年十二月甲寅条,国立北平图书馆藏红格本,1962年,第1424页。

②　[明]申时行等:《明会典》卷12《吏部·考核》,中华书局,1989年,第72页。

③　以上引文见[明]申时行等:《明会典》卷12《吏部·考核》,中华书局,1989年,第72页。

限追征,不完者,如律究问。九年考满者,就便铨注,任内钱粮完足,方许给由,庶官无旷职,事无废弛。"①宣德帝交部会议,然后奏准:"天下官员三六年考满者,所欠税粮,立限追徵。九年考满,任内钱粮完足,方许给由。"②正统三年(1438),因为"山东、山西、河南布政司,并顺天、真定等府,停征逃户刍粮不下三百余万,恐误军饷",移文"巡抚、巡按官,严督各司府县,用意招抚复业"③。因此勒定:"有司亲民官员,给由牌内,须开写任前并任内逃民数目,及招抚复业多少,以凭黜陟。"④弘治二年(1489),吏部尚书王恕⑤等以灾异言七事之一有"在外考满官员,该属上司考核,其不开称职、平常、不称职字样者,例案候行查,俟回报至日,有司官引奏覆职,教授官具奏入选,恐难于守候。请令今后有司官,虽不开称否等字样,其词语内但有勤能端谨等字,即以称职论;有颇可等字,即以平常论;有无为无守、误事懒惰字,即以不称论。初考二考,不必查,即引奏复职。三考仍候行查,至日定夺"⑥。经过吏部会议,奏准:"有司官考核词语,虽不开称职、平常、不称职字样,初考二考,就与定称否,引奏复职。三考,仍候行查定夺。全无考核词语者,行查。差错官吏,俱照例参问。"⑦弘治十六年(1503)吏科右给事中徐昂认为:"在外考满官,宜如旧制,从吏部量黜陟,不必如近例,送户部查理钱粮,以致官务追征,民受其害。"⑧吏部会议奏准:"凡天下官员三六年考满,务要司考府,

---

①　《明宣宗实录》卷71,宣德五年冬十月癸酉条,国立北平图书馆藏红格本,1962 年,第 1662 ~ 1663 页。

②　[明]申时行等:《明会典》卷12《吏部·考核》,中华书局,1989 年,第 72 页。

③　《明英宗实录》卷41,正统三年夏四月庚午条,国立北平图书馆藏红格本,1962 年,第 804 页。

④　[明]申时行等:《明会典》卷12《吏部·考核》,中华书局,1989 年,第 72 页。

⑤　王恕(1416—1508),字宗贯,号介庵,三原人,正统十三年(1448 年)进士,选庶吉士,官至吏部尚书,有《王端毅公奏议》行世。

⑥　《明孝宗实录》卷28,弘治二年七月癸未条,国立北平图书馆藏红格本,1962 年,第 633 页。

⑦　[明]申时行等:《明会典》卷12《吏部·考核》,中华书局,1989 年,第 72 页。

⑧　《明孝宗实录》卷200,弘治十六年六月戊申条,国立北平图书馆藏红格本,1962 年,第 3710 页。

府考州,州考县,但有钱粮未完者,不许给由。其给由到部,不系九年者,不许送户部考核。"万历元年(1573)奏准:"今后外官考满到部,行户部查勘钱粮,完过八分以上者,方准考满。不及分数者,不准。"从以上则例变化,可以看到府州县官从实政考核向专项考核的发展,但也伴随着政治腐败,弄虚作假之风日甚一日。

7. 直隶有司官。南北直隶的府州县官,洪武时只有南直隶,其"州县官考核如例,其府官给由,送监察御史考核,本部覆考类奏"。以后则分为南北直隶,因此弘治年间定:"南北直隶府州正佐官,及卫首领官,无上司所辖者,考满到部,俱送河南道考核,牒回功司覆考。系清军者,兵部稽考清解军数。管马者,兵部行太仆寺稽考马数。管粮及带办商税者,户部稽考有无拖欠。俱待移咨到日,方准引奏。"①这是与其他布政司府州县官的不同之处,他们不必经过布政司考核,且可根据所管事务,要兵部、户部稽考。

8. 边海管粮官。明代各布政司参政、参议有派管粮储者,各府有管粮同知、通判,各州县有管粮州同、州判、县丞、主簿,还有专门派遣官粮的郎中与通判等官。正统七年(1442),"山东按察司佥事张清奏:登州府宁海州判官张斌,莱州府即墨县县丞张志哲,俱沿海收粮,今三年考满,乞留莅事,俟九年通考赴部。上谕吏部从之,仍令各沿海府州县收粮官,俱如例"②。正统十年(1445),经吏部奏准:"沿海收粮官三年六年考满,俱留办事,候九年通考赴部。"③嘉靖三年(1524),在上圣母尊号诏告天下推恩事宜条例中有:"内外卫所军士月粮,多被该管官旗,假以公用为名,扣除克减,以致军士不得全支,及在外沿边收粮官攒人等,通同势要亲属包揽,插和沙土糠秕,虚出通

---

① 以上引文见[明]申时行等:《明会典》卷12《吏部·考核》,中华书局,1989年,第72页。

② 《明英宗实录》卷88,正统七年春正月已卯条,国立北平图书馆藏红格本,1962年,第1766页。

③ [明]申时行等:《明会典》卷12《吏部·考核》,中华书局,1989年,第72页。

关,致令仓廪空虚,所司风宪官,访察拿问追究,治以重罪。"①吏部据此奏准:
"管理边粮通判考满,抚按定拟,每员应该收粮石数,守支尽绝,给由到部,考
核称职,照各边收粮判官、经历事例,改选腹里,以均苦乐。若别无罪过,而
经手钱粮石数,有未完足者候六年考满,量为更调。"②

　　9. 远方官。云贵、两广及边远民族地区的官员,称为远方官。洪武十六
年(1383)奏准:"两广所属有司官,地有瘴疠者,俱以三年升调。虽系两广而
无瘴疠者,仍以九年为满。福建汀、漳二府,湖广郴州,江西龙南、安远二县,
地亦瘴疠,一体三年升调。"洪武二十六年(1393)定:"云南有司官员任满给
由,一体考核,不称职者黜降,缘系边方,具奏复任,九年通考。"弘治三年
(1490)奏准:"云南、贵州地方官,除方面知府外,同知以下,并军职衙门首领
官,三年六年考满,许赴本布政司给由。"弘治五年(1492)奏准:"云南所属
官,三年六年,不行赴本布政司给由,不缴牌册到部者,亦照例送问。"

　　10. 在外大小官员。正统五年(1440)令:"除教职、阴阳、医学外,俱照洪
武年间定制,即便离职,依限给由赴京考核。其牌册内,满后有开支俸管事
者,不准。"③弘治二年(1489),吏部尚书王恕等以灾异言七事之一有:"旧
例,考满官历仕六年,止开三年事迹,给由者参问,讫准作三年考满,仍令回
任,补造六年考满牌册给由,不无往返之难。今后考满官,有历任六年,止开
三年事迹给由者,请免参问,亦不必补造牌册,候九年考满,通将前六年事
迹,攒造牌册给由,庶人可遵守。"④因此"弘治二年,令外官历任六年,止具三
年事迹给由者,免其参问,准作三年考满,亦不补造六年牌册,候九年考满,
以六年事迹,再造牌册给由"。弘治五年(1492)奏准:"凡历任三年六年,虽

---

① 《明世宗实录》卷38,嘉靖三年四月癸丑条,国立北平图书馆藏红格本,1962 年,第 968～969 页。
② [明]申时行等:《明会典》卷12《吏部·考核》,中华书局,1989 年,第 72 页。
③ 以上引文见[明]申时行等:《明会典》卷12《吏部·考核》,中华书局,1989 年,第 72 页。
④ 《明孝宗实录》卷28,弘治二年七月癸未条,国立北平图书馆藏红格本,1962 年,第 634 页。

有专责占差,必须一次给由,违者送问。若有例前纳米,曾经缴报牌册到部者,不在此限。"弘治十三年(1500)以星变修省,"令在外大小文职,若九年已满,托故在任久住,不行赴部,及不申缺者,参问,放回闲住"。并且制定条例:"凡在外起送考满官,俱要合干上司查勘明白,一一具结,如无一处印信保结者,行查。""凡牌册内,不填小日,不佥名,不称臣,该吏背书不画字,勋司驳送功司纪录,年终类奏。""凡公文批牌内,不开除授到任考满年月日期,增减十岁以上,户口无新增,俸月多历少历,不开前任事迹,隐匿过名,及纸牌不填字号,漏用印信,批咨申结内,洗改为事丁忧、患病痊可、年月紧关字样者,俱参问。少历者,复除补辏,若增减不及十岁,差错籍贯、出身、除授、复任年月日,不署职,背书该吏名缺不开报,及丁忧、起复、复除,共辏九年,不开前后备细俸月者,俱准改正。"

嘉靖二十五年(1546)奏准:"今后在外司府方面以上给由官员,除边方军马重大,灾伤紧急者,许抚按合词奏留,就彼复职。其余专职常员,地方细故,不许一概任情轻渎。即有事出一时,委难离任者,止令暂留管事,事宁之日,仍要给由赴部。"嘉靖四十二年(1563)题准:"在外三六年考满官员,除方面府佐,照旧赴京,有事地方,照旧保留外,其府州县正官给由,免其赴京,听抚按考核具奏,牌册差人赍缴。州县佐贰,司府卫首领,及教官、杂职等官,三六年考满,俱赴各该上司,从公考注称职、平常、不称职三等,转详抚按,年终类题,册报部院覆考。"①从嘉靖年间增加则例来看,此时的巡抚、巡按的地方化与制度化已经基本完成。"巡抚一方面总揽一省军政,被视为'封疆大吏',另一方面,又必须作为地方长吏接受巡按代表中央所进行的纠举督察。"②制度赋予抚按考核方面及府州县官的权力,此后的地方考核,抚按就

---

① 以上引文见[明]申时行等:《明会典》卷12《吏部·考核》,中华书局,1989年,第73页。
② 方志远:《明代国家权力结构及运行机制》,科学出版社,2008年,第294页。

是关键的人物,其中利弊参半,后文有论及。

11. 外官历俸。官员任职的资历。弘治三年(1490)奏准:"给由官员历俸一百八个月,或一百十个月,俱准九年考满。若多历、少历者,俱参问。少历一月以上者,问罪补任。未及一月者,若任内钱粮等项完结,亦照例问罪,免其补任。如有未完事件,须回任完结,方许给由。"①张居正辅政时期,推行"考成法",但"考成法不是孤立存在和单独发挥作用的,它之能取得重大成效,尚有其他措施的配合,特别是在修订和补充有关吏治法律条例方面,以张居正为首的内阁作了不少工作,使相关律令趋于完善"②。如万历十年(1582)议准:"在外降俸官员,除钱粮不完,积谷不及数,被盗失囚者,待追完捕获,抚按官具奏开复。内有灾疫难完,及擒获别贼,亦听抚按官照例题请。其余他事诖误,容令历过三年满日,申请给由。抚按考核平常、不称,即行议处。称职准赎,先与奏复原俸,然后给文考满。其三年满后降俸者,抚按查果称职,酌量具奏。若迁官事发,著于升任内扣降者,虽系粮谷不完,被盗失囚等项,既经离任、亦照诖误之例。"又题准:"在外罚俸官员,考满及期,必扣除月日,另历补足,抚按官方与起送,或保留。其罚俸月日,以题奉钦依之日为始,不得以文书未到为辞。失囚、失盗、粮谷不及分数者,未奉处分,不得遽行起文。"③

12. 给由限期。按照一般给由规定,在考满之后,吏部应该三个月内给由,但外官因地理的原因,公文往返需要时日,因此立有程限。《大明律》吏律·职制·官吏给由条规定:"凡各衙门官吏给由到吏部,限五日付勘完备,以凭类选铨注。若不即付勘完备者,迟一日,吏典笞一十,每一日加一等,罪

---

① [明]申时行等:《明会典》卷12《吏部·考核》,中华书局,1989年,第73页。
② 韦庆远:《张居正和明代中后期政局》,广东高等教育出版社,1999年,第524页。
③ [明]申时行等:《明会典》卷12《吏部·考核》,中华书局,1989年,第73页。

止笞四十。首领官减一等。"①律内没有讲具体程限,要视情况而定。弘治年间定:"南直隶并浙江等布政司,俱一年零二个月,北直隶八个月。"正德四年(1509)奏准:"以给批日为始,系任满者,违限一年之上送问,二年之上发回原籍致仕。系三年六年给由者,四个月之上送问,一年之上发回原籍致仕。"嘉靖二十一年(1542)奏准:"三年六年考满,不依期限到任者,照朝觐例,过限一月之上,问罪申报。二月之上,送部别用。三月之上,罢职不叙。监司容隐不举,同罪。"万历四年(1576)题准:"在外有司官,满后不计闰,扣违年半之上,方才投文到部者,不准考满。系三年者,候六年再考。六年者,候九年通考。"万历十二年(1584)题准:"外官满后,务于半年之内给文,除各该水程外,定限十月到部。若水程之外,满后不计闰,无故延至一年者送问,在外者提问,干碍参提者参问。若违至年半者,虽有事故,一并查参处治。如有规避情由,及无故迟违年半者,俱从重参奏议处。"②这些既是则例,又是律例,都附在"官吏给由"条下。

13. 调任改除官。调任即调到别任,改除即改授别官。永乐八年(1410),"令外官改除别任,品级相同者,准通理。若推官改知县,虽品级相同,例不准理"③。弘治二年(1489),吏部尚书王恕等以灾异言七事之一有:"旧例,外官考满,前任日少者,许通理。前任日多者,另历三年,是以丁忧等项事故,复除并更调、改除为前任后任也。近年以来,凡考满到部,复任辏考者,亦以前后任论之,此乃因袭之失。今后请止以复除及更调、改除,为前后两任,庶事体得宜。"④因此吏部题准:"外官复除改除,前后两任,以十八个月为半,如前任月日少,许于后任月日通理。多则再历三年,不得以后任辏

<hr>

① 怀效锋点校:《大明律》,法律出版社,1999 年,第 34 页。
② 以上引文见[明]申时行等:《明会典》卷 12《吏部·考核》,中华书局,1989 年,第 73 页。
③ [明]申时行等:《明会典》卷 12《吏部·考核》,中华书局,1989 年,第 73 页。
④ 《明孝宗实录》卷 28,弘治二年七月癸未条,国立北平图书馆藏红格本,1962 年,第 633 页。

满。"又勒定条例,"京官调外任,不论大小,虽品级相同,俱不准通理"。隆庆五年(1571)题准:"以后外官考满,不论前后任年月多寡,俱得通理,仍兼查两处贤否,以行考核。"①规定以任官时期为准,不再以职务计算考满时间。

14. 外官考满升迁。洪武三年(1370)奏准:吏部言"守令职主牧民,宜久其任,治效始著,而知府职任尤难,非老成廉能无过者不可居其任。请自今:同知一考无过者升知府,知县二考无过者升知州,县丞一考无过者升知县"②。得到朱元璋批准以后,成为则例。弘治二年(1489),吏部尚书王恕等以灾异言七事时提出:"今后有司官九年考满,请不分前任后任,但事繁历俸日多者升二级,事简历俸日多者升一级。"③奏准:"有司官九年考满,不分前任后任,但事繁历俸日多者升二级,事简历俸日多者升一级。"并且题准:"该升正七品併从八品官员,本等员缺,照旧选用。如无本等员缺,有听选年久,七品告愿从七品,并从八品告愿正九品者,查有相应职事,挨次选用,仍支该升品俸。"弘治九年(1496),再奏准:"凡天下司府佐贰官及州县正佐,并卫所首领,五品以下官员,九年考满到部,考核繁称无过,升二级;有过,并简而称职无过,升一级;若繁简平常,有徒杖罪,或初次不给由者,俱照例递降,定拟该升该降品级,挨次选用。若守候一年之上,有愿递减选用者,比照从四品告愿正五品事例,除授职事,仍给与该升服色俸给。"④

15. 凡朝觐进表官。按照明代规定,"凡天寿圣节、正旦、冬至,在外各衙门先期拜表称贺"⑤,之后要派人进送称贺表笺,这些人往往随朝觐官员一起到京。宣德五年(1430)"令来朝官员回任,三六年满期已过者,许先赴部告

---

① [明]申时行等:《明会典》卷12《吏部·考核》,中华书局,1989年,第73页。
② 《明太祖实录》卷59,洪武三年十二月癸酉条,国立北平图书馆藏红格本,1962年,第1161页。
③ 《明孝宗实录》卷28,弘治二年七月癸未条,国立北平图书馆藏红格本,1962年,第632页。
④ 以上引文见[明]申时行等:《明会典》卷12《吏部·考核》,中华书局,1989年,第73页。
⑤ 《明太祖实录》卷138,洪武十四年秋七月乙酉条,国立北平图书馆藏红格本,1962年,第2171页。

明,令所司造册,送合于上司考核,差人奏缴"。嘉靖时,礼制重新厘定,相继出台了一些则例。嘉靖十六年(1537)奏准:"回任将及考满者,亦照宣德间例。"嘉靖十七年(1538)奏准:"考察存留官员,顺赍考满文册者,免其考核,引奏复职。"嘉靖二十二年(1543)定:"朝觐官告乞赍缴者,查其考满月日,如在七月以内方准,其月日尚远,及九年考满者,俱不准。"嘉靖四十五年(1566)奏准:"进表官考满日期不远者,照朝觐例,告明赍缴。"

16. 外官考满患病丁忧。洪武二十六年(1393)定:"考满官吏患病二年以上,虽有文凭,不准。不及二年,患帖无告官痊可月日,亦不准。"又定:"中途闻丧,不将牌册赴所在官司告缴,及起复之日,方告缴者送问。若中途被水火盗贼,失落公文者,行查。"万历七年(1579)题准:"有司三六年已满,照例赍缴文册,听抚按保留间,丁忧回籍者,候复除之日,准补给由。"①

17. 外官升任。万历六年(1578),太仆寺少卿陈联芳升为南京光禄寺卿,万历帝有旨"内外官员罚俸未满升官者,事例何如,行查明来说"②。后经吏部在万历七年(1579)题准:"方面有司三年已满,给文间,适遇升任,本部查其升迁月日,果在任满之后,不论已未保留,但公文开称考核称职者,一体准理。如升迁命下,而历俸未满,即少一日,不许批准。"③

18. 考满官吏在途病故。宣德五年(1430)奏准:"所在官司,据其随行亲人具告,即便差人相视明白,给与堪信文凭。遗下原赍牌册批文,就与转缴。"

19. 各王府官及护卫首领官。洪武三年(1370)"令俱复职,不考核"④。

从上述各则例来看,洪武年间勒定的制度基本上没有变化,只是在抚按

①　以上引文见[明]申时行等:《明会典》卷12《吏部·考核》,中华书局,1989年,第73页。
②　《明神宗实录》卷72,万历六年二月戊子条,国立北平图书馆藏红格本,1962年,第1547页。
③　[明]申时行等:《明会典》卷12《吏部·考核》,中华书局,1989年,第73页。
④　以上引文见[明]申时行等:《明会典》卷12《吏部·考核》,中华书局,1989年,第74页。

设置制度化以后,外官考满事宜由抚按官承担的较多,但朝廷并没有完全放权,部院一直掌握复核的权力。在制度化过程中,一些则例附入《大明律》相关条目,使外官考满有了法律的根据。

三、教官考满

教官是地方各级学校中负责教学与管理的官员。明代对教官的考核既包括其自身业务素质,又包括其工作成绩。即考核教官自身通经与否及教授学员的中举数。教官一律历俸九年,到吏部接受考试。吏部要会同翰林院出题加以考试,同时还要考察其执教实绩。

洪武二年(1369),朱元璋下令郡县立学校,"其府学设教授一员,秩从九品,训导四员,生员四十人;州学设学正一员,训导三员,生员三十人;县学设教谕一员,训导二员,生员二十人。师、生月廪食米人六斗,有司给以鱼肉,学官月俸有差"①。洪武十六年(1383),命天下学校岁贡生员,"令府、州、县学岁贡生员各一人,如考试中式,则赏及所司教官,否则所司论如律,教官、训导停其廪禄,生员罚为吏"②。因此教官考核是以贡入国子监生员考试中式多少为标准,洪武二十六年(1393),"定学官考课法,以科举生员多寡为殿最"③。"各处府州县学训导与教官,一体历俸,九年考满给由。其训导给由到部,出题考试,将所试文字送翰林院批考,通经者于县学教谕内叙用,若不通经者本处复充训导,自来不通经者量才别用。教官考核称职升一等,平常者本等用,不称职者黜降,不通经者别用。"又奏准:"以九年之内科举取中生员名数为则,定拟升降。县学额设生员二十名,教谕九年之内,科举取中生

① 《明太祖实录》卷46,洪武二年冬十月辛卯条,国立北平图书馆藏红格本,1962年,第925页。
② 《明太祖实录》卷152,洪武十六年二月丙申条,国立北平图书馆藏红格本,1962年,第2388页。
③ 《明太祖实录》卷227,洪武二十六年夏五月丙寅条,国立北平图书馆藏红格本,1962年,第3317页。

员三名,又考通经者,为称职,升用。若取中二名,又考通经者,为平常,本等用。若取中不及二名,又考不通经者,为不称职,降黜别用。州学额设生员三十名,学正九年之内,科举取中生员六名,又考通经者,为称职,升用。若取中三名,又考通经者,为平常,本等用。若取中不及三名,又考不通经者,为不称职,降黜别用。府学额设生员四十名,教授九年之内,科举取中生员九名,又考通经者,为称职,升用。若取中四名,又考通经者,为平常,本等用。若取中不及四名,又考不通经者,为不称职,降黜别用。府州县学训导,分教生员一十名,九年之内,科举取中生员三名,又考通经者,升教谕。若取中二名,或一名,又考通经,仍充训导。若科举全无取中,又考不通经,降黜别用。""教谕科举及数,考不通经,有司内用。科举不及数,通经,降训导。"①

朱棣登基之后,"吏部言:'旧例,教授满九年,任内诸生有举人九名,又考本官通经者升用,举人四名及考通经者从本等用,举人不及四名又考不通经黜降别用。今四川顺庆府儒学教授冯庄甫考通经,任内止有举人三名,请降用。'上命降学正,著为令"②。永乐元年(1403)定:"举人署教谕事者,任内有科举中式一名,又有岁贡中式一名,署训导事者,有科举中式一名,或有岁贡中式一名,俱与实授。"③永乐六年(1408),"吏部奏教官考满称职者,请仍升教职"。永乐帝认为:"校官果然称师范之任者,于教职内升。如才能堪抚民及剸繁者,亦当随才任使,不可执一。自今凡教官考满,吏部同六科都给事中,选其有才识者,留六科理事一年后,从本科都给事中,考其高下用之"。④ 这项规定使教官可以升任职事官,而不是老死于学校。

宣德五年(1430)巡按湖广监察御史陈抟言:"若教官满九年,仍依旧数

① 以上引文见[明]申时行等:《明会典》卷12《吏部·考核》,中华书局,1989年,第74页。
② 《明太宗实录》卷14,洪武三十五年十一月甲辰条,国立北平图书馆藏红格本,1962年,第262~263页。
③ [明]申时行等:《明会典》卷12《吏部·考核》,中华书局,1989年,第74页。
④ 《明太宗实录》卷86,永乐六年十二月丙申条,国立北平图书馆藏红格本,1962年,第1144页。

计其功绩为难,乞与量减。"①宣德帝命廷臣集议,"重定举人名数,教授五名为称职,三名为平常,不及三名为不称。学正三名为称职,二名为平常,不及二名为不称。教谕二名为称职,一名为平常。训导一名为称职,不及者皆为不称。称职者升,平常者本等用,不称者降"②。

正统九年(1444),江西道监察御史俞本等言三事,讲道:"今在外儒学教官,多以举人任之,比因任满,乏科贡,降充河泊等官,续将年深监生选补,往往废职者,多宜遴选其人,用称师儒之任。"③明英宗听从其言,要吏部会议奏准:"教官九年任满,无举人者,试其学问果优,仍任教官。教授、学正、教谕俱降训导,训导调边远。其考不中者,仍降杂职。""考试考满教官,初场考四书本经义各一篇,二场论策各一道。教授、学正、教谕俱本部定中否,训导送翰林院定中否。考不通经,系举人出身者,教授改吏目,学正等官改典史。监生儒士出身者,教授改税课司大使,学正等官降河泊所官。卫学并选贡衙门学正,考不通经,亦同前例。冒报举人者,送问。无府州县委官保结者,行查。云南各处教官,从选贡衙门例,亦不论举人。"④

弘治二年(1489),吏部尚书王恕等以灾异言七事时提出:"近年以来,不分品级,俱改河泊所官,似乎太拘。今后教官,考不通经者,教授请于从九品内大使等官用之,学正以下请于未入流内河泊所等官用之,庶改调不至失伦,选法亦可疏通。"⑤吏部因此奏准:"九年考满教官,考通经,府州县举人及数,方升。卫学并选贡衙门,虽无举人,亦升。若丁忧复除者,论前后任多少。若任府州县学日多,从府州县学论。任卫学并选贡衙门学日多,从卫学

① 《明宣宗实录》卷70,宣德五年九月壬寅条,国立北平图书馆藏红格本,1962年,第1637页。
② [明]申时行等:《明会典》卷12《吏部·考核》,中华书局,1989年,第74页。
③ 《明英宗实录》卷115,正统九年夏四月乙酉条,国立北平图书馆藏红格本,1962年,第2316页。
④ [明]申时行等:《明会典》卷12《吏部·考核》,中华书局,1989年,第74页。
⑤ 《明孝宗实录》卷28,弘治二年七月癸未条,国立北平图书馆藏红格本,1962年,第632页。

并选贡衙门论。"由于教官阙员很多,嘉靖四年(1525)题准:"府州县学教官,考不通经,有举人者,仍照原职选用。"至于行都司儒学及外卫儒学教官考满,也题准:"除考通经,有举人及数,照例升用外,无举人,考通经,查无过者,俱本等选用。"①

四、杂职官入流仓官考满

杂职官是指仓库、税课司局、河泊所、仓库官、盐税局、茶盐批验所、草场、铁冶局、柴炭司、巡检司、驿递等各种入流及未入流的专务机构官员,他们是官,但又与官有所区别,所用印记为"条记",而不是官印。因为所管的事务及统属关系不同,对他们的考核多是双重管理。

最初杂职并不明确,以至于"近以教官、首领官、未入流品例称杂职"。经过礼部厘定,将"教官、首领官、杂职官列为三等,亦勒之于石"②。所列杂职名目有:在京并各处仓库、关场、司局、铁冶、各处递运、批验所大使及副使,河泊所官,闸坝官等。洪武十三年(1380),"定天下巡检为杂职"③"更定王府牺牲所仓库等官俱为杂职"④。洪武十七年(1384),"置府、州、县医学、阴阳学",所设之官"皆杂职"⑤。洪武二十三年(1390),以兵马司吏目为"杂职"⑥。洪武二十五年(1392)"置江东宣课司大使一人,从九品,副使二人,

---

① [明]申时行等:《明会典》卷12《吏部·考核》,中华书局,1989 年,第 74 页。

② 《明太祖实录》卷 130,洪武十三年三月壬子条,国立北平图书馆藏红格本,1962 年,第2074 页。

③ 《明太祖实录》卷 133,洪武十三年八月丙寅条,国立北平图书馆藏红格本,1962 年,第2107 页。

④ 《明太祖实录》卷 134,洪武十三年冬十月壬戌条,国立北平图书馆藏红格本,1962 年,第2122 页。

⑤ 《明太祖实录》卷 162,洪武十七年六月甲申条,国立北平图书馆藏红格本,1962 年,第2519 页。

⑥ 《明太祖实录》卷 205,洪武二十三年冬十月丙子条,国立北平图书馆藏红格本,1962 年,第3064 页。

杂职"①。由此可见,杂职是不断增多的,其考核也会随着设置而有所变化。

1. 内外杂职官考核。洪武九年(1376),"令仓库、司局、管钱谷官,以历俸周岁为满,收受少者,以数付交代官给由;多者,以半俸守支,毕日给由,虽经改除,亦以九年通论"。洪武二十六年(1393)定:"内外杂职官,三年给由,无私过者,未入流升从九品,从九品升正九品。税课司局及河泊所,仓库官,先于户部查理岁课。军器、织染、杂造等局官,先于工部查理造作。花销明白,送部类奏。"②正统元年(1436),广东高州府知府富敬奏:"广东去京师万里,其布政司所属杂职衙门官员,三年六年考满赴部,艰于往复。"经吏部议覆,"拟照广西、云南例,驿丞、递运所大使,三年六年考满,许赴本布政司,至九年考满赴部。其余河泊所、税课司等衙门仍旧"③。最终在正统三年(1438)奏准:"在外河泊、库官、盐税局、盐仓、茶盐批验所等官,三年六年考满,系北直隶者,赴吏部考核,引奏复职。系南京者,赴南京吏部。系布政司者,赴各布政司。查理明白,就令复职。各布政司仍将各官牌册,具本差人类缴,候九年通考,以凭查考。多历、少历、违限、错历,俱送问。九年无过升一级,有过本等用。"④正统五年(1440)奏准:"司、府、州、县、卫、所考满丁忧起复仓库、税课司、河泊所官,将任内收过课程等项,备开纳获通关字号,及仓库钱粮支销明白,余剩物件交与见任官攒收掌,取具各该府、州、县、卫、所官吏保结,转达布政司、都司,就令考满官员亲赍赴京。丁忧回籍者,将首尾交盘明白,亦具缘由,申报本部,候各官起复,以凭查考。"⑤弘治年间勒定则例,"凡仓库司局等官,俱行户部查勘经收钱粮。河泊所官,行户、工二部查

<hr>

① 《明太祖实录》卷222,洪武二十五年十一月庚子条,国立北平图书馆藏红格本,1962年,第3248页。
② [明]申时行等:《明会典》卷12《吏部·考核》,中华书局,1989年,第74页。
③ 《明英宗实录》卷25,正统元年十二月丙戌条,国立北平图书馆藏红格本,1962年,第508页。
④ [明]申时行等:《明会典》卷12《吏部·考核》,中华书局,1989年,第74页。
⑤ [明]申时行等:《明会典》卷12《吏部·考核》,中华书局,1989年,第74页。

勘鱼课。织染局官,行工部查勘段定。盐课税课司局官,行户部查勘盐课商税。在南京者,俱由南京查勘明白,起送赴部。"弘治十四年(1501)"令儒学、巡检、仓库、驿递等官,考满到部,功迹不足,或有过名,自愿告退者,照有司不称例,各仍原职致仕"。

2. 仓官。储粮为仓,储物为库,两者同为存储,但所存储不同,故有所分别。洪武十四年(1381),"令各处仓官周岁考满守支,俸给支三分之一,守支毕日,未入流升从九品,已入流升正九品"。洪武二十六年(1393)定:"仓官收粮不及千石者,本等用。亏折而陪纳足备者,照依品级降用。其有私笞者,本等用。但犯赃私并私罪,曾经杖断者,未入流降边远,从九品降未入流用。"亏折陪纳在万历年间改为陪完免罚,而不用降级。洪武二十八年(1395)奏准:"内外仓官,历过全俸,虽未周岁,所收粮数,已满千石,遇父母丧守制,俟服满后,照起复官员,本等改用。"宣德元年(1426)奏准:"长安四门仓副使,不系经收粮斛,该本等搭选,南京者,具奏入选。"①万历年间因副使也管收粮,而不用再搭选。正统元年(1436),偿运粮储总兵官及各处巡抚侍郎至京会议军民利便事宜,其中讲道:"浙江沿海三十七卫所,因无府县,令卫所掌管仓廒,官军怙势,胁制仓攒,虚出通关,揹勒纳户,索取财物,其害为甚。"②山东也是如此,因此奏准:"山东都司所属沿海仓官考满,守支尽绝给由,布政司查理明白,仍送原衙门照例给由。"将沿海仓纳入地方行政管辖,而便于清查。弘治间定:"凡仓官有将附余耗米交盘者,送问,驳回守支。"隆庆六年(1572)题准:"正粮放支尽绝,若交盘附余耗米不及五十石者免究,五十石至百石者压付,百石以上者送问,二百石以上者驳回守支。"万历元年(1573)题准:"京、通二仓官攒,守支尽绝,即日起送。如零数坐支不

---

① 以上引文见[明]申时行等:《明会典》卷12《吏部·考核》,中华书局,1989年,第74页。
② 《明英宗实录》卷22,正统元年九月甲午条,国立北平图书馆藏红格本,1962年,第425页。

尽千石上下者,盘并别廒轇放,一体起送。"万历六年(1578)题准:"腹里仓官,照边仓例,任满起送给由,免其守支。"万历七年(1579)题准:"从九品及杂职仓官,但经犯有徒杖,止降改杂职仓官,不选盐场驿递等官。"①仓官考满主要以看守与支放为考核标准,从亏折赔补降级到亏折罚补不降级,所重视的都是仓廒不能够亏折粮谷。

3. 草场官。明朝基本上还是处在冷兵器时代,马匹乃是重要军用物资,而马政也是朝廷重要事务之一。养马需要草料,因此在全国各地设置不少草场、牧场,各设大使、副使进行管理。如洪武二十三年(1390),五军都督府及锦衣等二十卫,"于大江北岸各置牧马草场"②。宣德八年(1433),"在京济阳等三十四卫草场,岁采秋刍,以饲官马","每场设大使、副使各一人,攒典二人,秤子、库子二十人,大兴左等卫并为一场,设大使一人,攒典二人,秤子、库子一十人,专任其事"③。随着草场不断增加,正统元年(1436)奏准:"在京居贤等坊草场大使、副使,收草十万束以上者升一级,不及数者本等用。"弘治五年(1492)奏准:"大同、宣府、辽东、甘肃等处各草场官,但以九年为期,或八年前后,遇例差官经盘,堆垛如法,数目不少,准令起送。"

4. 仓场官。明代仓场分散各地,储存收支粮草,不便于管理。宣德九年(1434),行在户部奏:"北京养象马牛羊等处仓场,岁收草料,官攒等作弊百端,民运至经月不收,或肆侵损,使之亏欠,亦有盗出货卖者,亦有不容车载、务令荷担倍劳费者,请于巡视仓场御史、郎中、员外、主事内分遣,提督收受,遇有此弊,奏闻治罪。"宣德帝"命通政李暹等往来督察"④。至正统十二年

---

① 以上引文见[明]申时行等:《明会典》卷12《吏部·考核》,中华书局,1989年,第74页。

② 《明太祖实录》卷206,洪武二十三年十一月己亥条,国立北平图书馆藏红格本,1962年,第3070页。

③ 《明宣宗实录》卷104,宣德八年八月丙申条,国立北平图书馆藏红格本,1962年,第2330页。

④ 《明宣宗实录》卷114,宣德九年十一月辛卯条,国立北平图书馆藏红格本,1962年,第2670页。

（1447），"命户部右侍郎张睿，专巡视京师仓场"①。自此以后，户部侍郎有一人提督仓场，后称仓场侍郎，有时候还以户部尚书总督仓场。弘治五年（1492），巡按山西监察御史刘绅言四事中讲道："仓场官周岁为满，守支完日给由。然收受易，支放难，场官尤难。乞定与守支年限，如年限已满，许申上司，将经收草束交接，管官攒守支起送改选，若有亏折，陪补数足，方许起送。"②因此定例："收粮千石，草十万束以上，无过，升一级；有笞杖罪，本等用；徒罪，降用。若收粮不及千石，草不及十万束者，历俸周岁，许交盘给由。其大同宣府仓场官，守支尽绝，其盘收前官粮草，该减俸，如支尽绝，给由。到任半年，无粮收受者，起送赴部，行户部查勘明白，付文选司别用。若初到之时，虽曾盘收，不系经收者，亦起送。其正粮守支尽绝，即当减俸。若守候二年之上，放支不尽绝者，仍听全支本等俸给；不及二年，不许。或守支间，奉上司委署别衙门印信，亦不许迁延，过违年限。丁忧复除，或改除河泊所官、千户所吏目，俸月不准通理，违者皆送问。"随着抚按官地方化和制度化，仓场官的考满事宜，抚按官也多参与，故嘉靖三年（1524）奏准："宣府东路怀来等城堡仓场官，听各该抚按官会议，每官一员，定与应该收放料草数目，守支尽绝，方许给由。吏部核实，如果称职，照各边收粮判官、经历事例改选。"隆庆六年（1572）奏准："陕西、延、宁、甘、固四镇，各城堡仓场官攒，一年已满，许将经手钱粮，呈详抚按，委官查盘明白，交付接管官攒，即与起送，不必守支尽绝。"万历元年（1573）题准："各边仓场，俱照陕西事例。"万历十三年（1585）题准："仓场官收到粮草，任内随时支放周岁任满，交与新官接管，本官刻期起送。若粮草数多，如京、通、临、德等仓，以数千万计，盘量不便者，方令留任守支，支剩粮千石、草万束，亦照京仓事例，交盘起送。若遇有查盘

---

① 《明英宗实录》卷150，正统十二年二月壬子，国立北平图书馆藏红格本，1962年，第2946页。
② 《明孝宗实录》卷67，弘治五年九月乙酉条，国立北平图书馆藏红格本，1962年，第1282页。

阅视,及有监督部臣处所,亦照临、德二仓事例,随交代盘量之后,起送给由,毋令过于三年,亦不必以千石万束为拘。"

5. 内府库官。洪武二十八年(1395)奏准:"一年为满,就将原收物件,盘与新官接管,给由,对品改用。"永乐八年(1410)奏准:"顺天府广备库大使、副使考满,照内府库官例。"①嘉靖八年(1529),"命工部大库名曰节慎"②。该库以主事选注,每三年查盘一次,所以该库官三年考满。

6. 易州等处山厂管柴官员。明代设山厂,砍柴烧炭供应惜薪司,"明初,于沿江芦洲并龙江、瓦屑二场,取用柴炭。永乐间,迁都于北,则于白羊口、黄花镇、红螺山等处采办。宣德四年始设易州山厂,专官总理。景泰间,移于平山,又移于满城,相继以本部尚书或侍郎督厂事。天顺元年仍移于易州。嘉靖八年罢革,改设主事管理"。除了部选"提督易州山厂一人,掌督御用柴炭之事"③,还设厂官。正统七年(1442),"惜薪司假供应薪三百万斤",而"易州山厂岁办柴炭,已九千四百余万"④。由于是工部专设提督,其厂官考满则由提督官负责。正德十四年(1519)奏准:"凡遇三年六年考满,不必经合干上司,止留管厂侍郎考核起送。"嘉靖三年(1524)奏准:"山厂管柴官,果有勉尽职务,操持无玷,三年内领运柴炭完足者,准照各边管粮官事例改选。"⑤

7. 铁冶局官。洪武七年(1374),"命置铁冶所官,凡一十三所,每所置大使一员,秩正八品,副使一员,秩正九品"⑥。以后增设废除不一,以永乐年间设置的遵化铁冶最为重要,工部设主事一人提督,而铁冶所大使、副使都降

① 以上引文见[明]申时行等:《明会典》卷12《吏部·考核》,中华书局,1989年,第75页。
② 《明世宗实录》卷99,嘉靖八年三月丙午条,国立北平图书馆藏红格本,1962年,第2339页。
③ [清]张廷玉等:《明史》卷72《职官志一》,中华书局标点本,1974年,第1763页。
④ 《明英宗实录》卷97,正统七年冬十月丙申条,国立北平图书馆藏红格本,1962年,第1947页。
⑤ 以上引文见[明]申时行等:《明会典》卷12《吏部·考核》,中华书局,1989年,第75页。
⑥ 《明太祖实录》卷88,洪武七年三月癸卯条,国立北平图书馆藏红格本,1962年,第1567页。

为未入流。铁冶局官考满,要"行工部查经收炭料等项,回文到日发落"①。

8.柴炭司大使、副使。柴炭司隶属工部,设"大使一人(从九品),副使一人"②。柴炭司对内官惜薪司负责,"柴炭则掌之惜薪司,而最为民害者,率由中官"。最初"岁用薪止二千万余斤。弘治中,增至四千万余斤。转运既艰,北直、山东、山西乃悉输银以召商。正德中,用薪益多,增直三万余两。凡收受柴炭,加耗十之三,中官辄私加数倍"。乃至于在"万历中,岁计柴价银三十万两,中官得自征比诸商,酷刑悉索,而人以惜薪司为陷阱云"③。柴炭司官考满"工部咨到,查无过,对品用"④。

9.内外收粮经历、州判官、吏目。经历是府卫的首领官,州判官是佐贰官,吏目是首领官,这里指在各卫所专管收粮者。如"在京羽林等五十余卫,各添设收粮经历一员,例三年一更,送吏部别用,后又令守支粮尽,方许赴部,以是新旧相乘,一卫有积至四五员者"⑤。于是定例:"俱以三年为满,守支尽绝,给由到部,送河南道考核,本司覆考,具奏入选。南京所属,具由南京河南道,吏部考核。其有丁忧起复,未经南京衙门考核者,行查。各卫仓经历,每卫止留一员,收放粮斛,其余三年一替,起送赴部,俱以原职改除,补凑九年,照依繁简事例,考核黜陟。任内收粮十万石以上,无过,考称或平常,俱升一级;有过,本等用;若收粮不及十万石,考称或平常,俱本等用。其守支年深,与守支间丁忧起复,例同。"⑥

10.在京各卫仓经历。实行三年考满。宣德四年(1429)奏准:"给半俸守支,若粮不及千石,照依仓官例,交盘给由调用,仍候九年黜陟。"

---

① [明]申时行等:《明会典》卷12《吏部·考核》,中华书局,1989 年,第 75 页。
② [清]张廷玉等:《明史》卷72《职官志一》,中华书局标点本,1974 年,第 1760 页。
③ [清]张廷玉等:《明史》卷82《食货志六》,中华书局标点本,1974 年,第 1989、1995 页。
④ [明]申时行等:《明会典》卷12《吏部·考核》,中华书局,1989 年,第 75 页。
⑤ 《明孝宗实录》卷28,弘治二年七月丙寅,国立北平图书馆藏红格本,1962 年,第 612 ~613 页。
⑥ [明]申时行等:《明会典》卷12《吏部·考核》,中华书局,1989 年,第 75 页。

11. 巡检。巡检司设巡检、副巡检,俱从九品。"主缉捕盗贼,盘诘奸伪。凡在外各府州县关津要害处俱设,俾率徭役弓兵警备不虞。"①朱元璋对此官非常重视,曾经敕谕天下巡检曰:"古者,设官分职,不以崇卑,一善之及人,人受其利焉。朕设巡检于关津,扼要道,察奸伪,期在士民乐业,商旅无艰,然自设置以来,未闻其举职者。今特遣使分视各处,谕以巡防有道,讥察有方、有能,坚守是职,镇静一方,秩满来朝,朕必嘉焉。"②最初"无私过者,升正九品;犯私笞者,本等用;杖罪,降杂职"。后来巡检改为杂职,也就没有必要降杂职了。洪武二十五年(1392),吏部"更定巡检考课之法","巡检考满,捕获军囚、盗贼等项二百名之上无私杖者升一级,有私杖者对品用,一百名之上无私杖者对品用,有私杖者降杂职,三十名之上无私杖者降杂职,有私杖者降边远杂职,不满三十名者发边远充军;若有强贼及逃军聚众劫略,能擒获以除民害者,二十名之上无私杖者升一级,有私杖者对品用,一十名之上无私杖者对品用,有私杖者降杂职,九名以下无私杖者降杂职,有私杖者降边远杂职;若擒强贼逃军六十名之上,或止二十名而又能获军囚二百名之上及擒伪造宝钞及伪印者,具奏升陟"③。永乐元年(1403),"和州中屯河巡检陈英考满应升,自陈老疾,不堪别用,乞仍旧职"④。得到批准之后著为令:"巡检考满应升,自陈不堪别用,乞仍旧职者听。""成化间定巡检考满例,获强盗三名至九名,军囚不及一百名者,无过,降杂职;有过,降边远杂职。强盗十名之上,军囚百名之上者,无过,对品用;有笞杖过降杂职,徒罪降边远杂职;军囚二百名之上,强盗二十名之上有招,或不及二十名,或无强盗,无

---

① [清]张廷玉等:《明史》卷75《职官志四》,中华书局标点本,1974年,第1852页。
② 《明太祖实录》卷130,洪武十三年二月丁卯条,国立北平图书馆藏红格本,1962年,第2059~2060页。
③ 《明太祖实录》卷223,洪武二十五年闰十二月辛卯条,国立北平图书馆藏红格本,1962年,第3267~3268页。
④ 《明太宗实录》卷24,永乐元年冬十月辛未条,国立北平图书馆藏红格本,1962年,第446页。

过,升一级;有笞杖过,对品用;徒罪,降杂职。若获成群强盗二十名之上,或六十名之上,又有招由,军囚二百名之上有事由,或不及,无过,升一级;有笞杖过,对品用;徒罪,降杂职;若获伪印一颗、或二颗,有覆造招由,军囚不论有无,无过,升一级;有笞杖过,对品用;徒罪,降杂职。"①弘治二年(1489),吏部尚书王恕等以灾异言七事时提出:"杂职内,巡检与司府卫仓大使,俱系从九品。巡检以军囚及数不考即升大使以粮草及数考中方升,不中降杂职,此虽旧例,然《诸司职掌》不曾该载,且官品原有高下,今考不中,例俱降杂职,似乎混无分别。"②因此吏部题准:"巡检三年考满,以新官更替日扣算例限,府州县掌印正官,将任内捉获军囚等项从实查勘,具结起送。其沿海巡检,亦要画图贴说,以凭查考。若起送无府县巡司保结,军囚公文止开起数,不开花名,或止开花名,无籍贯并所犯事由,强窃盗抄招无县印钤缝,伪印不开是何衙门印信,及令犯人当官覆造相同,丁忧起复无本司关文,及洗改更替月日,强窃盗军囚总数者,送问。"

12.沿海及土官巡检。明代在沿海及少数民族地区设置巡检司,往往让当地人及少数民族首领充当巡检、副巡检,一般是朝廷派巡检,让土人为副巡检,若是任命土人为巡检,朝廷则派副巡检,因此在考满上有所区别。永乐十一年(1413)令:"俱不论军囚,无过,本等用;有过,降用。芦沟桥、张家湾、白沟河、通州北关、漷县、杨村、河西务、单家桥、巨河、小直沽、河阳、兴济紧要地方,军囚、强盗,俱二名折一名。"③正统六年(1441),云南楚雄府定远县黑盐井巡检司土官巡检樊真,"以受赇事觉,法司论当死,遇赦免为民"。樊真"累陈其故父随征功,乞复职"。明英宗下旨:"樊真令复职,若仍蹈前

① [明]申时行等:《明会典》卷12《吏部·考核》,中华书局,1989年,第75页。
② 《明孝宗实录》卷28,弘治二年七月癸未条,国立北平图书馆藏红格本,1962年,第634页。
③ 以上引文见[明]申时行等:《明会典》卷12《吏部·考核》,中华书局,1989年,第75页。

愆,不更贷也。"①吏部因此奏准:"土官巡检,三年六年,攒造牌册,赴本布政司给由复职,九年通考,赴部黜陟。"

13.驿递闸坝官。"旧制俱三年赴部给由,惟云南驿丞,各以三年一次,赴布政司考核,九年通考,然后赴部。"②宣德四年(1429),巡按贵州监察御史吴讷③言:"贵州所设各马驿,路通云南,往来者多,驿丞凡考满赴京,往来动经二年,土官衙门多委土人总甲署事,驿夫被害,马皆瘦损,有妨传递,乞依云南事例,驿丞三年一次,赴布政司考核,九年通考,给由赴京为便。"④因此吏部奏准:"贵州所属驿丞,照云南事例考核。"正统元年(1436),广东高州府知府富敬奏:"广东去京师万里,其布政司所属杂职衙门官员,三年六年考满赴部,艰于往复。"⑤吏部奏准:"广东所属杂职衙门,三年六年考满,照广西云南例,驿丞、递运所大使。赴布政司考核。河泊税课等官仍旧。""各处水马驿丞,及递运所大使,九年将满,吏部预选官交代,住俸管事,新官至日,方许给由。"正统三年(1438)奏准:"驿递、闸坝官,直隶府州县所辖,三年赴部,其有布政司所辖,三年赴布政司并按察司考察称职、平常、复职,仍将各官牌册,年终类进,九年赴部通考。"正统五年(1440)奏准:"南北直隶驿递、闸坝、司狱等官,三年赴巡按御史考核,定与称职、不称职考语,连牌册发有司收候,年终类缴,九年赴部通考。"⑥景泰元年(1450),因为有人认为赴巡按御史查理复职不便,吏部"请令今后南直隶者赴南京吏部,北直隶者赴本部,查理

---

① 《明英宗实录》卷77,正统六年三月己未条,国立北平图书馆藏红格本,1962年,第1527页。
② 以上引文见[明]申时行等:《明会典》卷12《吏部·考核》,中华书局,1989年,第75页。
③ 吴讷(1372—1457),字敏德,号思庵,江苏常熟人,永乐时以医学举荐至京,官至南京左副都御史,著有《文章辨体》《小学集解》《思庵集》等。
④ 《明宣宗实录》卷57,宣德四年八月壬寅条,国立北平图书馆藏红格本,1962年,第1370页。
⑤ 《明英宗实录》卷25,正统元年十二月丙戌条,国立北平图书馆藏红格本,1962年,第508页。
⑥ 以上引文见[明]申时行等:《明会典》卷12《吏部·考核》,中华书局,1989年,第75页。

复职"①。自此以后,驿递、闸坝、司狱等官考核不归巡按御史,但考察之权还在巡按御史。

14. 驿丞。"九年考满,牌册内事迹,不开报应付过使客备细花名起数者,送问。"

15. 驿递等官。"无过升一级,有过本等用。"②

杂职官一般附属于府州县官之后,实际上大部分要受双重领导,以上考满规定,多是受双重领导的官,直接隶属于府州县者,其考满事宜由府州县正官填注考语,呈送布政司,送部给由,故此《明会典》对这类杂职官没有制定则例。

第三节　考满有关规定

考满制要"论一身所历之俸,其目有三:曰称职,曰平常,曰不称职,为上、中、下三等"③。乃是对官员任职的总评定,既涉及考满的年限,又涉及经历的时间,还要对不同的职务进行区分,因此分别制定则例,但也有通例、特例、违例的规定,与各细则相得益彰。

一、考满通例

洪武二十六年(1393)内府刊印的《诸司职掌・吏部门・考功部》,载有考核则例十二条,乃是洪武年间的考满通例。弘治以后编纂《大明会典》,在《诸司职掌》所载则例的基础上,将此后增订的则例补入,共计七条,成为通

① 《废帝郕戾王附录》卷12,景泰元年秋七月辛亥条,国立北平图书馆藏红格本,1962年,第4081页。

② 以上引文见[明]申时行等:《明会典》卷12《吏部・考核》,中华书局,1989年,第76页。

③ [清]张廷玉等:《明史》卷71《选举志三》,中华书局标点本,1974年,第1721页。

行则例。兹据《诸司职掌》及《明会典》所载各例,概述如下:

《诸司职掌》则例第一条规定:"凡在京六部、太常司、光禄司、通政司、大理寺、国子监、太仆寺、钦天监、翰林院、太医院、仪礼司属官,五军都督府、各卫、军职文官,应天府首领官,并所属上元、江宁二县官,俱从本衙门正官考核。应天府五品以下,监察御史从都御史考核,给事中从都给事中考核。东宫官、王府官、尚宝司、中书舍人、都给事中、仪礼司、行人司正官,从本衙门将该考官员行过事迹,并应有过犯,备细开写,送本部考核。钦天监、翰林院、太医院正官,都御史试职实授,颁给诰敕,取自上裁。其有特恩实授,给与诰敕者,不拘此例。"①《明会典》则将该条的内容分在相关条目,在规定细则时,遇到不同的官员,就归属各官之下。凡是《明会典》注明洪武二十六年(1393)定,或者是奏准,都是《诸司职掌》所载例。

《诸司职掌》则例第二条规定:"凡在京官初入任者,且令试职一年后,考核堪用者,与实授;不堪用,降黜,量材录用。其在任未经考核试职官,遇有调除,仍于本衙门及别衙门本等职事内用,通理月日。降除及对品改除者,止理见任月日,俱候一年,照例考核。或有为事释免,再任除授者,试职照例考核。"②《明会典》将此条列入"京官考核"目下,在"不堪用"后加一"者"字。③ 因为专指京官,也就成为京官的则例,不再具有通例的性质。

《诸司职掌》则例第三条规定:"凡六部五品以下官,太常司、光禄司、通政司、大理寺、国子监、太仆寺、钦天监、翰林院、太医院、仪礼司属官,历任三年,听于本衙门正官察其行能,验其勤惰,从公考核,明白开写称职、平常、不称职词语,送监察御史考核,本部核考。其在京军职文官,俱从监察御史考核,各以九年通考。其四品以上官员任满黜陟,取自上裁。其在外有司官

① [明]翟善等编:《诸司职掌·吏部门·考功部》,中国国家图书馆藏,第67页。
② [明]翟善等编:《诸司职掌·吏部门·考功部》,中国国家图书馆藏,第68页。
③ [明]申时行等:《明会典》卷12《吏部·考核》,中华书局,1989年,第70页。

员,三年考满给由,到京考核平常、称职者,遇缺借除。京官亦以九年通考,若行人司行人,以一年为满,从本司正官考核,分豁称职、不称职,呈送礼部转送本部覆考,称职者于从九品内升用,不称职者于未入流品官内叙用,有过罚差一年。仪礼司序班,在职一年,本司考核堪用、不堪用,送礼部转行本部覆考,堪用请旨实授,不堪用黜降。若三年考满,俱发监察御史考核,送本部覆考。但系一应京官三年考满具奏,俱于在京对品内调用。"①《明会典》将此条列入"在京各衙门属官考满"目下,分为两条,将"其在外有司官员"以下改到别条,将属官明确为"六部五品以下官"②。这样该条就不再是一般通例了。

《诸司职掌》则例第四条规定:"凡通政司、光禄司、翰林院、尚宝司、给事中、中书舍人、东宫官俱系近侍官员。监察御史,系耳目风纪之司。太医院、钦天监及王府官,不系常选,任满黜陟,取自上裁。"③《明会典》仅将"东宫官"列入"近侍官员"④,将其他衙门分列各相关条目,也使该条不具有通例的性质了。

《诸司职掌》则例第五条规定:"凡在京五品以下官,俱令试职,候一年后,考核定夺,比先除授。已经试职一年、二年之上,及已实授一年、二年之上者,一例考核。试职堪任用者与实授,及已实授堪任用者,俱给与诰敕。三年考满,许请封赠。其试职及已实授而不堪任用者,一体黜降。其有经考满复任者,不必再考,颁给诰敕,听请封赠。已入流仓官,不须试职,候一年任满,给与敕命。守支未入流品官员,俱与实授,不给敕命。以上付发司封,具奏颁给施行。"⑤《明会典》没有明确"在京五品以下官",因为有"在京官初

---

① [明]瞿善等编:《诸司职掌·吏部门·考功部》,中国国家图书馆藏,第68~69页。
② [明]申时行等:《明会典》卷12《吏部·考核》,中华书局,1989年,第70页。
③ [明]瞿善等编:《诸司职掌·吏部门·考功部》,中国国家图书馆藏,第69页。
④ [明]申时行等:《明会典》卷12《吏部·考核》,中华书局,1989年,第70页。
⑤ [明]瞿善等编:《诸司职掌·吏部门·考功部》,中国国家图书馆藏,第69~70页。

赴京,本部从实考较才能优劣,依例黜陟。果有殊功异能、超迈等伦者,取自上裁。繁而称职无过升二等,有私笞公过升一等,有纪录徒流罪一次本等用,二次降一等,三次降二等,四次降三等,五次以上杂职内用。繁而平常无过升一等,有私笞公过本等用,有纪录徒流罪一次降一等,二次降二等,三次降三等,四次以上杂职内用。简而称职与繁而平常同,简而平常无过本等用,有私笞公过降一等,有纪录徒流罪一次降二等,二次杂职内用,三次以上黜降。考核不称职,初考繁处降二等,简处降三等。若有纪录徒流罪者,俱于杂职内用"。①《明会典》将此分为两条,作为《考核通例》的内容。一是"内外入流并杂职应考官员,任满给由赴京,本部从实考校才能优劣,依例黜陟。果有殊功异能,超迈等伦者,取自上裁"。二是"繁而称职,无过升二等,有私笞公过升一等,有纪录徒流罪一次本等用,二次降一等,三次降二等,四次降三等,五次以上杂职内用。繁而平常无过升一等,有私笞公过本等用。有纪录徒流罪一次降一等,二次降二等,三次降三等,四次以上杂职内用。简而称职与繁而平常同,简而平常无过本等用,有私笞公过降一等,有纪录徒流罪一次降二等,二次杂职内用,三次以上黜降。考核不称职,初考繁处降二等,简处降三等。若有纪录徒流罪者,俱于杂职内用"②。因为这个原则贯彻考满始终,因此后代君主没有增删修订。

《诸司职掌》则例第十一条规定:"凡九年之内,二考称职,一考平常,从称职;二考称职,一考不称职,或二考平常,一考称职,或称职、平常、不称职各一考者,俱从平常;二考平常,一考不称职,从不称职。"③《明会典》全文收录在《考核通例》中,没有更改。④

---

① [明]翟善等编:《诸司职掌·吏部门·考功部》,中国国家图书馆藏,第73~74页。
② [明]申时行等:《明会典》卷12《吏部·考核》,中华书局,1989年,第76页。
③ [明]翟善等编:《诸司职掌·吏部门·考功部》,中国国家图书馆藏,第74页。
④ [明]申时行等:《明会典》卷12《吏部·考核》,中华书局,1989年,第76页。

《诸司职掌》则例第十二条规定："繁简则例：在外府以田粮十五万石以上，州以七万石以上，县以三万石以上，或亲临王府、都司、布政司、按察司，并有军马守御，路当驿道，边方冲要，供给去处，俱为事繁。府州县田粮在十五万、七万、三万石之下，僻静去处，俱为事简。在京衙门俱从繁例"①。《明会典》全文收录在《考核通例》中，没有更改。②

《明会典》新增《考核通例》有三条。一是永乐四年（1406）奏准："各都司卫所、布政司、按察司、行太仆寺、盐运司、盐课提举司、煎盐提举司、市舶提举司、茶马司，考核俱从繁例。宣慰、宣抚、安抚、招讨、长官司，俱系土官衙门，从简例。"二是永乐八年（1410）令："官员九年考满，初考称职，次考未经考核，三考称职，初考、次考不给由，三考称职者，俱从称职。初考不给由，次考职称，三考平常者，初考平常，次考不给由，三考称职者，俱从平常。初考不给由，次考平常，三考不称职者，从不称职。"三是弘治年间定："凡考满官患病不满三月，及非缘事住俸月日，不作实历者参问。增减十岁以上，考满后非因公差摘占，历俸半年以上，及不报前任事迹，并隐匿过名者，俱送问。"③

《考核通例》适合所有考满的官员，并没有局限于某类职官，有普遍的约束性，因此上升到法律层面。弘治《问刑条例》在"官吏给由"条下有两款条例：一是"在外大小文职，若九年已满，托故在任，久任不行赴部，及不申缺者，参提究问。就彼放回原籍，冠带闲住"。二是"在外吏典，除役内丁忧外，若一考满后，不行转参；两考满后，不行给由，展转捏故，在役管事，或歇役三年之上，就彼问发为民。中间虽有事故，亦不准理。故违收参起送官吏，参问治罪。若两考役满，接丧丁忧，服满迁延三年之上，不行起复者，亦发为

①　[明]翟善等编：《诸司职掌·吏部门·考功部》，中国国家图书馆藏，第74页。
②　[明]申时行等：《明会典》卷12《吏部·考核》，中华书局，1989年，第76页。
③　[明]申时行等：《明会典》卷12《吏部·考核》，中华书局，1989年，第76页。

民。其未及三年者，果有事故实迹，各该衙门保结，起送吏部，查照定夺。虽在三年之内，起送过限到部者，送问重历"。嘉靖《问刑条例》增加一款，"凡官员三年任满给由，以领文日为始，除水程外，若到部过限四个月之上，送问。一年之上，发回致仕。其九年任满者，一年之上送问，二年之上，发回致仕。虽有事故，并不准理"。

万历《问刑条例》增加五款，一是"在京官满后，三月无故不给由，参问。公差准理"。二是"在外有司府州县官，三年考满，将本官任内行过事迹，保勘核实明白，出给纸牌，攒造事迹功业文册，纪功文簿，称臣，金名交付。本官亲赍给由。如县官给由到州，州官当面察其言行办事勤惰，从实考核称职、平常、不称职词语。州官给由到府，府官给由到布政司如之。以上俱从按察司官核考。仍将考核词语呈部。直隶府州县官考核，本部覆考类奏。俱以九年通考黜陟。其云南有司官员任满给由，一体考核，不称职者黜降。原系边方，具奏复任，九年通考"。三是"在外起送考满官，俱要合干上司，查勘明白，一一具结。如无一处印信保结者，行查"。四是"内外杂职官三年给由，无私过，未入流升从九品，从九品升正九品。税课司局及河泊所、仓库官，先于户部查理岁课。军器、织染、杂造等局官，送工部查理造作，花销明白，送部通类具奏。其仓官收粮不及千石者，本等用。亏折赔纳足备者，照依品级降用。其有杖笞者，本等用。但犯赃私并私罪曾经杖断，未入流降边远，从九品降未入流。不识字者本等用。如有学无成效，及罢闲生员除授杂职者，犯赃私杖罪，发在京衙门书写"。五是"考满各府管粮，及州县掌印管粮官，查勘任内经手钱粮，不分起存，系布政司者布政司类造。系直隶者，府州类造。内有起解司府州贮库听候总运并遇革减免者，俱明白填写给付，赍投吏部。先行户部将循环并岁报文册查对完足，回报吏部，准令给由，未完仍发回任追补，经该官吏参问。若将行复遇科派，势难卒完，及原非旧额，或有蠲免者，俱准给由。果有别项贤能，不待考满推升行取者，照前，查有拖欠,追完方许离任"①。由此可见,考满虽然是针对官员的考核,但也是国家的制度,所以要得到法律的保护。

二、考满特例

在《考满通例》及各项细则中,经常有"上裁"的字样,既然有上裁,在君主专制的条件下,就有可能出现非制度化的现象。孟德斯鸠认为:"在专制的国家里,政体的性质要求绝对服从;君主的意志一旦发出,便应确实发生效力,正象球戏中一个球向另一个球发出的时候就应该发生它的效力一样。"②在这种情况下,君主裁定的事情,要不然成为事例或则例,具有法律效力,要不然就是下不为例,也具有实效,自然就成为特例了。

明人王世贞③在考证明代异典时,讲到考满非常恩赐,"永乐中,尚书凡三年满,有赐羊一牵、酒十瓶、钞千贯者;九年满,有赐敕奖谕、赐宴内殿者。其后奖谕、赐宴,惟内阁大臣一品九年满有之。而六年满,于羊酒钞锭之外,又有加赐白金五十两、大红麒麟缎衣一袭及酒馔一桌者,则自张永嘉④始,夏贵溪⑤、严分宜⑥、徐华亭⑦俱有之。张江陵⑧九年满,于羊酒、钞锭外,及银两、表里,俱以为常赐,复加赐白金二百两、坐蟒蟒衣各一袭、彩缎八表里,升

---

① 黄彰健:《明代律例汇编》,台湾"中央研究院"历史语言研究所专刊之七十五,1979 年,第434～441 页。

② [法]孟德斯鸠:《论法的精神》,张雁深译,商务印书馆,1961 年,上册第 27 页。

③ 王世贞(1526—1590)字元美,号凤洲,太仓州人,嘉靖二十六年(1547)进士,官至南京刑部尚书,以文名称,著有《弇山堂别集》《弇州山人四部稿》《觚不觚录》《嘉靖以来首辅传》等。

④ 张永嘉,即张璁(1475—1539),字秉用,号罗峰,因避讳而赐名孚敬,温州府永嘉人,官至内阁首辅,著有《大礼要略》《礼记章句》《罗山奏疏》等。

⑤ 夏贵溪,即夏言(1482—1548),字公谨,贵溪人,正德十二年(1517)进士,官至内阁首辅,以交结近侍罪名弃市,有《南宫奏稿》《桂洲集》等传世。

⑥ 严分宜,即严嵩。

⑦ 徐华亭,即徐阶(1503—1583),字子升,松江府华亭县人,嘉靖二年(1523)探花,官至内阁首辅,著有《少湖文集》《世经堂集》等。

⑧ 张江陵,即张居正。

左柱国、太傅，予三代诰命，荫子尚宝司丞，锡宴礼部，辞太傅而已"①。这里主要讲自嘉靖以来，内阁首辅张璁、夏言、严嵩、徐阶、张居正等的考满非常恩赐，而这种非常恩赐早在洪武年间就有了。

洪武二十六年（1393），"云南左布政使张紞②考满来朝，命吏部勿考，即遣复任，仍赐宴及道里费，以其绥辑荒裔有治绩也"③。本来按例应该由吏部考核，朱元璋不让考核，还赐宴，发给道里费，虽然有"绥辑荒裔"的理由，但毕竟不是常制，乃是特例。济南府齐东县知县郑敏"考满来朝，耆民复上言愿留（郑）敏再任，上从其请，仍宴赏以遣之"④。虽然有"耆民上言"，但考满复任已经不是常例，再宴赏，也就是特例了。

永乐二年（1404），宁国府学训导"所书考满奏牍有错误"，本应该治罪，因为"其生员告言训导明经善教"，永乐帝以"学官明经善教，于今难得"⑤，恕其罪而允许训导考满复职，这也是特例。有了这种特例，被考满的官员就有争取的机会，君主则可以此示恩，如永乐七年（1409），右军都督府经历被破格升为布政司左参政，三名知县被破格升为知府，都是因为考满，"官民相率于浙江布政司、按察司乞留"⑥。君主特例示恩褒奖一些大臣，其意在树立样板，使诸官向善，如"行在都察院左副都御史李庆，以九载考满复职，命宴于礼部，赐敕褒谕"⑦。这种做法皆为特例，既然有特例，官员们就可以争取，

---

① ［明］王世贞：《弇山堂别集》卷13《考满非常恩赐》，中华书局，1985年，第236页。
② 张紞（？—1403），字昭季，陕西富平县人，以经明行修入仕，官至布政司左参政，洪武十五年（1382），奉诏主持云南政务。
③ 《明太祖实录》卷226，洪武二十六年三月壬申条，国立北平图书馆藏红格本，1962年，第3308页。
④ 《明太祖实录》卷227，洪武二十六年夏四月丁酉条，国立北平图书馆藏红格本，1962年，第3314页。
⑤ 《明太宗实录》卷37，永乐二年十二月辛巳条，国立北平图书馆藏红格本，1962年，第634页。
⑥ 《明太宗实录》卷92，永乐七年五月甲戌条，国立北平图书馆藏红格本，1962年，第1201页。
⑦ 《明太宗实录》卷168，永乐十三年九月癸亥条，国立北平图书馆藏红格本，1962年，第1878页。

故在永乐时期，凡是尚书考满，都有特例，赏赐钱物、赐宴、赐敕褒谕，几乎成为惯例。

宣德帝即位，因循祖制，在官员考满时，只要是有百姓诣阙，宣德帝都答应百姓的请求。如吴桥县知县吴原九年考满，"县民八十余人诣阙"，宣德帝以"为政之道，顺民情而已"①，允许吴原复职。有这种特例，也就无怪乎官员邀求百姓诣阙了，而且人数越来越多，以至于吏部尚书郭琎②提出："在外各衙门官，九年考满，给由到部，多因奏保，增俸复职，皆云廉能干济，奉职循理。其中岂无在任日久，政绩未著，徒以人情稔熟，邀求里老军民妄保者"，希望能够严查，使"不肖者不得侥幸"。③ 除了百姓诣阙吁请之外，官员自己提出申请，宣德帝往往也会满足要求。如河南右布政使萧省身④，以其"父年八十余"，违例提出给父诰命，宣德帝认为这是"孝子迫切之情"⑤，特许颁给其父诰命。既然有特例，自然挡不住官员纷纷申请了，如"云南布政司左参政徐子良考满，应给本身诰命"⑥，自己提出先给父亲，也得到批准。云南太和县学训导杨智，九年考满，提出"父母皆老，乞复原任，以禄为养"⑦，也得到批准，特例也几乎成为惯例。宣德帝因循祖制，对大臣考满，"既赐宴，复赐敕劳"⑧。

明英宗依然因循祖制，凡是尚书考满，都"赐敕奖谕，赉以宝钞、羊酒"⑨。百姓诣阙吁请，也多从其请，以至于诣阙者越来越多。西安府知府顾煜，九

① 《明宣宗实录》卷7，洪熙元年八月戊辰条，国立北平图书馆藏红格本，1962年，第182页。
② 郭琎（1371—1447），字时用，保定府新安县人，太学生出身，官至吏部尚书。
③ 《明宣宗实录》卷106，宣德八年九月乙酉条，国立北平图书馆藏红格本，1962年，第2359页。
④ 萧省身，江西泰和人，永乐二年（1404）进士，治理河南十二年。
⑤ 《明宣宗实录》卷10，洪熙元年冬十月甲申条，国立北平图书馆藏红格本，1962年，第279页。
⑥ 《明宣宗实录》卷14，宣德元年二月壬午条，国立北平图书馆藏红格本，1962年，第387页。
⑦ 《明宣宗实录》卷46，宣德三年八月乙未条，国立北平图书馆藏红格本，1962年，第1128页。
⑧ 《明宣宗实录》卷91，宣德七年六月壬辰条，国立北平图书馆藏红格本，1962年，第2075页。
⑨ 《明英宗实录》卷3，宣德十年三月辛卯条，国立北平图书馆藏红格本，1962年，第74页。

载考满，"属县民数百人保留"。济南府经历严肃，九年考满"属民二千五百余人告保"①。南昌府同知王庸，九年考满，"部民数百人保"②。苏州府嘉定县县丞俞观，九载考满，"县民四千余人，奏其公勤爱民"③。百姓吁请保留地方官，其中原因很复杂。刑科给事中鲍辉曾经指出："各府州县官，九年考满，多因在任买田置宅，娶妻立籍，恐迁别处，要民保留，甚为妨政。"④浙江等十三道监察御史陈纲等认为："近年以来，在外府州县考满官员，有等贪恋繁华去处，希求复任理事，不顾廉耻，私自主使所属官吏，并情熟粮里人等，虚捏浮辞，连名保留，甚至具本诣京奏保。"⑤特例不是常例，得到特例者，不但前程看好，而且可以获得现实利益，也难怪一些人趋之若鹜，不复有廉耻之心。特例也破坏现行制度，不但会使现行制度难以正常实施，而且会使人们藐视现行制度，统治者往往也明白这个道理，故此明英宗复辟以后，对百姓吁请保留官员之事，除了应该审查之外，也不再轻易答应百姓的请求。

特例在成化时期有所发展，凡是官员提出申请，往往都能够得到特赐。如工部右侍郎兼翰林院学士刘定之⑥以"有母将八十岁"，太常寺卿兼侍读学士吴节⑦以"有母过九十岁"，在考满应该颁给诰命的时候，提出将自己的诰命授予母亲，"上命即给之"⑧。对一些情况特殊的人，往往也采取特例予以

---

① 《明英宗实录》卷 139，正统十一年三月乙未条，国立北平图书馆藏红格本，1962 年，第 2766 页。

② 《明英宗实录》卷 49，正统三年十二月丁巳条，国立北平图书馆藏红格本，1962 年，第 943 页。

③ 《明英宗实录》卷 88，正统七年春正月丁亥条，国立北平图书馆藏红格本，1962 年，第 1773 页。

④ 《明英宗实录》卷 120，正统九年八月庚戌条，国立北平图书馆藏红格本，1962 年，第 2420 页。

⑤ 《废帝郕戾王附录》卷 42，景泰三年十二月癸巳条，国立北平图书馆藏红格本，1962 年，第 4861 页。

⑥ 刘定之（1409—1469），字主静，号呆斋，江西永新人，正统元年（1436 年）进士，官至礼部左侍郎，著有《周易图释》《呆斋集》《否泰录》等。

⑦ 吴节（？—1481），字与金，号竹坡，安成人，宣德五年（1430）进士，官至太常寺卿兼侍读学士，著有《吴竹坡文集》。

⑧ 《明宪宗实录》卷 47，成化三年冬十月丙申条，国立北平图书馆藏红格本，1962 年，第 970 页。

优待。如解缙①之子解祯亮，为中书舍人，"九年考满时，已六十八岁矣，例不复选用"，因为解缙曾经在永乐年间在内阁办事，死的冤屈，所以成化帝"特许之"②。按照特例，内阁大学士及尚书考满才赐敕谕勉之，此时这种特例也给一些地方官，如"广东肇庆府知府黄瑜，九年考满，赐敕谕勉之"③。成化时对于百姓吁请保留地方官，控制比较严格，但对抚按申请保留地方官，却可以采取特例。如河南固始县知县薛良，九年考满，因巡抚都御史"奏举良持身廉正，抚字勤能"，得以"升正六品俸复任"④。山西按察司佥事汪宽，九年考满，"巡抚都御史何乔新奏留之"，得升"本司副使"⑤。山西太原府知府张鼎，九载考满，巡抚都御史"奏鼎历任年久，深得民心"，得以升"布政司右参政，仍管府事"⑥。

正德时对内阁大臣考满多予以特例，较此前更加优厚，"阁臣九年考满，赐宴于礼部，九卿侍宴"⑦。先是大学士李东阳，九年考满，"敕褒谕令，兼食大学士禄，仍旧供事，锡之诰命，宴于礼部"⑧。按例李东阳⑨应该上疏请辞，"乞收回成命"。之后皇帝再下旨，不准所请，算是"眷遇辅臣"⑩。这种特例

---

①　解缙(1369—1415)，字大绅，吉水人，洪武二十一年(1388)进士，官至右春坊大学士，以"无人臣礼"下狱死，著有《天潢玉牒》《解学士集》等。

②　《明宪宗实录》卷71，成化五年九月壬午条，国立北平图书馆藏红格本，1962年，第1387页。

③　《明宪宗实录》卷70，成化五年八月庚辰条，国立北平图书馆藏红格本，1962年，第1385页。

④　《明宪宗实录》卷33，成化二年八月壬子条，国立北平图书馆藏红格本，1962年，第663页。

⑤　《明宪宗实录》卷213，成化十七年三月己卯条，国立北平图书馆藏红格本，1962年，第3698页。

⑥　《明宪宗实录》卷243，成化十九年八月庚寅条，国立北平图书馆藏红格本，1962年，第4125页。

⑦　[清]张廷玉等：《明史》卷53《礼志七》，中华书局标点本，1974年，第1360页。

⑧　《明武宗实录》卷81，正德六年十一月癸酉条，国立北平图书馆藏红格本，1962年，第1761～1762页。

⑨　李东阳(1447—1516)，字宾之，号西涯，祖籍长沙府茶陵，天顺八年(1464)进士，授庶吉士，官至华盖殿大学士兼吏部尚书，著有《怀麓堂稿》等。

⑩　《明武宗实录》卷81，正德六年十一月甲戌条，国立北平图书馆藏红格本，1962年，第1763页。

是可以为其他辅臣所比照的,所以当大学士杨廷和①,九年考满,吏部便"请如大学士李东阳考满例,特加恩典",然后皇帝下旨"写敕褒谕,令兼支大学士俸,并给诰命,仍赐宴礼部"②。杨廷和也依然上疏请辞,"伏望圣慈收回成命"③,最终还是按特例办理。对于官员提出申请的特例,则开始严加控制,这是因为吏科都给事中杨禩④提出:"近年士风渐靡,虽政绩无闻,屡被劾者,亦自陈乞,有伤治体。"经过吏部尚书杨一清⑤等议覆,提出"见任官不许辄自陈乞,其被劾得实去职,及故久大臣子孙违例妄奏者,罪之"。此议遭到礼部尚书傅圭等反对,认为:"荫子入监、葬祭、谥号,乃本部职掌",吏部不应该专断,只是违例陈乞者,应该由吏部管,"其余事宜仍旧属之礼部"。因为杨一清"方柄用圭",礼部的反对无效,史家认为:"然其是非,固自有在也。"⑥也就是说,礼部的意见还是可取的,至少在一定程度上遏制了官员无原则的自陈乞。

嘉靖时期,内阁权力达到鼎盛,凡是内阁首辅考满,特例规格越来越高。先是内阁首辅杨廷和九年考满,因为正德帝加恩,尚未实行,嘉靖帝"特崇恩礼"⑦。接着在十二年考满时,"命加太傅,赐宴礼部"⑧。至大学士张孚敬(张璁)六年考满,"荫一子为中书舍人,令兼支太学士俸,并给应得诰命"。

---

① 杨廷和(1459—1529),字介夫,号石斋,成都府新都人,成化十四年(1478年)进士,官至内阁首辅,嘉靖七年(1528)削职为民,著有《杨文忠公三录》。

② 《明武宗实录》卷188,正德十五年秋七月戊戌条,国立北平图书馆藏红格本,1962年,第3577页。

③ 《明武宗实录》卷188,正德十五年秋七月辛丑条,国立北平图书馆藏红格本,1962年,第3580页。

④ 杨禩,字介福,武陵人,弘治九年(1496)进士,官至吏科都给事中。

⑤ 杨一清(1454—1530),字应宁,号邃庵,镇江府丹徒人,成化八年(1472)进士,官至内阁首辅,著有《关中奏议》《石淙诗稿》等。

⑥ 《明武宗实录》卷87,正德七年五月辛亥条,国立北平图书馆藏红格本,1962年,第1864页。

⑦ 《明世宗实录》卷2,正德十六年五月甲寅条,国立北平图书馆藏红格本,1962年,第67页。

⑧ 《明世宗实录》卷31,嘉靖二年九月甲戌条,国立北平图书馆藏红格本,1962年,第815页。

因为其子已经荫国子生，乃以幼子"承前荫"①。内阁首辅"三年考满，赐宝钞羊酒"②，已经成为惯例；六年考满，"荫一子为中书舍人"③，也成为惯例；九年考满则又增加礼遇，大学士夏言，九年考满，"遣中使赐言银五十两，彩缎四表里，宝钞五千贯，茶饭五卓，羊三只，酒三十瓶"④。到了大学士严嵩，九年考满，"遣中官赍赐银币、羊酒、钞贯"⑤，也成为惯例。当严嵩考满十二年，力赐礼部赐宴，乃"赐折宴银四十两，彩缎四表里"⑥，连其八岁的孙子都荫袭中书舍人。严嵩位极人臣，"执政二十年，除了给国家带来深重灾难之外，对历史的进步没有起过什么推动作用"⑦。不过他在内阁首辅位置考满所开创的先例，却影响到以后的制度。

　　万历时，张居正六年考满，应该按以前特例荫一子中书舍人，但这样不能够显示其特殊，所以"特于例外，加赐银一百两，蟒衣、斗牛各一袭"⑧。在九年考满时，"于羊酒、钞锭外，及银两、表里，俱以为常赐，复加赐白金二百两、坐蟒蟒衣各一袭、彩缎八表里，升左柱国、太傅，予三代诰命，荫子尚宝司丞，锡宴礼部，辞太傅而已"⑨。到了十二年考满，正当张居正应该丁忧守制，而以夺情办事，以"在服制之中，不可加恩"⑩，提出辞去特例。万历帝"寻遣

　　① 《明世宗实录》卷 172，嘉靖十四年二月壬寅条，国立北平图书馆藏红格本，1962 年，第 3737 页。

　　② 《明世宗实录》卷 125，嘉靖十年五月癸巳条，国立北平图书馆藏红格本，1962 年，第 2992 页。

　　③ 《明世宗实录》卷 217，嘉靖十七年十月己酉条，国立北平图书馆藏红格本，1962 年，第 4440 页。

　　④ 《明世宗实录》卷 259，嘉靖二十一年三月丙申条，国立北平图书馆藏红格本，1962 年，第 5183 页。

　　⑤ 《明世宗实录》卷 330，嘉靖二十六年十一月癸巳条，国立北平图书馆藏红格本，1962 年，第 6064 页。

　　⑥ 《明世宗实录》卷 368，嘉靖二十九年十二月壬申条，国立北平图书馆藏红格本，1962 年，第 6585 页。

　　⑦ 张显清：《严嵩传》，黄山书社，1992 年，第 365 页。

　　⑧ 《明神宗实录》卷 19，万历元年十一月壬辰条，国立北平图书馆藏红格本，1962 年，第 536 页。

　　⑨ ［明］王世贞：《弇山堂别集》卷 13《考满非常恩赐》，中华书局，1985 年，第 236 页。

　　⑩ 《明神宗实录》卷 96，万历八年二月戊寅条，国立北平图书馆藏红格本，1962 年，第 1928 页。

司礼监太监张诚赐银三百两、蟒衣一袭、紵丝四十表里、羊十只、酒六十瓶、钞十万贯、酒饭五卓、鸡十只、鹅五只、猪肉一百五十斤、汤五品、白面一百二十斤、香油三百二十斤、白糖一百斤、黑糖一百四十斤、蜜二十五斤、烛一百对、柴三百扛、莲肉二十斤、荔枝十斤、圆眼十斤、胶枣红枣各二十斤、栗子三十斤、冬笋二十斤、蘑菇香菌花椒胡椒各五斤"。还"特于常典之外,赐银二百两,坐蟒蟒衣各一袭,岁加禄米二百石"①。使这种特例达到极点,不但成为有明一代最大的特例,也成为绝唱。"权势易性,富贵移人,对于蔚成一代巨人的张居正亦未能完全避免。"②加于他身上的考满特例,当然会使他感到荣耀,但这种特例,除了随着权势转移之外,更重要的是破坏了现行制度。

三、考满违例

所谓的考满违例,就是违法考满例,按照规定是应该予以处分的。如山西按察司佥事宋礼③、吕震④,"考满至京,不进功绩文册"⑤,结果双双被降户部主事。再如,"王府官员原无考满叙迁事例,今蜀府左长史高鹏,以九年考满,违例起送,宜黜",结果被"诏令致仕"⑥。当然,这种考满违例只有查出来才能够处分,因为考满是朝廷大政,一旦违例,必须奏明请旨,处分与不充分,则要又君主来决定了。如"交阯匕蓬海口巡检司土官裴差等,仿府州县土官例,以九年考满至京",这是明显违制,因此吏部"请论其罪"。永乐帝则认为:"遐方之人,未谙国典,岂可遽罪"。不但没有治罪,还"命复职役三年,

---

① ［明］王世贞:《弇山堂别集》卷13《考满非常恩赐》,中华书局,1985 年,第236 页。
② 韦庆远:《张居正和明代中后期政局》,广东高等教育出版社,1999 年,第26 页。
③ 宋礼(1361—1422),字大本,河南永宁人,官至工部尚书。
④ 吕震(1365—1426),字克声,陕西临潼人,太学出身,官至礼部尚书。
⑤ 《明太祖实录》卷232,洪武二十七年三月癸丑条,国立北平图书馆藏红格本,1962 年,第3390 页。
⑥ 《明世宗实录》卷274,嘉靖二十二年五月辛亥条,国立北平图书馆藏红格本,1962 年,第5375 页。

如例给由"①。工部营缮清吏司主事黎澄②，"历九载悉不赴部给由，今又历两考，始给由，有违定制"。宣德帝则认为："澄在安南罪重，皇祖特宥而用之，今所犯小罪，可宥也。"③"贵州、云南土民张暹、杨名等充吏，考满至京，违限二年三年之上，例当发在京诸司再办事三年，方许叙用"，宣德帝认为："夷民不必悉拘中土之例，贷之。"④

考满违例是否治罪的决定权在君主，若得到君主的宽宥，往往可以成为新的事例、则例。如南京户部尚书秦纮⑤，"例以后任历俸日为始，另历三年，方得考满，今纮以前任辏考，于例有碍"。弘治帝进行诘责，秦纮"自劾，宥之"⑥。自此以后，只要是考满违例，臣下自劾，都可以宽宥，甚至允许违例考满。有些考满的确违例，但君主的裁决，往往可以使之成为行之有效的例。如河南左布政使赵希夔⑦，乃是王亲"例不得内转"，吏部"请加俸一级"。在得到嘉靖帝批准之后，"命著为令"。既然为令，就要有明确规定，吏部议准："凡布政系王亲者一，再考俱递加俸一级，三年荫一子。一考致仕者，准正二品。初授散官，再考致仕者，准正二品升授散官，三考准正二品加授散官。非王亲者，不在此例。"⑧有了新例，以后再有此类情况，则照新例行。

由于有君主特许的考满特例存在，许多官员以此为由，导致正德帝的不满，他派太监传旨，以"近多比例陈乞"为由，提出："今后三品以上，未经三年

---

① 《明太宗实录》卷219，永乐十七年十二月丙子条，国立北平图书馆藏红格本，1962年，第2171页。

② 黎澄（1374—1446），安南人，以善长兵器，入明在工部任职，著有《南翁梦录》。

③ 《明宣宗实录》卷15，宣德元年三月辛亥条，国立北平图书馆藏红格本，1962年，第409页。

④ 《明宣宗实录》卷37，宣德三年二月丁丑条，国立北平图书馆藏红格本，1962年，第919页。

⑤ 秦纮（1426—1505），字世缨，山东单县人，景泰二年（1451年）进士。官至三边总制、户部尚书，著有《秦襄毅公奏疏》。

⑥ 《明孝宗实录》卷74，弘治六年四月辛酉条，国立北平图书馆藏红格本，1962年，第1401页。

⑦ 赵希夔，字一卿，山西长治县人，嘉靖十四年（1535年）进士，官至河南左布政使。

⑧ 《明世宗实录》卷536，嘉靖四十三年七月庚申条，国立北平图书馆藏红格本，1962年，第8704页。

规定罢了"①。官僚们只关心自己的利益,只要是对自己有利,什么样的事情都做得出来,也就无怪乎考满违例现象屡禁不止了。

如果仅仅是因为考满违例而争得个人利益,官僚群体尚可以称为守分,要是利用考满违例打击与迫害对方,则是官僚政治病态的反映。如南京广西道御史黄仁荣论劾南京刑部尚书王世贞"违例考满,希图恩荫。并参吏部,挟同欺罔"②,而王世贞的考满乃系题准事例,并没有违例,科道官吹毛求疵,其意不在王世贞,而在于攻击内阁诸人。在张居正被清算时,"在亲政的明神宗的干预下,受居正迫害者纷纷复官,于是被压抑已久的情绪爆发出来。主持朝政者对此仍以压抑之为政策,但已时过境迁、无法制止了。他们评议朝政,指斥当权,形成一种力量和风气"③。张居正心腹之一的申时行④,与言官们发生冲突。当申时行为首辅时,以内阁许国⑤、王锡爵⑥为次辅,他们都是南方人,在与言官冲突的过程中,内阁奏请惩治一些言官,最终形成内阁与言官水火之势。申时行生性柔和,许国性木强,王锡爵性刚负气,他们多次与言官为难,也成为言官攻击的对象。自张居正当国,其子张嗣修⑦考中状元以后,辅臣之子多考中进士,万历十六年(1588),王锡爵之子王衡在顺天府乡试时为第一名,言官们讲:"自故相子一时并进,而大臣之子遂无见信于天下者。今辅臣锡爵子衡⑧,素号多才,青云不难自致,而人犹疑信相

---

① 王亚南:《中国官僚政治研究》,商务印书馆,2010年,第117页。

② 《明神宗实录》卷215,万历十七年九月己未条,国立北平图书馆藏红格本,1962年,第4029页。

③ 张显清、林金树主编:《明代政治史》,广西师范大学出版社,2003年,第798页。

④ 申时行(1535—1614),字汝默,号瑶泉,苏州府长洲人,嘉靖四十一年(1562)状元,官至首辅。

⑤ 许国(1527—1596),字维桢,徽州府歙县人,嘉靖四十四年(1565)进士,官至礼部尚书兼东阁大学士,著有《许文穆公集》。

⑥ 王锡爵(1534—1611),字元驭,号荆石,苏州府太仓州人,嘉靖四十一年(1562)会元,廷试榜眼,万历二十一年(1593)为首辅。著有《王文肃公全集》。

⑦ 张嗣修,张居正二子,万历五年(1577)进士,张居正死后被发配烟瘴充军。

⑧ 王衡(1562—1609),字辰玉,号缑山,江苏太仓人,王锡爵之子,万历二十九年(1601)榜眼,授任翰林院编修,后辞官归隐,著有《缑山集》等。

半,宜一体覆试,以明大臣之心迹。"①王锡爵怒甚,上章为自己申辩,语言过激,导致言官被下狱贬职。言官们自此以后便千方百计地寻找内阁们的短处,而王世贞当时为文坛盟主,"独操柄二十年。才最高,地望最显,声华意气笼盖海内"②。王世贞与王锡爵既是同乡,又是相善,攻击王世贞,等于是攻击王锡爵和内阁,实际上已经揭开"万历党争"的序幕,职官考核制度也就沦为党争的工具。

---

① ［清］张廷玉等:《明史》卷 70《选举志二》,中华书局标点本,1974 年,第 1703 页。
② ［清］张廷玉等:《明史》卷 287《文苑王世贞传》,中华书局标点本,1974 年,第 7381 页。

第二章
明代职官考察制度

考察是明朝独创的制度，与针对个别俸满官员的考满不同，是要"通天下内外官计之"，除了在特定时间对全体官员品德和能力进行总检查之外，还有在日食、星变、自然灾害情况下的"因事考察"，以及在巡视和政务运作过程中的"不时考察"。考察制度非常繁细，以职官分类来看，可以分为京察、外察、军政考察三大类。而"不时考察"则情况特殊，另立专章论述。

第一节　京官考察

京察就是对京官的考察，"考察之法，京官六年，以巳、亥之岁，四品以上自陈以取上裁，五品以下分别致仕、降调、闲住为民者有差，具册奏请，谓之京察"①。这是弘治以后形成的定制，其形成的过程在典章上没有明确的记载，因为京察事例最早是正统元年（1436）出现的，故论者多以此为京察之始。制度的形成是有一定过程的，因此需要考证。

① ［清］张廷玉等：《明史》卷71《选举志三》，中华书局标点本，1974 年，第 1723 页。

一、京察缘起

朱元璋非常重视对官员的考核，在其为吴王的时候，"建百司官属"①，就设立了正五品考功所，设正七品考功郎，主管官吏考核之事。建立明朝之后，革去考功所，官吏考核事务归吏部考功司。洪武五年（1372），定六部职掌，吏部下设"考功部，掌考核"②。除了吏部设置考功部之外，洪武八年（1375）"置考功监，设令、丞"③，直属中书省。洪武九年（1376），定考功监令秩正六品，监丞从六品，"以监察御史马亮等五十五人为考功监丞等官"④。不久更定考功监"监令，正七品；丞，正八品"⑤。洪武十三年（1380），废除中书省之后，定六部官制，吏部考功司"掌天下官吏之考课，凡朝觐、任满、给由、起复官吏、考其功过、别其善最、奏请黜陟之属"⑥。没有废除考功监，按照洪武十四年（1381）"定考劾之法"，考功监属于"近侍"⑦，应该是直属于皇帝。考功监有弹劾百官之责，如洪武十六年（1383），东阁大学士吴沉⑧，被考功监弹劾，"改为国子博士"⑨。洪武十八年（1385），"罢考功监"⑩。自此以后，官吏考核事务都归吏部考功司管理。朱元璋时期，凡是官员违法，都是

①　《明太祖实录》卷14，甲辰春正月丙寅朔条，国立北平图书馆藏红格本，1962年，第175页。
②　《明太祖实录》卷74，洪武五年六月癸巳条，国立北平图书馆藏红格本，1962年，第1361页。
③　《明太祖实录》卷98，洪武八年三月癸未条，国立北平图书馆藏红格本，1962年，第1674页。
④　《明太祖实录》卷105，洪武九年夏四月丁酉条，国立北平图书馆藏红格本，1962年，第1759页。
⑤　《明太祖实录》卷110，洪武九年十一月丙戌条，国立北平图书馆藏红格本，1962年，第1826页。
⑥　《明太祖实录》卷130，洪武十三年三月戊申条，国立北平图书馆藏红格本，1962年，第2068页。
⑦　《明太祖实录》卷139，洪武十四年十月壬申条，国立北平图书馆藏红格本，1962年，第2197页。
⑧　吴沉，字浚仲，兰溪人，洪武十五年（1382）为东阁大学士。
⑨　《明太祖实录》卷156，洪武十六年八月丙戌条，国立北平图书馆藏红格本，1962年，第2425页。
⑩　《明太祖实录》卷172，洪武十八年三月辛巳条，国立北平图书馆藏红格本，1962年，第2630页。

随时弹劾,随时处理,对于京官的考察,还与考满制度相结合,如兵部职方郎中赵彝①、员外郎向宝,"九年考最",但任内有过,朱元璋认为:"任人当论材否,既历九年,宜略其过。"②因此将二人升用,则可见考满的同时,也考察其平日所为,但对京官还没有全盘的考察。

永乐二年(1404),吏部尚书蹇义③等提出:"在京各衙门官,原有定额,近因事烦,额外添设,不无冗员。宜令各衙门依定制选留,余并送部别用。在外大小衙门,官亦有多设,宜令所隶上司,严行考核,其罢软不胜,及老疾贪墨者,悉送赴部。"④这是以清查冗员为目的,对内外衙门官员进行考核,提出了罢软不胜、老、疾、贪墨等,乃是后来"八法"中的内容。永乐四年(1406)正月,"考察北京及天下文武官员"⑤。这是基于朱棣在接受文武群臣朝贺以后,对"北京行部并天下文武官述职凡千九百四十三人"发布的敕谕,其中处罚了"以怠废事,以贪掊克,以私灭公,以苛劾励下,乱政坏法,无所顾忌者"⑥。故此徐学聚⑦认为这是京察之始,而此次处罚,是基于永乐二年(1404)清查冗官,若以考察论,当始于此。永乐九年(1411)吏部尚书蹇义同六部尚书等官上言十事中讲到:"刑部、都察院,职典刑名,而大理寺尤专详谳,居是职者,必得其人,其官属宜从堂上正佐官,精加考核,庸劣不称者黜之,贪婪苛刻者罪之,其有作奸犯科者,责令互相纠举,不许故纵,违者一体

---

① 赵彝(?—1426),虹县人,洪武时为燕山右卫百户,永平卫指挥佥事,永乐时封忻城伯。

② 《明太祖实录》卷255,洪武三十年十二月甲辰条,国立北平图书馆藏红格本,1962年,第3691页。

③ 蹇义(1363—1435),字宜之,巴县人,洪武十八年(1385)进士,仕洪武、永乐、洪熙、宣德、正统五朝,谥忠定。

④ 《明太宗实录》卷32,永乐二年夏六月己丑条,国立北平图书馆藏红格本,1962年,第570页。

⑤ [明]徐学聚:《国朝典汇》卷38《吏部五》,台湾学生书局,1986年,第821页。

⑥ 《明太宗实录》卷50,永乐四年春正月甲午条,国立北平图书馆藏红格本,1962年,第745页。

⑦ 徐学聚,兰溪人。万历十一年(1583)进士。历官浮梁知县、山东提学副使、河南按察使、右金都御史、福建左布政使、八闽巡抚。谙熟明制,著有《国朝典汇》《历朝玙鉴》。

论罪。"①这是针对三法司的考察，尚未涉及全部京官。永乐十九年（1421），翰林院侍读李时勉②、侍讲邹缉③等，言便民事讲道："天下有司官吏不能贤，屡蒙敕监察御史、按察司，考核黜陟，而所司不加详察，其重厚廉介、不能逢迎阿附者，多考平常，而贪墨奸诡、善于趋媚者，反考称职，人无惩劝。"④由此可见，京官考察并没有定期，只是在皇帝敕谕的情况下，才偶尔进行。

宣德三年（1428），"帝以民⑤廉介端谨，特赐敕，令考察南京百官"⑥。实际上是与都察院一起考察的，次年二月，南京都察院左副都御史邵圮奏："奉敕考察，得御史沈善、刘牰、王懋等三人，皆贪淫无耻。萧全、郑道宁、杨昭、萧昇、曾泉、木讷等六人，皆不达政体。王恭、栾凤、潘纲三人，皆不谙文移。陶圭一人，曾犯赃罪，请悉如例降黜。"会同六部堂上官考察，"得户部郎中黄玘等十七人贪污，户部郎中陈懋等一十四人奸懒，户部郎中周砥等四十六人不谙文理，刑部郎中徐昕等九人才力不及，亦宜黜降"。宣德帝"命行在吏部，悉从圮言，如例降黜"⑦。宣德五年（1430），南京都察院将这些人送到北京，宣德帝对行在吏部臣曰："官无大小，皆务廉勤，况郎官尤重。此辈贪污懒惰，即如例降黜。自今当慎择人，不可滥授。"⑧这是仅对南京的京官进行考察，是以敕谕形式进行的。正因为是敕谕，也可能不是全面考察，如宣德

---

① 《明太宗实录》卷123，永乐九年闰十二月己未条，国立北平图书馆藏红格本，1962年，第1545页。

② 李时勉（1374—1450），名懋，以字行，号古廉，江西吉安安福人。永乐二年（1404年）中进士，为庶吉士，历官刑部主事、翰林侍读、侍读学士、国子监祭酒。

③ 邹缉，字仲熙，自号素庵，吉水人，建文二年（1400）进士，历官教谕、翰林院侍讲、左春坊左庶子。

④ 《明太宗实录》卷236，永乐十九年夏四月甲辰条，国立北平图书馆藏红格本，1962年，第2264~2265页。

⑤ 段民（1376—1434），字时举，常州府武进县人。永乐二年（1404）进士，官至南京刑部侍郎，曾参与修撰《永乐大典》《性理大全》《五经四书大全》。

⑥ ［清］张廷玉等：《明史》卷158《段民传》，中华书局标点本，1974年，第4314页。

⑦ 《明宣宗实录》卷51，宣德四年二月壬寅条，国立北平图书馆藏红格本，1962年，第1234页。

⑧ 《明宣宗实录》卷62，宣德五年正月庚午条，国立北平图书馆藏红格本，1962年，第1473页。

七年(1432),"行在都察院右都御史顾佐①,同吏部尚书郭琎,考核五城兵马司官,高贵等二十人不胜任,以闻"②。

正统元年(1436)奏准:"两京各衙门属官、首领官,从本衙门堂上官考察。如有不才及老疾者,吏部验实,具奏定夺。"③正统四年(1439),京畿大水,所下《罪己诏》颁布大赦条款中有:"吏部擢用官员,宜精选贤才者任之,或罢软无能,或老疾不堪,及平昔行止不端谨者,悉皆罢去。"④这乃是"因事因灾考察也"⑤。因为考察范围扩大为两京官员,且由正官考察属官,已经具有京察的意义,只是没有定期进行,依然是按诏书考察。如正统十四年(1449),吏部奏:"今奉诏书考察,得郎中卫昭等三十一员,俱年老有疾。上命冠带致仕。"⑥景泰三年(1452),文渊阁大学士陈循⑦等疏言九事中讲道:"南北京各衙门所属,宜从本堂上官考察,其各堂上官,从吏部具名闻奏,取自上裁。"景泰帝让"该部计议停当,有便于官民者,具闻行之"⑧。经过会议,堂上官考察所属,应该成为常制,同年,都察院考察各道监察御史,将才力不及、病不能任,降为典史,或"冠带致仕"⑨。由于"二京所属及各堂上官考察去留,吏部覆奏,已经一月未见举行"。景泰帝下诏云:"南北两京各属官,从

---

① 顾佐(1376—1446),字礼卿,太康人,建文二年(1400)进士,官至都察院右都御史。

② 《明宣宗实录》卷88,宣德七年三月乙酉条,国立北平图书馆藏红格本,1962年,第2035页。

③ [明]申时行等:《明会典》卷13《吏部·京官考察》,中华书局,1989年,第79页。

④ 《明英宗实录》卷56,正统四年六月戊戌条,国立北平图书馆藏红格本,1962年,第1703~1704页。

⑤ [明]徐学聚:《国朝典汇》卷38《吏部五》,台湾学生书局,1986年,第821页。

⑥ 《明英宗实录》卷180,正统十四年秋七月丁亥条,国立北平图书馆藏红格本,1962年,第3482页。

⑦ 陈循,(1385—1464),字德遵,江西泰和人。永乐十三年(1415)进士,历官翰林修撰、侍讲学士、户部右侍郎,景泰时入内阁,英宗复位后,被充军铁岭卫。

⑧ 《废帝郕戾王附录》卷36,景泰三年秋七月丙辰条,国立北平图书馆藏红格本,1962年,第4716页。

⑨ 《废帝郕戾王附录》卷37,景泰三年八月丁丑条,国立北平图书馆藏红格本,1962年,第4734页。

公考察以闻。"①但两京各衙门似乎并不积极响应,只有"户部等衙门堂上官考察各属,主事等官王琼才力不胜,李景华等老疾不堪任,凡十员,送部,请以才力不胜者降县典史,老疾者冠带致仕"②。最终还是依靠皇帝敕书考察,所以景泰六年(1455),"帝以监察御史多不得人,特敕左都御史萧维桢等考察"③。两京衙门所考察重点还是在南京衙门,以至于科道官提出:"今在南京者既加考察,而在北京者,一概优容,泾渭莫分,薰莸同器"④,景泰帝"令该衙门阅实行之,后竟不行"⑤。

　成化帝即位以后,吏部奏准:"每十年一次举行。"⑥当年,都察院提出御史考察原则,"若有操履不谨,贪酷庸懦等项,及刑名欠通,文移不晓者,送吏部照例定夺"。成化帝认为:"御史已经本院考通刑名,除授不必再考刑名,只考察实迹。"⑦亦可见考察所重视的乃是实迹。不久,吏部奏黜一些官员,分别是以老疾、罢软庸懦、持身欠谨、贪酒怠政为名,予以致仕、罢官、冠带闲住的处置。在考察过程中,有官员"奏本部考察不公",乃"下法司究问"⑧。成化四年(1468),因为地震与星变,除了皇帝下《罪己诏》之外,百官都要修省以弭灾,按照祖制要"敕吏部、都察院会同各衙门掌印官,公同考察所属官员",乃是依据"天顺八年考察官员事例"⑨。成化十三年(1477),因为灾变,

① 《废帝郕戾王附录》卷38,景泰三年九月丁酉条,国立北平图书馆藏红格本,1962年,第4757页。
② 《废帝郕戾王附录》卷40,景泰三年冬十月辛卯条,国立北平图书馆藏红格本,1962年,第4798页。
③ 《废帝郕戾王附录》卷75,景泰六年八月乙巳条,国立北平图书馆藏红格本,1962年,第5527页。
④ 《废帝郕戾王附录》卷85,景泰七年六月己亥朔条,国立北平图书馆藏红格本,1962年,第5663~5664页。
⑤ 《废帝郕戾王附录》卷85,景泰七年六月己亥朔条,国立北平图书馆藏红格本,1962年,第5665页。
⑥ [明]申时行等:《明会典》卷13《吏部·京官考察》,中华书局,1989年,第80页。
⑦ 《明宪宗实录》卷7,天顺八年秋七月己巳条,国立北平图书馆藏红格本,1962年,第169页。
⑧ 《明宪宗实录》卷9,天顺八年九月乙亥条,国立北平图书馆藏红格本,1962年,第199页。
⑨ 《明宪宗实录》卷59,成化四年冬十月辛亥条,国立北平图书馆藏红格本,1962年,第1211页。

监察御史戴缙①提出："自古人臣一遇灾变,辄自修省,以回天意,乞令两京大臣自陈,断自圣衷,可否惟命。五品以下,敕两京吏部会都察院并科道官,仿成化四年事例,从公考察。在外镇守、守备、侯、伯、都督等官,亦令自陈,庶奸贪怠政者知所警惧。""上悦其言,命所司详议"②,是"令京官十年一考察"③。成化十七年(1481),十三道监察御史黄杰等,以灾异陈时政十事讲道:"宜命两京吏部各会同都察院考察,如有不公,听科道官纠举"的问题,成化帝"以其所言事,皆已行及已处置者,下其章于所司"④。下其章而不覆议,则没有制度效应,这样京官十年一考察的制度得以确立。

弘治元年(1488),吏部考察两京五品以下官,谈及天顺八年例及成化十三年例,最终"悉照成化十三年例考察"⑤。按照十年一考察,应该是成化二十三年,二十三年成化帝驾崩,无暇实施此事,而次年实施。弘治十年(1497),到了十年之期,"科道官有考察京官之奏"⑥,两京官员考察同时进行,吏部会都察院考察在京五品以下官,以老疾、罢软无为、持身不谨、浮躁浅露、才力不及、在逃等为由,"请如例,令年老及有疾者并致仕,罢软及不谨者并冠带闲住,浅露及才力不及者并降调外任,在逃者为民"⑦。南京吏部都察院奉例考察南京五品以下官,以年老有疾、罢软无为、持身不谨、贪淫无耻、浮躁浅露、才力不及等为由,"请如例,各令致仕冠带闲住及降调外任"⑧。

---

① 戴缙(1427—1510),成化二年(1466)进士,历官湖广道监察御史、尚宝少卿、右佥都御史、右副都御史、右都御史、南京工部尚书,著有《疏草》《云巢诗稿》等。

② 《明宪宗实录》卷167,成化十三年六月庚戌条,国立北平图书馆藏红格本,1962年,第3027页。

③ [明]徐学聚:《国朝典汇》卷38《吏部五》,台湾学生书局,1986年,第822页。

④ 《明宪宗实录》卷214,成化十七年夏四月戊申条,国立北平图书馆藏红格本,1962年,第3719页。

⑤ 《明孝宗实录》卷11,弘治元年二月乙未朔条,国立北平图书馆藏红格本,1962年,第237页。

⑥ 《明孝宗实录》卷122,弘治十年二月戊寅条,国立北平图书馆藏红格本,1962年,第2181页。

⑦ 《明孝宗实录》卷122,弘治十年二月甲午条,国立北平图书馆藏红格本,1962年,第2188页。

⑧ 《明孝宗实录》卷124,弘治十年四月庚辰条,国立北平图书馆藏红格本,1962年,第2216页。

弘治十三年（1500），南京吏部等衙门尚书秦民悦①等以星变上言，讲到"内而部院等衙门定为五年一考察之例"，弘治帝"命所司看详以闻"②。在所司看详过程中，南京吏部尚书林瀚③等提出："在外司府以下官俱三年一次考察，两京及在外武职官亦五年一考选，惟两京五品以下官十年始一考察，法太阔略。"经过吏部议覆："今后例六年一考察。"④上次京察是弘治十年（1497）举行的，六年一考察应该很快进行，但到弘治十七年（1504）还没有举行，吏科给事中许天锡⑤上奏云："外官三年考察，又有抚按监临，科道纠劾，其法已无可加。惟两京堂上官例不考核。而五品以下虽有十年考察之条，居官率限九载，或年劳转迁，或服除改补，不能及期。今请以六年为期，通行考察。其大寮曾经弹劾者，悉令自陈而简去之，用儆有位。""帝善之。于是令两京四品以上并自陈听命，五品下六年考察，遂著为令。"⑥至此，京官六年一考察之制确立。

当然，从许天锡提出，到著为令，也有一个复杂的过程。许天锡提出，吏部覆议："谓两京五品以下官，名位未崇，责任亦薄，以此弭灾，恐非急务，宜仍照旧例十年一次考察。"⑦科道官们反对吏部的提议，吏部只好重新议覆，提出"仍敕两京吏部，会同各该堂上官，照例考察，如有遗漏偏狥，臣等照例

---

① 秦民悦（1436—1512），字邦约，一字崇化，安徽舒城人，天顺元年（1457）进士，官至南京吏部尚书，著有《儆庵集》。
② 《明孝宗实录》卷164，弘治十三年七月甲戌条，国立北平图书馆藏红格本，1962年，第2991页。
③ 林瀚（1434—1519），字亨大，号泉山，闽县林浦乡人，成化二年（1466）进士，官至南京吏部尚书，著有《泉山集》。
④ 《明孝宗实录》卷177，弘治十四年闰七月癸未条，国立北平图书馆藏红格本，1962年，第3244页。
⑤ 许天锡（？—1558），字启衷，号洞江，闽县东山乡人，弘治六年（1493）进士，授庶吉士，历官吏科给事中、工科给事中、都给事中，以尸谏自缢死，著有《黄门草》诗集。
⑥ ［清］张廷玉等：《明史》卷188《许天锡传》，中华书局标点本，1974年，第4987~4988页。
⑦ 《明孝宗实录》卷212，弘治十七年五月辛卯条，国立北平图书馆藏红格本，1962年，第3957页。

纠举。今后或六年,或十年一次,取自上裁"。将是否实行六年一考察交给皇帝裁决,最终由弘治帝决定"今后每六年一次,著为令"①,也就成为制度。虽为制度,但在具体实施问题上,因为弘治帝的驾崩,不得不面临是否能够执行的问题。

弘治帝早逝,托孤于内阁杨廷和等大臣,这些顾命大臣为了防止年轻的正德帝胡作非为,在《即位诏》内特别提出:"内外问刑衙门,今后问拟囚犯罪名,律有正条者,俱依律科断。无正条者,方许引例发落。亦不许妄加参语,滥及无辜。"②这里明确弘治《问刑条例》的地位,肯定了弘治时期的制度,因此正德帝要提出改变,势必会受到辅臣们的反对。肯定弘治的制度,也就意味着在位君主可以增加条例,所以在正德四年(1509),还没有到六年之期,权宦刘瑾就让吏部提出考察,得旨:"进退人才,朝廷重事,两京吏部会同都察院并各堂上官,从公考察,务协众论。堂上官四品以上,令自陈。翰林院官,令本院考察。钦天监、太医院,皆免之。"这次京察增加了才力不及与初入仕途者改教职,教职有才识各有所宜者,量才改调的规定,史家认为这是"张彩③初为吏部侍郎,朋比刘瑾,颠倒威柄,箝制百官,故非时而有是举"④。皇帝下旨要考察,内阁诸臣没有反对的理由,但也不能任凭皇帝胡为,因此在遵循祖制的情况下,坚持应该六年一考察,而是年为己巳年,六年之后为乙亥年,故此将考察固定在巳、亥之岁,成为不变之制。

---

① 《明孝宗实录》卷213,弘治十七年六月乙亥条,国立北平图书馆藏红格本,1962年,第4003页。

② 杨一凡、田禾点校:《皇明诏令》,载《中国珍稀法律典籍集成》,科学出版社,1994年,乙编第3册第569页。

③ 张彩(?—1510),字尚质,号西麓,安定人,弘治三年(1490)进士,正德时为吏部尚书,以阿附宦官刘瑾下狱死。

④ 《明武宗实录》卷48,正德四年三月己酉条,国立北平图书馆藏红格本,1962年,第1092~1093页。

二、京察例［王府官附］

京察是洪武以后出现的制度,最早的事例见于正统元年(1436),以后随着京察制度的确立,不断出现新的事例,都编入《明会典》之中。万历《明会典》收集典制,截至万历十三年(1585),以后增加的则散见于《实录》及万历《问刑条例》之中,兹梳理如下:

1. 京官考察。正统元年(1436)奏准:"两京各衙门属官、首领官,从本衙门堂上官考察。如有不才及老疾者,吏部验实,具奏定夺。"①十三道监察御史李铎等言十事中提出:"近年在京官员,多有政事无闻,声誉不佳,年老残疾,尸位素餐者,甚至奔竞希求进用者,除堂上官及近侍官,取自上裁黜陟,其余乞考试能否,奏闻黜陟。"②之后行在都察院率先考察监察御史,分出素行不立、法律不通、老疾不任事等项。明英宗"命素行不立者为民,法律不通者降黜,老疾者致仕"。然后提出:"其余各衙门属官,有不才及不任事者,悉从堂上官各即用心考察具奏,但有徇私容隐者,听见任御史举劾(刻),以凭降黜。"③之后吏部奏准的事例,将首领官纳入其中。天顺八年(1464)奏准:"不拘见任、带俸、丁忧、公差、养病、省祭等项,俱公同本衙门堂上官考察。"这里将见任以外的官员也都纳入其中。成化四年(1468)令:"京官五品以下,吏部会同都察院及各堂上掌印官,公同考察。"④这是因为彗星出现及地震,需要群臣修省而提出的原则,因为上次考察,出现户部主事夏忠上奏认为:"本部考察不公,指言郎中卞荣、员外郎雍顺,俱当退而留之"⑤,故此提出吏部、都察院、各堂上官会同的问题。嘉靖二十四年(1545),吏科都给事中

---

① ［明］申时行等:《明会典》卷13《吏部·京官考察》,中华书局,1989年,第80页。
② 《明英宗实录》卷17,正统元年五月丁亥条,国立北平图书馆藏红格本,1962年,第339页。
③ 《明英宗实录》卷17,正统元年五月壬辰条,国立北平图书馆藏红格本,1962年,第343页。
④ ［明］申时行等:《明会典》卷13《吏部·京官考察》,中华书局,1989年,第80页。
⑤ 《明宪宗实录》卷9,天顺八年九月乙亥条,国立北平图书馆藏红格本,1962年,第199页。

卢勋等,陈慎考察四事,提出"集众见以昭大公"问题,请"通行两京堂上官,将所属各官,用心稽访,备书事迹,候会考之日,亲携赴部,以凭参酌去留"①。经过部议奏准:"各衙门所属官员,六年之内,未经考察者,不拘升迁、见任,行各堂上官开注事迹揭帖,亲携赴部,以凭参酌去留。如有遗漏,听科道连名纠劾。"②

嘉靖三十年(1551),吏部尚书、侍郎及都察院官,"各以考察,先具疏自陈",嘉靖帝"诏令从公考察"③,因此题准"例该考察年,著以二月内举行,将堂上五品及所属五品以下,见任、住俸、公差、丁忧、养病、侍亲、给假,及行查未报,并六年内升任,未经考察等项官员,备开脚色,务在三月以内,先送本部查收,约会考察"④。隆庆元年(1567),科道官疏论吏部尚书杨博⑤"考察不公",矛头直指内阁首辅高拱⑥,认为他"奸险横恶,无异蔡京,将来必为国巨蠹"⑦。为了平息舆论,议准:"先期三月,吏部并南京吏部,咨札各衙门堂上掌印官,将所属但在应考数内者,查取考语,务要或贤或否,明注实迹,类送部院,以凭面议酌处。"⑧万历十三年(1585),布政司参政王时槐、林梓等被察处,"巡抚南赣张岳⑨抗疏荐之",请以闰考为例。本来"国制察典,京朝官

① 《明世宗实录》卷296,嘉靖二十四年二月己酉条,国立北平图书馆藏红格本,1962年,第5654页。

② [明]申时行等:《明会典》卷13《吏部·京官考察》,中华书局,1989年,第80页。

③ 《明世宗实录》卷370,嘉靖三十年二月辛未条,国立北平图书馆藏红格本,1962年,第6613页。

④ [明]申时行等:《明会典》卷13《吏部·京官考察》,中华书局,1989年,第80页。

⑤ 杨博(1509—1574),字惟约,号虞坡,山西蒲州人,嘉靖八年(1529)进士,官至吏部尚书,著有《奏议》《虞坡集》等。

⑥ 高拱(1513—1578),字肃卿,号中玄,河南新郑人,嘉靖二十年(1541)进士,嘉靖四十五年(1566)入阁,隆庆五年(1571)为首辅,万历初被勒令致仕,著有《高文襄公集》。

⑦ 《明穆宗实录》卷3,隆庆元年正月辛巳条,国立北平图书馆藏红格本,1962年,第86页。

⑧ [明]申时行等:《明会典》卷13《吏部·京官考察》,中华书局,1989年,第80页。

⑨ 张岳(1492—1553),字维乔,号净峰,福建惠安人,正德十二年(1517)进士,历官行人、南京国子学正、行人司右司副、南京武选员外郎、广西提学佥事、广东盐课提举、廉州知府、广东参政、巡抚、总督,著有《小山类稿》。

六年,外官三年以为期。后执政者有所处分,辄间一行之,谓之闰考"。吏部认为:"因言非时,闰考以后,委宜停止,不得妄请"①,因此题准:"京外官三六年正考之后,不得妄请闰考。"②

除上述《明会典》所列各例之外,以后还增加了一些例。如万历二十一年(1593),吏部尚书孙鑨③等题:"今距京察非远,论劾益多,恐拾遗不足,以致搜抉太过,流为刻核,令科道毋复有所论劾,其抄到者,一切不覆,俱候考察自陈,取自上裁。以后凡遇京察年分,自十二月初一日为始,即不许有所论劾。上从之。著为例。"④万历二十八年(1600),"河南道御史周盘等,请申饬考察事宜。一、衡鉴当公而咨访不可不慎。一、淑慝当办而枉纵不可不稽。一、品拟当精而资格不可略。一、纠拾当严而征擢不可不举。一、责成当重而人才不可不惜。一、交际当澹而科道不可不禁。部覆,俱依拟行"⑤。万历四十三年(1615),吏部条议铨衡政体中有:"考察论劾官员,业经奉旨,则升补不可不别。今后除蒙诬见抑,酌量从优外,其余必查处分等级,累阶始上。"⑥

2. 京堂官自陈。自陈是自我陈述,在朱元璋时,臣下自我陈述功绩,或为自己辩白,才采取自陈,而高级官员自陈所失,多是为自己辩白。如翰林院学士刘三吾⑦诣吏部自陈:"壻户部尚书赵勉⑧夫妇坐赃罪法当死,皆缘素

---

① 《明神宗实录》卷157,万历十三年正月己丑条,国立北平图书馆藏红格本,1962年,第2894页。
② [明]申时行等:《明会典》卷13《吏部·京官考察》,中华书局,1989年,第80页。
③ 孙鑨(1525—1594),字文中,号立峰,浙江余姚人,嘉靖三十五年(1556)进士,官至吏部尚书。
④ 《明神宗实录》卷256,万历二十一年正月丙辰朔条,国立北平图书馆藏红格本,1962年,第4751页。
⑤ 《明神宗实录》卷349,万历二十八年七月丁未条,国立北平图书馆藏红格本,1962年,第6525页。
⑥ 《明神宗实录》卷529,万历四十三年二月丁亥条,国立北平图书馆藏红格本,1962年,第9950页。
⑦ 刘三吾(1313—1400),湖南茶陵人,洪武时为翰林学士,因南北榜案戍边,建文初召还卒。
⑧ 赵勉,湖广夷陵人,刘三吾之婿,洪武十八年(1385)进士,官至户部尚书,坐赃死。

失教诲,致负深恩,近被御史纠劾,虽蒙恩宥,窃思职居近侍,自当引退,以励廉耻。"①成化四年(1468),"令两京文职堂上官,曾经科道纠劾,及年老不堪任事,才德不称职者,各自陈致仕,取自上裁"②。自此以后,每逢考察,两京文职堂上官都可以自陈得失,由皇帝进行裁决。

3. 京堂五品以下官。京堂是指在京各衙门堂上官,五品以下,含五品,也不过是翰林院、詹事府、左右春坊、尚宝司、钦天监、太医院、僧录司、道录司、六科、十三道监察御史、行人司等衙门。成化十三年(1477),监察御史戴缙提出:"乞令两京大臣自陈,断自圣衷,可否惟命。五品以下,敕两京吏部会都察院并科道官,仿成化四年事例,从公考察。"③于是议准:"在京各衙门五品以下堂上官,吏部会官一体考察。"④弘治十七年(1504),因为太医院、尚宝司堂官得蒙特许免考,翰林院学士也提出要免考,因为他们"掌管印信,职衔不过五品","伏望念累朝优异之典,及往年免考之例,特赐宽假,以示荣遇"⑤,所以"令翰林院学士免考"⑥。嘉靖帝《即位诏》赦款申明"文职五品以下,两京吏部照例会官考察"⑦。因此题准:"詹事府、坊局五品以下官,照例考察。学士照例免考,仍会同考察。"嘉靖六年(1527)题准:"各衙门堂上五品以下官,照成化以来节年旧例考察。詹事府、坊局等官,照正德十六年例考察,学士免考,令自陈。"⑧

---

① 《明太祖实录》卷223,洪武二十五年十二月甲午条,国立北平图书馆藏红格本,1962年,第3268页。

② [明]申时行等:《明会典》卷13《吏部·京官考察》,中华书局,1989年,第80页。

③ 《明宪宗实录》卷167,成化十三年六月庚戌条,国立北平图书馆藏红格本,1962年,第3027页。

④ [明]申时行等:《明会典》卷13《吏部·京官考察》,中华书局,1989年,第80页。

⑤ 《明孝宗实录》卷214,弘治十七年七月丁巳条,国立北平图书馆藏红格本,1962年,第4041页。

⑥ [明]申时行等:《明会典》卷13《吏部·京官考察》,中华书局,1989年,第80页。

⑦ 《明世宗实录》卷1,正德十六年四月壬寅条,国立北平图书馆藏红格本,1962年,第13页。

⑧ [明]申时行等:《明会典》卷13《吏部·京官考察》,中华书局,1989年,第80页。

4.翰林院讲读以下官并内阁书办四夷馆译字各带俸官。成化四年（1468），因灾异敕令吏部、都察院会同各衙门掌印官，公同考察所属官员，詹事府少詹事兼翰林院学士柯潜提出："本院属官，俱以文翰为职，侍读等官彭华等，见在经筵讲读，及纂修实录，其带俸郎中等官吴谦等，并四夷馆译字官，俱在内阁书写诏敕，翻译外夷文字，无事绩文案可考。乞如天顺八年考察官员事例，止令本院学士公同内阁学士考察"①，于是"令本院学士会同内阁考察"②。弘治元年（1488），吏部提出："今詹事府少詹事兼翰林院侍讲学士汪谐具奏，欲将本院侍读等官，并内阁书办等官，准成化十三年例，自会内阁大学士考察，乞赐裁断"③，于是弘治帝"令吏部会同翰林院掌印官考察"④。

5.六科给事中。成化十三年（1477），南京十三道监察御史任英等建言讲道："臣等与六科给事中，皆在考核之数，如或不公，听臣等纠举。其被劾之人，不许摭拾妄诉。如此则人知劝惩，臣无不职，事治而民安矣。"⑤经过吏部议覆，成化帝"令吏部会官考察"⑥。嘉靖六年（1527），礼部右侍郎桂萼⑦，在弹劾"故大学士杨廷和，广树私党，蒙蔽陛下"时，提出"昔宪宗初年，尝诏科道官于拾遗之后，互相纠察，言路遂清"的问题，嘉靖帝"命吏部覆查事例以闻"⑧。经吏部奏准："两京科道官，有相应黜调考察遗漏者，互相纠举。"⑨

① 《明宪宗实录》卷59，成化四年冬十月辛亥条，国立北平图书馆藏红格本，1962年，第1211页。
② ［明］申时行等：《明会典》卷13《吏部·京官考察》，中华书局，1989年，第80页。
③ 《明孝宗实录》卷12，弘治元年三月戊午条，国立北平图书馆藏红格本，1962年，第286页。
④ ［明］申时行等：《明会典》卷13《吏部·京官考察》，中华书局，1989年，第80页。
⑤ 《明宪宗实录》卷165，成化十三年四月癸卯条，国立北平图书馆藏红格本，1962年，第2986页。
⑥ ［明］申时行等：《明会典》卷13《吏部·京官考察》，中华书局，1989年，第80页。
⑦ 桂萼（？—1531），字子实，号见山，饶州府安仁县人，正德六年（1511）进士，历至吏部尚书，著有《桂文襄公奏议》。
⑧ 《明世宗实录》卷77，嘉靖六年六月己巳条，国立北平图书馆藏红格本，1962年，第1724页。
⑨ ［明］申时行等：《明会典》卷13《吏部·京官考察》，中华书局，1989年，第80页。

嘉靖十七年（1538），大祀圜丘礼成赦款内有一款："科道官互相纠劾，原非定制，近年拘例塞责，往往挟私报复，排击善类，甚非治体。今后不许互纠，其给事中、御史贤否，只着吏部、都察院从公考察。"①因此"令停科道互纠，仍听部院从公考察"②．．

6. 钦天监文华武英二殿各办事中书等官御用监等监各项匠作官。钦天监官员因为专业性强，不致仕。在文华、武英殿办事的中书，名籍在中书科，而人却在别处办事。御用监等监是内官机构，在监内服务的匠作官，都是有手艺的工匠。这些人按照旧例，可以先期提出申请免考。嘉靖二十四年（1545），吏科都给事中卢勋等，陈慎考察四事讲道："钦天监、太医院一体考察，以清冒滥"。嘉靖帝下旨："太医院官照例考察，钦天监已之。"③吏部因此奏准："钦天监官免考。"隆庆三年（1569）题准："文华、武英二殿各办事官，通行考察。惟钦天监、御用监等官，照旧免考。"④

7. 太医院官。按照旧例，太医院官是可以申请免考的，弘治十七年（1504），掌太医院事通政使司右通政施钦等七人，"乞免考察，特许之"⑤。吏科都给事中任良弼以"命下之日，人皆疑骇"为由，提出"乞敕各该衙门，仍依前旨，照旧考察"⑥。弘治帝"令太医院官不必考察"⑦。正德帝即位，吏科给事中吉时认为："太医院官精通者或被阻蔽，庸下者又肆奔竞，并宜考察。"

① 《明世宗实录》卷 218，嘉靖十七年十一月辛卯条，国立北平图书馆藏红格本，1962 年，第4482～4483 页。

② ［明］申时行等：《明会典》卷 13《吏部·京官考察》，中华书局，1989 年，第 80 页。

③ 《明世宗实录》卷 296，嘉靖二十四年二月己酉条，国立北平图书馆藏红格本，1962 年，第5655 页。

④ ［明］申时行等：《明会典》卷 13《吏部·京官考察》，中华书局，1989 年，第 80 页。

⑤ 《明孝宗实录》卷 214，弘治十七年七月甲午条，国立北平图书馆藏红格本，1962 年，第4024 页。

⑥ 《明孝宗实录》卷 214，弘治十七年七月丙午条，国立北平图书馆藏红格本，1962 年，第4037 页。

⑦ ［明］申时行等：《明会典》卷 13《吏部·京官考察》，中华书局，1989 年，第 80 页。

经吏部议:"遇考察京官之年,本院官一体考察,不得夤缘奏免"①,因此奏准:"太医院官,从吏部会官考察。"嘉靖二十四年(1545)奏准:"太医院官照例考察。"②

8.国子监官。国子监乃是最高学府,设祭酒、司业、监丞、博士、助教、学正、典簿、典籍、掌馔等官,"掌国学诸生训导之政令"③。"永乐元年始设北京国子监。十八年迁都,乃以京师国子监为南京国子监,而太学生有南北监之分矣。"④正统元年(1436),十三道监察御史李铬等言十事讲道:"北京国子监教官,多有学术空虚,不堪仪范,以致学规废弛,生徒失业。乞会官考察,及庙庑堂房风雨损坏,乞拨人修理。"⑤之后,吏部奏准:"从礼部尚书及祭酒、司业,公同考察,如无学行者,送部别用。"至万历时,礼部不再参与,"从吏部、都察院考察"⑥。

9.两京府县官。按官员考满例,顺天府、应天府官及大兴县、宛平县、江宁县、上元县都按京官考满,但没有明确考察是否按京官待遇。弘治十七年(1504),经顺天府治中吴麒等奏请,弘治帝"命今后当三年朝觐之时,顺天府堂上官免考察"⑦。吏部奏准:"顺天府治中、通判等官,俱从京官六年一次考察。京县官,仍令抚按官开报贤否"。正德六年(1511)奏准:"应天府治中以下,顺天府经历以下,宛平、大兴、上元、江宁四县,俱从京官例考察"。嘉靖三十年(1551)题准:"南京吏部、都察院,遇京官六年考察之期,将应天府,并上元、江宁二县,随同南京官员考察。其所属在外句容等县,每于三年朝觐

---

① 《明武宗实录》卷3,弘治十八年秋七月辛丑条,国立北平图书馆藏红格本,1962年,第105页。
② [明]申时行等:《明会典》卷13《吏部·京官考察》,中华书局,1989年,第80页。
③ [清]张廷玉等:《明史》卷73《职官志二》,中华书局点校本,1974年,第1789页。
④ [清]张廷玉等:《明史》卷69《选举志一》,中华书局点校本,1974年,第1678页。
⑤ 《明英宗实录》卷17,正统元年五月丁亥条,国立北平图书馆藏红格本,1962年,第339页。
⑥ [明]申时行等:《明会典》卷13《吏部·京官考察》,中华书局,1989年,第80页。
⑦ 《明孝宗实录》卷218,弘治十七年十一月辛丑条,国立北平图书馆藏红格本,1962年,第4106页。

之期,本府堂上官带领赴京,听候部院考察,如通州、良乡等州县例"①。顺天府下辖5州22县,应天府领8县,除宛平、大兴、上元、江宁等四京县按照京官考察之外,其余州县则按照外官进行考察,这就是所谓的"通州、良乡等州县例"。

10. 上林苑监官。上林苑监为正五品衙门,设左右监正、左右监副、左右监丞、典簿、典署、署丞、录事等官,"掌苑囿、园池、牧畜、树种之事"②。正德六年(1511)奏准:"从京官例考察。"③

11. 考察降黜等第。景泰三年(1452),吏部言:"户部等衙门堂上官考察各属主事等官,王琼才力不胜,李景华等老疾不堪任,凡十员,送部,请以才力不胜者降县典史,老疾者冠带致仕。"④于是景泰帝"令各部属才力不胜者降典史,老疾者冠带致仕"。成化四年(1468):"令年老无为、贪淫酷暴者,革职"。自此以后成为定例:"年老有疾者致仕,贪者为民、不谨者冠带闲住,浮躁浅露、才力不及者,俱降一级,调外任。"⑤

12. 王府官。按照旧例,王府官不考察。嘉靖元年(1522),晋王府的辅国将军"妄设典仗民校,招集奸徒,听信拨置",被巡按御史发觉,"列其罪状"以上,"都察院议,请削夺禄米,收销典仗印信,革去民校三十名"⑥。之后题准:"除典仪、典膳、奉祠、教授等官,照旧不考外,其长史、审理、纪善,若有拨置妄为,及不能钤束府中官属、旗校人等者,许各该抚按官,于考察京官之年,开具实迹,奏请定夺。"隆庆三年(1569)题准:"除良医、典乐、引礼舍人,原无升补者,照旧不考外,其护卫首领、典簿、典膳、奉祠、典宝、典仪、工正、

① [明]申时行等:《明会典》卷13《吏部·京官考察》,中华书局,1989年,第80页。
② [清]张廷玉等:《明史》卷74《职官志三》,中华书局点校本,1974年,第1814页。
③ [明]申时行等:《明会典》卷13《吏部·京官考察》,中华书局,1989年,第80页。
④ 《废帝郕戾王附录》卷40,景泰三年冬十月辛卯条,国立北平图书馆藏红格本,1962年,第4798页。
⑤ [明]申时行等:《明会典》卷13《吏部·京官考察》,中华书局,1989年,第80页。
⑥ 《明世宗实录》卷13,嘉靖元年四月甲辰条,国立北平图书馆藏红格本,1962年,第468页。

教授,及郡王教授、典膳等官,务与长史、审理、纪善一体查核,有老疾不谨及占缺年深者,各该抚按官开奏。"隆庆四年(1570),因"治拨置荆世子常泠为恶者,黜长史陈如愚等三人为民,及内使何山等四人,千户厉德参等二人,罪各有差"①。次年吏部题准:"长史有贪肆者,不必候六年考察,许不时参劾,以凭惩治。"万历十年(1582)议准:"抚按官于长史以下贤否,严访实迹,巡抚于年终,巡按于复命,各造册送部,不检者参处。有爱惜名节者,于王府员缺递升,左长史保升服俸。"②

由上可见,京察例是不断修订完善的,规定也越来越细致,更便于操作。按理说,仅仅就制度而言,规则修订越细致,表明规则越完善,但制度离不开实施,更离不开政治,当政治腐败之时,完善的制度也更容易被人利用。"在专制的国家里,人们不知道什么是荣誉。甚至常常没有文字可以表达它。然而荣誉却统治着君主国家;在那里,它给整个政治机体、给法律甚至给品德本身以生命。"③考察不但关系到被考官员的荣誉,也关系到他们的官运,甚至命运,面对加在他们身上的制度,谁也不可能任制度宰割,因此官员会利用制度、规避制度,使那些所谓的完善制度成为具文。

三、考察通例

无论是京察,还是外察,都是考察,有相通之处,故此有考察通例,这些通例在出台时,有的是针对特定的官员,也有针对所有官员的,但最终适应于所有官员,这就是通例的效用。

1.凡内外官遇该考察。"有央求势要嘱托者,即以不谨黜退。"④明朝对

---

① 《明穆宗实录》卷47,隆庆四年七月辛未条,国立北平图书馆藏红格本,1962年,第1174页。
② [明]申时行等:《明会典》卷13《吏部·京官考察》,中华书局,1989年,第80页。
③ [法]孟德斯鸠:《论法的精神》,张雁深译,商务印书馆,1961年,上册第26页。
④ [明]申时行等:《明会典》卷13《吏部·考察通例》,中华书局,1989年,第80页。

于官员央求势要是严格禁止的。如弘治元年(1488),敕谕"今后五府、六部、都察院、通政司、大理寺等衙门,务须遵守,毋得互相嘱托,有亏公道。如内外官敢有写贴子嘱托者,内官连人送东厂,外官送锦衣卫,奏来处治。若容隐不奏者,事发俱治以重罪"①。而《大明律·吏律·职制·交结近侍官员》条规定:"凡诸衙门官吏,若与内官及近侍人员,互相交结,漏泄事情,夤缘作弊,而符同奏启者,皆斩。妻、子流二千里安置。"②这是奸党罪之一,若是官员在考察过程中,想通过嘱托势要以达到自己的目的,一经查出,一定是严惩不贷。按照《大明律·刑律·杂犯·嘱托公事》条规定:"若监临势要为人嘱托者,杖一百。所枉重者,与官吏同罪,至死者,减一等。"③这里规定"黜退",仅仅是针对考察而言,若后果严重,是要追究刑事责任的。规定是规定,现实是现实,在政治腐败的时候,这些规定非但起不到规范作用,反而成为作弊弄奸的工具。如严嵩当权时公开索贿,嘱托公事乃是家常便饭。杨继盛④弹劾严嵩"十罪五奸"之十罪,"自嵩用事,风俗大变。贿赂者荐及盗跖,疏拙者黜逮夷、齐。守法度者为迂疏,巧弥缝者为才能。励节介者为矫激,善奔者为练事。自古风俗之坏,未有甚于今日者。盖嵩好利,天下皆尚贪。嵩好谀,天下皆尚谄。源之弗洁,流何以澄?是敝天下之风俗"⑤。这种风俗在严嵩倒台以后,并没有好转,而是随着党争出现了政治危机,明朝灭亡的速度加快了。

2.凡考察有诬枉者。在考察过程中出现不公不法,科道官因为权责所在,进行劾奏乃是份内之事,但在制度上允许科道官劾奏,也是有过程的。

---

① [明]余继登:《典故纪闻》卷16,中华书局,1981年,第280页。
② 怀效锋点校:《大明律》,法律出版社,1999年,第35页。
③ 怀效锋点校:《大明律》,法律出版社,1999年,第202页。
④ 杨继盛(1516—1555),字仲芳,号椒山,直隶容城人。嘉靖二十六年(1547)进士,历官南京吏部主事、兵部员外郎、狄道典史、诸城知县、南京户部主事、刑部员外郎、兵部武选司员外郎等职,因劾严嵩入狱,受酷刑,以严嵩作弊而处死。
⑤ [清]张廷玉等:《明史》卷209《杨继盛传》,中华书局点校本,1974年,第5540页。

在正统年间对京官进行考察,明英宗就讲过:"其余各衙门属官有不才及不任事者,悉从堂上官各即用心考察具奏,但有徇私容隐者,听见任御史举劾,以凭降黜。"①这是御史参与考察事宜。天顺八年(1464),"令部院会同内阁,考察在京五品以下文职,并在外布按二司官,有不公者,许科道官指实劾奏。南京考察不公者,许南京科道官劾奏"②。在考察中许科道官劾奏便成为制度,此后便"仍依旧例,考察于内果有贪暴者,许科道官指实具名劾奏"③。在弘治年间,这种劾奏被称为"拾遗",是"科道之设,将以补阙拾遗,举正欺蔽,是以每当考察之后,例必纠正。盖使司考察者,畏清议而不敢不公;被考察者,仗公论而不患不当"④。到了嘉靖年间,也适用于朝觐考察。辅臣杨一清认为,官员一旦遭黜革,"终身不齿,含冤抱愤",过了多年以后,或许能够伸冤,"夫与其论奏于数年之后,曷若伸理于被黜之初乎?乞令大臣、科道官,于考察落职中,再加详访,如有冤抑,从公论辩"⑤。于是嘉靖帝"令朝觐考退官员,果有执法被诬夺职,许大臣、言官,即时论辩。吏部查访可否,具奏定夺"⑥。这是对考察过程中出现错误所采取的措施。

考察本来就有科道官拾遗制度,即在考察结束后,对考察中应予查处但却被遗漏的官员,由科道官纠劾。"京察之岁,大臣自陈。去留既定,而居官有遗行者,给事、御史纠劾,谓之拾遗。拾遗所攻击,无获免者。"⑦这是对该制度的肯定,但也不能够忽略其弊端。如科道官拾遗,"凡六科拾御史之已

① 《明英宗实录》卷17,正统元年五月壬辰条,国立北平图书馆藏红格本,1962年,第343页。
② [明]申时行等:《明会典》卷13《吏部·考察通例》,中华书局,1989年,第80页。
③ 《明宪宗实录》卷61,成化四年十二月庚子条,国立北平图书馆藏红格本,1962年,第1244页。
④ 《明孝宗实录》卷213,弘治十七年六月乙亥条,国立北平图书馆藏红格本,1962年,第4002页。
⑤ 《明世宗实录》卷97,嘉靖八年正月丙辰条,国立北平图书馆藏红格本,1962年,第2270页。
⑥ [明]申时行等:《明会典》卷13《吏部·考察通例》,中华书局,1989年,第80页。此处讲是嘉靖六年,应误。
⑦ [清]张廷玉等:《明史》卷71《选举志三》,中华书局点校本,1974年,第1724页。

升者一人,则十三道亦拾给事中之巳升者一人,迹似调停,实争门户,岂言官宜久庇其党乎。此犹谓言路相攻,不令偏胜以遗奸也。至如平时论劾,凡官自科中升出者,自方面至于侍郎,纵有过恶,科中以先僚之故,永不纠弹,是宁负朝廷不负先僚也"①。这是科道官拾遗中很容易出现的问题,在官僚政治下,劾一些小官以塞责,略一些要官以示恩,乃是一种常态,官官相护,牢不可破。

3. 凡考察官员奏辩。弘治年间,允许"今后朝觐之年,考察如有不公,许其伸理",命令还没有下,"奏者踵至",因此科道官们提出:"今后凡考退并劾退官员,有仍前奏扰者,乞令所司参奏治罪,照例发遣",但弘治帝依然坚持"果有冤抑者许伸理"②。弘治八年(1495),科道官们再次提出:"如许考退者复恣行伸理攻讦,则群邪横议之门何以塞之。"③因此奏准:"若被黜官员,有不服考察,摭拾妄奏者,发遣为民。"④对于官员因为考察而奏辩开始有所限制,但还是允许确实冤枉者进行奏辩。如嘉靖初年,"方面官被抚按论列者,多有摭拾奏辩",都察院提出:"凡经参劾者,俱听吏部查访覆奏,期合与论,毋辄诬诋中伤,营求报复,违者参究罢升"⑤,得到嘉靖帝的同意,但还没有限制奏辩,以至于"各官被论,往往妄行奏辩,或互相攻诋,投具揭帖"⑥。嘉靖二十四年(1545)奏准:"各衙门黜退降调官员,不许在京潜住,造言生事,摭拾妄奏。违者,不分有无冠带,俱发口外为民。"⑦虽然对奏辩加以限

---

① [明]陈子龙等辑:《明经世文编》卷399引管志道《直陈紧切重大机务疏》,中华书局影印本,1962年,第4324页。

② 《明孝宗实录》卷77,弘治六年六月乙亥条,国立北平图书馆藏红格本,1962年,第1488页。

③ 《明孝宗实录》卷99,弘治八年四月壬戌条,国立北平图书馆藏红格本,1962年,第1817页。

④ [明]申时行等:《明会典》卷13《吏部·考察通例》,中华书局,1989年,第80页。

⑤ 《明世宗实录》卷23,嘉靖二年二月壬辰条,国立北平图书馆藏红格本,1962年,第675页。

⑥ 《明世宗实录》卷239,嘉靖十九年七月己未条,国立北平图书馆藏红格本,1962年,第4861页。

⑦ [明]申时行等:《明会典》卷13《吏部·考察通例》,中华书局,1989年,第80页。

制,但并没有完全限制奏辩,因此实施效果不明显,如南京给事中李万实①等奏陈考察四事之一"杜幸门"讲:"朝觐被黜者,不许奏辩,禁例甚严,但近日复有潜住京师,假以他途进用,乞敕吏部申明国宪,即时参奏,从重发遣。"②统治者在名义上允许官员在考察不公的情况下奏辩,实际上对奏辩之人多有处置,特别是互相奏辩与违例奏辩,处置尤为严厉。如大同巡抚刘应箕,"违例奏辩,丑诋言官",万历帝"以应箕欺慢丑诋,无人臣礼,革职为民"③。江西参政李选,"上以其考察罢斥,违例奏辩,黜之"④,使其为民闲住。锦衣卫都指挥使周嘉庆,因办案不力,与同官互相奏辩,万历帝认为,"周嘉庆既经四人对讦,难以同官,着兵部拟处"⑤,最终将他们都解任回籍。制度还是允许奏辩,但限制越来越多,以至于官员奏辩成为一种危险的行为。

第二节 外官考察

外官考察是在朝觐制度的基础上逐步形成的,每三年举行一次,也称为"大计"。除了定期的考察之外,还有不时考察及巡视考察,此外还有专差专使考察,则以专节论述。

一、朝觐考察始末

洪武九年(1376),朱元璋命中书、吏部:"各处有司知府以实历俸,月日

① 李万实(1509—1579),字少虚,江西南丰人,嘉靖二十三年(1544)进士,历官行人、给事中、广东佥事、浙江按察司副使,著有《崇质堂集》。
② 《明世宗实录》卷350,嘉靖二十八年七月戊寅条,国立北平图书馆藏红格本,1962年,第6330-6331页。
③ 《明神宗实录》卷20,万历元年十二月辛亥条,国立北平图书馆藏红格本,1962年,第545页。
④ 《明神宗实录》卷136,万历十一年四月庚辰条,国立北平图书馆藏红格本,1962年,第2545页。
⑤ 《明神宗实录》卷391,万历三十一年十二月癸未条,国立北平图书馆藏红格本,1962年,第7371页。

为始,每年一朝觐。其佐贰官及知州、知县每三年一朝觐。"当时下令,知府要每年朝觐,"寻诏知府亦三年一朝"①。最初朝觐是与考满相结合,以后逐渐让朝觐官承办一些事务。如洪武十五年(1382),朱元璋"命天下朝觐官各举所知一人"②。晋府致仕长史桂彦良上《太平治要》十二条之一讲到:"宜大开言路,广访博询,使常朝百官待问论对,布政、按察、府、州、县正官朝觐之时,各令敷奏,以言观其贤否。"朱元璋认为:"彦良所陈,通达事体,方裨于治道。"③按照桂彦良④的提议,要朱元璋对朝觐官员亲自考察,主要以"贤否"为标准,但他不可能对天下朝觐官一一考察,吏部要承担主要的事务。洪武十八年(1385),吏部言:"天下布政使司、按察司及府州县朝觐官凡四千一百一十七人,考其政绩,称职四百三十五人,平常二千八百九十七人,不称职四百七十一人,贪污百七十一人,阘茸百四十三人。"针对这种情况,朱元璋下诏:"称职者升,平常者复其职,不称职者降,贪污者付法司罪之,阘茸者免为民。"⑤称职、平常、不称职、贪污、阘茸,《明史》认为这是"朝觐官分五等考绩,黜陟有差"⑥。洪武二十九年(1396),吏部尚书杜泽⑦,"首定朝觐之制,以辰、戌、丑、未年为期,朝正后,吏部会同都察院考入觐官员,奏请定夺,其存留者,俱引至御前,刑部及科道各露章纠劾怠职之罪,一时谴责宥免皆

---

① 《明太祖实录》卷110,洪武九年十二月己未条,国立北平图书馆藏红格本,1962年,第1831页。

② 《明太祖实录》卷141,洪武十五年春正月庚戌条,国立北平图书馆藏红格本,1962年,第2227页。

③ 《明太祖实录》卷148,洪武十五年九月癸亥条,国立北平图书馆藏红格本,1962年,第2338页。

④ 桂彦良(1321—1387),名德偁,号清节,浙江慈溪人,元末进士,洪武六年(1373)应征召入京,历官太子正字、晋王府右傅、左长史等职,著有《中都纪行》等。

⑤ 《明太祖实录》卷170,洪武十八年春正月癸酉条,国立北平图书馆藏红格本,1962年,第2583页。

⑥ [清]张廷玉等:《明史》卷3《太祖纪三》,中华书局点校本,1974年。

⑦ 杜泽,字子润,山东沂源县人,洪武时官至吏部尚书。

出上命,及宥免还任,各赐敕一道以申饬戒,其已往一岁一朝之制俱革"①。也就是说,朝觐与考察相结合,是在洪武二十九年(1396)形成制度。

建文时期朝觐考察失记,永乐四年(1406),"六部、都察院劾奏朝觐官其所治事稽违者多,请治其罪"②。永乐帝只是诚谕这些朝觐官,而宥免了他们。永乐十年(1412),"刑部、都察院、六科劾奏天下朝觐官千五百余人云:一府一县之中,有勘合更数年不完者,请付法司治之"。永乐帝责令清查,有八十员勘合皆完,予以赐钞复职,余未完者亦姑宥复职,唯独追究不言民瘼者。永乐帝认为:"一郡一县,未必都无一事可言,都无一民不安尽,今日皆须言,缄默者罪。"③于是朝觐官纷纷上言,永乐帝讲:"便于民者即行,言有不当勿问。"④虽然是这样说,但也不是不罪,如庆阳知府衡岳,当年"朝觐至京,以言事忤旨,谪戍交阯。庆阳、西安二郡民千余人,诣阙请贳公以终其惠,不报"⑤。即便是如此,在朝觐考察中黜退的官员还是少数,"洪武、永乐以来,凡百司朝觐,命吏部都察院考其尤不职者乃黜之,不过数十人"⑥。

宣德时期是朝觐考察制度化的重要时期,如朝觐给予路费制度的确立,当礼部尚书吕震提出,朝觐官后至者不应给路费钞的时候,宣德帝讲:"既至矣,俱给之。"⑦只要是前来朝觐到京,都发给路费钞。宣德二年(1427),在朝觐考察时,都察院"劾奏天下朝觐官,居方面不能宣扬德化,任风纪不能振肃宪纲,为守令不勤于抚字,司钱榖不明于出纳,致人民遁逃,赋税逋负,军伍

①　[明]焦竑辑:《国朝献征录》卷24《吏部尚书杜公泽传》,台湾学生书局,1984年,第973页。
②　《明太宗实录》卷50,永乐四年春正月己亥条,国立北平图书馆藏红格本,1962年,第748～749页。
③　《明太宗实录》卷124,永乐十年正月己丑条,国立北平图书馆藏红格本,1962年,第1556页。
④　《明太宗实录》卷124,永乐十年正月己丑条,国立北平图书馆藏红格本,1962年,第1556页。
⑤　[明]焦竑辑:《国朝献征录》卷101《桂林太守衡公岳墓表》,台湾学生书局,1984年,第4542页。
⑥　[明]焦竑撰:顾思点校:《玉堂丛语》卷2《铨选》,中华书局,1981年,第51页。
⑦　《明宣宗实录》卷13,宣德元年春正月庚申条,国立北平图书馆藏红格本,1962年,第366页。

不清,狱讼愈繁,凡诸政事,日就懈弛,甚者徇私图利,酷虐殃民,悉有徵验。请正其罪"。宣德帝曰:"姑宥之,使改过。事不完者,再与约限令完。其老疾不胜事者,令吏部黜之。"①此时虽然没有黜退所劾奏的朝觐官,但将"老疾"纳入考察标准,也成为日后"八法"的内容。宣德五年(1430),朝觐考察有贪污、老疾、鄙猥三类府县官,宣德帝认为:"老疾者无过,鄙猥无能者无恶,皆罢归为民。贪污者民之害,宜发戍边卫。"②此时又增加了"鄙猥"的标准。宣德七年(1432),在外方面有司官考察,列有"昏懦不立,暴虐无状"③。虽然当时还没有"八法"之说,但不断增加的标准,基本上都是后来"八法"的内容。

正统年间是朝觐考察制度化的确定期,从正统元年(1436),行在吏部、都察院考察天下朝觐方面官是否贤能,"凡退老疾官二百五人,阘茸柔懦官七十四人,嗜酒怠惰、临政暴虐官五人,不谙刑名官一人"④。考察虽然还是因循宣德时期的标准,但也增加了新的标准,而正统四年(1439),再次朝觐考察则照依前例,将"老疾者冠带致仕,茸懦者罢为民,酗酒贪污者置之法"⑤。这样每逢朝觐之时,对朝觐官员考察黜退便成为固定制度,标准也不断修订,如正统十年(1445),考察天下朝觐及在任官,有老疾 385 员,阘茸 48 员,民心不服 2 员,贪污 18 员,酷刑 1 员,"俱当罢为民"⑥。正统十三年(1448),考察天下司府州县等衙门朝觐及在任官员,有老疾 345 员,阘茸 21 员,贪污 5 员,酷刑 3 员,柔懦 1 员,为事 131 员,在处置上也分出等差,老疾

① 《明宣宗实录》卷 24,宣德二年春正月壬辰条,国立北平图书馆藏红格本,1962 年,第 628 页。
② 《明宣宗实录》卷 62,宣德五年正月丙寅条,国立北平图书馆藏红格本,1962 年,第 1463 页。
③ 《明宣宗实录》卷 94,宣德七年八月乙未条,国立北平图书馆藏红格本,1962 年,第 2127 页。
④ 《明英宗实录》卷 13,正统元年正月甲午条,国立北平图书馆藏红格本,1962 年,第 244 页。
⑤ 《明英宗实录》卷 50,正统四年正月丁亥条,国立北平图书馆藏红格本,1962 年,第 961 页。
⑥ 《明英宗实录》卷 125,正统十年春正月壬辰条,国立北平图书馆藏红格本,1962 年,第 2501 页。

者致仕,阘茸、贪污、酷刑、柔懦者黜为民,为事者"移文法司究理"①。景泰二年(1451),没有对在任官员进行考察,仅将朝觐官老疾者9员、政绩无闻9员,"令冠带闲住"②。此后加强巡视考察,对朝觐官的考察,即便是被查出应该黜退者,也都"悉宥之,令即还任"③。明英宗复辟以后,恢复朝觐考察黜陟,天顺四年(1460),考察天下朝觐并在任布政司右布政使等官,年老有疾679员,罢软139员,犯赃12员,"上命老疾者致仕,罢软者冠带闲住,犯赃者罢为民"④。天顺七年(1463),考察朝觐并在任官,年老有疾1416员,罢软无为213员,犯赃13员,"上令老疾者致仕,罢软者冠带闲住,有赃者罢为民"⑤。可见在此时期,考察标准多时6项,少时仅3项,但每当朝觐必考察则成为定制。

成化初年因循旧例,只要以致仕、冠带闲住、为民,黜免老疾、罢软及犯赃者。成化八年(1472),朝觐考察标准有老疾、罢软、不谨、贪暴四项,"老疾者致仕,罢软、不谨者冠带闲住,贪暴者为民"⑥。成化十一年(1475),朝觐考察标准有老疾、罢软、素行不谨、贪酷、惧罪在逃五项,"老疾者致仕,罢软、素行不谨者冠带闲住,贪酷及惧罪在逃者为民"⑦。成化十四年(1478),朝觐考察标准还是老疾、罢软、贪酷、素行不谨四项,"老疾者致仕,罢软、不谨者

---

① 《明英宗实录》卷162,正统十三年春正月丁酉条,国立北平图书馆藏红格本,1962年,第3143页。

② 《废帝郕戾王附录》卷18,景泰二年春正月辛亥条,国立北平图书馆藏红格本,1962年,第4250页。

③ 《废帝郕戾王附录》卷91,景泰八年春正月丙寅朔条,国立北平图书馆藏红格本,1962年,第5780页。

④ 《明英宗实录》卷311,天顺四年春正月乙巳条,国立北平图书馆藏红格本,1962年,第6538页。

⑤ 《明英宗实录》卷348,天顺七年春正月辛亥条,国立北平图书馆藏红格本,1962年,第7010页。

⑥ 《明宪宗实录》卷100,成化八年春正月乙巳条,国立北平图书馆藏红格本,1962年,第1934页。

⑦ 《明宪宗实录》卷137,成化十一年春正月丙辰条,国立北平图书馆藏红格本,1962年,第2569页。

俱冠带闲住,贪酷者为民"①。成化十七年(1481),依然是老疾、罢软、不谨、贪酷四项,但增加为事在逃者,"老疾者致仕,罢软、不谨者冠带闲住,贪酷并为事在逃者,原籍为民"②。成化二十年(1484),如前例,"老疾者致仕,罢软、不谨者冠带闲住,贪酷及为事在逃者原籍为民"③。成化二十三年(1487),依旧如前例,"老疾者致仕,罢软、不谨者冠带闲住,贪酷者原籍为民"④。这个期间,考察标准一直在四、五项之间,黜免则以致仕、闲住、为民为主。

弘治初期因循前制,如弘治三年(1490),朝觐考察天下诸司官,吏部提出:"老疾者请照例令致仕,罢软及素行不谨者冠带闲住,贪酷在逃者为民。"⑤弘治帝从之,而不是命或令,表明黜免已经制度化了。弘治六年(1493),考察天下布按二司及府州县等官,有年老、有疾、罢软、不谨、贪、酷、才力不及7项,除了以后增加"浮躁"之外,其标准基本确立下来。弘治九年(1496),考察天下诸司官,便如例"令老疾者致仕,罢软无为者冠带闲住,贪酷者为民,才力不及者调用。其有疾官虽例该致仕,若年未及五十五岁者,亦令冠带闲住"⑥。有了明确的考察标准,在朝觐时黜免的人数也逐渐增多,弘治十二年(1499),考察天下来朝及在任方面知府等官,有1265员按例黜免,流外官1303员被黜免,合计2568员。弘治十五年(1502),"吏部会同都

① 《明宪宗实录》卷174,成化十四年春正月庚午条,国立北平图书馆藏红格本,1962年,第3138页。
② 《明宪宗实录》卷211,成化十七年春正月戊寅条,国立北平图书馆藏红格本,1962年,第3675页。
③ 《明宪宗实录》卷248,成化二十年春正月己亥条,国立北平图书馆藏红格本,1962年,第4200页。
④ 《明宪宗实录》卷286,成化二十三年春正月甲寅条,国立北平图书馆藏红格本,1962年,第4832页。
⑤ 《明孝宗实录》卷34,弘治三年春正月己巳条,国立北平图书馆藏红格本,1962年,第738页。
⑥ 《明孝宗实录》卷108,弘治九年春正月丁酉条,国立北平图书馆藏红格本,1962年,第1980页。

察院考察天下诸司来朝并在任官,请黜方面及府县等官一千二百一十九员,杂职一千二百六十五员"。两者合计 2484 员,弘治帝认为"所黜太多",让吏部、都察院"再斟酌停当,毋枉滥致有后言"。吏部、都察院则申明是按例考察,并无枉滥,弘治帝也只能够"其悉依前议发落"①。弘治十八年(1505),吏部会同都察院考察天下诸司官,年老、有疾、罢软、不谨、贪、酷、才力不及 7 项官员共计 1836 员,"各令致仕、冠带闲住、为民及调用"②。每三年朝觐考察,以各种标准黜免的官员人数,总在 2000 员左右,官员被黜免率也在 10% 左右。

正德三年(1508)因循前制,但考察范围扩大,不仅仅是朝觐与在任官,连去任、丁忧、考满官也在考察之列。这是因为刘瑾专权,一些不甘勒索及诟骂刘瑾者,或托病请假,或丁忧违限不起复,因此刘瑾将他们通奏惩治,这种违例,使"中外闻者,无不骇异"③。正德六年(1511),刘瑾已经被诛,外官考察恢复旧制,诸司官 1325 员,诸杂职衙门官 1142 员,共计 2467 员被黜免,"老疾者致仕,罢软不谨者冠带闲住,贪酷及在逃者为民,才力不及者调用"④。正德九年(1514),诸司官 1561 员,诸杂职衙门官 1325 员,共计 2886 员,依然是"老疾者致仕,罢软及不谨者冠带闲住,贪酷者为民,才力不及者调用"⑤。正德十二年(1517),诸司官 1259 员,杂职官 1214 员,共计 2473

---

① 《明孝宗实录》卷 183,弘治十五年春正月乙未条,国立北平图书馆藏红格本,1962 年,第 3382 页。

② 《明孝宗实录》卷 220,弘治十八年春正月甲辰条,国立北平图书馆藏红格本,1962 年,第 4147 页。

③ 《明武宗实录》卷 34,正德三年春正月辛亥条,国立北平图书馆藏红格本,1962 年,第 826 页。

④ 《明武宗实录》卷 71,正德六年春正月己巳条,国立北平图书馆藏红格本,1962 年,第 1568 页。

⑤ 《明武宗实录》卷 108,正德九年春正月庚辰条,国立北平图书馆藏红格本,1962 年,第 2204 页。

员，"如例令老疾者致仕，罢软不谨者冠带闲住，才力不及者调用"①。没有贪酷者，参议孙清、知府张龙，虽然在不谨之列，但被留用了，已经有了特例。正德十五年（1520），官员年老25员，有疾53员，老疾37员，罢软276员，不谨440员，才力不及112员，贪酷及在逃1263员，杂职1215员，共计3421员，虽然请如例予以黜免，但"奏上已踰半年"②，之后才得旨允行。值得注意的是，此时贪酷及在逃人数的增加，乃是在藩王朱宸濠反叛时期所出现的。

嘉靖二年（1523），"吏部会都察院考察天下诸司官"③，有年老1091员，有疾197员，罢软511员，不谨1331员，贪酷坐事在逃413员，才力不及156员，共计3699员，按例致仕、冠带闲住、调用及为民，这里年老及不谨的比例很高，意在清除正德时期的一些从佞之人。嘉靖五年（1526），"吏部会都察院考察天下诸司官"④，有老病706员，罢软不谨1332，贪酷坐事任逃535员，才力不及105员，共计2678员，基本上恢复惯例。嘉靖八年（1529），"考察天下朝觐官"，有4076员"黜调有差"⑤，这是在"大礼议"中，嘉靖帝"以急切之心，行督责之政，是未免躬亲有司之事，指摘臣下之失"⑥。嘉靖十一年（1532），朝觐考察天下官员，有年老149员，有疾55员，罢软335员，不谨798员，贪酷282员，才力不及209员，在逃240员，共计2068员，"致仕、闲住、为民、调用如例"⑦。嘉靖十四年（1535），考察天下方面官，有不谨50员，

---

① 《明武宗实录》卷145，正德十二年春正月癸巳条，国立北平图书馆藏红格本，1962年，第2840页。

② 《明武宗实录》卷187，正德十五年六月壬午条，国立北平图书馆藏红格本，1962年，第3567页。

③ 《明世宗实录》卷22，嘉靖二年正月丁卯条，国立北平图书馆藏红格本，1962年，第645页。

④ 《明世宗实录》卷60，嘉靖五年正月己亥条，国立北平图书馆藏红格本，1962年，第1412页。

⑤ 《明世宗实录》卷97，嘉靖八年正月甲寅条，国立北平图书馆藏红格本，1962年，第2267页。

⑥ 《明世宗实录》卷107，嘉靖八年十一月戊戌条，国立北平图书馆藏红格本，1962年，第2524页。

⑦ 《明世宗实录》卷134，嘉靖十一年正月丁卯条，国立北平图书馆藏红格本，1962年，第3173页。

罢软 15 员,年老 2 员,有疾 11 员,才力不及 9 员,共计 87 员,这是布政司级官员,所占比例不低,还有有司官 1982 员,杂职 1492 员,合计 3561 员,"降黜有差"①。嘉靖十七年(1538),考察天下诸司官员,其中方面官有 76 员,有司官 1620 员,杂职官 1384 员,共计 3080 员,"各调黜有差"②。嘉靖二十年(1541),考察天下诸司官,其中方面官有 110 员,有司官 2534 员,杂职官 1754 员,共计 4389 员,"俱如例致仕、闲住、为民、调用有差"③。值得注意的是,吏部所拟调用之人,有几个被嘉靖帝改为闲住,所拟闲住被改为民,亦可见嘉靖帝苛察之一斑。

嘉靖二十三年(1544),考察天下官员,其中方面官有 92 员,有司官 2303 员,杂职官 2607 员,共计 5002 员,"降调罢黜如例",其中有"屡经论劾,赃迹显著"者,嘉靖帝钦定:"不准存留,令冠带闲住。"④嘉靖二十六年(1547),考察天下诸司官,有司官、杂职官缺记,只有方面官 99 员,"俱如例致仕、闲住、为民、降调有差"⑤。嘉靖二十九年(1550),考察天下朝觐官员,其中方面官有 83 员,有司并教授等官 4600 余员,"致仕、罢斥、降调如例"⑥。嘉靖三十二年(1553),考察天下诸司官,有司官、杂职官缺记,只有方面官 59 员,嘉靖帝"诏致仕、黜调如例。其中途称病,查审有无规避,酌量议"⑦。嘉靖三十五

① 《明世宗实录》卷 171,嘉靖十四年正月癸酉条,国立北平图书馆藏红格本,1962 年,第 3724 页。

② 《明世宗实录》卷 208,嘉靖十七年正月丁亥条,国立北平图书馆藏红格本,1962 年,第 4316 页。

③ 《明世宗实录》卷 245,嘉靖二十年正月戊戌条,国立北平图书馆藏红格本,1962 年,第 4923 页。

④ 《明世宗实录》卷 282,嘉靖二十三年正月癸丑条,国立北平图书馆藏红格本,1962 年,第 5482 页。

⑤ 《明世宗实录》卷 319,嘉靖二十六年正月丙寅条,国立北平图书馆藏红格本,1962 年,第 5934 页。

⑥ 《明世宗实录》卷 356,嘉靖二十九年正月戊寅条,国立北平图书馆藏红格本,1962 年,第 6402 页。

⑦ 《明世宗实录》卷 393,嘉靖三十二年正月庚寅条,国立北平图书馆藏红格本,1962 年,第 6899 页。

年(1556),考察天下诸司官,其中方面官有 89 员,有司杂职等官 2000 余员,"致仕、黜调如例"①。嘉靖三十八年(1559),考察天下诸司官,有司官、杂职官缺记,只有方面官 57 员,"罢黜、调用如例"②。嘉靖四十一年(1562),考察天下诸司官,其中方面官有 98 员,有司杂职等官 2000 余员,"致仕、罢黜、降调如例"③。嘉靖四十四年(1565),考察天下诸司官,有司官、杂职官缺记,只有方面官 76 员,"诏罢黜、降调如例"④。嘉靖时期朝觐考察的弊端逐渐显现,一方面被黜免的官员人数增加,另一方面不服考察的人表示不满,不但奏辩的人增多,求免于处分的官员,纷纷奔走权贵,大肆行贿,而权贵们"把主要精力都用于千方百计地讨好皇帝,贪得无厌地搜刮钱财,残忍狡猾地打击杀害政敌上面"⑤。朝觐考察虽然已经完全制度化,但随着政治腐败,逐渐沦为打击报复的工具。

隆庆二年(1568),考察方面官,素行不谨、贪、酷、才力不及、老疾等,及府州县官杂职 1606 员,"罢斥、致仕、降调俱如例"。同时吏部提出,"贪吏剥民肥己,罪止罢黜,不足示惩"。应该将"赃迹尤著,宜令所司逮问如法,以为贪墨之戒"⑥。隆庆帝从之,自此以后,贪官除了罢黜之外,还要追究刑事责任。隆庆五年(1571),考察方面有司官,其中有 53 员父母官因年老、有疾、罢软、不谨、贪、酷、才力不及,而被"黜降调如例"。在赏赐贤能卓异 15 员的

---

① 《明世宗实录》卷 431,嘉靖三十五年正月甲戌条,国立北平图书馆藏红格本,1962 年,第 7440 页。

② 《明世宗实录》卷 468,嘉靖三十八年正月乙酉条,国立北平图书馆藏红格本,1962 年,第 7876 页。

③ 《明世宗实录》卷 505,嘉靖四十一年正月丙申条,国立北平图书馆藏红格本,1962 年,第 8333 页。

④ 《明世宗实录》卷 542,嘉靖四十四年正月乙卯条,国立北平图书馆藏红格本,1962 年,第 8764 页。

⑤ 张显清:《严嵩传》,黄山书社,1992 年,第 2 页。

⑥ 《明穆宗实录》卷 16,隆庆二年正月壬戌条,国立北平图书馆藏红格本,1962 年,第 433 页。

情况下,将贪酷异常 25 员"按问追赃"①。"隆庆时期,一方面是社会危机更趋深化,另一方面是在统治集团内部一些头脑比较清醒的人,进行着力所能及的整顿和改革。"②在老臣徐阶,新贵高拱,及张居正的辅佐下,内阁权能加强了,在朝觐考察方面追究贪、酷官员的刑事责任,乃是具有魄力的。

万历二年(1574),朝觐考察的情况缺记。万历五年(1577),仅记"考察布政使邹光祚等八十三人",分别"罢斥、降调、致仕俱如例"③。万历八年(1580),考察方面有司官,也仅开列父母官 19 员名单,"罢黜、降调如例"④。万历十一年(1583),考察天下诸司官,开列 5 员方面官,以"等"而略去人数,"黜调如例"⑤。万历十四年(1586),"考察方面官员副使等官,郑一信等共六十八员","罢黜降调如例"⑥。万历十七年(1589),考察方面官,列举 6 员方面官,以"等"而略去人数,而将"府州县杂职等官列名上请",最终"为民、闲住、致仕、降调俱如例"⑦。万历二十年(1592),朝觐考察的情况缺记。万历二十三年(1595),朝觐考察的情况也缺记,从吏部尚书孙丕扬等提出"考察事竣,员缺数多"⑧,可见黜免人数应该不少。万历二十六年(1598),朝觐考察的情况缺记。万历二十九年(1601),考察方面官,列举素行不谨、贪、才力不及、浮躁、年老等 5 名方面官,以"等"而略去人数,"及府州县官杂职若

---

① 《明穆宗实录》卷 53,隆庆五年正月甲戌条,国立北平图书馆藏红格本,1962 年,第 1315 页。
② 韦庆远:《明清史新析》,中国社会科学出版社,1995 年,第 84 页。
③ 《明神宗实录》卷 58,万历五年正月己亥条,国立北平图书馆藏红格本,1962 年,第 1330 页。
④ 《明神宗实录》卷 95,万历八年正月乙卯条,国立北平图书馆藏红格本,1962 年,第 1915 页。
⑤ 《明神宗实录》卷 132,万历十一年正月己巳条,国立北平图书馆藏红格本,1962 年,第 2457 页。
⑥ 《明神宗实录》卷 170,万历十四年正月庚戌条,国立北平图书馆藏红格本,1962 年,第 3070 页。
⑦ 《明神宗实录》卷 207,万历十七年正月癸亥条,国立北平图书馆藏红格本,1962 年,第 3871 页。
⑧ 《明神宗实录》卷 281,万历二十三年正月庚寅条,国立北平图书馆藏红格本,1962 年,第 5194 页。

干员",分别"革职、闲住、致仕、降调俱如例"①。值得注意的是,这里增加了"浮躁"之名。沈德符认为:"至今上辛丑外察,延津李太宰②、三原温御史③为政,乃建议外吏亦岂无负才而轻佻者,亦宜增入浮躁,为不谨之次,其降级亦视罪之大小为轻重。上允之。今遂遵用之,或云是年有才士被妒,难处以不及,故立此例,未知信否? 其年拾遗,即以浮躁处李本宁宪使④,降一级矣。"⑤至此有了"八法"之名,而贪、酷除了黜免之外,要追究刑事责任,以后考察则将贪、酷除外,至清代则直言"六法"。

万历三十二年(1604),朝觐考察的情况缺记。万历三十五年(1607),列不谨、浮躁、不及、罢软、坐逃、坐贪方面官56员名单,特例黜降的有浮躁降三级者,不及降二级者,除此之外,"凡诸府佐令长,以贪论者五十六人"⑥。万历三十八年(1610),朝觐考察的情况缺记。万历四十一年(1613),朝觐考察情况虽然缺记,但"严贪墨之禁",这是因为"时考察朝觐官员有言,北直隶、河南、山东等处州县,粮羡至十取二三者。面质司府各官,亦不为讳"⑦。万历四十四年(1616),朝觐考察情况缺记,但"敕谕天下朝觐官回任供职"⑧,这次似乎并没有黜免官员。万历四十七年(1619),"以考察事竣,劾浙江等

---

① 《明神宗实录》卷355,万历二十九年正月丙辰条,国立北平图书馆藏红格本,1962年,第6640页。

② 李戴,字仁夫,延津人,隆庆二年(1568)进士,历官知县、户科给事中、礼科都给事中、陕西右参政,按察使、布政使、山东巡抚,官至吏部尚书。

③ 温纯(1539—1607),字景文,三原人,嘉靖四十四年(1565)进士,历任知县、户科给事中、兵科都给事中、河南参议、大理卿、浙江巡抚、户部左侍郎、南京吏部尚书、工部尚书、左都御史,主持京官大计,被劾致仕。

④ 李维桢(1547—1626),字本宁,湖广京山人,隆庆二年(1568)进士,为庶吉士。历官翰林院编修、参议、提学副使、参政、按察使,著有《题曹荛之诗卷》。

⑤ [明]沈德符:《万历野获编补遗》卷2《大计添浮躁》,中华书局,1959年,第841页。

⑥ 《明神宗实录》卷429,万历三十五年正月己卯条,国立北平图书馆藏红格本,1962年,第8096页。

⑦ 《明神宗实录》卷504,万历四十一年正月癸未条,国立北平图书馆藏红格本,1962年,第9586页。

⑧ 《明神宗实录》卷541,万历四十四年正月壬辰条,国立北平图书馆藏红格本,1962年,第10291页。

处参政陈一教等,降调有差"①。无论是朝觐考察,还是京官考察,万历时期出现的问题最多,"这一阶段的人物和人际关系,不论宫中朝中,都显得诡谲反覆,恩雠多变,善善恶恶相互渗透,正面负面互为影响,也反映着这个巨变时期的特点。"②朝觐考察在此时期虽然在制度上不断革新,但已经积重难返,不但呈现废弛状态,而且反映着腐败。

天启二年(1622),考察天下诸司官员,列举不谨、贪、浮躁、不及、老疾方面官 41 员,"并府州县杂职等员",分别"褫职、闲住、致仕、降调各有差"③。天启五年(1625),考察天下方面有司等官,以贪、不谨、罢软无为、老疾、才力不及、浮躁浅露,开列 6 员方面官,以"等"略之,分别"革职、闲住、致仕、降调如例"④。除了黜免之外,吏部开列贪酷官应拿问者 14 员,"上命见在应朝的,著锦衣卫拿送法司问。其余,各该巡按御史,严行提问具奏,追赃助边,不得容纵"⑤。天启时期,"以魏忠贤为首的宦官集团与东林的反对派结合成阉党,共同向东林进攻,从而使朝臣之间的斗争变为东林派与阉党的斗争"⑥。在斗争过程中,考察便成为重要的斗争工具,此时就不是制度本身的问题,乃是政治斗争的问题。党争虽然不是明朝灭亡的主要原因,但是"天启奄祸,实削国家三百年之元气"⑦。天启时期所留下的政治遗产,已经难以改变。

崇祯年间有六次朝觐考察,《崇祯实录长编》并没有记录朝觐考察的情

---

① 《明神宗实录》卷578,万历四十七年正月辛亥条,国立北平图书馆藏红格本,1962 年,第 10951 页。

② 韦庆远:《明清史新析》,中国社会科学出版社,1995 年,第 88 页。

③ 《明熹宗实录》卷18,天启二年正月辛亥条,国立北平图书馆藏红格本,1962 年,第 919 页。

④ 《明熹宗实录》卷55,天启五年正月甲子条,国立北平图书馆藏红格本,1962 年,第 2503 页。

⑤ 《明熹宗实录》卷55,天启五年正月乙丑条,国立北平图书馆藏红格本,1962 年,第 2503 页。

⑥ 张显清、林金树主编:《明代政治史》,广西师范大学出版社,2003 年,第 813 页。

⑦ [明]黄宗炎:《题周茂兰血书帖黄册》,江苏广陵古籍刻印社,1984 年,《笔记小说大观》第 14 册第 197 页。

况,但考察问题一直是党争的焦点。"在新的形势下,东林党人也改变了以往只知切谏直争的迂腐作风,转而采取政客的阴谋手段"①。可以说,这个时期的朝觐考察制度虽然存在,却已成为政治腐败的催化剂。

朝觐考察不仅仅是黜免官员,也进行表彰。从朱元璋时对考察称职者赐宴于礼部,永乐帝赐敕褒谕,到正统时"各布政司、按察司及府州县等衙门朝觐官,治行超卓,即行褒赏,甚盛典也"②。自此以后,朝觐考察表彰贤能卓异,也成为常典。奖廉惩贪,能够收到较好的效果,如万历二年(1574),张瀚③为吏部尚书时,与都察院一起,"大计群吏,黜陟幽明",经过考察,"乃举卓异谢鹏举等二十五人,引见于会极门。上亲发玉音宣谕:'尔等都是好官,回去传谕各官,为朕爱养百姓。'赐宴午门,仍锡金帛。贪残贾某等一十八人,悉下诏狱,大小臣工,一时鼓舞。实肃清朝政之一大机也"④。表彰与黜免,是不成比例的,黜免者多,表彰者少,如嘉靖四十一年(1562),朝觐考察,黜免两千多员,"吏部亦访举六人,而布政周孟中、朱钦皆在优列,亦不果行。意者或以所举者未尽当而止,然此实风厉臣工之大要。前代赐金,果皆尽其人乎? 亦举一劝百之典耳"⑤。即便是举一劝百,也往往得不到实行,以至于给人以大计就是黜免的印象。

二、朝觐考察例

《明会典》汇编了自洪武十一年(1378)至万历十三年(1585),有关朝觐考察的事例,兹将各事例及出台的过程整理如下:

---

① 苗棣:《魏忠贤专权研究》,中国社会科学出版社,1994年,第256页。
② 《明英宗实录》卷125,正统十年春正月癸巳条,国立北平图书馆藏红格本,1962年,第2501页。
③ 张瀚(1510—1593),字子文,仁和人,嘉靖十四年(1535)进士,官至吏部尚书,著有《松窗梦语》。
④ [明]张瀚撰,盛冬铃点校:《松窗梦语》卷1《宦游纪》,中华书局,1985年,第21页。
⑤ [明]陈洪谟撰,盛冬铃点校:《治世余闻》下篇卷2,中华书局,1985年,第50页。

（一）外官三年朝觐

1.洪武十七年（1384），"令天下诸司官吏来朝,明年正旦,各造事迹文册,仍画土地人民图本,如期至京"①。这是朱元璋"诏天下诸司官吏来朝明年正旦者,各书其事功于册,仍绘《土地人民图》来上,且计道里远近,俱期以十二月二十五日至京。其服色各以品级为差,惟云南远在边鄙,特免其来"②。根据这个诏书,著为令。

2.洪武十七年（1384），"令布政司按察司官来朝,将所属官员,考过堪用不堪名数,亲自奏闻。直隶府州同"③。

3.洪武二十六年（1393）定:"各布政司、按察司、盐运司、府、州、县,及土官衙门、流官等衙门,官一员带首领官、吏各一员,理问所官一员,照依到任须知,依式对款,攒造文册,及将原领敕谕,诸司职掌内事迹文簿,具本亲赍奏缴,以凭考核。各衙门先尽正官,正官到任日浅,佐贰官到任日久,必先佐贰官来。若系裁革,未及二十里长州县,止设正官首领官各一员去处,止令首领官吏来朝。其程途远近,各量里路,比照行人驰驿日期起程,本衙门速将起程月日申报,远者不许过期,近者不许预先离职,俱限当年十二月二十五日到京。其来朝官员服色,俱照品级花样,务要新鲜洁净,俱各自备脚力,不许驰驿,及指此为由,科扰于民。"④这是《诸司职掌》内所列之例,未见于《实录》。

4.正德九年（1514），"令朝觐官各陈地方利病及处置方略,吏部行各该衙门,斟酌会议,奏请施行"⑤。这是当时乾清宫大火,正德帝虽然戏云:"是

---

① ［明］申时行等:《明会典》卷13《吏部·朝觐考察》,中华书局,1989年,第78页。

② 《明太祖实录》卷162,洪武十七年六月戊辰条,国立北平图书馆藏红格本,1962年,第2516页。

③ ［明］申时行等:《明会典》卷13《吏部·朝觐考察》,中华书局,1989年,第78页。

④ ［明］申时行等:《明会典》卷13《吏部·朝觐考察》,中华书局,1989年,第78页。

⑤ ［明］申时行等:《明会典》卷13《吏部·朝觐考察》,中华书局,1989年,第78页。

好一棚大烟火也"①,但按照惯例,还要下《罪己诏》,让群臣修省,故此下此令。

5. 嘉靖八年(1529),"令来朝官员,各陈地方民情利弊,因革事宜,开送二司官。二司官取其可用者,类送吏部、都察院,看议奏请"②。这也是当时"灾异数见"③,才下的此令。

(二)朝觐官考察

1. 宣德七年(1432),"令吏部同都察院,考察在外方面有司官,昏懦不立,贪暴无厌者,具奏罢黜"④。这是宣德帝在召见内阁大臣杨士奇⑤、杨荣⑥时,针对地方官"往往视朕言为虚文"⑦,因此下令考察。

2. 弘治六年(1493)"令朝觐之年,先期行文布、按二司考合属,巡抚、巡按考方面,年终具奏,行各该衙门立案,待来朝之日,详审考察。如有不公,许其申理。其科道官,必待吏部考察后,有失当,方许指名纠劾"⑧。当年考察黜退官员多达 2500 多员,弘治帝认为:"人才难得,事贵得实,人贵改过"⑨,因此下令。

3. 弘治八年(1495)奏准:"各处巡抚官,当朝觐之年,具所属不职官员揭帖,密报吏部,止据见任不谨事迹,不许追论素行。其开报官员,若爱憎任情,议拟不当,吏部、都察院并科道官,指实劾奏,罪坐所由。"⑩这是科道官上

---

① 《明武宗实录》卷 108,正德九年春正月庚辰条,国立北平图书馆藏红格本,1962 年,第2204 页。
② [明]申时行等:《明会典》卷 13《吏部·朝觐考察》,中华书局,1989 年,第 78 页。
③ 《明世宗实录》卷 97,嘉靖八年正月丙辰条,国立北平图书馆藏红格本,1962 年,第 2267 页。
④ [明]申时行等:《明会典》卷 13《吏部·朝觐考察》,中华书局,1989 年,第 79 页。
⑤ 杨士奇(1366—1444),名寓,江西泰和人,历仕五朝,与杨荣、杨溥并称"三杨"。
⑥ 杨荣(1371—1440),字勉仁,建安人,与杨士奇、杨溥并称"三杨"。
⑦ 《明宣宗实录》卷 94,宣德七年八月乙未条,国立北平图书馆藏红格本,1962 年,第 2126 页。
⑧ [明]申时行等:《明会典》卷 13《吏部·朝觐考察》,中华书局,1989 年,第 79 页。
⑨ 《明孝宗实录》卷 71,弘治六年正月己丑条,国立北平图书馆藏红格本,1962 年,第 1338 页。
⑩ [明]申时行等:《明会典》卷 13《吏部·朝觐考察》,中华书局,1989 年,第 79 页。

疏言:明年朝觐考察,"如止委二司考合属,则恐未足以尽访察之公"。弘治帝提出:"今后考察黜退官员,务从公询访,必得实迹,不可轻信偏听,以致枉人。"①之后吏部、都察院奏准的事例。

4. 嘉靖十六年(1537),"以考察全据考语,未免失实,令吏部都察院,先事秉公查访,旌别黜陟"②。这是"吏部疏请申明朝觐考察事宜",提出"手注考语,俱要指实,明白直书,不得拘于对偶,虚应故事"③,嘉靖帝所下之令。

5. 嘉靖二十二年(1543)题准:"朝觐考察,预行各该抚按官,将三年内所属大小官员,不分升调、考满、丁忧、起送、缘事、在逃等项,凡系廉勤公谨,及贪酷、罢软、不谨、老疾、才力不及者,各手注考语,密封送部,以凭考察,务要贤否明白,去留可据。如毁誉任情,是非淆乱,及枝词蔓语,自相矛盾者,听本部都察院指实参奏。"④科都给事中卢勋等,条列考察三事,讲到抚按填注考语,"亦有狥溺私情、掩公议者",嘉靖帝"诏如议行"⑤,吏部题准的事例。

6. 嘉靖二十五年(1546),"令部院严加查访,如有贪酷实迹者,不拘曾经抚按旌举,俱要开奏罢黜"⑥。这是吏科都给事中郑大同等,条奏考察事宜四事,吏部议覆讲道:"凡司府州县正官,备查考语,兼采舆论,其不才者,奏请罢黜。不得以前任之善,故旧之情,曲为庇护。"嘉靖帝在"诏吏部、都察院,一并从公考察"⑦,下达此令。

7. 隆庆四年(1570)题准:"已经考察闲住,复朦胧在任日久,行巡按御史

① 《明孝宗实录》卷99,弘治八年四月壬戌条,国立北平图书馆藏红格本,1962年,第1818页。
② [明]申时行等:《明会典》卷13《吏部·朝觐考察》,中华书局,1989年,第79页。
③ 《明世宗实录》卷196,嘉靖十六年正月丙申条,国立北平图书馆藏红格本,1962年,第4145页。
④ [明]申时行等:《明会典》卷13《吏部·朝觐考察》,中华书局,1989年,第79页。
⑤ 《明世宗实录》卷280,嘉靖二十二年十一月甲寅条,国立北平图书馆藏红格本,1962年,第5454页。
⑥ [明]申时行等:《明会典》卷13《吏部·朝觐考察》,中华书局,1989年,第79页。
⑦ 《明世宗实录》卷318,嘉靖二十五年十二月戊子条,国立北平图书馆藏红格本,1962年,第5922页。

擒拿问罪。冒支俸粮,追出还官。"这是掌吏部事大学士高拱,提出"考察半岁之前,抚按论劾,俱不题覆"的问题,隆庆帝"是之"①,由吏部题准的事例。

8.万历元年(1573)题准:"今后考察,凡方面已升京堂者,止听两京科道官论劾,各抚按官不得一概参论。"②这是吏部覆南京科道奏考察事宜,提出:"庶官臧否,全凭抚按举劾,若使在任,既荐其贤,离任又搜其过,是非何由而定"③,进而题准的事例。

(三)考察降黜等第

1.宣德五年(1430),"令贪污者发边卫充军,老疾鄙猥者为民"④。这是当年朝觐考察,吏部奏上贪污和老疾、鄙猥无能者名单以后,宣德帝讲:"老疾者无过,鄙猥无能者无恶,皆罢归为民。贪污者,民之害,宜发戍边卫"⑤,因此著为令。

2.天顺四年(1460),"令老疾者致仕,罢软者冠带闲住,有赃者发原籍为民"⑥。后分为四等:年老有疾者致仕,罢软无为、素行不谨者冠带闲住,贪酷并在逃者为民,才力不及者斟酌对品改调。

3.嘉靖二年(1523)题准:"方面知府正官,考才力不及者,照京官不及降调例,不许止议调简。"⑦这是吏部尚书乔宇⑧等,条陈吏治事宜,讲道:"言外官才力不及,例止更调,法大轻,宜皆降叙,与京官等"⑨,之后题准的事例。

———————————

① 《明穆宗实录》卷48,隆庆四年八月甲辰条,国立北平图书馆藏红格本,1962年,第1200页。
② 以上未注引文见[明]申时行等:《明会典》卷13《吏部·朝觐考察》,中华书局,1989年,第79页。
③ 《明神宗实录》卷12,万历元年四月庚申条,国立北平图书馆藏红格本,1962年,第393页。
④ [明]申时行等:《明会典》卷13《吏部·朝觐考察》,中华书局,1989年,第79页。
⑤ 《明宣宗实录》卷62,宣德五年正月丙寅条,国立北平图书馆藏红格本,1962年,第1463页。
⑥ [明]申时行等:《明会典》卷13《吏部·朝觐考察》,中华书局,1989年,第79页。
⑦ [明]申时行等:《明会典》卷13《吏部·朝觐考察》,中华书局,1989年,第79页。
⑧ 乔宇(1464—1531),字希大,乐平人,成化二十年(1484)进士,官至吏部尚书,著有《乔庄简公文集》《游嵩集》《恒山游记》等。
⑨ 《明世宗实录》卷25,嘉靖二年四月辛卯条,国立北平图书馆藏红格本,1962年,第720页。

4.隆庆四年(1570)题准:"考察官员,不分方面有司,若才力不胜繁剧,犹堪以原职调用者,拟调简僻地方。若原非繁剧,不堪以原职调用者,拟调闲散衙门。其迹涉瑕疵,尚未大著者,拟降级。或才力不宜有司,文学犹堪造士者,拟改教。若先经调简,再考不及者,即拟罢软。仍咨行各抚按官,以后论劾不及官员,悉照前款明白考注,以凭议覆,不许只为含糊降调之说。"①这是掌吏部事大学士高拱上奏所讲的情况,得到"奏可"②,吏部题准的事例。

5.万历十年(1582)议准:"先曾调用官员,再考不及者,查果才力绵弱,即照罢软例闲住。如以别事议调,才力尚有可用,仍照不及例,酌量改降。"③

6.万历十三年(1585)议准:"致仕官员,有志甘恬退为亲告休者,不得复入考察。"④

(四)朝觐官旌别

1.洪武十一年(1378),"令察其言行功能,第为三等,称职而无过者为上,赐坐而宴。有过而称职者为中,宴而不坐。有过而不称职者为下,不预宴,序立于门,宴者出,然后退"⑤。这是"河间府知府杨冀安等考绩来朝",朱元璋命吏部按此例办理,"庶使有司知所激劝"⑥。

2.正统十年(1445),"令朝觐官员,廉能著称,治行超卓者,赏衣一袭,钞百锭,仍赐宴于礼部"⑦。当年朝觐考察,明英宗命询察"朝觐官治行超卓",吏部查明上奏,"上命人赐织金衣一袭,钞五百贯,宴于礼部。命尚书胡濙⑧

---

① ［明］申时行等:《明会典》卷13《吏部·朝觐考察》,中华书局,1989年,第79页。

② 《明穆宗实录》卷52,隆庆四年十二月壬子条,国立北平图书馆藏红格本,1962年,第1301页。

③ ［明］申时行等:《明会典》卷13《吏部·朝觐考察》,中华书局,1989年,第79页。

④ ［明］申时行等:《明会典》卷13《吏部·朝觐考察》,中华书局,1989年,第79页。

⑤ ［明］申时行等:《明会典》卷13《吏部·朝觐考察》,中华书局,1989年,第79页。

⑥ 《明太祖实录》卷117,洪武十一年三月丁丑条,国立北平图书馆藏红格本,1962年,第1916页。

⑦ 《明会典》为正德十年,应误,以《实录》更改为正统十年。

⑧ 胡濙(1375—1463),字源洁,武进人,建文二年(1400)进士,历仕六朝,官至礼部尚书、太子太师,谥忠安,著述有《卫生易简方》《律身规鉴》《芝轩集》等。

待宴,仍命吏部录其姓名,量才升用"①。

3. 天顺四年(1460),"令朝觐官贤能卓异者,赐宴及衣如例"②。当年朝觐考察,卓异朝觐官有 10 人,"各赐锦衣一袭,钞一千贯,宴于礼部"③。

4. 正德十四年(1519),"令考察存留官员,内有才行兼优,政迹显著,及守己廉洁,人无间言者,行各抚按官,买办彩币羊酒赍奖,仍不次擢用"④。

5. 嘉靖八年(1529),"令吏部将贤能官员,分别等第奏闻。优等官员,查照旧例,奏请宴赏,给与诰敕"⑤。

6. 隆庆五年(1571)奏准:"吏部考察毕,访廉能、贪残之甚者,各数人疏闻。其廉能者,照例宴赏。贪残者,革职为民。仍行各该巡按御史,提问具奏。"⑥

7. 万历二年(1574),"令吏部、都察院,将来朝官员,有廉能超众者,查实具奏,引至御前,面加奖赏,仍赐宴于礼部。其贪酷异常者,著锦衣卫拿送法司问罪。不应朝者,著各该巡按御史提问"⑦。这是当年朝觐,大学士张居正提出应该法本祖制,让小皇帝御皇极门,"引见廉能官员,破格奖赏"⑧。之后通过司礼监传旨,著为令。

8. 万历五年(1577),"令廉能卓异者,纪录擢用。贪酷异常者,各巡按御史提问追赃具奏"⑨。当年朝觐考察,吏部按例请"上御门,面奖廉能计吏"。

---

① 《明英宗实录》卷 125,正统十年春正月癸巳条,国立北平图书馆藏红格本,1962 年,第 2502 页。

② [明]申时行等:《明会典》卷 13《吏部·朝觐考察》,中华书局,1989 年,第 79 页。

③ 《明英宗实录》卷 311,天顺四年春正月丙午条,国立北平图书馆藏红格本,1962 年,第 6538~6539 页。

④ [明]申时行等:《明会典》卷 13《吏部·朝觐考察》,中华书局,1989 年,第 79 页。

⑤ [明]申时行等:《明会典》卷 13《吏部·朝觐考察》,中华书局,1989 年,第 79 页。

⑥ [明]申时行等:《明会典》卷 13《吏部·朝觐考察》,中华书局,1989 年,第 79 页。

⑦ [明]申时行等:《明会典》卷 13《吏部·朝觐考察》,中华书局,1989 年,第 79 页。

⑧ 《明神宗实录》卷 21,万历二年正月戊子条,国立北平图书馆藏红格本,1962 年,第 561 页。

⑨ [明]申时行等:《明会典》卷 13《吏部·朝觐考察》,中华书局,1989 年,第 79 页。

"上命罢奖赏,廉能者纪录擢用,贪酷者行按臣提问追赃具奏。"①

（五）边远及有事地方免朝觐

1.洪武十七年(1384),"令云南远在边鄙,特免来朝"②。当年"诏天下诸司官吏来朝明年正旦者,各书其事功于册,仍绘《土地人民图》来上,且计道里远近,俱期以十二月二十五日至京。其服色各以品级为差,惟云南远在边鄙,特免其来"③。

2.正统九年(1444),"令广西临边县分,系裁减衙门,免来朝。其须知文册,府州县类进"④。当年朝觐考察,广西的官族、头目、舍人,因为"朝觐失期后至,当置之法"。明英宗以他们"来自远方,姑宥其罪"⑤,故此著为令。

3.成化五年(1469)奏准:"云南长官司,免来朝。州县裁减去处,止该吏一名,赍文随司府州县官员进缴。其各府首领官,遇边务差占,亦免来朝"⑥。先是以"云南连年灾荒,师旅数兴","诏免云南诸州县,及长官司朝觐。各府首领官,有公事者,亦免之"⑦。后经吏部奏准,成为事例。

4.弘治十六年(1503)奏准:"陕西洮河、西宁,茶马司大使等官,俱免,止令该吏赍册应朝。"⑧

5.正德八年(1513),"令各处被灾被兵地方,许抚按官预先勘实具奏,免其正官朝觐。若有科敛害民者,仍许提问劾奏"⑨。遇有兵灾,经抚按官题请,可以免正官朝觐,而是年"免衢州、严州、处州、温州、金华府正官朝觐,以

---

① 《明神宗实录》卷58,万历五年正月己亥条,国立北平图书馆藏红格本,1962年,第1330页。
② [明]申时行等:《明会典》卷13《吏部·朝觐考察》,中华书局,1989年,第79页。
③ 《明太祖实录》卷162,洪武十七年六月戊辰条,国立北平图书馆藏红格本,1962年,第2516页。
④ [明]申时行等:《明会典》卷13《吏部·朝觐考察》,中华书局,1989年,第79页。
⑤ 《明英宗实录》卷125,正统十年春正月甲午,国立北平图书馆藏红格本,1962年,第2503页。
⑥ [明]申时行等:《明会典》卷13《吏部·朝觐考察》,中华书局,1989年,第79页。
⑦ 《明宪宗实录》卷49,成化三年十二月壬子条,国立北平图书馆藏红格本,1962年,第1007页。
⑧ [明]申时行等:《明会典》卷13《吏部·朝觐考察》,中华书局,1989年,第79页。
⑨ [明]申时行等:《明会典》卷13《吏部·朝觐考察》,中华书局,1989年,第79页。

有盗警也"①,因此著为令。

6. 隆庆四年(1570)题准:"两广见在用兵,要查某处事势危急,及各省地方,果有灾伤贼情,事势重大,正官必不可缺者,量留数员料理。其一切零贼小灾,及两广不用兵郡县,俱要责令依期入觐。"②因为有灾害盗警,抚按官按例可以奏请府县正官免朝觐,多数被批准,少数遭批驳,科道官也常常论及此事,沥陈考察事宜,经吏部议覆,认为:"毋概藉口,以旷盛典"③,进而题准此事例。

(六)应朝大小官员升调外任

嘉靖二十五年(1546)奏准:"不问已未领凭,俱要到部听候考察,事毕改给凭限赴任,违者参奏罢职。"④是年御史陈价,条奏朝觐考察八事,其"究规避"讲道:"考察及期,而以他故求去者,勿听。"⑤经吏部议覆,奏准为例。

(七)应朝不到官员

1. 系堪存留人数。患病者,查实准令复任。丁忧者,查明准令守制。其不系患病丁忧者,以逃论。

2. 嘉靖二十五年(1546)题准:"方面等官应朝逃回者,行各抚按备查因何事故,如有赃私实迹,严行本处官司提问追赃,照依律例,从重问拟。"⑥是年御史陈价,条奏朝觐考察八事,其"重激劝"讲道:"赏罚黜陟,务秉至公。其贪暴吏,最为害民,不得独详卑职,略于方面,使吞舟漏网。"⑦经吏部议覆,

---

① 《明武宗实录》卷105,正德八年冬十月丙午条,国立北平图书馆藏红格本,1962年,第2156页。

② [明]申时行等:《明会典》卷13《吏部·朝觐考察》,中华书局,1989年,第79页。

③ 《明穆宗实录》卷46,隆庆四年六月癸丑条,国立北平图书馆藏红格本,1962年,第1156页。

④ [明]申时行等:《明会典》卷13《吏部·朝觐考察》,中华书局,1989年,第79页。

⑤ 《明世宗实录》卷317,嘉靖二十五年十一月庚辰条,国立北平图书馆藏红格本,1962年,第5918页。

⑥ [明]申时行等:《明会典》卷13《吏部·朝觐考察》,中华书局,1989年,第79页。

⑦ 《明世宗实录》卷317,嘉靖二十五年十一月庚辰条,国立北平图书馆藏红格本,1962年,第5917页。

奏准为例。

3.万历十三年(1585)题准:"凡官员弃职回籍,若情有可原,事无规避,曾经申请,奏报稽迟,不得已而始去者,抚按官遇大计之时,止坐以擅离之罪,另本论斥,另文革职,不必类入考察数内,概坐以逃。其新选、新升,辄弃官不任者,查无观望规避重情,止照过违凭限事例,革职闲住,亦不得概以逃论。"①

(八)朝觐官员回任

1.凡朝觐官员回任,各查照水程,定立限期,违限一月之上者问罪,两月之上者送部别用,三月之上者罢职不叙,监司容隐不举者同罪。

2.万历七年(1579)题准:"违限一月之上问罪,三月之上送部别用,半年之上罢职不叙。"②当时吏科都给事中陈三谟提出更改违限事例,"凡两司方面、行太仆、苑马、运司、府、州、县正官,违限一月以上者问罪,三月以上别用,半年以上罢职。其余庶官及两京各官,一月以上问罪,半年以上降调,八个月以上罢职"③。经吏部议覆,题准为事例。

(九)每年开报考语

1.嘉靖十三年(1534)奏准:"每遇年终,各府州县将佐贰、首领、属官并卫所首领官,守巡道将本道属官,布按二司掌印官将各佐贰,首领并府堂上官、州县正官,填注贤否考语、揭帖,印封送本布政司,类齐严限送部查考。若二司官进表,各该守巡司府,照前查造揭帖,印封送进表官,亲递进表官,不必将通省官概报考语。巡按任满,巡抚年终,将所属大小官,填注考语、揭帖送部。其考语俱要自行体访,如有雷同含糊,作恶偏私,本部参奏治罪。"④

---

① [明]申时行等:《明会典》卷13《吏部·朝觐考察》,中华书局,1989年,第79页。
② [明]申时行等:《明会典》卷13《吏部·朝觐考察》,中华书局,1989年,第79页。
③ 《明神宗实录》卷86,万历七年四月己卯条,国立北平图书馆藏红格本,1962年,第1797页。
④ [明]申时行等:《明会典》卷13《吏部·朝觐考察》,中华书局,1989年,第79页。

当年吏部提出："明年当大计黜陟幽明，部臣所持以为凭者，抚按考词耳。顾屡加申饬，奉行未至，将使无辜者抱莫白之冤，不肖者怀侥免之望，非所谓办官材，而佐化理也。"因此提出具体处置办法，嘉靖帝"诏从之"①，吏部奏准为例。

2. 万历十年(1582)，"令各处卫所巡检司官，系关两处隔越者，该管上司注考"②。当年科道官条陈稽实政、核实迹、持公正、辨难易、惩贪酷、禁私揭六事，吏部议覆，万历帝要"今次考察，其秉公博访，痛革弊习"③，将此事著为令。

以上九项朝觐考察例，最早是洪武十一年(1378)，最迟是万历十三年(1585)，历经二百余年，既可以看到制度完善的过程，也可以看到制度存在的弊端。针对弊端而制定新的例，出现弊端再制定新的例。正如顾炎武④所云："前人立法之初，不能详究事势，豫为变通之地，后人承其已弊，拘于旧章，不能更革，而复立一法以救之，于是法愈繁而弊愈多，天下之事，日至于丛脞。其究也眊而不行，上下相蒙，以为无失祖制而已。"⑤从这些例中，很难看到弊端所在，在实际运作中则可以发现救弊之法，适使弊易增，到后来更加一发不可收拾。

三、不时考察

不时考察主要是针对外官而行的。洪武六年(1373)，朱元璋"命御史台

---

① 《明世宗实录》卷160，嘉靖十三年闰二月壬戌条，国立北平图书馆藏红格本，1962年，第3578页。

② [明]申时行等：《明会典》卷13《吏部·朝觐考察》，中华书局，1989年，第79页。

③ 《明神宗实录》卷126，万历十年七月壬条，国立北平图书馆藏红格本，1962年，第2353页。

④ 顾炎武(1613—1682)，字忠清，与黄宗羲、王夫之并称为明末清初三大儒，著有《日知录》《天下郡国利病书》《肇域志》等。

⑤ [清]顾炎武著，[清]黄汝成集释，栾保群、吕宗力校点：《日知录集释》卷8《法制》，花山文艺出版社，1990年，第377页。

令监察御史及各道按察司,察举天下有司官有无过犯,奏报黜陟"①。这是对外官不时考察之始,以后设立按察分司,分道巡视,派遣御史巡按府县,发现不公不法,即时弹劾,由皇帝进行黜陟。

永乐元年(1403),永乐帝认为守令之职关系到国家治理的成败,但"吏部选拔之时,出一时仓猝,未能悉其才行"。为了弥补吏部选用方面的缺失,他认为,"必考察所行,乃见贤否,其令巡按监察御史及按察司:凡府、州、县官到任半载之上者,察其能廉贪之时具奏"②。此前巡按及按察司不时考察,除非犯有重大罪责,才能够奏请黜陟,一般犯罪与犯错,要等到考满才进行黜陟,如今不考虑考满,只要到任半年以上,就可以奏请黜陟。

宣德七年(1432),"命各处巡抚侍郎同巡按监察御史,考察方面官,仍同布政司、按察司考察郡县官"③。此时明令授权巡抚有不时考察地方官的权力,既要求巡抚会同巡按一起不时考察,也要求按察使参与。

明英宗即位,颁布敕谕:"今直隶府州县官,从吏部遣官及巡按御史考察。在外府州县官,从布政司、按察司及巡按御史考察,务在广询细民,不许偏徇以昧至公。若考察得实贤才者,悉留在职,具名奏闻。不才者,起送吏部,照例发遣。其布政司、按察司堂上官,从吏部、都察院考察。属官,从巡按御史、按察司考察。今后方面及郡守有阙,仍遵皇考宣宗皇帝敕旨举保,不许故违,但犯赃罪,并坐举者。"④这里将巡抚排除在外,只是直隶府州县有吏部差遣的官,与巡按共同考察。

景泰七年(1456),景泰帝敕谕有云:"天下府州县官,果有年老、残疾、罢软不能任事,及贪婪酷暴,生事科敛害民者,许巡抚、巡按并按察司,公正、堂

①　《明太祖实录》卷79,洪武六年二月壬寅条,国立北平图书馆藏红格本,1962年,第1444页。
②　《明太宗实录》卷25,永乐元年十二月丁亥条,国立北平图书馆藏红格本,1962年,第483页。
③　《明宣宗实录》卷94,宣德七年八月庚子条,国立北平图书馆藏红格本,1962年,第2129页。
④　《明英宗实录》卷4,宣德十年夏四月丁卯条,国立北平图书馆藏红格本,1962年,第93～94页。

正官员,会同考察,从实具奏黜罢。其布政司、按察司官,悉听巡抚同巡按官一体考察,具奏罢黜,不许虚应故事,视为泛常。"①进而著为令:"巡抚、巡按会同按察司堂上官,考察府州县官。其布、按二司官,听抚按考察。"②巡抚再次被授予不时考察地方官的权力,而且是排在首位。

弘治八年(1495),科道官们以明年朝觐事,上疏言弘治六年(1493)朝觐存在一些问题,特别是"如许考退者,复恣行伸理攻讦,则群邪横议之门何以塞之"。于是提出明年朝觐考察,应该"一依弘治三年以前故事,而加之以至公至密,行之天下"。弘治帝认为:"人才固不可轻进,尤不可轻退,苟不得其真,所损多矣。今后考察黜退官员,务从公询访,必得实迹,不可轻信偏听,以致枉人。"③随即吏部及都察院奏准:"各处巡抚、巡按会同从公考察布、按二司,并直隶府州县、各盐运司、行太仆寺、苑马寺等官贤否。如无巡抚,巡按会同清军,或巡盐考察。如俱无,巡按自行考察。其布政司、按察司,及分巡、分守,并知府、知州、知县,并司寺正官,各访所属官员贤否,开揭帖送巡抚、巡按,以凭稽考。"④这里的不时考察将盐运司、行太仆寺、苑马寺等官纳入巡抚、巡按的考察范围,不设巡抚的地方,巡按要会同清军御史、巡盐御史考察,不能够让巡按专断,只有在没有巡抚及其他御史的情况下,巡按才能够单独考察。二司、分守、分巡、府、州、县及司寺正官,先行考察属官,然后以揭帖的形式汇报给巡抚、巡按稽核。层级的考察形式得以确立。

嘉靖十九年(1540),因为湖广、广东、浙江等处巡按,"俱举劾太滥",嘉靖帝在处罚他们以后,"于六品以下有司,贪酷不法者,径自执问,不必奏

---

① 《废帝郕戾王附录》卷84,景泰七年五月壬辰条,国立北平图书馆藏红格本,1962年,第5656页。

② [明]申时行等:《明会典》卷13《吏部·朝觐考察》,中华书局,1989年,第79页。

③ 《明孝宗实录》卷99,弘治八年四月壬戌条,国立北平图书馆藏红格本,1962年,第1818页。

④ [明]申时行等:《明会典》卷13《吏部·朝觐考察》,中华书局,1989年,第79页。

抚"①。吏部因此题准:"今后抚按官,于六品以下有司,贪酷不法者,许径自拿问,不待劾奏。"②这里授权抚按官直接处置地方六品以下官的权力,作为正官的知县也在处置的范围内。按照《大明律》名例律·职官有犯条规定:"凡京官及在外五品以上官有犯,奏闻请旨,不许擅问;六品以下,听分巡御史、按察司并分司,取问明白。议拟闻奏区处。若府、州、县官犯罪,所辖上司不得擅自勾问,止许开具所犯事由,实封奏闻。若许准推问,依律议拟回奏,候委官审实,方许判决。其犯应该笞决,罚俸、收赎、纪录者,不在奏请之限。若所属官被本管上司非理凌虐,亦听开具实迹,实封径直奏陈。"③知县在法律上不是所辖上司能够处置之人,而该例规定"六品以下有司",则将知县的处置权下放到抚按官,也就无怪乎"比来守令不问贤不肖,惟以奉承为臧否,跪拜频仍"④。面对能够决定自己官运的抚按们,地方官只有屈服,虽然《大明律》规定,受到凌虐,可以实封径直奏陈,但不时考察例规定不能够申理,也就阻断了他们的申诉之路。

有了不时考察例的规定,抚按官就可以"奉例"考察了。如弘治元年(1488)河南抚按官"奉例考察,请黜老疾、罢软、不谨官州同知刘英等十员"⑤。四川巡抚"奉例考察,请黜罢软、不谨重庆府同知等官,陈佐等七员"⑥。江西抚按官"奉例考察,请黜老疾、罢软等官,南康府知府王理等十八员"⑦。陕西巡按"奉例考察,请黜老疾等官,西安府同知顾宣等五十员"⑧。

---

① 《明世宗实录》卷 236,嘉靖十九年四月甲戌条,国立北平图书馆藏红格本,1962 年,第 4819 页。
② [明]申时行等:《明会典》卷13《吏部·朝觐考察》,中华书局,1989 年,第 79 页。
③ 怀效锋点校:《大明律》,法律出版社,1999 年,第 4 页。
④ [明]陈子龙等辑:《明经世文编》卷 100 引李承勋《重守令疏》,中华书局影印本,1962 年,第 883 页。
⑤ 《明孝宗实录》卷11,弘治元年二月癸丑条,国立北平图书馆藏红格本,1962 年,第 252 页。
⑥ 《明孝宗实录》卷11,弘治元年二月壬戌条,国立北平图书馆藏红格本,1962 年,第 266 页。
⑦ 《明孝宗实录》卷12,弘治元年三月乙丑条,国立北平图书馆藏红格本,1962 年,第 269 页。
⑧ 《明孝宗实录》卷13,弘治元年四月丁酉条,国立北平图书馆藏红格本,1962 年,第 293 页。

直隶抚按官"奉例考察,请黜老懦、不谨等官,真定府通判成信等三十三员"①。直隶巡按"奉例考察,请黜老疾、罢软等官,广德州同知余禄等十五员"②。河南巡抚"奉例考察,请黜老疾、罢软等官,府同知马利等十八员"③。直隶巡按"奉例考察,请黜老疾等官,知州王永等二十三员"④。南直隶巡抚"奉例考察,请黜不谨等官,通判宁汝愚等二十二员";直隶巡按"请黜老疾等官,州判官宋鉴等四十二员"⑤。浙江巡按"请黜老疾、罢软等官,知府蔡敞等一百五十八员"⑥。凤阳总督漕运兼巡按"请黜老疾等官,凤阳府知事王英等八十四员"⑦。山东巡抚"请黜老疾、不谨等官,州判官季春等十七员"⑧。江西巡抚"奉例考察,请黜老疾等官,府同知曹奎等四十一员"⑨。直隶巡按"奉例考察,请黜老疾等官,府知事王哲等五十员"⑩。两广总督"奉例考察,请黜老疾等官,通判丘端等二十七员"⑪。以上共十六处总督、巡抚、巡按,考察黜免官员六百一十五名,全部予以批准。这仅仅是一年的奉例考察,而考察每年都在进行,考察黜免的人数也不断增加,再加上朝觐考察的黜免,至少要占官员总数的十分之一至五分之一,可见考察之严格。当时这些总督、巡抚、巡按们基本上还能够公正地对待不时考察,如正统时,陈泰⑫"三为巡按,惩奸去贪,威棱甚峻"⑬。李纲在天顺年间,"历按南畿、浙江。劾去浙江赃吏

① 《明孝宗实录》卷13,弘治元年四月甲辰条,国立北平图书馆藏红格本,1962年,第301页。
② 《明孝宗实录》卷13,弘治元年四月甲寅条,国立北平图书馆藏红格本,1962年,第316页。
③ 《明孝宗实录》卷16,弘治元年七月丙寅条,国立北平图书馆藏红格本,1962年,第386页。
④ 《明孝宗实录》卷16,弘治元年七月戊辰条,国立北平图书馆藏红格本,1962年,第388页。
⑤ 《明孝宗实录》卷16,弘治元年七月甲戌条,国立北平图书馆藏红格本,1962年,第393页。
⑥ 《明孝宗实录》卷16,弘治元年七月乙酉条,国立北平图书馆藏红格本,1962年,第402页。
⑦ 《明孝宗实录》卷18,弘治元年九月壬戌条,国立北平图书馆藏红格本,1962年,第427页。
⑧ 《明孝宗实录》卷18,弘治元年九月甲戌条,国立北平图书馆藏红格本,1962年,第433页。
⑨ 《明孝宗实录》卷18,弘治元年九月庚辰条,国立北平图书馆藏红格本,1962年,第436页。
⑩ 《明孝宗实录》卷20,弘治元年十一月乙亥条,国立北平图书馆藏红格本,1962年,第475页。
⑪ 《明孝宗实录》卷20,弘治元年十一月己卯条,国立北平图书馆藏红格本,1962年,第477页。
⑫ 陈泰(?—1470),字吉亨,光泽人,宣德年间获得乡试第一名,官至右副都御史。
⑬ [清]张廷玉等撰:《明史》卷159《陈泰传》,中华书局,1974年,第4334页。

至四百余人,时目为'铁御史'"①。巡抚兼理两浙盐政邢宥②"考察属吏,奏黜不识者百七十余人"③。这是在"仁宣之治"以后,所以史家认为:"仁、宣之间,化理郅隆,又能进贤退不肖,而数世之后,固可蒙业而安也。"④也就是说,自洪熙、宣德时期打下的基础,可以延续很久,但已经是弊端显现,不得不进行制度上的修正,却没有逃过专制政体的一治一乱的怪圈。

第三节　武官考察

《明史》讲:"武之军政,犹文之考察也。"⑤最初是不定期举行,在成化二年(1466),开始每五年举行一次。明代军事领导体制从明初到成化年间,已经出现很大的变化,在军事领导系统出现"三权分立":一是都督府与武职领导系统;二是兵部、都察院与文职领导系统;三是司礼监、御马监与宦官领导系统。⑥ 这种三权分立,也必然导致武官考察方面也是政出多端。

一、军政考选

朱元璋在元制的基础上,改行枢密院为大都督府,"节制中外诸军事"⑦。洪武十三年(1380)废除丞相制度以后,设立五军都督府,即左、右、前、后、中都督府,各设左右都督(正一品)、都督同知(从一品)、都督佥事(正二品),以掌军旅之事,但"凡武职,世官流官、土官袭替、优养、优给,所属上之府,移

---

① ［清］张廷玉等撰:《明史》卷159《李纲传》,中华书局,1974 年,第4343 页。
② 邢宥(1416—1481),字克宽,广东文昌人,正统十三年(1448)年进士,官至都察院左佥都御史,著有《湄丘集》。
③ ［清］张廷玉等撰:《明史》卷159《邢宥传》,中华书局,1974 年,第4341 页。
④ ［清］谷应泰:《明史纪事本末》卷28《仁宣致治》,中华书局,1977 年,第441 页。
⑤ ［清］张廷玉等撰:《明史》卷71《选举志三》,中华书局,1974 年,第1727 页。
⑥ 参见方志远:《明代国家权力结构及运行机制》,科学出版社,2008 年,第209～214 页。
⑦ ［清］张廷玉等撰:《明史》卷76《职官志五》,中华书局,1974 年,第1857 页。

兵部请选"①。也就是说,武职的选用要由兵部负责,其考核事宜则由职方司负责,所以"兵部凡四司,而武选掌除授,职方掌军政,其职尤要"②。在明代重文轻武的政策之下,兵部的参与显然有得天独厚的优势,因为"兵部阴移之,其权渐分矣。至永乐而尽归之兵部。所谓五都督者,不过守空名与虚数而已"③。即便如此,在具体事务上,五军都督府还是需要参与的,只不过不能够为主导而已。

明代设官的特点是,任何部门都不能够有独断的权力,特别是都察院作为监控机关,要参与所有部门事务的监控。针对军队事务,十三道监察御史分管在京在外卫所的文书照刷磨勘事务,还有巡视京营的责任,特别是在外巡视、镇守,加右都察院衔的,"有总督,有提督,有巡抚,有总督兼巡抚,提督兼巡抚,及经略、总理、赞理、巡视、抚治等员"④,以及后来普遍设立的兵备道(也加都察院衔),不但有监察军事的权力,还有领导权力,在武官考察中同样起到重要作用。

在统一的战争中,朱元璋就曾经派宦官传令、监军、观兵、阅视,即位以后,这也成为经常的事情,其子孙也就继承了这些,并且逐渐成为制度。从永乐开始,宦官开始全面参与军事的领导,"盖明世宦官出使、专征、监军、分镇、刺臣民隐事诸大权,皆自永乐间始"⑤。到后来各地派镇守中官,"镇守太监始于洪熙,遍设于正统,凡各省各镇无不有镇守太监,至嘉靖八年后始革"⑥。除了镇守太监之外,宦官还提督京营、监军、监枪、守备南京。朱元璋直属的亲军指挥使司,统领亲军 12 卫,永乐时增加了 22 卫,宣德时又增 4

---

① [清]张廷玉等撰:《明史》卷76《职官志五》,中华书局,1974 年,第 1856 页。
② [清]张廷玉等撰:《明史》卷71《选举志三》,中华书局,1974 年,第 1724 页。
③ [明]王世贞:《弇山堂别集》卷59《大都督府左右都督同知金事表》,中华书局,1985 年,第995 页。
④ [清]张廷玉等撰:《明史》卷73《职官志二》,中华书局,1974 年,第 1767 页。
⑤ [清]张廷玉等撰:《明史》卷304《宦官传序》,中华书局,1974 年,第 7766 页。
⑥ [清]张廷玉等撰:《明史》卷74《职官志三》,中华书局,1974 年,第 1822 页。

卫,共计38卫,"属御马监,上直,而以腹心臣领之"①。御马监本来"掌御马及诸进贡并典牧所关收马骡之事"②。后来成为内府的"戎政"部门,在司礼监掌管机要的情况下,"司礼监一方面与外廷的内阁对柄机要,另一方面和御马监在内府共执兵柄"③。宦官镇守、分守、监枪、监营,由司礼监推举、兵部任命,多从御马监选人出派,承担外差的责任,与军事关系密切。"御马监虽最后设,然所掌乃御厩兵符等项,与兵部相关。近日内臣用事稍关兵柄者,辄改御马衔以出,如督抚之兼司马中丞,亦僭拟甚矣。"④他们到地方犹如总督、巡抚,以至于总督、巡抚也要看他们的脸色办事。明代"不仅外廷的兵部、都督府无法单独调动军队,内廷的司礼监、御马监也同样无法单独调动军队"⑤。这种犬牙交错的军事领导模式,也必然导致武官考察的多样性。

天顺八年(1464),因为灾异,南京都察院右佥都御史高明提出:"乞敕南京守备等官,修饬武备,以防意外之虞,专官巡视,以究军政之弊。"成化帝"从之"⑥。这是派遣专官,即钦差巡视南京地方军政。当年,巡按福建监察御史魏瀚言五事之一有"严武备",讲到福建"都司卫所官属,上骄下惰,相习成风,城池多至崩塌,器械少能精好,窃恐天下军政废弛大率类此"。因此提出:"乞敕该部,通行各处巡抚、巡按,并按察司官,将卫所旗军操备、跟官、公差、逃亡等项,备细造册,送各衙门备照,待巡历之际,严加点阅。"成化帝"命所司议之"⑦。此后巡按云南监察御史王祥言四事,讲到军政考选问题,都察院认为"其所言自成化二年为始,以五年为期,令各处巡抚、巡按等官,考选

① [清]张廷玉等撰:《明史》卷89《兵志一》,中华书局,1974年,第2188页。
② 《明太祖实录》卷241,洪武二十八年九月是月条,国立北平图书馆藏红格本,1962年,第3511页。
③ 方志远:《明代国家权力结构及运行机制》,科学出版社,2008年,第213页。
④ [明]沈德符:《万历野获编补遗》卷1《内官定制》,中华书局,1959年,第814页。
⑤ 方志远:《明代的御马监》,《中国史研究》,1997年第2期。
⑥ 《明宪宗实录》卷10,天顺八年冬十月庚子条,国立北平图书馆藏红格本,1962年,第224页。
⑦ 《明宪宗实录》卷12,天顺八年十二月丙午条,国立北平图书馆藏红格本,1962年,第274页。

都司卫所军职,或进或退,必须合乎公论"①。成化帝允之,则成为例。成化十三年(1477),监察御史戴缙,以灾变修省,提出"成化四年事例,从公考察在外镇守、守备、侯、伯、都督等官,亦令自陈,庶奸贪怠政者,知所警惧"②。之后兵部尚书余子俊③、英国公张懋④等也提议考察武职,于是两京武职都进行考察。至成化十四年(1478),"命中外军政官,五年一考选"⑤。从此武职考察不再仅限于南京、北京,而是推行到全国。

武职之所以称"军政考选",是因其根据军中政教和政事进行考核,然后再黜免升任,乃是考核与选用的结合。《大明律》兵律·军政有:擅调官军、申报军务、飞报军情、边境申索军需、失误军机、从征违期、军人替役、主将不固守、纵军掳掠、不操练军士、激变良民、私卖战马、私卖军器、毁弃军器、私藏应禁军器、纵放军人歇役、公侯私役军官、从征守御官军逃、优恤军属、夜禁二十条,乃是明代军政的重点所在。《明会典》所列军政事项有:根捕、勾补、编发、起解、清理、册单(事产、户籍)、禁令七目,收录历年事例。其"武选清吏司"下有:官制(资格附)、勋禄、陞除、推举、考选、降调(立功为民充军附)、武职袭替、官舍比试、旗役陞用(併鎗附)、土夷袭替、优给(优养附)、贴黄、誥敕、军务、功次、达贼功次(辽东女直附)、番贼功次(苗蛮倭贼附)、反贼功次(流贼附)、功次通例、赏格、给赏、加赏、量赏二十三目,收录历年与之有关的事例。其"职方清吏司"下有:[城隍]都司卫所、属夷、属番,[镇戍]将领、督抚兵备、各镇分例、各镇通例、图本、营操(京营、将军营、四卫营)、大

① 《明宪宗实录》卷28,成化二年闰三月庚寅条,国立北平图书馆藏红格本,1962年,第559页。
② 《明宪宗实录》卷167,成化十三年六月庚戌条,国立北平图书馆藏红格本,1962年,第3027页。
③ 余子俊(1428—1489),字士英,四川青神县人,景泰二年(1451年)进士,官至户部尚书,谥肃敏。
④ 张懋(1440—1515),字廷勉,靖难功臣张玉之孙,历掌京营和五军都督府,谥恭靖。
⑤ 《明宪宗实录》卷175,成化十四年二月丙午条,国立北平图书馆藏红格本,1962年,第3157页。

阅、武举、举用将材、巡捕、军役（收补、重役、冒名、老疾、存恤、佥充民壮［机兵附］）、关津十五目及若干分目，收录历年与之有关的事例。其"南京武选清吏司"目下列有：军政考选、南京各卫所差用官员、南京各卫所指挥千百户镇抚等官、清理贴黄文册、军官应请诰命、南京各卫所官印信六个细目，收录历年有关事例。其"南京职方清吏司"目下列有：南京城各门、陵军、各营及江操官军、较阅武艺、夜巡、南京地方有警、江淮南北附近南京地方军国机务七个细目，收录历年有关事例。

军政事务非常繁杂，据《千顷堂书目》仅明代就有《军政条例》七卷，《军政条例摘钞》十卷，谭纶①《军政条例类考》七卷，《军政事实》《军政律条》《军政事例》六卷，李化龙②《邦政条例》十卷，陈萝鹤《武铨邦政》二卷，《武选司邦政条例》十一卷，《邦政条例》《武黄条例》二卷，《兵部见行事例》《兵部清军事宜》等十三种之多。《续修四库全书》第852册收有《军政条例类考》六卷，庞尚鹏③《军政事宜》一卷，赵堂《军政备例》一卷，李遂④《御倭军事条款》一卷。《北京图书馆古籍珍本丛刊》第51册收有明嘉靖刻本《军政事例》六卷，明万历自刻本《军政条例》四卷。由此可见，历年颁行的条例、事例众多，特别是在"承平日久，渐次废弛，营伍缺乏，虽时厪清理，率难复旧，亦以条例之散见，事体有异同，而一时奉行者，不免得此遗彼，而经纪之未周"。之所以辑录军政事例，是希望能够"一展卷而可得"⑤。即便是如此，若是不熟悉

---

① 谭纶（1520—1577），字子理，江西宜黄县人，嘉靖二十三年（1544）进士，官至兵部尚书，谥襄敏。

② 李化龙（1554—1624），字于田，长垣县人，万历二年（1574）进士，官至兵部尚书，谥襄毅。

③ 庞尚鹏（1524—1580），字少南，南海人，嘉靖三十二年（1553）进士，官至福建巡抚，谥惠敏。

④ 李遂（1504—1566），字邦良，江西丰城县人，嘉靖五年（1526）进士。历官行人、刑部郎中、礼部郎中、湖州同知、衢州知府、苏松兵备副使、广东按察使、山东右布政使、南京兵部右侍郎、南京兵部尚书。嘉靖四十四年，以老致仕。嘉靖四十五年卒，赠太子太保，谥襄敏。

⑤ ［明］陈子龙等辑：《明经世文编》卷288引薛应旗《军政事例序》，中华书局影印本，1962年，第3040页。

军政事务,查找起来也不是一件容易的事。

二、军政考选之法

《明史》简述军政考选之法,分为四个层次:一是高级武职,如五军都督府的大臣,即左右都督、都督同知、都督佥事,以及锦衣卫的堂上官、各省总兵官等,要自陈候旨;二是在内五军都督府所属并直省卫所官,要由巡视官及部官注送;三是在外都司、卫所官,由抚、按造册缴部;四是副将(副总兵,从二品)、参将(正三品)以下,由都、布、按三司察注送抚,咨部考举题奏,没有设置三司的地方卫所及地方守御并各都司,直接由巡抚察注咨部。其军政考选原则是:锦衣卫管戎务者倍加严考,南、北镇抚次之,在实际实施过程中,锦衣卫常常申请免考;"惟管漕运者不与考"①。

到了军政考选之期,"兵部预先通行南北直隶浙江等处巡抚都御史,转行都、布、按三司掌印官,各将所属卫所,副、参、游以下,千户以上,贤否履历,访察明白,各注考语,径送抚按官处,另注考语,造册三本,限四月终旬,差人赍部。至期,各参、游、都司、守备、操守等官,兵部会同兵科,参详去留,上请定夺,仍听科道拾遗。其都司卫所官,抚按照例会官,从公考选进退,仍将考选官员职名,造册奏缴到部,覆奏定夺"②。也就是兵部下达军政考选通知给各巡抚,有三司的地方,巡抚转行三司官,将副将(从二品)以下,千户(正五品)以上的武职,填注考语,送交巡抚、巡按,再由他们另注考语,造册三本,也就是三司、巡抚、巡按各为一册,于当年四月下旬送到兵部。然后由兵部会同兵科一起,根据各考语进行参详,分别黜免及留用,然后请旨定夺。对于考选过程中的不公不法,科道官可以拾遗,进行参劾。千户(正五品)以

① [清]张廷玉等撰:《明史》卷71《选举志三》,中华书局,1974年,第1727页。
② [明]申时行等:《明会典》卷119《兵部·考选》,中华书局,1989年,第616页。

下的武职,由巡抚、巡按会同三司、镇守等官进行考选,决定进退,但要造册送兵部复核,由兵部覆奏请旨,才能够施行。

最初军政考选并不是普遍实行,如弘治十二年(1499),孝陵卫官纳入考选;正德十年(1515),锦衣卫官纳入考选;嘉靖八年(1529),腾骧四卫官纳入考选;嘉靖九年(1530),荫袭管军百户等武职纳入考选;隆庆六年(1572),内外卫所衰老庸劣者,勒令应袭儿男承替。

自嘉靖三十八年(1559)开始,勒定考选军政额数,是按照各卫所应该额设的官员确定的名额,如每一个卫,"不拘指挥使、同知、佥事共三员,掌印一员,佐贰二员,卫镇抚一员"①。锦衣卫则不限员数。只有在额数之内武职才能够考选军政,额数之外的不参与军政考选"俱不许增损"。纳入军政考选额数的人,才能够升迁,有缺优先补用。

自嘉靖二十九年(1550),五军都督府大臣,以及管理府军前卫侯伯与锦衣卫堂上掌印佥书官,"俱听自陈,去留取自上裁。其有不协公论者,许言官纠拾"②。万历七年(1579),各省直总兵官也纳入自陈之列。

五军都督府所属之卫,军政考选,"俱限年二十五岁以上,五十以下"。如果"有六十以上,精力未衰者,验实存留"。武职带俸官,只领俸禄而不掌实权,其中有一些是世袭武职,称为终身带俸,也纳入军政考选的范围,"其终身带俸官,降犯贪淫,五年之外,能改过自新者,从抚按官保用"③。

腾骧等四卫官,即腾骧左卫、腾骧右卫、武骧左卫、武骧右卫,属于亲军,最初只是兵部及科道察访举劾,嘉靖八年(1529),与各卫一同考选,"如有堪任将领等官,一体推用"。

两京五府所属并上直卫所官,嘉靖二十九年(1550),"悉从巡视京营科

① ［明］申时行等:《明会典》卷119《兵部·考选》,中华书局,1989年,第616页。
② ［明］申时行等:《明会典》卷119《兵部·考选》,中华书局,1989年,第616页。
③ ［明］申时行等:《明会典》卷119《兵部·考选》,中华书局,1989年,第616页。

道及兵部验军委官,一体采访,填注考语,送部考选"。既然送部考选,也难免进行更调,而当时北边有虏患,东南有倭患,调动乃是不免,导致上直卫所空虚,因此嘉靖三十三年(1554)题准:"凡遇考选,不得轻相更调。"

锦衣卫作为皇帝侍卫的军事机构,地位比较特殊,人员也比较复杂,除了皇亲国戚的弟男子侄之外,还有宦官及文武大臣的弟男子侄在内充当要职或带俸。成化十三年(1477),"令见任管事,有系中官并文武大臣弟男子侄,及各卫钦升者,兵部会同该卫堂上官,严加考选。果廉能可用仍旧,不堪者俱令带俸"。也就是说,锦衣卫官没有黜免,其带俸者虽然不管事,但可以受命办理一些事务,而且手下也有军校供其指挥。如万历五年(1577),"锦衣卫带俸指挥使王伟,奏乞军校。部覆照例拨给二卫校军各三十名"①。这里是照例,也就是说是有明确规定的。嘉靖二十九年(1550)题准:"锦衣卫除皇亲带俸,原不管事,达官营操,不系管理军政等官,难以考选外,其余若指挥在所管事,并千户以下等官,不拘见任、闲住,俱听本卫堂上掌印正官,从公开注贤否履历,先期送部,临期会同议拟,与腾骧四卫,一并严加考选。果有廉能可用,仍旧管事。如行止不堪,一体带俸革任。"此外,将南北镇抚司与象房管事指挥等也纳入考选之内,"去留取自上裁"。这里皇亲带俸者,以及"达官",即投降的蒙古人挂名锦衣卫者,不参加军政考选。

在外都司卫所缺军政官,也就是在军政额数的武职。正德八年(1513),"令行巡按御史及按察司等官,公同考选",但"非遇紧急军情、不许辄调"。遇有缺额,可以由抚按官察举。嘉靖六年(1527)规定:"在外军政官,考选员缺,本年八月终,巡按御史类奏推补。"嘉靖十六年(1537),对大小军职已经被问拟罪名者,"若立功三次,奏请降一级。未及三次,查果改过有实迹,方许举用"。

---

① 《明神宗实录》卷67,万历五年九月戊寅条,国立北平图书馆藏红格本,1962年,第1469页。

正德六年（1511），直接隶属于巡抚，而没有三司的卫所也纳入考选。嘉靖二十年（1541）规定："兴都留守司一应事务，俱听本官节制，抚治都御史不必干与。"兴都留守司于嘉靖十八年（1539）设置，主管承天府（今湖北省钟祥市）的军政事务，管辖承天、显陵二卫，其二卫武职则由巡抚考选，但巡抚不能够考选留守司官员。

专管漕运的武职不参与军政考选，"其考选推补，附郭者，镇、巡、总兵、三司掌印官主之。若非附郭，并远方者，镇、巡、总兵、分巡、分守官主之"。也就是说这些武职如有缺额，由其所在地军政官员一起推选，由兵部覆奏，皇帝核准。

明代各卫所都要屯田，其管理屯田的武职称为管屯官。嘉靖二十四年（1545）题准："遇考选军政内，有武艺不精，而廉干可取者，用之管屯。以五年为期，方得迁转。每年终，将该屯粮斛已未完数目，开造文册，一样三本。一申督理屯政衙门，一送该卫户房收贮，一自执备照。如遇年月该迁，预申督理衙门，就令将任内卷册，交付后来管屯官，俱查照明白，方许离任。若有朦胧私相交代者，查出，各问以沉匿枉法罪名。其各该上司官，不系前拟，擅自改调差委者，许屯田御史参劾。"虽然有规定不能够擅自改调差委屯田官，但以各种名目差遣屯田官的现象还是存在，所以嘉靖三十八年（1559）题准："屯田官，各该衙门不得坐名差遣。如遇迁转、缘事等项，就于见任军政官内，选精壮勤干官员暂管，候推选之日，照例会官考选。管屯官不许营求别差，希图推调。亦不许将见在耕种屯军，擅自差派领运、驾船、帮贴、城操等项，以妨屯务。违者，听巡按御史参究。"屯田官不是什么美差，每年有额定的征粮，如果完不成，就要受到责罚。他们虽然武艺不精，但可以谋得更好的差事，营求别差也就在所难免，所以隆庆二年（1568）题准："两京并各省卫所管屯官，不拘指挥、千户，察其才力大小，屯粮多寡，分委隔别卫分，催征依期完解。每年考选分差之后，各该御史仍将委定卫所，并选过官员职名，呈院咨部,以别贤否。"要想得到别差,必须完成征粮任务,否则不能够别差。

经过考定的官员,"俱要在任分理兵政。非有紧急军情,不许擅差。在京者,免其上直赴操。若系在营随差之数,即令替回。其余除马政带管外,如屯田、领班、操备、巡盐、捕盗、管局、运粮、备倭等项,一体考选,量才委用。前项杂差官员,在任之日,许令公座佥书,一应文案,不许干预。其他军政以外,跟随镇守、守备内外等官,大小军职,不许营求军政。考选已定者,亦不许营求跟随,有妨军政"。也就是说,经过军政考选合格的武职,才可以管理兵务,量才任用,没有参加考选的武职则不能够委用,即便是在职位有限的情况下,也不能够成为镇守、守备等官的跟随管理兵务。没有缺额,即便是军政考选合格,也是闲散武职,所以万历元年(1573)题准:"凡考选军政,以印屯为主,择有心计,堪以干济者,先注各卫所掌印、管屯。有膂力,堪以抗御者,定委各路管军。其次,乃以充各衙门旗牌差遣,不得越次取用。其见在督、抚、镇、巡各道役使者,止许量留数人,余皆发回,听委印屯之用。其掌印、管屯官,果有尽心干理,于军政屯务有裨者,抚按官即与保荐,兵部登记将材簿内,遇有守备、把总坐营员缺,酌量相兼推用。"这样军政考选合格也可以到各衙门充当旗牌官,由军事长官差遣了,而在任的掌印、管屯官则可以遇缺即补。

军政遇有急缺,则"在外从抚按定委奏保,两京从各卫军政首领官保举,五府覆勘。系亲军者,两京兵部覆勘定夺,不拘五年。后犯贪淫等罪,连坐举主"。

有关武职有过犯的考选,成化八年(1472),"令带俸武职,先虽犯罪,后能改过自新,父祖虽为事,或脱逃,子孙能自立行止,有守有为者,并许考选管事"。这些武职虽然可以参加考选,但"有犯监守自盗,受财枉法,及求索、科敛、诓骗等项流罪,减至杖一百、徒三年,赎罪还职,例应带俸,不许管军管事者,若系腹里,仍分拨各边上班操备,不许营求管队等项。遇警,与边卫带俸差操官,随军杀贼,下班回卫。五年内,能改过自新,照例会选军政管事。如再犯,终身轮班赴边操备,不许会选"。有过犯不能够管军管事,但没有规定军事长官不能够差委,所以弘治十五年(1502)奏准:"军职犯立功问革管事,五年之内,改过自新,方许推委,不许镇巡等官,假名暂委,占为头目,纵令害人。"

有关考选禁例,弘治十三年(1500)规定:"军职五年考选,有营求嘱托者,指名黜退,永令带俸。其不得与选,生事教唆,陷害已选官员者,问罪,不分官军,俱调边卫带俸食粮差操。凡带俸官,俱不许管军管事。"嘉靖九年(1530)题准:"考选之后,或以已名,或主使人,罗织生事,投词告害者,在京听兵部,在外听抚按官参究,照例调发边卫。"①

军政考选关系到军队的整肃,特别是"近来军政渐废,将官剥削,意销气沮,遂尔困敝"②,更因为"承平日久,军政多偷"③,军政考选就非常必要了。军政考选关系到武职的荣辱及官运,使他们不得不重视。如万历初年,顺天巡按于鲸④行县至渔阳,被少保大将军戚继光⑤部下抢掠。因为戚继光深得张居正的信任,"居尝怙宠,俯视持斧诸少年",并没有将抢掠者治罪,于鲸也不计较,"按覆军政,独严将军"。面对考察,戚继光也只好"屏鼓车戏载物,伏谒若家人礼"。于鲸并没有为之屈节,只是说:"劳苦将军,将军且休矣!"

---

① 以上引文见[明]申时行等:《明会典》卷119《兵部·考选》,中华书局,1989年,第616页。

② [明]陈子龙等辑:《明经世文编》卷190引毛宪《陈言边患疏》,中华书局影印本,1962年,第1971页。

③ [明]陈子龙等辑:《明经世文编》卷225引翁万达《复河套议》,中华书局影印本,1962年,第2346页。

④ 于鲸(1540—1598),字子长,山东承宣布政使司济南府历城县人。隆庆二年进士。历官刑部主事、迁监察御史、太仆少卿。后丁忧归,卒于乡。

⑤ 戚继光(1528—1588),字元敬,号南塘,晚号孟诸,山东蓬莱人。明朝抗倭名将。嘉靖二十三年(1544年),戚继光继承祖上的职位,任登州卫指挥佥事。后历任都指挥佥事、浙江都司佥事、都督同知、神机营副将、总兵官、右都督等职。万历十三年(1585年)因弹劾遭罢免。病卒于乡。卒谥武毅。著有《纪效新书》《练兵实纪》《止止堂集》等。

人称于鲸"能屈大将军"①,是因为他有军政考选权,能够决定去留。

三、军政考选的实施

武职的军政考选是很严格的,沈德符认为:"武职五年军政,一如京官六年大计,其典至巨至严。"②这是因为每逢五年军政考选,都要黜退一些武职,其人数很多。如弘治十一年(1498),军政考选京营把总等官410人,有67人被"黜退差操"③,约占军政考选比例的16%。弘治十三年(1500),仅考选京卫军政官员4529人,就黜退186人,因老疾令子弟袭职者85人④,约占军政考选比例的6%。嘉靖二十九年(1550),锦衣卫考选军政有6658人,革职带俸者有1192人,约占军政考选比例的18%,嘉靖帝还下旨:"如被黜人员,有挟私捏告者,照例参治。"⑤隆庆四年(1570),北京参加军政考选者4986人,黜退带俸,及年老替职,年幼送学者1709人,约占军政考选比例的34%;南京参加军政考选者1913人,斥者360人⑥,约占军政考选比例的19%。除了军政考选,还有不时考察,如弘治元年(1488),"命考察武职镇守等官,凡有疾者,戴罪待问者,年老政声无闻者,不惬人望者,皆罢之。年及六十者,令致仕",最终有15名镇守、分守被"罢回原任带俸"⑦。

武职考选原则是"办事颇勤,曾经征战,及管事老成者,职任如故。办事

---

①　[明]焦竑辑:《国朝献征录》卷72《太仆寺少卿于公鲸墓志》,台湾学生书局,1984年,第3118页。

②　[明]沈德符:《万历野获编》卷21《锦衣官考军政》,中华书局,1959年,第537页。

③　《明孝宗实录》卷144,弘治十一年闰十一月甲子条,国立北平图书馆藏红格本,1962年,第2507页。

④　《明孝宗实录》卷169,弘治十三年十二月戊戌条,国立北平图书馆藏红格本,1962年,第3064页。

⑤　《明世宗实录》卷368,嘉靖二十九年十二月甲戌条,国立北平图书馆藏红格本,1962年,第6587页。

⑥　《明穆宗实录》卷52,隆庆四年十二月丙午条,国立北平图书馆藏红格本,1962年,第1296页。

⑦　《明孝宗实录》卷9,弘治元年正月己未条,国立北平图书馆藏红格本,1962年,第197页。

颇疏,军务未练者,退在次,拨管事。其老疾不堪,并年少未谙事体者,俱令带俸"①。武职都是世袭的,一旦被黜退,带俸差操,失去了权力,与兵丁无异。武职被罢任,要想复起是不容易的,而且还直接影响子弟荫袭,故此被考选者都畏惧考选者。如嘉靖十三年(1534),南京兵部尚书刘龙②在南京考选军政,"禁绝请托,一以严正莅事,其所汰黜,卒莫敢有哗者"③。万历初年选军政,武选郎中张尧年,"即留心密访,行伍间锱铢皆得其实,黜陟咸当"。一些武职奔走于中贵人以求免,中贵人却说:"凡武弁月旦无他求,但问张武选即得。"正因为如此,张尧年"名誉更大起"④。

正因为考选者掌握被考者的命运,往往会得罪人,若是这些人寻找到靠山,也会报复。如成化时,南京兵部尚书王恕,"考选官属,严拒请托,同事者咸不悦",再加上南京守备太监钱能"屡谮恕于帝。帝亦衔(王)恕数直言,遂命兼右副都御史巡抚南畿"⑤。正德五年(1510),兵部武选郎中罗循⑥,"会考选武职,有指挥二十余人素出刘瑾门,循罢其管事。瑾怒骂尚书王敞⑦,(王)敞惧,归部趣易奏。(罗)循故迟之,数日瑾败,(王)敞乃谢(罗)循"⑧。刘瑾专权,可以骂兵部尚书,武选郎中罗循拖延不办,若不是刘瑾被诛,恐怕也要顺从其意志。是年考选军政,按例应该是兵部会同锦衣卫掌印官考选本卫千百户以下,刘瑾邀旨"令本卫自考选"。当时锦衣卫掌印官杨玉,是刘

---

① 《明孝宗实录》卷218,弘治十七年十一月丁未条,国立北平图书馆藏红格本,1962年,第4110页。

② 刘龙,弘治十二年(1499)探花,官至南京兵部尚书,谥文安,著有《紫岩集》《尚书讲章》等。

③ [明]焦竑辑:《国朝献征录》卷42《资政大夫南京兵部尚书参赞机务致仕赠太子太保谥文安紫岩刘公龙墓志铭》,台湾学生书局,1984年,第1751页。

④ [明]焦竑辑:《国朝献征录》卷99《广东按察司副使张公尧年墓志铭》,台湾学生书局,1984年,第4433页。

⑤ [清]张廷玉等撰:《明史》卷182《王恕传》,中华书局,1974年,第4833页。

⑥ 罗循,弘治十二年(1499)进士。历任兵部武选郎中、镇江知府、淮安知府,徐州兵备副使等职。

⑦ 王敞,字汉英,祖籍西安,附籍南京,成化十七年(1481)探花,官至兵部尚书。

⑧ [清]张廷玉等撰:《明史》卷283《儒林罗洪先传》,中华书局,1974年,第7278页。

瑾之党,便"任意去留,阴受赂者辄署上考,其谨愿可用者,以无赂,或至调卫,人以故怨之"①。在刘瑾专权时,"内阁焦芳②、刘宇,吏部尚书张彩,兵部尚书曹元③,锦衣卫指挥杨玉、石文义,皆为瑾腹心。变更旧制,令天下巡抚入京受敕,输瑾赂。延绥巡抚刘宇不至,逮下狱。宣府巡抚陆完④后至,几得罪,既赂,乃令试职视事。都指挥以下求迁者,瑾第书片纸曰'某授某官',兵部即奉行,不敢复奏。边将失律,赂入,即不问,有反升擢者"。政治腐败时,考选者与被考选者通同作弊,已经是司空见惯的事情了。

君主专制,只要能够得到君主的信任,就可以获得权力,也可以法外开恩。如锦衣卫虽然在军事编制,但"掌侍卫、缉捕、刑狱之事"⑤。既是侍卫亲军,又是刑侦机关,还是司法机关。明代的军事编制,一个卫一般设五个千户所,锦衣卫竟多达 17 个千户所,除了让勋戚督领之外,恩荫寄禄没有限制,嘉靖时发放俸禄的,即"仰度支者凡十五六万人"⑥,后经整顿,旗校仍然有六万余人。锦衣卫是皇帝的亲信,往往通过皇帝得到豁免。如正德十年(1515),"都督同知朱宁,请免锦衣卫军政考选"⑦,得到许可,也就成为前例。嘉靖三年(1524),锦衣卫依然得以免军政考选,后经整顿,依然考选,但嘉靖十九年(1540)掌锦衣卫事都督同知陈寅提出:"锦衣系近侍直差之臣,须历练闲熟,卒难更易。乞照嘉靖三年例免考",嘉靖帝"许之"。⑧ 统治者制

---

① 《明武宗实录》卷 64,正德五年六月癸卯条,国立北平图书馆藏红格本,1962 年,第 1409 页。
② 焦芳(1434—1517),字孟阳,泌阳人,天顺八年(1464)进士,官至吏部尚书兼大学士,阿附刘瑾。
③ 曹元,字以贞,大宁前卫人,成化十一年(1475)进士,官至兵部尚书。
④ 陆完(1458—1526),字全卿,长洲人,成化二十三年(1487)进士,官至吏部尚书。
⑤ [清]张廷玉等撰:《明史》卷 76《职官志五》,中华书局,1974 年,第 1862 页。
⑥ [明]王世贞:《锦衣志》,上海古籍出版社,2002 年,《续修四库全书·史部》,第 749 册第 662 页。
⑦ 《明武宗实录》卷 121,正德十年二月己亥条,国立北平图书馆藏红格本,1962 年,第 2435 页。
⑧ 《明世宗实录》卷 235,嘉靖十九年三月癸卯条,国立北平图书馆藏红格本,1962 年,第 4808 页。

定的法律,统治者率先破坏之,这乃是古代常见的现象,只要能够得到君主的许可,再严格的制度,对于某些人来说都不具有规范作用。

值得注意的是,军政考选偏向于立功。作为军人在战场立功,原本无可厚非,但在考核时只关注立功,也就难免冒功。如夺门之变,"冒功升者凡四千人"①。这种冒功虽然动机不纯,还有情有可原之处,毕竟功劳是人人可望的。若是以杀人害命,甚至以平民百姓的生命去换取功劳,则无情可原了。

早在正统初年,官军杀良冒功现象就很突出,如"官军征麓川,岁取土兵二千为乡导,战失利,辄杀以冒功"②。"广西巡抚吴祯杀降冒功,得优赏。(总兵颜)彪效之,亦杀平民报捷。"③将领带兵出征,却是"诸将怯不敢战,杀平民冒功"④。以至于"今之为边将者,士卒不恤,而一意希求升赏,外侮不御"⑤。到了成化、弘治时,镇守总兵官,"若地方有小警,即调本镇兵马剿杀,不报捷,不宣捷。后来有扑杀或掩袭以取胜者,或七八十级;或四五十级。或三四路而并为一路,或二三日而诈为一日。概以捷音奏报,宣布于廷。奏捷者亦得升赏,遂开冒功之门,至于今而滥觞极矣"⑥。在正德时,则"幸门大启,有买功、冒功、寄名、窜名、并功之弊"⑦。边境有事,命大将出征,他们"或高卧而归,或安行以返,乃析圭担爵,以优游于朝行。辇帛舆金,以充牣于私室,徒为此辈冒功地耳"⑧。特别是"镇守、守备等官,恃势贪婪,无所不至。势要者,则冒功以获升赏,而边军不敢与争。请谒者,多怀赂以入权豪,而守

---

① 〔明〕焦竑撰,顾思点校:《玉堂丛语》卷4《献替》,中华书局,1981年,第102页。
② 〔清〕张廷玉等撰:《明史》卷159《陈泰传》,中华书局,1974年,第4334页。
③ 〔清〕张廷玉等撰:《明史》卷156《和勇传》,中华书局,1974年,第4282页。
④ 〔清〕张廷玉等撰:《明史》卷177《叶盛传》,中华书局,1974年,第4723页。
⑤ 〔明〕陈子龙等辑:《明经世文编》卷33引于谦《议处边计疏》,中华书局影印本,1962年,第236页。
⑥ 〔明〕余继登:《典故纪闻》卷16,中华书局,1981年,第290页。
⑦ 〔清〕张廷玉等撰:《明史》卷206《程启充传》,中华书局,1974年,第5434页。
⑧ 〔明〕陈子龙等辑:《明经世文编》卷77引倪岳《论西北备边事宜疏》,中华书局影印本,1962年,第669页。

卫不敢加诘"①。到了嘉靖年间,"边将贪利之徒,敢于杀降以冒功,夺财以肥己,遂使百死一生之人,适为狼贪虎噬之资"②。他们"常杀良民冒功"③。以至于"总督虚张报捷,当事者纳其重贿,即滥冒功赏,岁以为常"④。万历以后以至明亡,"诸将多杀良民冒功"⑤,诸将"避贼不击,杀良民冒功"⑥,也成为常态。为了应付军政考选,杀降、杀逃,甚至屠杀良民以报功,也加速了明朝的覆亡。

① [明]陈子龙等辑:《明经世文编》卷79引刘大夏《条列军伍利弊疏》,中华书局影印本,1962年,第704页。
② [明]陈子龙等辑:《明经世文编》卷265引胡宗宪《题为陈愚见以裨边务事疏》,中华书局影印本,1962年,第2802页。
③ [清]张廷玉等撰:《明史》卷209《沈鍊传》,中华书局,1974年,第5534页。
④ [明]何良俊:《四友斋丛说》卷8《史四》,中华书局,1959年,第70页。
⑤ [清]张廷玉等撰:《明史》卷257《赵彦传》,中华书局,1974年,第6623页。
⑥ [清]张廷玉等撰:《明史》卷239《张应昌传》,中华书局,1974年,第6210页。

第三章

明代职官巡视考察制度

巡视考察是皇帝派官员对在任地方官员进行考察,这里既有最初职官设计的按察司分司的巡视,称为分巡,又有临时派遣,而后来成为常制的巡按、巡抚,以及后被裁撤的镇守中官。除此之外,还有临时派遣的钦差。可以说明代职官巡视考察制度既有特色,又存在许多弊端。

第一节 抚按巡视考察

明代巡按御史"代天子巡狩,所按藩服大臣、府州县官诸考察,举劾尤专,大事奏裁,小事立断"①。巡按在巡视考察中占有重要的地位,与巡抚合称抚按,在地方监察方面发挥重要作用,不但取代按察司,而且在行政方面也拥有很大的权力。

一、巡按巡视考察

有关巡按设置,《明史》认为,永乐元年(1403),"遣御史分巡天下,为定

---

① ［清］张廷玉等撰:《明史》卷73《职官志二》,中华书局,1974 年,1768 页。

制"①。这是仅就成为定制而言,而早在洪武二年(1369),朱元璋就派遣御史巡按地方。当时"监察御史谢恕巡按松江,以欺隐官租逮系一百九十余人至京师,多有称冤者,治书侍御史文原吉等以其事闻"②。朱元璋处置了谢恕,奖赏了文原吉。洪武七年(1374),"监察御史邢雄巡按山西",讲到大同诸处人民的劳苦,朱元璋"乃命停岁纳"③。洪武十年(1377),曾经派遣监察御史吉昌等十三人分巡山东、广西等地,御史王渊等六人分巡各布政司,之后便"诏遣监察御史巡按州县"。朱元璋对这次差遣,专门发表一番训词云:

> 近日,山东王基言事不务正论,乃用财利之术,以惑朕听,甚乖朕意。今汝等出巡天下,事有当言者须以实论列,勿事虚文,凡为治以安民为本,民安则国安,汝等当询民疾苦,廉察风俗,申明教化,处事之际,须据法守正,务得民情,惟专志以立功,勿要名以取誉。朕深居九重之中,所赖以宣布条章,申达民情者,皆在汝等,汝其慎之。④

《明史》认为这是"始遣御史巡按州县"⑤。此时的御史巡按州县并没有成为定制,但"询民疾苦,廉察风俗,宣布条章,申达民情"的十六字,已经明确了巡按御史的职责。洪武二十三年(1390),改铸监察御史印,其巡按印则曰"巡按浙江道监察御史印"⑥,其余各道也一样,只是所列道名不同,则可见

---

① [清]张廷玉等撰:《明史》卷6《成祖纪二》,中华书局,1974年,79页。
② 《明太祖实录》卷43,洪武二年秋七月癸丑条,国立北平图书馆藏红格本,1962年,第854页。
③ 《明太祖实录》卷91,洪武七年秋七月丁亥条,国立北平图书馆藏红格本,1962年,第1598页。
④ 《明太祖实录》卷113,洪武十年秋七月是月条,国立北平图书馆藏红格本,1962年,第1871页。
⑤ [清]张廷玉等撰:《明史》卷2《太祖纪二》,中华书局,1974年,32页。
⑥ 《明太祖实录》卷203,洪武二十三年八月己巳条,国立北平图书馆藏红格本,1962年,第3045页。

巡按已经成为制度，而不是"御史出巡在当时也只属临时性的差遣，而非定制"①。但也应该承认，御史出巡此时属于首创，还不太完善，以后在此基础上不断完善，并且成为制度。

朱棣是打着恢复祖制的旗号而"靖难"的，凡是朱元璋曾经做过的事情，都是祖制，巡按则被保留下来，但没有规定巡按的任期，直到永乐十年（1412），永乐帝讲："故每岁遣人巡行郡邑。"②似乎巡按是每年一更换，但没有明确。洪熙元年（1425），"定出巡之期以八月"③。至少在此时，巡按一年一更代的制度形成，所以在宣德二年（1427），都察院右都御史王彰④提出："先遣御史许胜等，巡按江西、浙江，已踰一年，例应更代。"⑤也就是说，巡按御史每年一更代制度在宣德时期完全确立，而且是每年八月派遣，但其权限却没有明确为巡视考察。

根据洪武二十六年（1393）所定《出巡事宜》，巡按必须巡历州郡，按临之后，先要审录罪囚，吊刷卷宗，还要查看各处祭祀坛场，存恤孤老，巡视仓库，勉励学校，可以受理军民词讼，察廉举贪，凡是地方所有合行事件都有责任，诸如科差赋役、圩岸坝堰陂塘、荒闲田土、站驿、急递铺、桥梁道路、税粮课程、户口、学校、收买军需等项、额造缎匹等物、升斗秤尺、词讼、皂隶弓兵、节义、申明旌善亭、印信衙门、上年分巡官的行为、取勘画图帖说、讲读律令、存恤鳏寡孤独、仓库房屋、官吏脚色等，无不在其监察范围之内。以后经正统、嘉靖修订，权责不断增加，以至于"巡按既取代按察司成为地方最高监察官，也直接插手地方许多政务，实际上又代表中央构成对已经成为省级最高军

---

① 方志远：《明代国家权力结构及运行机制》，科学出版社，2008 年，第 295 页。
② 《明太宗实录》卷 129，永乐十年六月甲戌条，国立北平图书馆藏红格本，1962 年，第 1602 页。
③ ［清］傅恒等《御批历代通鉴辑览》卷 102，永乐元年二月，吉林人民出版社影印本，1997 年。
④ 王彰（？—1427），字文昭，郑人，洪武监生，宣德初官至都察院右都御史。
⑤ 《明宣宗实录》卷 25，宣德二年二月甲申条，国立北平图书馆藏红格本，1962 年，第 666 页。

政长官的巡抚的监察和制约机关"①。

在考察问题上,巡按因为有纠劾官邪的责任,在巡视期间,凡是遇有官吏不法,可以即时进行弹劾。随着巡按权力不断增加,巡按还掌握了对地方官"考语"的决定权力,而考语往往决定一个官员的命运。特别是嘉靖二十二年(1543),"诏各抚按等官,通将所属大小官员课第殿最,汇造揭帖,封送吏部,以备朝觐考察斥陟,永为定例"②。巡按有了呈送揭帖的权力,而揭帖是密封揭发的文书,被揭发者的命运当然掌握在有权揭发的人手中。更重要的是,巡按还有举荐之权,故在职官考察过程中拥有很大的权力。朝廷派遣巡按巡行天下,"内自都邑,外抵蛮夷县道,幅员万里之中,绝荒远徼之外,恫瘝幽忧之疾,盗窃奸宄之情,无不使旁烛。行省大吏二千石以下之贤不肖,出令之平颇庶狱之详滥,氓庶好恶之中和邪僻,无不使听览而变置之。大者奏裁,小者立断,是以风教罩于四裔,岩堀迩于阶闼,德刑咸畅而王路清夷也"。其作用不容忽视,但也因为权力过大,特别是与巡抚职权重复,不但出现抚按之争,也出现巡按腐败。"御史之任于是为重,操柄既巨而居处不肃,则观亵而威顿,漏泄之患生,请寄之奸起。"③

巡按不仅仅对每三年一次朝觐考察有影响,更是不时考察的重要决定之人,可以随时考察举劾官员,并且要求"抚按廉察所属,务秉至公,有所刺举,必直书其贤不肖之实,不以短于逢迎而没其善,不以有所凭藉而纵其奸。至于贪秽尤著者,许不时论列"④。随时进行考察,弥补直到三年才决定去留的缺陷。

---

① 方志远:《明代国家权力结构及运行机制》,科学出版社,2008 年,第 297 页。
② 《明世宗实录》卷 270,嘉靖二十二年正月甲寅条,国立北平图书馆藏红格本,1962 年,第 5319 页。
③ 以上引文见[明]陈子龙等辑:《明经世文编》卷 236 引孙升《新建巡按顺天察院记》,中华书局影印本,1962 年,第 2472~2473 页。
④ 《明世宗实录》卷 524,嘉靖四十二年八月癸酉条,国立北平图书馆藏红格本,1962 年,第 8559 页。

在巡视考察中,巡按占有重要地位,以至于原来职官设置按察司副使、佥事分巡,也要听命于巡按,但在地方普遍设置巡抚的情况下,因为他们的职权没有明显的界限,在考察上往往抚按并提,二者都成为地方官不时考察的主要负责人,所不同的是,巡按在于巡视,巡抚在于督察所属。张居正在论抚按异同的时候讲道:"振举纲纪,察举奸弊,摘发幽隐,绳纠贪残,如疾风迅雷,一过而不留者,巡按之职也。措处钱粮,调停赋役,整饬武备,抚安军民,如高山大河,奠润一方而无壅者,巡抚之职也。"原本应该不同,但巡按"往往舍其本职,而侵越巡抚之事",以至于"每致混杂,下司观望,不知所守"①。原本巡按主管监察,巡抚主管军政,但《出巡事宜》所列事项,也包括这些军政事务,而在职官考察上,二者又具有相同的权力,故在职官考察上往往是二者并提,很少分为你我。由于考察能够决定一个职官的命运,故在"抚按之争"的过程中,考察往往也是斗争的焦点所在。

二、巡抚巡视考察

明代巡抚的设置时间,目前有洪武说、永乐说、宣德说三种看法,各种说法之间也存在一定的联系,将三种说法联系在一起,则可以看到巡抚制度的形成过程。

明人郑晓②认为:"巡抚之名实始于洪武辛未(1391),是年敕遣皇太子巡抚陕西也。建文中,遣侍郎夏忠靖③等二十四人充采访使,巡行天下。永乐辛丑(1421),遣尚书蹇忠定等二十六人巡行天下。宣德庚戌(1430),遣侍郎于肃愍(于谦)、周文襄(周忱)等六人出巡抚也。建文、永乐巡行大臣,并以

---

① ［明］陈子龙等辑:《明经世文编》卷328,引张居正《答苏松巡按曾公士楚言抚按职掌不同》,中华书局影印本,1962年,第3519页。

② 郑晓(1499—1566),字窒甫,号淡泉,海盐人,嘉靖二年(1523)进士,官至刑部尚书,谥端简。

③ 夏忠靖即夏原吉,(1367—1430),字维喆,湘阴人,监生出身,官至户部尚书,谥忠靖。

给事中佐之。"①这里讲到巡抚名称出现及发展的过程,最初是一种临时差遣之职,并不是定制,在宣德时开始制度化,并且巡抚"各省专设,自宣德五年(1430)始。加都御史衔,自景泰四年(1453)始"②。

其实明代巡抚之名并不是始于太子朱标巡抚陕西,在洪武十六年(1383),朱元璋就"命(徐)达③等巡抚北边,训练士卒"④。洪武十七年(1384)西平侯沐英⑤"以通田州粮道,巡抚临安而还"⑥。洪武二十四年(1391),"命皇太子巡抚陕西"⑦。当年还曾经"命与颍国公傅友德等巡抚山西塞上"⑧。可见朱元璋因事派人去巡抚,乃是一种临时差遣,其名出现应该早于皇太子朱标巡抚陕西。户部右侍郎夏原吉,"巡抚福建,所过郡邑,考察吏治,咨访民隐,公明宽大,人咸悦服"⑨。这也是在洪武年间,显然已经具备以后巡抚的性质。

永乐十九年(1421),永乐帝派吏部尚书蹇义等 26 人巡行天下,安抚军民,发布敕书云:

> 今命尔等分历郡县,抚安军民,询察所苦。凡利之未兴者兴之,害之未革者革之,诸司官吏蠹法厉民者黜之,守法爱民者旌之。尔克副所

---

① [明]郑晓撰,李致忠点校:《今言》卷2《一百一十》,中华书局,1984年,第67页。

② [清]龙文彬:《明会要》卷34《职官六》,中华书局,1956年,第588页。

③ 徐达(1332—1385),字天德,濠州钟离人,官至右丞相,封魏国公,追赠中山王。

④ 《明太祖实录》卷157,洪武十六年冬十月戊寅条,国立北平图书馆藏红格本,1962年,第2434页。

⑤ 沐英(1344—1392),字文英,濠州定远人,朱元璋养子,以西平侯镇守云南,追封黔宁王,谥昭靖。

⑥ 《明太祖实录》卷169,洪武十七年十二月甲寅条,国立北平图书馆藏红格本,1962年,第2578页。

⑦ 《明太祖实录》卷211,洪武二十四年八月乙丑条,国立北平图书馆藏红格本,1962年,第3134页。

⑧ 《明太祖实录》卷236,洪武二十八年二月丁卯条,国立北平图书馆藏红格本,1962年,第3450页。

⑨ 《明宣宗实录》卷62,宣德五年正月戊辰条,国立北平图书馆藏红格本,1962年,第1468页。

命,致民安于田里而无饥寒愁叹之声,则予汝嘉,如又狗私蔽公,不辨淑慝,不察是非,军民休戚不以究心,将尔之罪,亦不可逭钦哉。①

这里授予巡抚惩贪倡廉的权力,对地方官可以不时考察,但只是临时差遣,还不是经常性的。洪熙元年(1425),广西右布政使周干巡抚江浙,自苏常嘉湖等府巡视民瘼回来以后,讲到地方治理问题,乃是"府县多不得人",提出"仍命在廷大臣一员,往来巡抚,务去凶顽,扶植良善,而后治效可兴也"。刚刚即位的宣德帝因此"命行在吏部尚书蹇义,与户部、兵部同义行之"②。于是蹇义提出派遣胡概、叶春,"巡抚直隶及浙江诸郡"③。之后派遣隆平侯张信④巡抚陕西,工部左侍郎许廓巡抚河南,巡抚逐渐增多,而每派出巡抚,宣德帝都颁布敕书,讲到"诸司官吏贪赃坏法,虐害军民者,擒问解京。奉公守法,爱养军民者,具名以闻"⑤。很显然,巡抚有考察地方官的权力。

明代巡抚制度化以后,不但十三个布政司都有了巡抚,其边境地区、特别地区、有战事地区也都设有巡抚,《明史·职官志》列有三十三个。其十三个布政司,即广东、浙江、福建、河南、山西、山东、陕西、四川、湖广、江西、广西、云南、贵州,是与政区相同的,在这里"各省布政使二人,参政二人,参议二人;按察使一人,副使二人,金事二人,又有都御史(巡抚)统之,岁命御史按之"⑥。也就是说,巡抚统一省之军政,巡按察一省之官风。

在凤阳、应天(即南直隶)、顺天、保定(即北直隶分出)、江东(山东分

---

① 《明太宗实录》卷236,永乐十九年夏四月癸丑条,国立北平图书馆藏红格本,1962年,第2269~2270页。

② 《明宣宗实录》卷6,洪熙元年闰七月丁巳条,国立北平图书馆藏红格本,1962年,第168页。

③ 《明宣宗实录》卷8,洪熙元年八月癸未条,国立北平图书馆藏红格本,1962年,第206页。

④ 张信(1362—1442),临淮(寿县)人,永乐时封隆平侯,谥恭僖。

⑤ 《明宣宗实录》卷63,宣德五年二月已丑条,国立北平图书馆藏红格本,1962年,第1485页。

⑥ [明]王鏊:《震泽长语》,中华全国图书馆文献缩微复制中心影印《纪录汇编》,1994年,第3册第1271页。

出）、宁夏、甘肃、延绥（以上陕西分出），这类巡抚多设在各布政司边界及离司治较为遥远的地方，也为后世重新勒定行政区划奠定基础。这类巡抚辖区之内没有三司官员，但有分守道、分巡道、兵备道等，按归属这些道属于各布政司、按察司的分支机构，原则上要听二司之命，但设置巡抚之后，其上司就成为巡抚了。

在南赣、郧阳、松潘、偏沅设置巡抚，乃是在各省交界之处，且多是山区，统治力量原本薄弱，设巡抚以统之，显然是在于加强控制。如南赣巡抚之设，乃是因为"汀、赣奸氓合为寇，其始甚微，萑苻狗鼠之盗耳。郡县有司无远略，不急逐捕，其势寝炽，而岭南湖湘之不逞者，从而和之，四出剽掠，劫富室，燔民居，掠帑藏，杀官军，哄然为东南郡县患"。在这种情况下，设置巡抚管辖便十分重要。南赣巡抚设置以后，"割江西之南安、赣州、建昌，福建之汀州，广东之潮州、惠州、南雄，湖广之郴州隶焉，四省三司，皆听节制"①。再如郧阳巡抚之设，是因该地区流民日渐增多，经过清查，居然有 113317 户，438644 口，还不算没有清查到的，以及贼盗啸聚之处，原设职官数少，显然不能够应付这种情况，"一旦有事，若待再报湖广三司，议调官军，鲜克济事"②。设置巡抚之后，以湖广之郧阳、襄阳二府，河南邓州、唐州，陕西商州、汉中府部分州县、四川夔州府以隶之。

在宣府、大同、天津、登莱、安庐、密云、淮阳、承天设巡抚，除了承天是因为嘉靖帝龙兴之地以外，其余巡抚都是因军事原因而设置的。比较稳定的是宣府、大同，其余则往往有事而设，事罢而撤。为了协调军事与行政之间的关系，在重要地区还设置总督以节制。明代总督还不具有地方管理的意

---

① ［明］陈子龙等辑：《明经世文编》卷 67，引何乔新《新建巡抚院记》，中华书局影印本，1962 年，第 573 页。

② ［明］陈子龙等辑：《明经世文编》卷 93，引原杰《处置流民疏》，中华书局影印本，1962 年，第 822 页。

义,仅仅是属于战区的管理及指挥者。

巡抚设置制度化以后,俨然是三司以上的长官,但在镇守中官没有裁撤之前,不但受镇守中官的制约,而且要受巡按的制约,等于是老三司以上出现的新三司,因为他们的地位高,称之为"院"或"堂",故可以称为"三院"或"三堂",当镇守中官废除以后,地方则称巡抚、巡按为"两院"。

在职官考察方面,往往是抚按合称,似乎不分你我。但"从来巡按,不比巡抚。巡抚原为抚安百姓,巡按却为纠察奸邪。巡抚恩多於威,巡按全用威严了。巡按衙门关防,比别衙门不同,因此不携家眷,不带仆御,大小衙役,都封锁在内,水屑不漏。也不游山,也不赴席。偶然公出,衙坊静悄悄,鸡犬不放在门外。就如天子巡幸一般"①。也就是说,巡按重在巡视考察,巡抚重在监督考察,在实际运作过程中,往往是"司府自行作弊,欺公玩法,抚按衙门参奏拿问,巡抚、巡按务要着实举行,毋事姑息,一年一次回奏"②。朝廷也认为:"夫都察院所以掌法于内者也,巡抚、巡按所以布法于外者也"③。在事例方面也是抚按合称为《抚按通例》,在考察黜陟方面,也要求抚按一起商议,希望他们密切配合。巡按是一年一替代,巡抚则按照三年考满,彼此缺少密切配合的基础,故此抚按相互弹劾的情况比较多。但无论如何,抚按已经掌握地方官的考察大权,无论是朝觐考察,还是不时考察,抚按的作用毋庸置疑。

三、抚按通例

随着巡抚与巡按的制度化,其对地方官考察的权力也越来越大,以至于

---

① 撰人不详:《新编觉世梧桐影》第3回《一怪眼前知恶孽,两铁面力砥狂澜》,台湾天一出版社影印《明清善本小说丛刊》第18辑,1985年。

② [明]陈子龙等辑:《明经世文编》卷143引刘麟《清解纳以塞弊源疏》,中华书局影印本,1962年,第1424页。

③ [明]陈子龙等辑:《明经世文编》卷177引张孚敬《论馆选巡抚兵备守令》,中华书局影印本,1962年,第1806页。

"天下司、府、州、县官贤否,独在抚、按"①。为了规范他们的权力,出台了《抚按通例》,载于《明会典》,兹将各例出台始末整理如下:

1. 嘉靖元年(1522),"令各处守巡官,务照分管地方,及旧定限典,躬亲巡历,著实干事。抚按官,亦要正身率下,禁止迎送,严加督察"②。这是御史唐凤仪讲道:"各自分守、分巡官,不以时巡历郡县,抚恤人民,伸理冤抑,即官吏贪残,盗贼窃发,莫知禁止,灾异数见。职此之由,请饬抚按严督守、巡诸臣,皆以岁正月出巡,至十一月还司,诸钱粮词讼,及他兴革便民者,咸务修举,有不如令者,抚按得参奏罢黜。抚按官或徇情隐匿者,许科道劾之"③。经过都察院覆奏,嘉靖同意而著为令。

2. 嘉靖十一年(1532),都察院针对抚按职掌不明,"谨遵照宪纲敕谕事理,查议申明,补所未悉,条上职掌十一事,礼仪四事"④,题准抚按通例之一,即:"凡各衙门,奉到抚按及公差都御史,一应批词牌案内,有充军徒罪,及口外为民者,如一事而彼此相干,其定发以原行衙门在先为主。若事起于所司,通行申呈合干上司者,俱候巡抚定发。无巡抚处,巡按御史定发。所司须将各奉到先后缘由,及通行申呈字语,开具明白,以便批答。中间有应该驳行,仍各据理而行。若奉奏行,及奉钦依者,其允详定发,俱归于钦奉衙门。"⑤

3. "凡徭役、里甲、钱粮、驿传、仓廪、城池、堡隘、兵马、军饷,及审编大户、粮长、民壮、快手等项地方之事,俱听巡抚处置,都、布、按三司,将处置缘由,备呈巡按知会。巡按御史出巡,据其已行之事,查考得失,纠正奸弊,不

① [明]陈子龙等辑:《明经世文编》卷366引叶春及《审举劾》,中华书局影印本,1962年,第3951页。

② [明]申时行等:《明会典》卷211《都察院·抚按通例》,中华书局,1989年,第1056页。

③ 《明世宗实录》卷20,嘉靖元年十一月丁卯条,国立北平图书馆藏红格本,1962年,第598页。

④ 《明世宗实录》卷145,嘉靖十一年十二月甲戌朔条,国立北平图书馆藏红格本,1962年,第3361页。

⑤ [明]申时行等:《明会典》卷211《都察院·抚按通例》,中华书局,1989年,第1056页。

必另出已见,多立法例。其文科、武举,处决重辟,审录冤刑,参拨吏农,纪验功赏,系御史独专者,巡抚亦不得干预。"这也是嘉靖十一年(1532)题准职掌之一,意在区分巡抚与巡按的权力。

4. "凡抚按遇有地方大事,皆会同而行。如常行事务,与委署印信,止以文书先到者为主。奉行官吏,不必观望两请。"

5. "凡考选军政,中间有系边关班操者,中差御史不得指以职业干预。抚按职掌军政,所定官员,中差御史有行,止可暂委,或行带管,不许更改取用,空闲在卫者不拘。其公差都御史、御史职务,各奉有专敕,一应兴革区处事宜,抚按官亦毋得干预。"

6. "凡巡按御史,不许同巡抚报捷。如无巡抚,听总兵领兵官奏报。巡按止是纪验功次,以明赏罚。其浙江、福建,旧无巡抚,与有巡抚而偶缺者,一应事务,与巡按处置。如抚按官一时俱缺,听中差御史综理。"

7. "凡在外抚按官相接,巡抚望巡按,到仪门下轿马,巡按迎至后堂,巡抚坐上席,巡按前席隅坐。巡按望巡抚,前门下马,由偏门而入,巡按隅坐,巡抚坐前席。如遇会勘公事,巡抚正面居中坐,巡按正面隅坐。习仪、拜牌、祭丁及迎接诏敕等项,巡抚居左,巡按居右,巡按仍让巡抚于前。其巡按与提学、中差御史相接,如常处,照依进道先后次序。公会,须让巡按。"

8. "凡死刑,各府州县等衙门自问,及奉抚按批行者,俱申呈抚按照详,仍监候会审。如各道自行批行者,不必呈详抚按,止候会审。其奉抚按批行者,照旧呈详。都司卫所,与府州县事体同。"

9. "凡遇灾伤之年,抚按官先督行各府州县,及早申报巡按,即行委官,分投核定分数,行所司造报巡抚,具奏议免。如无巡抚,巡按奏报。"

10. "凡赈济,专责巡抚,会同司府州县等官,备查仓廪盈缩,酌量灾伤重轻,应时撙节给散,巡按毋得准行。如赈济失策,听巡按纠举。"①

11. 嘉靖十二年(1533),都察院左都御史王廷相②条列考察差回御史六事,其第六事是:"抚按贵在协和,共襄王事,迩者动以小忿,遂致构嫌,多由按臣不逊致之,自令按臣之于抚臣,无论副、佥,必侧坐后班,以政体统。其有不逊如故者,即以不谙宪体,奏请降调。"③嘉靖帝嘉纳之,因此都察院奏准:"凡巡按御史在外接待巡抚,不论副都、佥都,其坐旁坐,其班后列。不逊者,回道之日,考以不谙宪体,奏请降调。"④

12. 嘉靖十四年(1535),都察院奏准:"江南苏、松、常、镇四府地方兵备衙门,凡一应事宜,原系抚按并巡江、操江、巡盐等衙门有行者,止申详原行衙门定夺。其系兵备衙门自已所行,地方人命、强窃、盗贼等事,参详合律,即便允发监候,巡按御史会审转详。其余衙门,不必再行申请。其所属各府州县等衙门,一应事情,于抚按、巡江、巡盐、操江有行者,申呈定夺。与各衙门无行者,亦止申呈兵备衙门详允。"

13. 嘉靖二十七年(1548)题准:"抚按官巡历一处事完,更历一处,即令官员俱回任办事,不许任意随带。如有承委未结者,省令速结,具文回报。其或越境迎送,即行举问。有司官恃才妄作害政者,尤要悉心查访,逐一究正。"

14. 嘉靖二十七年(1548)题准:"抚按官于各所属,务在平时加意咨访,务求其实。如有诱迫生员里老人等,妄称贤能,投递保状者,严行禁革。计令奸民鼓众建祠者,即将祠像拆毁,干问人员,如法究问。"

---

① 以上引文见[明]申时行等:《明会典》卷211《都察院·抚按通例》,中华书局,1989年,第1056页。
② 王廷相(1474—1544),字子衡,号浚川,弘治十五年(1502)进士,授庶吉士,官至都察院左都御史,谥肃敏,著有《归田稿》。
③ 《明世宗实录》卷153,嘉靖十二年八月癸酉条,国立北平图书馆藏红格本,1962年,第3467页。
④ [明]申时行等:《明会典》卷211《都察院·抚按通例》,中华书局,1989年,第1057页。

15. 隆庆元年(1567)题准:"抚按等官,严禁所属,不许擅拨长夫长马,及差遣官吏越境迎送。其修置衙宇家火等项,各照衙门,酌立规则,于应动官银内取办,不得科敛里甲。凡所属佐贰,不许擅受一词,及私出牌票,以滋骚扰。掌印官置簿查考。"

16. 隆庆元年(1567)题准:"抚按并公差大小官员,保奖属官,不许行谢礼。与者受者,俱坐赃论。"

17. "凡风宪官行事,务要慎重,不得轻变旧制,为地方之扰。其有法久弊生,利少害多,果不便于民者,必须抚按斟酌会议,务求上下相安,远迩称便,方许施行。"

18. "凡抚按官动用钱粮,互相觉察。如用银一百两以上,及派用军需,例应查核。如事在从容,则先期商订,会案施行。若事机不便,则完日具数通呈知会。其余一应公费出入,一体互报。至于存问私礼,通行禁革。"

19. 嘉靖二年(1523)题准:"巡按出巡查盘,不必会同巡抚,其事关抚按两院者,仍照例委官会案发落。南北直隶各差御史,凡事体干系本衙门者,委官一体申呈,从一归结,不得另行分委,以滋烦扰。"

20. 嘉靖二年(1523)题准:"凡奉有钦依勘合,如查勘功罪,提问官员等项,务要上紧完报。若查系司道等官,有所规避,或纳贿不行速理者,抚按等官,指名参究。如应勘应问官员,或屡提不出,及势要嘱托,故意抗违者,许参奏拿问。如事干重大,巡抚不依期完报,许科道官查参。巡按不依期完报,回道之日,本院查参。"

21. "凡抚按及公差内外官员,各遵照宣德四年敕谕,遇有事务,不许辄差都布按三司,及军卫府州县正官掌印官干办。"

22. "抚按官举劾,不得任意轻重,自相矛盾。已提问者,不得止论罢官。

已降调者,不得再论不及。据实分别,有不合格例,轻重失伦者,治罪。"①

以上二十二条基本上是嘉靖时期勒定的,只是在隆庆元年(1567)补充两条。从各条内容来看,主要是明确抚按的职责,同时也在于约束抚按滥用权力。在不断修订通例的过程中,也可以看到抚按考察存在一些弊端,故此增定条例以防弊,如针对越境迎送、妄称贤能、鼓众建祠、擅拨夫马、科敛里甲、私出牌票、行谢礼等制定条例,则可见这些现象已经非常突出。

第二节　专差专使巡视

元代经常差遣官员宣抚地方,称之为"奉使宣抚",这些被差遣的官员,"布宣德意,询民疾苦,疏涤冤滞,蠲除烦苛,体察官吏贤否,明加黜陟"②。明代因循此制,遣使、遣官,甚至遣国子生、宦官承办一些事情,也成为常态。被朝廷派遣的人都是钦差,回京复命都可以上奏。从考察的角度而言,他们实际上也拥有一些考察权。

一、镇守中官巡视

洪武九年(1376),朱元璋废除地方行中书省,改设三司。各省不以省为名,而称承宣布政使司,与提刑按察使司、都指挥使司,合称为"三司"。每布政司设左右承宣布政使(从二品)、提刑按察使(正三品)、都指挥使(正二品)为主官,设左右参政(从三品)、左右参议(从四品)、副使(正四品)、佥事(正五品)、都指挥同知(从二品)、都指挥佥事(正三品)为佐贰官,各有经历司等属官。"明代省级权力机构由行省到三司的演变过程,其实也是省级体

---

① 以上引文见[明]申时行等:《明会典》卷211《都察院·抚按通例》,中华书局,1989 年,第1057 页。

② [明]宋濂等:《元史》卷91《百官志八》,中华书局点校本,1976 年,第 2342 页。

制下降的过程。"主要表现在两个方面，"一方面表现为省级权力机构一分为三"，"另一方面表现为分割后的衙门品级降低"①。这样的设置使得不但在一个布政司内没有负全责的长官，连中央也分别统属，都指挥使司听命于兵部，按察司听命于刑部和都察院，布政司财政听命于户部、工程听命于工部、司法听命于刑部、礼仪祭祀听命于礼部。在官员任命上，则是文官归吏部，武官归兵部。

朱元璋此举就是为了削夺地方权力，避免地方割据。这种相互制约的体制，在社会稳定之时没有什么问题，但若出现动乱或灾害，则事权不一、运转不灵，难以应对。何乔新②认为："我朝惩前代藩镇之弊，以都司典兵，布政司理民，按察司执法。凡军戎调发之政，布、按二司不得专，非有符验，都司亦不听调也。平日所以能前却之者，恃有三尺法耳。一旦有事，白刃临其身，厚禄诱其心，三尺法焉能制之。"③面对这种情况，朱元璋临事补救，派遣大臣、亲信、宦官前往主持，便有了"镇守"之名。如"以云南都指挥使宁正为右军都督府左都督，命镇守云南"④，这是镇守武臣。陕甘出现叛乱，"命曹国公李景隆⑤佩平羌将军印，往甘肃镇守"⑥，这是镇守大臣。在有战事的地区，派遣总兵、副总兵官前往征讨镇守，而派宦官去监军。"都、布、按三司逐渐失去其法定的地位，下降为部门性业务机关及分道制派出机关。省级最高

---

① 方志远：《明代国家权力结构及运行机制》，科学出版社，2008年，第263页。
② 何乔新(1427—1502)，字廷秀，湖广永明(今江永县)人，景泰五年(1454)进士，历任知县、知府、按察使、布政使、刑部尚书等职，致仕回乡，撰有《椒邱文集》《周礼集注》《策府群玉》等，谥文肃。
③ ［明］黄训辑：《皇明名臣经济录》卷17《兵部四》引何乔新：《论都司书》，台湾文海出版社影印本，1984年。
④ 《明太祖实录》卷219，洪武二十五年秋七月庚寅条，国立北平图书馆藏红格本，1962年，第3215页。
⑤ 李景隆(1369—1429)，盱眙人，曹国公李文忠之子，曾奉建文帝命率军征燕王朱棣，以开金川门迎燕功，加封太子太师、柱国，后被削爵圈禁。
⑥ 《明太祖实录》卷231，洪武二十七年春正月辛酉条，国立北平图书馆藏红格本，1962年，第3375页。

权力机构从洪武中期开始到正德、嘉靖,经历了以下的演变过程:都司、布司、按司'三司'并立——镇守中官、镇守总兵、镇守文臣'三堂'并立——巡抚都御史主持军政事务。"①这仅就军事而言,从职官考察的角度,"三堂"因为授权所在,都有一定权力,特别是镇守中官,在被废除前,所有的地方事务都参与办理,朝廷下旨地方,往往也以"镇守、巡抚、巡按等官"为词,这些镇守除了中官之外,还有总兵、文臣,但真正参与地方事务管理的还是镇守中官、镇守文臣。他们发挥着重要作用。

朱元璋时期,中官开始染指地方政务。洪武建元以后,朱元璋常常派遣宦官去观军、劳军及参与地方政务。如洪武元年(1368),"上遣中使、奉御等官至北平,犒北征将士"②。洪武四年(1371)关中饥荒,"上命陕西参政班用吉、监察御史赵术、奉御徐德等发粟赈济,凡二万五千余户"③。洪武十一年(1378),总兵官辰州卫指挥杨仲名在前方作战,"是命内臣尚履奉御吕玉诣军,观兵阅胜"④。洪武十四年(1381)征南将军颍川侯傅友德⑤、左副将军永昌侯蓝玉、右副将军西平侯沐英等在云贵作战,朱元璋也派宦官前往,"内使罗信至,知将军调度有方,节制严整"⑥。此外,宦官还办理其他事务。如传言总制和州郭景祥⑦之子持稍欲杀其父,朱元璋先是派按察使核实属实,所以要诛此子,马皇后认为郭景祥"止一子,杀之不实,则枉矣,又绝其后"。朱

---

① 方志远:《明代国家权力结构及运行机制》,科学出版社,2008 年,第 264 页。

② 《明太祖实录》卷 35,洪武元年九月乙卯条,国立北平图书馆藏红格本,1962 年,第 629 页。

③ 《明太祖实录》卷 67,洪武四年八月己酉条,国立北平图书馆藏红格本,1962 年,第 1268 页。

④ 《明太祖实录》卷 121,洪武十一年十一月庚午朔条,国立北平图书馆藏红格本,1962 年,第 1959 页。

⑤ 傅友德(? —1394),宿州相城(今安徽淮北)人,开国将领,封颍国公,坐事赐死。

⑥ 《明太祖实录》卷 140,洪武十四年十二月辛未条,国立北平图书馆藏红格本,1962 年,第 2212 页。

⑦ 郭景祥,濠州(安徽凤阳)人,从朱元璋渡江,辅佐谋议,任行中书省郎中、大都督府参军等职。

元璋再次遣内使前往核实,结果"无持稍事"①。至于"遣内使赵成往河州市马"②"遣中使至桂林等府市牛"③"遣尚膳太监而聂、司礼太监庆童赍敕往谕陕西河州等卫所属番族"④,这些都是经常性的。而采买用品、慰劳臣工、大臣丧葬、赐宴使臣,也成为常制,为其子孙所继承。

《明会典》有:"其镇守内臣,自永乐初出镇辽东开原及山西等处,自后各边以次添设,而镇守之下,又有分守、守备、监枪诸内臣。"⑤出镇与镇守有一定区别,宦官出镇始于建文四年(1402),而"镇守中官的设置,当在永乐末年,主要在辽东、甘肃、交阯等边镇"⑥。宣德以后,镇守中官开始普遍设置,至嘉靖十八年(1539)才全部裁撤。

镇守中官有南京等处守备中官、诸边镇守中官、各省镇守中官。南京等处守备中官主要是护卫留都,"内事有南京内府衙门及孝陵卫事务,后湖垦艺及被谪种菜净身军人的管理,各地发往南京有罪内使的惩治及囚禁等;外事有南京城防江防的筹划、南京诸狱的录囚、大胜关等关隘官军的提调,江南各地赋税钱粮的征收等"⑦。诸边镇守中官的职责是守边,包括监军与抚夷。各省镇守中官职在安民,有权监督文武官吏,镇压各种反叛,缉捕在逃人犯,协调文武官员政务,招抚流亡等。

镇守中官除了采办等事务向皇帝负责之外,还要随时向皇帝奏报地方情况。拥有监督文武官吏的权力,更使他们染指地方政务。按照级别而言,

① 《明太祖实录》卷147,洪武十五年八月丙戌条,国立北平图书馆藏红格本,1962年,第2304页。

② 《明太祖实录》卷100,洪武八年五月戊辰条,国立北平图书馆藏红格本,1962年,第1694页。

③ 《明太祖实录》卷246,洪武二十九年秋七月己巳条,国立北平图书馆藏红格本,1962年,第3575页。

④ 《明太祖实录》卷217,洪武二十五年三月己丑条,国立北平图书馆藏红格本,1962年,第3189页。

⑤ [明]申时行等:《明会典》卷126《兵部·镇戍一》,中华书局,1989年,第648页。

⑥ 方志远:《明代国家权力结构及运行机制》,科学出版社,2008年,第269页。

⑦ 方志远:《明代国家权力结构及运行机制》,科学出版社,2008年,第272页。

在外总兵多是一品武官,巡抚多是二品大员。而镇守中官是太监级别为正四品,少监级别为从四品,监丞级别为正五品,级别不高,但他们是奉皇命而来,因此在一起讨论地方政务之时,常因座次发生争执,以至于相互弹劾。成化十四年(1478),兵部尚书余子俊等,奏申明条例十事,特别讲道"息争端",指出:"在外总兵、巡抚,恒以位次相争。合令左右都督与左右都御史并,都督同知与副都御史并,都督佥事与佥都御史并,俱文东武西。独伯爵以上,则坐于东,而内臣居中,则争端自息。"①成化帝从之,而成为定例。可见镇守中官地位特殊。

镇守中官在地方事务上并非拥有绝对的权力。出现政务纠纷时,都要奏报皇帝,孰是孰非,既有内阁与六部审议,也有皇帝裁决,很难做到只怪罪一方。"国家之制,边方以文臣巡抚,以武臣总兵,而内臣纲维之。事体相埒,职位相等,胜则同其功,败则同其罪。"②他们彼此之间相互制约。

镇守中官既可以奏罢地方官,也可以举荐地方官,但没有升迁罢黜官员之权,且制度上还不允许他们参与地方官的考察。如景泰二年(1451),镇守福建刑部尚书薛希琏③,奏乞会同右监丞戴细保,考察文武方面官员,吏科反对,提出:"旧例之任不以属内臣,希琏乃欲会同内臣考察,不惟假以媚权贵,抑且因以纵黜陟,殊失大体,有辜重任,请正其罪。"景泰帝诏:"宥希琏不问,考察官员,仍如旧例。"④也就是说,地方官考察,依然由巡抚、巡按、按察使会同进行考察,镇守中官不应该参与,但这只是制度上的规定,实际上却并非如此。如镇守浙江太监张庆与巡按御史畅亨⑤不和,彼此互相弹劾,张庆就

---

① 《明宪宗实录》卷174,成化十四年春正月乙酉条,国立北平图书馆藏红格本,1962年,第3144页。
② 《明宪宗实录》卷90,成化七年四月甲辰条,国立北平图书馆藏红格本,1962年,第1745页。
③ 薛希琏(?—1458),字廷器,丽水人,宣德五年(1430)进士,官至刑部尚书。
④ 《废帝郕戾王附录》卷28,景泰二年十一月癸卯条,国立北平图书馆藏红格本,1962年,第4515页。
⑤ 畅亨,字文通,河津人,成化十四年(1478)进士,历官长垣知县、监察御史巡按浙江、泾阳知县。

提出畅亨"奉诏考察官,去留不公",如"知府蔡敞等十二员,不宜去而去。县丞张励,不宜留而留"等。经过覆勘,"似有回互妄奏之情"①,结果张庆被调回京,畅亨停俸两月。可见镇守中官是关注地方官考察的,实际上也参与了考察事务。

在弘治、正德年间,镇守中官巡历所部成为常态。如巡按四川监察御史荣华②曾经"乞令巡抚官如故事,每半年在边治理。其镇守太监,常在省城守护,藩国无事,不许出巡,庶彼此不至观望,推调地方,可以无虞"。弘治帝"谕令内官不许无故劳扰地方"③。可见镇守中官经常出巡,进行限制,也只是不许"无故"劳扰而已。再如南京吏部尚书陈俊④等官员应诏言二十事,讲道:"云南、福建、浙江等处银冶,盗多民扰,况镇守太监每于冬月,自往各府监督煎银,尤为劳费。宜止令专理银场,专委布、按二司官,岁督银课为便。"⑤至正德时,镇守湖广太监杜甫,奏"郴桂多警",乞"以时巡视所属,比较参奏"。兵部认为"镇守巡历,非旧规,不可许"。正德帝"内批特许之,仍赐以敕"⑥。自此镇守中官巡视所属,参奏府州县官也就成为例。

二、钦差巡视

在君主专制政体下,君主是政治的核心。但君主的权力并非是无限的,也会受到一定的约束。孟德斯鸠认为:"在一些场合,君权要适用到它的极

① 《明孝宗实录》卷20,弘治元年十一月癸未条,国立北平图书馆藏红格本,1962年,第479页。
② 荣华,字公美,蓝田人,成化十七年(1481)进士,历官知县、监察御史,著有《双溪小草洗冤录》《两巡录》《南巡录》《两巡奏议》《蓝田县志》《辋川集》等。
③ 《明孝宗实录》卷122,弘治十年二月戊戌条,国立北平图书馆藏红格本,1962年,第2191页。
④ 陈俊,字时英,莆田人,正统十三年(1448)进士,官至南京吏部尚书,谥康懿。
⑤ 《明宪宗实录》卷263,成化二十一年三月己丑条,国立北平图书馆藏红格本,1962年,第4453页。
⑥ 《明武宗实录》卷149,正德十二年五月庚寅条,国立北平图书馆藏红格本,1962年,第2902页。

限;在另一些场合,适用则应也限制。行政的妙处,乃在于十分懂得在不同的情况下应使用哪一部分权力,而且宽猛得宜。"①中国古代对君权的限制,除了在制度上构建谏诤、会议、廷议、集议等之外,祖宗是制约现行君主的重要理由。"凡是祖宗定下来的制度,子孙总是表示要'恪守成宪',不敢轻率改变。"②但君主往往会随机应变。君主派遣使臣,督管事务,既是制度赋予的权力,又是君权的重要体现,这就是诸使差遣负责制。

明代皇帝常常差遣官员、亲信、近臣、宦官承办某些事务。有些经过不断差遣,成为常制。如巡抚、巡按、镇守等,虽然没有纳入正式官制序列,所颁发的印信称为"关防",而不是官印,但已经发挥职官的作用,其关防在公文运转过程中也犹如官印一样,甚至比官印更具有权威。

朱元璋遣使办事,所遣之人,既有职官,也有宦官,甚至还有国子生。在官制上,设有行人司,"凡赍捧诏赦、奉使外夷、谕劳、赏赐、祭祀、征聘贤才、赈济军务、整点军马等事,则遣之,余非奉旨,诸司不得擅差而行人之任重矣"③。除了差遣行人以外,在任职官及宦官也常在差遣之列。特别是差遣宦官,成为其子孙的一种常态,以至于"军营厂狱,矿关采办,无一不以宦官领之"④。

除此之外,身带皇命的各种钦差,也是相望于道。为什么在方面官中有的称为钦差,有的不称为钦差? 敖英⑤提出:"国初设官分职,咸有定额。往莅职掌者领部檄焉,皆不领敕,不称'钦差'。其后因事繁难,添设职掌,按察司如提学、屯田、兵备、边备、巡海、抚民之类,察院如清军、巡茶、巡盐、巡关

---

① [法]孟德斯鸠:《论法的精神》,张雁深译,商务印书馆,1963 年,第 209 页。
② 柏桦:《中国政治制度史(第 3 版)》,中国人民大学出版社,2011 年,第 241 页。
③ 《明太祖实录》卷 232,洪武二十七年三月戊申条,国立北平图书馆藏红格本,1962 年,第 3389 页。
④ [清]永瑢等:《历代职官表》卷 38 之撰者按,商务印书馆,1936 年。
⑤ 敖英,字子发,号东谷,正德十六年(1521)进士,官至四川右布政使,著有《东谷十书》。

之类,都察院如巡抚、巡视、总督河道、总督漕运、提督总制军务之类,皆领专敕,各于职衔上加'钦差'二字。于此以见前项职司俱出自朝廷处分,非吏部专擅也。"①也就是说,凡是有钦差之名的,都领有专敕,在敕书规定的权限之内可以便宜行事,特别是旗牌制度的出现,随着旗牌数量不断增加,在万历时期已经有数千面副,"旗牌拥有者可以在战场上处死逃兵或叛将,征调地方人力物力,拥有一定便宜权力,在政治、军事、司法等方面发挥重要作用"②。钦差都可以单独上奏,有敕书者可以在敕书规定的权限内行事,不在规定权限的事情可以奏闻请旨。

对于钦差,地方官是畏惧的。无论钦差到达或是经过其属地,他们都不敢怠慢。海瑞③曾讲,朝廷乃是父母,抚、按、藩、桌、僚属、过客、乡士夫都是长兄弟,因此州县官常常是"止可洁己,不可洁人,洁人生谤"。这些过客,大多是钦差。早在朱元璋时,"朝廷每遣一人出差,即是其人养活之计,诛求责取,至无限量"。这些钦差凭借朝廷授予的权力,气势凌人,"州县官吏,答应奉承,惟恐不及"。若有官员廉洁自守、不为奉承,则"及其还也,即加谗毁,以为不肯办事"。而"朝廷不为审察,遽加以罪,无以自明"。所以地方官员"闻有钦差官至,望风应接,惟恐或后",形成"上下之间,贿赂公行,略无畏惮。剥下媚上,有同交易,贪污成风,恬不为怪"④之风。百姓应付钦差,往往苦不堪言。"钦差等官往来应付,差使日益浩繁。夫甲日益贫,耗甫归之席未暖,而后差之装运又行。前次之债未偿,而后差之帮钱随继。甚则荡废产

---

① [明]敖英:《东谷赘言》卷下,《四库全书存目丛书》第102册,齐鲁书社,1995年,第428页。

② 柏桦、李瑶:《明代王命旗牌制度》,《古代文明》,2017年第1期。

③ 海瑞(1514—1587),字汝贤,号刚峰,海南琼山人,嘉靖二十八年(1549)举人,官至右佥都御史巡抚南直隶,谥忠介。

④ [明]陈子龙等辑:《明经世文编》卷21引邹缉《奉天殿灾疏》,中华书局影印本,1962年,第164页。

业,鬻卖子女,痛楚万端,无所控诉。"①地方官更是畏惧钦差,"无不畏造流言于当路,图报复于不料"②。他们畏惧的是钦差奏事的权力。一旦被钦差访得,回京奏事,难免丢官卸职。

公差人员并非钦差。他们在外有所见闻,也可以进行题奏。如成化三年(1467),礼部奏准:"其京官公差在外者,应行事务,照例依韵书写奏本。若有紧急密切事情,恐有漏泄,许写题本。务要字画真楷,不许草率。"③他们若是在公差之时发现地方官不公不法,可以揭发。这也是地方官畏惧这些"过客"的主要原因。公差人数较钦差更多,除了中央部院公差人员之外,所有衙门都会有公差人员。上司衙门的公差有可能汇报下属衙门的不公不法,他们也往往气势凌人。如《大诰·差使人越礼犯分第五十六》讲道:"皂隶系是诸司衙门执鞭、绲镫、驱使勾摄公事之人,此等之徒,往往承差于所属衙门,干办公务或勾罪人,径入公廨,据公座而坐者有之,当道直行者有之,从正门入者有之。"扬州府差皂隶到高邮州,州同知"跪与执结"。朱元璋将他们二人"杖断流入云南烟瘴",强调"敢如此者,罪亦如之"④。但这只是个案,未被发现的不知多少。

奉上安下的政治体制,要求对上绝对服从,因此上司衙门的公差才能够气势凌人,因为他们也可以"谗毁""虚誉",而这往往能够决定下级衙门官员的命运。而他们向上汇报,实际上也扩大了巡视范围。皇帝、中央各部院、地方各级衙门大多都听信公差人员的"谗毁"与"虚誉"。在官僚政治之下,内外臣僚都"持禄固宠,任情作弊,谗谤公行,奸邪得计,变乱黑白,颠倒是

---

① [明]陈子龙等辑:《明经世文编》卷98引乔宇《明旧章厘宿弊以图治》,中华书局影印本,1962年,第866页。
② 柏桦:《父母官:明清州县官群像》,新华出版社,2015年,第15页。
③ 《明宪宗实录》卷39,成化三年二月丁巳条,国立北平图书馆藏红格本,1962年,第792页。
④ 张德信、毛佩琦主编:《洪武御制全书》,黄山书社,1995,第774~775页。

非"①。在这种情况下,中谗废、遭谗罢、遇谗搆的官员不在少数,而邀誉者升官晋级更是多见。特别是"正德以来,士多务虚誉而希美官,假恬退而为捷径,或因官非要地,或因职业不举,或因事权掣肘,或因地方多故,辄假托养病致仕,甚有出位妄言弃官而去者,其意皆籍此以避祸掩过,为异日拔擢计,而往往卒遂其所欲。以故人怠于修职,巧于取名,相效成风,士习大坏"②。政治腐败导致官场风气日趋败坏。余懋学在谈到"臣工之十蠹"时提到"中外臣工,率探政府意向,而不恤公论。论人则毁誉视其爱憎,行政则举置徇其喜怒,是为承望"③。在众多毁誉的人群之中,拥有权势的大臣固然可以决定人的命运,但众多钦差与公差人员的毁誉,也往往能够影响朝廷的决策。以提督学政而言:

朱元璋非常重视教育,从中央到地方,甚至村社,都建立学校。明文规定各府县生员的名额,考取生员之事,由巡按御史、布按两司及府州县官负责,"正统元年(1436)始特置提学官,专使提督学政。""景泰元年(1450)罢提学官。"天顺六年(1462)复设,以后成为制度。"提学之职,专督学校,不理刑名。所受词讼,重者送按察司,轻者发有司,直隶则转送巡按御史。督、抚、巡按及布、按二司,亦不许侵提学职事也。"④提学官到各府县督考时,"遇有军民利病,及不才官吏贪酷害人,事干奏请者,从实奏闻"⑤。这样提督学政也拥有了巡视考察的权力。如正统初年黄润玉⑥提督广西学政,"时寇起军兴,有都指挥妄掠子女万余口,润玉劾而归之。副使李立入民死罪至数百

---

① [明]郑晓撰,李致忠点校:《今言》卷4《二百六十六》,中华书局,1984年,第149页。
② 《明世宗实录》卷55,嘉靖四年九月乙亥条,国立北平图书馆藏红格本,1962年,第1342页。
③ [清]张廷玉等:《明史》卷235《余懋学传》,中华书局点校本,1974年,第6120页。
④ [清]张廷玉等:《明史》卷69《选举志一》,中华书局点校本,1974年,第1688页。
⑤ 《明英宗实录》卷336,天顺六年春正月庚戌条,国立北平图书馆藏红格本,1962年,第6867页。
⑥ 黄润玉(1389—1477),字孟清,浙江鄞县人,永乐十八年(1420)举人,官至湖广按察司佥事,著有《四明文献》《海涵万象录》等。

人,亦为辨释"①。各布政司的学政从按察司副使、佥事遴选,其地位与各分巡道相同,因为主管学校事务,所以更显尊崇。

如成化年间河南学政陈选②,在汪直③出巡时,"都御史以下皆拜谒,选独长揖"。汪直问他官职是否大于都御史?陈选回答:"提学何可比都御史,但忝人师,不敢自诎辱。"当然,陈选之所以敢如此,一是他"词气严正",二是"诸生亦群集署外",在这种情况下,"直气慑,好语遣之"④。提督学政按照敕谕授权,往往气势凌人,如嘉靖十年(1531),提督广东学政萧鸣凤⑤,"刚愎任性,因肇庆知府郑璋屡忤之,不胜忿,榜之于廷,璋遂投劾去,按臣逮治",于是"凤、璋各上疏自理,上令逮问,既问结,俱送部别用"。按照级别,萧鸣凤为正四品官,知府为从四品官,不能够随便施以笞杖,"当时郑璋何以甘受其辱,而庙堂竟平之,殊不可解"⑥。这便是权力的效用。面对权力,人们往往只能顺从。但质疑也是存在的。权力也会有所改变。明朝相继出台了对钦差与公差人员的限制规定。如《应付通例》有:"国初公差人员,应合给驿及应付脚力,各有等差。累朝以来,给驿渐广,事例不一。嘉靖中,申明旧制,公差俱改给勘合,其应给勘合及拨夫,俱有则例。"⑦洪武年间定有十一条,嘉靖年间增定为五十条。《大明律》礼律·仪制·公差人员欺凌长官条:"凡公差人员在外,不循礼法,欺凌守御官及知府知州者,杖六十,附过还役。历过俸月不准。若校尉有犯,杖七十。祇候、禁子有犯,杖八十。"⑧无论规定

---

① [清]张廷玉等:《明史》卷161《黄润玉传》,中华书局点校本,1974年,第4386页。

② 陈选(1429—1486),字士贤,号克庵,浙江临海人,天顺四年(1460)进士,官至按察使,著有《丹崖集》《宋史道学传》。

③ 汪直(?—1487),广西大藤峡瑶族人,成化三年(1467)以幼童阉割入宫,以侍奉万贵妃得宠,成为权宦,首创西厂,后被贬南京奉御。

④ [清]张廷玉等:《明史》卷161《陈选传》,中华书局点校本,1974年,第4389页。

⑤ 萧鸣凤(1488—1572),字子雕,浙江山阴人。正德九年(1514)进士,官至提督广东学政。

⑥ [明]沈德符:《万历野获编》卷22《宪臣笞属吏》,中华书局,1959年,第566页。

⑦ [明]申时行等:《明会典》卷148《兵部·应付通例》,中华书局,1989年,第758页。

⑧ 怀效锋点校:《大明律》,法律出版社,1999年,第94页。

多么严格,只要钦差及公差人员能够影响与决定地方官的命运,地方官们就会屈从于权力,把他们视为座上宾。"至于今日,其号为指挥者,以金紫之服,低眉俯首,奔走使者之前,若隶卒然。"①

三、专使考察

永乐六年(1408),礼部议奏巡狩合行事宜,提出"分遣廷臣,考核守令贤否,即加黜陟"②。第二年,所派遣的考察地方官的官员回来复命,汶上知县史诚祖被定为"治行第一",永乐帝亲自颁赐玺书劳之,"并赐内酝一尊,织金纱衣一袭,钞千贯"③。御史又"劾奏郡县贪吏坏法者,莫甚易州同知张腾,劾其贪暴虐民十数事,遂征下狱"④。永乐帝五次亲征,都称为"巡狩",按例都派遣廷臣考核地方官贤否,所派遣的多是御史等官,当巡按御史取得考核地方官的权力后,这种不时派遣官员到地方考核官员,也逐渐从原来的"巡狩事宜",变为不时差遣了。

派遣专使考察地方官,效果并不理想。宣德帝曾经对吏部尚书蹇义等说:"前命御史考察在外官正欲任矣退不肖,庶几民其受惠。近闻考察之官,少能着实,但信偏言,更不博询。其有勤于职业,因理公务,不免施刑,小人不喜,诬为酷暴,今辄罢退。庸滥之官,纪纲不立,人所狎玩,或贪赃贿,低首下气,依阿度日,小人贪其易与,乃更保留。如此不当孔子曰:'众好恶必察焉'。宜严戒饬之,务尽至公,毋使正人受诬,小人得志。如或不当,责有所归。"⑤虽然强调责有所归,但还是不能够保证考察的公正性。

---

① [明]于慎行撰,吕景琳点校:《谷山笔麈》卷9《官制》,中华书局,1984年,第105页。
② 《明太宗实录》卷82,永乐六年八月己卯条,国立北平图书馆藏红格本,1962年,第1100页。
③ [清]张廷玉等:《明史》卷281《循吏史诚祖传》,中华书局点校本,1974年,第7192页。
④ 《明太宗实录》卷93,永乐七年六月壬寅朔条,国立北平图书馆藏红格本,1962年,第1227页。
⑤ 《明宣宗实录》卷5,洪熙元年闰七月丁未条,国立北平图书馆藏红格本,1962年,第139~140页。

如派遣专使考察并不能达到理想效果,那就充分利用现有制度加强对地方官的考察。宣德七年(1432),"命各处巡抚侍郎,同巡按监察御史,考察方面官,仍同布政司、按察司,考察郡县官"。这是吏部尚书郭琎等提出的建议,因为各地方已经有巡抚侍郎,没有必要再派遣廷臣专门考察,所以宣德帝认为:"方面官及巡按御史,从公考察足以别贤否,无巡抚侍郎,不必别遣官。"①也就不再派遣专使进行考察了,在制度上废除了专使考察制。

虽然如此,在特殊的情况下还是会派专使到地方考察,比如在灾异、星变之时,皇帝下《罪己诏》,群臣修省,为了达到以弥灾异、以回天意的效果,派遣专使考察成为临时措施。如正统元年(1436),南京兵部右侍郎徐琦②奉命"考察南京畿内郡县官员,时灾异屡见,琦陈召灾十策,悉嘉纳之"③。此外,工部左侍郎郑辰④,"奉敕考察云南、四川方面官"⑤。南京礼部右侍郎姚夔⑥,"奉命考察云南官吏"⑦。大理寺丞李茂,"景泰初,奉敕考察南京百司,风采凛然"⑧。景泰三年(1452),兵部右侍郎李贤⑨,"奉命考察四川有司官员","凡耄疾昏庸行检不饬为民病者"都"具疏闻"⑩。左副都御史刘广衡⑪,

---

① 《明宣宗实录》卷94,宣德七年八月庚子条,国立北平图书馆藏红格本,1962年,第2130页。
② 徐琦(1385—1453),字良玉,宁夏卫人,永乐十年(1412)进士,官至兵部右侍郎。
③ 《废帝郕戾王附录》卷45,景泰四年三月己卯条,国立北平图书馆藏红格本,1962年,第4968页。
④ 郑辰(?—1444),字文枢,浙江西安(今浙江衢县)人。永乐四年(1406)进士,官至兵部左侍郎。
⑤ 《明英宗实录》卷116,正统九年五月甲寅条,国立北平图书馆藏红格本,1962年,第2336页。
⑥ 姚夔(1414—1473),字大章,桐庐人,正统七年(1442年)进士,官至礼部尚书,谥文敏,著有《姚文敏集》。
⑦ 《明宪宗实录》卷113,成化九年二月己巳条,国立北平图书馆藏红格本,1962年,第2192页。
⑧ 《明英宗实录》卷323,天顺四年十二月庚子条,国立北平图书馆藏红格本,1962年,第6699页。
⑨ 李贤(1409—1467),字原德,河南邓州人,宣德八年(1433)进士,官至内阁首辅,谥文达,著有《鉴古录》《天顺日录》《古穰文集》等。
⑩ 《废帝郕戾王附录》卷41,景泰三年十一月庚申条,国立北平图书馆藏红格本,1962年,第4818页。
⑪ 刘广衡(1395—1458),字克平,江西万安人,永乐二十二年(1424)进士,官至刑部尚书。

"奉命考察湖广布政司等衙门"①。可见派遣大臣到地方考察,乃是经常现象。

吏科给事中包良佐②曾提出:"吏治得失者,民生休戚之所系。今吏部虽有考课之典,而黜陟必待九年,是其法未严也。御史虽有访察之例,而巡历不过一年,是其责未专也。是以在外有司,多未得人,乞慎选才德素有清誉大臣一人,前去考察,廉勤者存之,老疾罢软者黜之,贪墨害民明有实迹者,依律究问,重加贬斥,或考察者徇私任情,并治以罪。"③这也是派遣大臣去地方考察官员的重要原因。因为当时考察制度尚不完善,派遣大臣也是必要举措。这些大臣往往也很尽职,如南京刑部右侍郎吾绅④,"奉敕考察两广、福建方面官,有参政素贪黩,结权要,且以绅为故僚友,绅竟黜之,时称其公"⑤。兵部右侍郎李贤考察四川有司官员,除了将"耄疾昏庸,行检不饬,为民病者,已具疏闻"外,还访得"按察司副使胡渊、佥事高澄,俱持心公正,操行端洁","乞敕吏部重加询访,斟酌高下,量升一职",以便能够"各展所长,惠利一方,以为持宪者劝"⑥。但并不是所有奉敕考察地方官的官员都能够秉持公正,也常有徇私舞弊者。如大理寺少卿李畛,"奉敕考察官吏",没有查清情况,把肥乡县知县许显"送刑部鞫而黜之"。许显不服,控告到都察院,都御史陈智为许显论辩,李畛"即摭智诸违法事"。明英宗认为:"畛为理官,朝廷因恤民瘼,俾专考察,既宠私人生事,又挟私意陷人,不服法司对理,

---

① 《废帝郕戾王附录》卷41,景泰三年十一月辛酉条,国立北平图书馆藏红格本,1962 年,第4819 页。
② 包良佐(?—1449),字克忠,浙江慈溪人,正统七年(1442)进士,官给事中,死于土木之变。
③ 《明英宗实录》卷178,正统十四年五月辛丑条,国立北平图书馆藏红格本,1962 年,第3443 页。
④ 吾绅(1381—1441),字叔缙,浙江开化县人,永乐二年(1404)进士,官至礼部侍郎,著有《鸣和集》《唐诗集》。
⑤ 《明英宗实录》卷82,正统六年八月乙酉条,国立北平图书馆藏红格本,1962 年,第1648 页。
⑥ 《废帝郕戾王附录》卷41,景泰三年十一月庚申条,国立北平图书馆藏红格本,1962 年,第4818 页。

妄捏风宪死罪,不才如斯,岂堪再用,其罢为民。"①这仅仅是经过皇帝裁决的案件。其他遭遇考察不公的官员则是难以申诉的。

已经普遍设置巡抚,再派遣廷臣考察地方官就没有什么必要了。弘治元年(1488),兵部覆大理寺右寺丞杨澄所奏阅边备一事,提出:"皇上即位以来,各边将官,有自陈去者,考察去者,劾奏去者,所留者颇皆得人。今欲再遣大臣巡视考察,不无烦扰,宜姑置之。"弘治帝"从之"②。以后便很少派遣大臣去地方考察,而巡抚考察地方官,也就变成"奉例考察"。

第三节　地方巡视考察

朱元璋改行省为布政司以后,除了布政司设左右布政使以外,还有参政、参议;按察司设按察使以外,还有副使、佥事。这些人虽然号称副职,但并不与长官在一起办事,要巡历所属府州县,督促政务,考察所属。布政司参政、参议在外,称之为"分守";按察司副使、佥事在外,称之为"分巡"。除了"守巡"之外,还有布政司所属督粮道,按察司所属提督学道、清军道、驿传道。此外还有一些直隶中央或巡抚,以及寄衔各布政司的道,如协堂道、水利道、管河道、屯田道、盐法道、抚治道、抚苗道、抚民道、监军道、招练道、漕储道等,后来还普遍设置整饬兵备道。《明史》记载,"按明初制,恐守令贪鄙不法,故于直隶府州县设巡按御史,各布政司所属设试佥事。已罢试佥事,改按察分司四十一道,此分巡之始也。分守起于永乐间,每令方面官巡视民瘼。后遂定右参政、右参议分守各属府州县。兵道之设,仿自洪熙间,以武臣疏于文墨,遣参政副使沈固、刘绍等往各总兵处整理文书,商榷机密,未尝

---

① 《明英宗实录》卷77,正统六年三月壬子条,国立北平图书馆藏红格本,1962年,第1523页。
② 《明孝宗实录》卷17,弘治元年八月甲午条,国立北平图书馆藏红格本,1962年,第410页。

身领军务也。至弘治中,本兵马文升①虑武职不修,议增副金一员敕之。自是兵备之员盈天下"②。就地方考察而言,固然按察使承担重要责任,但地方巡视考察除了一些专业道之外,无论是守道还是巡道,抑或是兵备道,都承担着巡视考察的责任。

一、二司守巡道巡视

明代布政使"掌一省之政,朝廷有德泽、禁令,承流宣播,以下于有司。凡僚属满秩,廉其称职、不称职,上下其考,报抚、按以达于吏部、都察院。三年,率其府州县正官朝觐京师,以听察典。十年,会户版以登民数、田数。宾兴贡,合省之士而提调之。宗室、官吏、师生、军伍,以时班其禄俸、廪粮。祀典神祇,谨其时祀。民鳏寡孤独者养之,孝弟贞烈者表扬之,水旱疾疫灾裖,则请于上蠲振之。凡贡赋役,视府州县土地人民丰瘠多寡而均其数。凡有大兴革及诸政务,会都、按议,经画定而请于抚、按若总督。其国庆国哀,遣僚贰朝贺吊祭于京师。天子即位,则左布政使亲至"③。这里虽然承认布政使掌一省之政,但主要之政都要经过抚按或总督,这是因为自镇守、巡抚、巡按出现以后,布政使在实际上沦为"闲曹"及"属员",虽然一省事务都能够参与,但实际上很少有决定的权力。即便如此,布政使在地方考察方面的作用也不能够忽视。如洪熙元年(1425),河南左布政使李昌祺,"与右布政使萧省身绳豪猾,去贪残,疏滞举废,救灾恤贫,数月政化大行"④。宣德三年(1428),浙江布政使黄泽⑤"在官有政绩,然多暴怒,盐运使丁镃不避道,挞

---

① 马文升(1426—1510),字负图,河南钧州人,景泰二年(1451)进士,官至吏部尚书,谥端肃。
② [清]张廷玉等:《明史》卷75《职官志四》,中华书局点校本,1974 年,第 1844 页。
③ [清]张廷玉等:《明史》卷75《职官志四》,中华书局点校本,1974 年,第 1839 页。
④ [清]张廷玉等:《明史》卷161《李昌祺传》,中华书局点校本,1974 年,第 4375 页。
⑤ 黄泽,闽县人,永乐十年(1412)进士,官至浙江布政使,正统六年(1441)黜为民。

之"①。弘治二年(1489),广东右布政使刘大夏②,承檄讨山贼"令获贼必生致,验实乃坐,得生者过半"③。当时"天下布政使廉名最著者二人,(梁)材④与姚镆⑤也",他们都能够"自操权衡,吏不得预"⑥。但在正德、嘉靖以降,布政使就没有这样的强势了,稍有不慎,就会遭到弹劾、考察而罢免,如广东右布政使李中⑦,"忤总督及巡抚御史,坐以不称职"⑧。当布政使沦为闲曹的时候,其主要业务则由参政、参议兼领的"分守道"来承担。

分守道掌"派管粮储、屯田、清军、驿传、水利、抚民等事,并分司协管京畿"⑨。其督粮道、督册道则在于专项业务,而分守道则在于守土安民。万历《明会典》记载十三布政司共计有左参政十四员,右参政十七员,左参议十六员,右参议二十二员。这些参政、参议都分管各道,而且有固定的驻地,虽然名义上是布政司所属,但主管一方面政务,实际上只对巡抚负责。如永乐时,山东右参政陈士启⑩,"尽心吏事,不为察察名。督徭赋,不峻期约。青州饥,疏请振之粟。使至,而饥民倍。士启复上疏,先出粟予民,谓使者曰:'有罪吾独任。'廷议竟从之"⑪。再如成化时,四川黄绂⑫左参政,按部崇庆,申

① [清]张廷玉等:《明史》卷164《黄泽传》,中华书局点校本,1974年,第4441页。
② 刘大夏(1436—1516),字时雍,号东山,湖广华容人,天顺八年(1464)进士,官至兵部尚书,谥忠宣,著有《刘忠宣公集》《东山诗集》等。
③ [清]张廷玉等:《明史》卷182《刘大夏传》,中华书局点校本,1974年,第4884页。
④ 梁材(1470—1540),字大用,号俭庵,南京金吾右卫人,弘治十二年(1499)进士,官至户部尚书,谥端肃。
⑤ 姚镆(1465—1538),字英之,浙江慈溪人,弘治六年(1493)进士,官至都察院左都御史,著有《锦襄琐缀》等。
⑥ [清]张廷玉等:《明史》卷194《梁材传》,中华书局点校本,1974年,第5149页。
⑦ 李中(1478—1542),字子庸,江西吉水人,正德九年(1514)进士,官至都察院右副都御史。
⑧ [清]张廷玉等:《明史》卷203《李中传》,中华书局点校本,1974年,第5362页。
⑨ [清]张廷玉等:《明史》卷75《职官志四》,中华书局点校本,1974年,第1840页。
⑩ 陈士启(?—1431),名雷,泰和人,永乐二年(1404)进士,官至山东右参政。
⑪ [清]张廷玉等:《明史》卷161《陈士启传》,中华书局点校本,1974年,第4376页。
⑫ 黄绂(1422—1493),字有章,平越卫(今贵州福泉)人,正统十三年(1448)进士,官至南京户部尚书。

理了冤狱，"仓吏倚皇亲乾没官粮巨万，（黄）绂追论如法，威行部中"①。嘉靖三十五年（1556），陕西参政胡松②，分守平凉，"条严保甲、均赋税、置常平、简伉健数事"③。崇祯初年，浙江右参政蔡懋德④，分守嘉兴、湖州，计擒"剧盗屠阿丑有众千余"⑤。由上可见分守道对地方事务的参与程度，他们可以在自己权责范围内行使，直接禀报巡抚，不知照布政使，所属府州县官的贤否，则告之巡抚与巡按。

按察使"掌一省刑名按劾之事。纠官邪，戢奸暴，平狱讼，雪冤抑，以振扬风纪，而澄清其吏治。大者暨都、布二司会议，告抚按，以听于部院"⑥。按察使应该驻守省城，但在明初时也参与巡视，如永乐初年，浙江按察使周新⑦，"微服行部，忤县令。令欲拷治之，闻廉使且至，系之狱。（周）新从狱中询诸囚，得令贪污状。告狱吏曰：'我按察使也。'令惊谢罪，劾罢之"⑧。按察使主管一省司法与监察，故此很强势，如成化年间，浙江按察使杨继宗⑨，到任以后，出榜告示云："访得镇、守、府三察院，布、按二司及分守、分巡道书手某某等，舞法害人。自本职到任之后，许令自新，否则问遣如法。"在一般情况下，新官上任三把火，发布一些告示，也只不过威慑一下，很少按告示所云处置，所以这些书手们没有自新者，杨继宗便把他们抓了起来，公开说："此辈但知利己，不知坏上人名节，我当悉为扫除之。"这些人因为公然违反告示

---

① ［清］张廷玉等：《明史》卷185《黄绂传》，中华书局点校本，1974年，第4897页。
② 胡松（1503—1566），字汝茂，滁州人，嘉靖八年（1529）进士，官至吏部尚书，谥恭肃，著有《滁州志》。
③ ［清］张廷玉等：《明史》卷202《胡松传》，中华书局点校本，1974年，第5347页。
④ 蔡懋德（1586—1644），号云怡，苏州昆山人，万历四十七年（1619）进士，官至右佥都御史，谥忠襄。
⑤ ［清］张廷玉等：《明史》卷263《蔡懋德传》，中华书局点校本，1974年，第6801页。
⑥ ［清］张廷玉等：《明史》卷75《职官志四》，中华书局点校本，1974年，第1840页。
⑦ 周新（？—1413），字日新，广东南海人，洪武太学生，官至浙江按察使，因得罪锦衣卫指挥使纪纲，被冤死。
⑧ ［清］张廷玉等：《明史》卷161《周新传》，中华书局点校本，1974年，第4374页。
⑨ 杨继宗（1426—1488），字承芳，山西阳城人，天顺元年（1457）进士，官至云南巡抚，谥贞肃。

规定,再加上其师出有名,"镇守亦听公(杨继宗)执法,莫如公何"①。弘治初年,山西按察使雍泰②,就因为"太原知府尹珍涂遇弗及避",不但让知府尹珍"跽而数之",竟然施以笞刑,最终"降湖广参议"③。嘉靖二年(1523),福建按察使周广④,看到"镇守中官以百金馈,广贮之库,将劾之。中官惧,谢罪,自是不敢挠"⑤。因为主管监察,与朝廷派出的巡按御史职责重复,若是彼此之间相互配合,还是可以相得益彰的,如果出现争执,彼此之间往往对簿公堂。如正德时,广西按察使方良永"发巡按御史朱志荣罪至谪戍"⑥。这是按察使占了上峰,但一般情况下,也是两败俱伤。如景泰五年(1454),福建巡按练纲⑦,"与按察使杨珏互讦,俱下吏"⑧。最终杨珏被贬为黄州知府,练纲被贬为邠州判官。在中央集权制度下,地方官员与朝廷派来的巡抚、巡按还是权势地位悬殊,故此按察使在司法与监察事务上,还是要听从巡抚、巡按,一般都是持赞成的态度。如弘治初年,四川按察使洪钟⑨在任时,"马湖土知府安鳌恣淫虐,土人怨之刺骨,有司利其金置不问,迁延二十年。佥事曲锐⑩请巡按御史张鸾按治,(洪)钟赞决,捕(安)鳌送京师,置极刑"。提出处置的是按察司佥事,也就是分巡道,佥事本来是按察司副职,按理说应该知照按察司,却直接请示巡按,在议决的时候,按察使也只能够"赞决"。即便如此,按察使还是要参与的,只不过惟朝廷大员马首是瞻。

① [明]焦竑辑:《国朝献征录》卷63《杨公清政录》,台湾学生书局,1984年,第2711页。
② 雍泰(1436—1515),字世隆,西安咸宁县人,成化五年(1469)进士,官至南京户部尚书。
③ [清]张廷玉等:《明史》卷186《雍泰传》,中华书局点校本,1974年,第4931页。
④ 周广(1474—1531),字克之,号玉岩,江苏昆山人,弘治十八年(1505)进士,官至南京刑部侍郎,著有《玉岩集》。
⑤ [清]张廷玉等:《明史》卷188《周广传》,中华书局点校本,1974年,第5001页。
⑥ [清]张廷玉等:《明史》卷201《方良永传》,中华书局点校本,1974年,第5311页。
⑦ 练纲(1402—1477),字从道,苏州府长洲人,宣德十年(1435)举人,官至监察御史,巡按福建。
⑧ [清]张廷玉等:《明史》卷164《练纲传》,中华书局点校本,1974年,第4453页。
⑨ 洪钟(1443—1523),字宣之,钱塘人,成化十一年(1475)进士,官至都察院左都御史,谥襄惠。
⑩ 曲锐(1457—1511),字朝仪,山东莱阳人。成化十七年(1481)进士,官至宁夏巡抚。

分巡道掌"凡贪官污吏蠹政害民,及一切兴利除害之事"①。洪武二十五年(1392),设立四十八个分巡道②,洪武二十九年(1396)调整为四十一道,至万历年间增加至六十余道,其副使则有九十八员,佥事五十员。"从按察司副使及佥事的数量远远超过布政司参政及参议的数量可以看出,明朝地方国家权力的主要职责,已经不是引导民众从事生产、发展经济,甚至也不是征收钱粮,而是防范民众。"③从制度上看,分巡道与分守道一样,都有固定的辖区,要经常往来于所属各府州县进行巡视,对巡抚及巡按负责。分巡道考核府州县官的政绩,官声行止,巡抚、巡按、布政使、按察使通过他们来了解所属地方官贤否,除了定期考察之外,发现不公不法可以即刻弹劾,看到贤能卓异可以进行荐举。

分守道与分巡道要巡历所属府州县,在各府州县都专门给他们建有公馆,称为布政分司、按察分司,"在各县者,按察分司多宏敞整丽,布政分司多狭隘朴陋"。这是因为"布政司职理民事,非奉部符不出",而按察分司出巡,

---

① [清]龙文彬:《明会要》卷40《职官十二》,中华书局,1956年,第716页。

② 命铸各按察分司印。先是,各按察分司所分巡按地方多有未当。至是,命都察院、六部官会议更定,凡四十八道:浙江四道,曰浙东道,曰海右道,曰浙江道,曰金华道;福建三道,曰宁武道,曰延汀道,曰漳泉道;山西四道,曰朔南道,曰云中道,曰泽潞道,曰河东道;江西四道,曰九江道,曰岭北道,曰湖东道,曰湖西道;湖广五道,曰蕲黄道,曰江陵道,曰汉江道,曰湖南道,曰湖北道;广西三道,曰苍梧道,曰南宁道,曰庆远道;广东四道,曰岭南道,曰潮阳道,曰海南道,曰海北道;四川三道,曰东川道,曰西川道,曰剑南道;山东二道,曰济川道,曰胶西道;北平三道,曰卢龙道,曰燕南道,曰冀北道;河南三道,曰河南道,曰汝南道,曰河北道;陕西四道,曰汉中道,曰岐阳道,曰河西道,曰陇右道;直隶六道,监察御史印,曰淮西道,曰淮东道,曰苏松道,曰安池道,曰京口道,曰江东道。《明太祖实录》卷221,洪武二十五年九月乙酉条,国立北平图书馆藏红格本,1962年,第3232页。

③ 方志远:《明代国家权力结构及运行机制》,科学出版社,2008年,第306页。

再加上巡按御史出巡都入住按察分司,"故有司以时修饰,而华美中度"①。以监督与考察而言,分守道与分巡道弹劾与庇护府州县官,常见于史料,也有撰写考语的权力。在财政上,分守道与分巡道所用银两都来自府州县,"守、巡二道,或滥用银两,府县亦借支应命。升任去,恳代者以词状纸赎抵补"②。分守道与分巡道督促府州县官完成各种政务,也经常直接参与政务,所到之处都颁布告示,以至于时人嘲笑他们是"官之拙者"③。虽然如此,他们基本上还能够"分巡部属,剔濯奸垢,振挈纪纲,事以无坠"④。其气势盛

---

① 浙江各府县,布政按察分司在府城者,大率规制如一。在各县者,按察分司多宏敞整丽,布政分司多狭隘朴陋。初疑按察能纠察,官吏贪污者,惧致罪而然。后至各府县,遍览志书,见按察分司皆建自洪武年间,布政分司至正统七年以后始有之,乃得究知其所以然。盖国初纠察诸司,谳审庶狱,在内从各道监察御史,在外从按察司官处分。其时御史建员未广,有事则奉命而出,事竣即还。巡按亦未有专官。故按察之官,职专而权重。今分巡官各有印章,此可见矣。其后分遣御史巡按外藩,按察之体势,由是始轻。且御史所至,更无察院,每止宿按察分司而已。分司既创于经画官府之初,则广狭丰俭,得以如意为之,故其规制多宽广。又以御史所寓,礼宜致隆,故有司以时修饰,而华美中度。布政司职理民事,非奉部符不出。至宣德、正统以来,添官稍多,始议置分司。且其地率多即官府弃地为之,故规制不能如意。又分守官按临,不过信宿而去,故有司忽之,而修茸怠焉。此盖理势使然,非有意而优劣之。[明]陆容撰,佚之点校:《菽园杂记》卷10,中华书局,1985年,第126页。

② [明]李乐:《见闻杂记》卷3《一百二十五》,上海古籍出版社,1986年,第258页。

③ 余每见郡县吏禁约文告之词布满郊野,条陈利病之议连篇累牍,似自以为伯夷之清,龚黄之才,而不知大贪、大拙者,伏于其中也。友人王百谷有言:"庖之拙者则椒料多,匠之拙者则箍钉多,官之拙者则文告多。"有味其言之矣。[明]谢肇淛:《五杂组》卷15《事部三》,上海书店出版社,2001年,第301页。

④ [明]焦竑辑:《国朝献征录》卷95《山东按察司金事崔公碧墓志铭》,台湾学生书局,1984年,第4182页。

者,甚至可以随意笞杖府州县官。①

从地方巡视的角度看,分守道与分巡道都有巡视的责任。按照规定,巡按御史一年一替代,分守与分巡乃是参政、参议、副使、佥事,与考满相结合,至少三年一任,作为巡视而言,则不利于剔奸除弊,故此巡按福建监察御史许仕达②提出:"近年福建布、按二司分巡、分守地方官员,多有年久不易,与所属官吏情熟,恣意妄为。今后宜听镇守、巡抚、巡按官,岁一更委。如有故违,许巡按御史执问,具闻降用。"③景泰帝从之,此后分守道与分巡道若是巡历所属,多以一年为期,巡历之后就换为别道,道与道之间转换也很频繁。

守巡道巡视虽然没有巡按御史那样代天子巡狩的权势,但巡视所属,还是能够有效地约束府州县官,特别是一些分巡道,能够"带了顶巾,骑了匹骡子,跟了一两个人,在那巡属十八州县里边不歇的私行,制服得那些州县也

---

① 余闻之长老有云:嘉靖初年,分巡官临桐邑,邑令为蒋某,由甲科,分巡在司,而皂林河下又有一上司经过,蒋迎之,分巡开门,令不候己,而大怒,命皂加责。令曰:"知县处两难之地,非敢慢老大人"。倔强而罢。时府节推南君在邑,亦出皂林相迎,分巡怒曰:"知县掌印官,不得不出,汝何故也。"出命皂责,竟笞五板。南不久擢南道御史去,分巡因此告回。嗟乎!嘉靖初年,去今未远也,分巡得以朴县令,节推宜下,官不敢违逆,其时纲纪士风振肃,概可见矣。今日下官即有罪求,上官震怒者,亦不可得冤行责哉!或曰邹彦吉[迪光,无锡人]知黄州府,曾欲笞黄冈令,以诸府佐下礼求,解而罢。然则邹当乎?曰:不知。邹发怒,时中节与否,未敢以为当也。杨公承芳[继宗]知嘉兴,屡临各邑,邑令舛错,扑责以为常。此亦长老传闻之言,然此又顺间事也。[明]李乐:《见闻杂记》卷8《三十七》,上海古籍出版社,1986年,第693页。宣德十年英宗初御极,有先任四川按察副使朱与言者,以捕盗至郫县,怒知县孙祥不设策缉捕,杖之二十。越五日祥死,巡按御史请究与言罪,上曰:"与言职专捕盗,以贼故杖祥,非私意也。"竟宥之。此犹远年事。至嘉靖间,巡按直隶御史蒋旸,以细过杖杀真定知县丛芝,为芝家所告,后勘明旸止降级。御史虽尊,然邑令之命不应轻至此。至刘宇掌都察院,每以琐事笞辱御史,则正德间事,何御史之贱又如此。又嘉靖十年,广东提学副使萧鸣凤,亦曾为御史,刚愎任性,因肇庆知府郑璋屡忤之,不胜忿,榜之于廷,璋遂投劾去,按臣逮治。众咸不直鸣凤,两京科道交章劾之,鸣凤坐降调。凤、璋各上疏自理,上令逮问,既问结,俱送部别用。夫郡守师帅一方,非可笞之官,且削使去之一阶耳,当时郑璋何以甘受其辱,而庙堂竟平之,殊不可解。[明]沈德符:《万历野获编》卷22《宪臣笞属吏》,中华书局,1959年,第566页。

② 许仕达,安徽歙县人,正统十年(1445)进士,官至贵州布政使。

③ 《废帝郕戾王附录》卷35,景泰三年六月甲子条,国立北平图书馆藏红格本,1962年,第4678页。

不敢十分放肆"①。当然,微服私访是有一定危险的,也不是所有巡视官员都能够做到的,更多地是大张旗鼓地到地方巡视。"至于布、按二司,设官尤为过多。其巡历地名,或一时总至,或先后沓来。有司政事,夺于送迎。民间财力,困于供亿。况此等官员,贤者所至有益地方,不贤者取具文移,苟以塞责。"巡视也是择地而行,他们往往"止于冲要地方,使公私劳费。其偏僻州县,或经年不到,官吏放恣,莫之谁何"②。这样发展下去,地方巡视非但收不到效果,还增加了地方负担,以至于有些人认为他们是"冗官",希望能够裁革,可实际上不但没有裁革,反而设置越来越多。这一是为了应付社会动乱,二是为了加强对地方官的管控,根本不是为了彻底解决吏治民生,结果是巡视人员越多,社会越不安宁,吏治更加腐败,乃是统治者始料未及的。

二、兵备道巡视

整饬兵备道的设置,沈德符认为始于弘治十二年(1499),"其时马端肃(文升)为本兵,建议创立此官,而刘文靖(健)③在内阁,则力阴以为不可。马执奏愈坚,本年八月始设江西九江兵备官一员。盖以九江既管江防,又总辖鄱阳湖防,故特以专敕令按察司官领之。继则湖广之九永、广西之府江、广东之琼州、四川之威茂,皆添设兵备,盖皆边方,多属夷地也。其时事寄本不轻,此后以渐添设。在正德间,流寇刘六等起,中原皆设立矣。至嘉靖末年,东南倭事日棘,于是江、浙、闽、广之间,凡为分巡者无不带整饬兵备之衔"④。这是以整饬兵备官设置而言,而以整饬兵备为名,派遣官员前往,出

---

① [明]西周生:《醒世姻缘传》第12回《李观察巡行收状 褚推官执法翻招》,上海古籍出版社,1981年,第174页。

② [明]陈子龙等辑:《明经世文编》卷289引陆粲《去积弊以振作人材疏》,中华书局影印本,1962年,第3049页。

③ 刘健(1433—1526),字希贤,号晦庵,洛阳人,天顺四年(1460)进士,官至内阁首辅,谥文靖。

④ [明]沈德符:《万历野获编》卷22《整饬兵备之始》,中华书局,1959年,第569页。

现的更早一些。如永乐十八年（1420），"命左军左都督朱荣，充总兵官，往辽东整饬兵事，严固备御"①。汉王朱高煦谋反，宣德帝"始命整饬兵备，而犹未决意讨之"②。宣德九年（1434），宣德帝敕浙江等十三按察司，及巡按监察御史，并南北直隶州郡时，讲道："祖宗以来，抚恤军士，整饬兵备，皆有成法。"让这些官员"严加询察，有贪虐害军，及取军违期者，即擒问如律"③。整饬兵备还是兼管，没有设置专官。正统元年（1436），"敕参赞军务兵部左侍郎柴车④，整饬兵备"⑤，乃是按例命大臣赴特殊地区整饬兵备。以按察司副使、金事等整饬兵备，始见于天顺八年（1464），"整饬松潘兵备四川按察司副使王用"⑥，这个王用是天顺六年（1462）"为四川按察司副使，松潘等处抚治羌夷"⑦。当年因为灾异，十三道监察御史吕洪等言八事之一，讲道"仍敕守边文武重臣，整饬边备，来则击之，去则勿追，务使将士用命。战胜守固，则人可胜天，而祸患自消，天变自弭矣"⑧。此后经常派遣文臣整饬兵备，至弘治时，则以兵备官言之，至嘉靖初则泛称兵备道。

兵备道有副使级、金事级，自天顺八年至崇祯元年（1464—1628），计有整饬兵备副使、整饬兵备金事，共有 219 处。⑨ 兵备道主要针对内地社会骚乱，西北、东北蒙古及女真族内侵，东南沿海倭寇海盗而设，故其主要职能在于整饬兵备，而实际上管理所在地方事务的，乃是隶属于巡抚的军政机关。

---

① 《明太宗实录》卷 225，永乐十八年五月壬午条，国立北平图书馆藏红格本，1962 年，第 2212 页。

② 《明宣宗实录》卷 20，宣德元年八月壬戌朔条，国立北平图书馆藏红格本，1962 年，第 522 页。

③ 《明宣宗实录》卷 109，宣德九年三月戊寅朔条，国立北平图书馆藏红格本，1962 年，第 2439 页。

④ 柴车（1375—1441），字叔舆，钱塘人，永乐二年（1402）举人，官至兵部尚书。

⑤ 《明英宗实录》卷 20，正统元年秋七月甲午朔条，国立北平图书馆藏红格本，1962 年，第 387 页。

⑥ 《明宪宗实录》卷 2，天顺八年二月辛亥条，国立北平图书馆藏红格本，1962 年，第 58 页。

⑦ 《明英宗实录》卷 338，天顺六年三月壬戌条，国立北平图书馆藏红格本，1962 年，第 6895 页。

⑧ 《明宪宗实录》卷 3，天顺八年三月戊午条，国立北平图书馆藏红格本，1962 年，第 74 页。

⑨ 参见郭培贵：《〈明史·职官志四〉兵备道补正》，《文史》，2004 年第 3 期。

兵备道兼有分守、分巡者,带管分守、分巡事务。不兼者,其在边则以整饬兵备为主。

兵备道的普遍设立,也使地方行政体制发生了一些变化。"在北部边境地区,形成了总督—巡抚—兵备道(含分巡、分守、兵粮等道)—府县、卫所的统属关系;在内地,则没有总督这一层,为巡抚—兵备道—府县、卫所的统属关系。"①兵备道原本是"权宜之计",但设置以后便很少裁撤,乃是"其始欲隆其柄以钤制武臣,训习战士,用防不虞,意非不美。但承平日久,仍如守土之吏,无标兵可练,无军饷可支。虽普天皆云兵备,而问其整饬者何事,即在事者亦茫然也"②。有整饬兵备之名,而不知道为什么要称整饬兵备,这在万历年间已经是普遍的看法。他们不整饬兵备,却没有闲着,特别是内地的兵备道,主要忙于政务。以职官考核而言,兵备道因为兼有军事之责,在军政考察中起到重要作用,而守巡道是不能够参与军政考察的;兵备道带副使、佥事之名,属于文职官序列,负有地方官考察责任。

这种特殊建制顺应了巡抚总管一方军政的情况,使军政事务贯彻执行更加顺畅,是"即今一切军政事务,有抚按为之总制,兵备道为之分理"③。兵备道虽然普遍设立,但在制度上一直没有给其应有的定位,时而"令各兵备道亲为按历州县"④;时而让他们督造船只招募水手,要求他们"须暂辍别务,亲临边海县分,坐守督募,不得转委别官"⑤;至于修筑城墙、丈量土地、盐场矿冶、房屋契税等,也无不责之。因此在具体实施过程中,也时常出现运转

① 方志远:《明代国家权力结构及运行机制》,科学出版社,2008年,第324页。
② [明]沈德符:《万历野获编》卷22《整饬兵备之始》,中华书局,1959年,第569页。
③ [明]陈子龙等辑:《明经世文编》卷284引方廉《革凤阳守备事权疏》,中华书局影印本,1962年,第3004页。
④ [明]陈子龙等辑:《明经世文编》卷256引茅坤《条上李汲泉中丞海寇事宜》,中华书局影印本,1962年,第2704页。
⑤ [明]陈子龙等辑:《明经世文编》卷355,引涂泽民《行福州兵备等道》,中华书局影印本,1962年,第3822页。

不灵的状况。

三、《出巡事宜》

明代既有抚按巡视，又有钦差巡视，还有地方分巡，构成严密的巡视网络。为了规范巡视，先后出台许多则例，其中《出巡事宜》，是专门针对各类巡视人员而制定的。

《出巡事宜》有三次大规模的修订，一是洪武二十六年（1393）《诸司职掌》所定的条例，大部分属于《宪纲》的内容；二是正统四年（1439），重新厘定《宪纲》而增补的内容；三是针对出巡而修订的各项则例，乃是各个皇帝在位期间所增补的各个事项。①

洪武二十六年（1393）所定的《出巡事宜》有五大项：

一是对分巡按治州郡的要求，必须不拘限期的遍历，并且要求对方按察司派官吏与巡按一起同行，"不许先后相离"，所以巡按御史与按察司分巡官可以"颉颃行事"。在巡视期间，所需护卫及各种物品，按照规定供给，不许擅令所司增加数量，提高规格，不许地方官出城郭迎送，巡按与按察司分巡官的巡视地，要实行籍贯、亲属以及仇嫌回避，不许"沽恩报仇，朦胧举问"。此项事宜在初期得以严格实行，如永乐五年（1407），巡按河南监察御史曹琰，劾奏河南按察分司官员"畏巡历之劳，耽燕安之乐。凡有公务，移委有司代行，受耳目之寄，失宪纪之职"②。永乐十一年（1413），巡按四川监察御史任旺，劾同行御史"令有司郊迎，及擅役军人，低价市物等事"③。二者都被都察院逮治。

<hr>

① 以下未注引文参见［明］申时行等：《明会典》卷210《都察院·出巡事宜》，中华书局，1989年，第1048~1051页。

② 《明太宗实录》卷73，永乐五年十一月戊午条，国立北平图书馆藏红格本，1962年，第1015页。

③ 《明太宗实录》卷143，永乐十一年九月庚寅条，国立北平图书馆藏红格本，1962年，第1706页。

二是到按临处所以后应该办理的事宜,审录罪囚、吊刷卷宗是他们的主要任务,余暇之时要视察祭祀场所,存恤孤老,巡视仓库,勉励学校,"中间但有欺弊,即便究问如律"。由于授予巡视人员究问和表彰的权力,"遗奸不擒,见善不举,皆为失职"①。

三是对巡视之时受军民词讼的规定,凡是户婚、田宅、斗殴等事,"立限发与所在有司,追问明白"。若是涉及官吏,发该官吏之上司衙门,事涉"按察司官吏及伸诉各司官吏枉问刑名等项",则必须亲问。不得擅自提取军职官员,必须奏闻请旨。

四是在巡历所在地体知有司等官,"守法奉公,廉能昭著者,随即举奏。其奸贪废事,蠹政害民者,究问如律"。

五是到巡历所在地的合行事件,举凡科差赋役,圩岸坝堰陂塘,荒闲田土,站驿,急递铺,桥梁道路,税粮课程,户口,学校,收买军需等项,额造缎匹等物,升斗秤尺,词讼,皂隶弓兵,节义,申明旌善亭,印信衙门,上年分巡官寄收赃罚,取勘,讲读律令,鳏寡孤独,仓库房屋,官吏脚色等二十三项,要首领官吏抄案,该回报者回报,该缴报者缴报,该开报者开报,若是发现问题,在权限范围内可以即便处置,否则奏闻请旨。

正统四年(1439)所定《出巡事宜》是在洪武时期的基础上厘定,其中《宪纲》之内涉及出巡事宜的有十条:①出巡所带随从人员的数量,以及路途应付标准。②出巡审囚刷卷,要求"必须遍历,不拘限期"。③出巡受理陈告官吏取受不公等事的诉讼,"须要亲行追问,不许转委"。④出巡受理军民相干词讼等事,移送有关官员会同审理。⑤分巡地面若是原籍及曾经居住过的地方,必须回避。⑥分巡地面凡是有钱粮出纳去处的仓库局务等衙门,要不

---

① 《明太祖实录》卷156,洪武十六年八月甲戌条,国立北平图书馆藏红格本,1962年,第2423页。

时巡视，"若有作弊，就便究治"。⑦巡历去处，地方官行贿及性贿赂，出巡御史、按察司官要"取问实封奏闻"，"犯人重处，财物没官，妇女发有司收问"。⑧巡历去处的孝子、顺孙、义夫、节妇、忠臣、烈女、志行卓异、可励民风者，可以"移文所司，以凭奏闻旌表"。⑨巡历去处不许各衙门官吏出郭迎送，违者及容令，都要问罪。⑩在巡历去处考察有司官吏对国家律令并续降条例事理的理解能力，"或有不能通晓者，依律究治"。正统四年（1439）所定各项与洪武所定的区别在于明确了处罚标准，而不再是奏闻取勘，需要皇帝进行裁决。

正统四年（1439）所定事宜，对风宪官本人也进行了规范：①明确作为朝廷耳目的风宪官，必须"宣上德，达下情"，有关军民休戚及地方利害，当举行者举行，该奏闻者奏闻，"不可因循苟且，旷废其职"。②风宪官本人必须要"明白正大"，在考察官吏时，要"广询密访，务循公议，以协众情"。③要求风宪官要"存心忠厚"，在办理刑狱的时候，不能够"专行酷虐"。④要求风宪官必须"持身端肃，公勤谨慎，毋得亵慢怠惰。凡饮食供帐、只宜从俭，不得踰分"。⑤要求风宪官"行止语默，须循理守法"。⑥风宪官所至之处，要博采诸司官吏的善恶，需要"劝惩得体"。⑦风宪官所至之处一定要防闲。⑧分巡所至，"不许令有司和买物货，及盛张筵宴，邀请亲识，并私役夫匠，多用导从，以张声势"。⑨巡按之处，"不得令亲戚人等、于各所属衙门嘱托公事、及营充勾当"。⑩出巡同事之人须相协和，要善于处人，严于律己，"必务协和，以相助益"。⑪监察御史、按察司官到分巡之处视察学校，必须严守学规，尊师重教，不许让教官、生员行跪礼。⑫风宪官不许干预地方军务，对总兵、镇守等军职要以礼待之。⑬巡按及公差问理等项监察御史，不得干预乡试，但允许纠举情弊。⑭初到按临之处之后，与各级文武官员相见之后，就不能够再有来往，只能够让首领官或佐贰官协助办理应该抄案事宜。⑮审理各衙门问过罪囚，先令有司定拟罪名，"不可辄自与决"。⑯规范地方官与巡按御史的相见礼节,方面官行对拜礼,首领官行拜礼。⑰中都留守司官、各处按察司官也行对拜礼。⑱各卫指挥、盐运司运使、同知、各府知府行对拜礼;盐运司、各府佐贰官及各州正佐官、各县知县、守御千户,行答拜礼;盐运司、各府州首领官,各县县丞、主簿,行拜礼,要起身举手回礼;各县典史及杂官行拜礼,坐受举手回礼;知州以上正官"不许行跪礼"。⑲府州县儒学教官、生员行拜礼,御史按察司官回答拜礼。

以上诸条是《宪纲》内规定的宪体及出巡相见礼仪。除了洪武及正统《宪纲》所载各条之外,各个在位皇帝对风宪官出巡的主要事项也进行了修订补充。

1.有关巡历地方事宜。嘉靖八年(1529),"令巡按御史,不许折挫凌辱守令。知府相见,不许行跪礼"。这是嘉靖帝针对重守令一事,"命都察院严戒巡按,令其公举劾,秉正体上,亲为按历,以稽其职之修否,不许折挫凌辱。如此则守令自得以重,民生安可以安矣"①。嘉靖十二年(1533)奏准:"御史巡历郡邑,本等导从皂隶之外,并不许多用一人。府州县驿丞等官,亦不许隔境随从迎候。"嘉靖二十七年奏准:"偏僻州县,俱要一体遍历,纠察官吏,访求民隐。如果地方广远,不能遍及,亦须严督守巡,依期巡历。如直隶无守巡官去处,仍要首先巡历。"这些都是针对巡历地方所出现的问题,所勒定的则例。

2.关于出巡考察。洪武六年(1373),"令御史察举各处有司官员"。这是朱元璋"命御史台令监察御史及各道按察司察举天下有司官有无过犯,奏报黜陟",为此还发表了议论,认为君子有犯是过误,小人有犯是奸诡,所以要"按法去之"②。永乐元年(1403),"令巡按御史及按察司,凡府州县官到

---

① 《明世宗实录》卷97,嘉靖八年正月乙丑条,国立北平图书馆藏红格本,1962年,第2282~2283页。

② 《明太祖实录》卷79,洪武六年二月壬寅条,国立北平图书馆藏红格本,1962年,第1444页。

任半年之上,察其廉贪,具实奏闻"。这是永乐帝对吏部尚书蹇义、都察院左都御史陈瑛①等讲重守令之事,认为"吏部选拔之时,出一时仓猝,未能悉其才行,必考察所行,乃见贤否"②,所以命令考察到任半载之上者。宣德十年(1435)奏准:"凡在外都司卫所首领官,并断事等官,从巡按御史、按察司考察,阘茸无能者,起送赴部。"这是河南巡抚于谦言四事时讲道:"都司卫所正佐官,俱系军职,事体生疏,凡公务不过总其大纲,遇有钱粮、刑名、军伍等事,行移文案,俱系首领、断事等官职掌。宜令巡按御史、按察司,考察公廉材干者存留,阘茸无能者黜退,庶使官得其人,事无妨误。"③此提议经过礼部会官议行,奏准为事例。正统元年(1436)议准:"各处卫所官员,听巡按御史、按察司,照依文职事例,一体考察。"天顺元年(1457)奏准:"每年巡按御史将司府州县见任官员,从公诘察,除贪污不法者就便拿问,其老疾罢软等项,起送吏部,查例定夺。如有奉公守法,廉能超卓者,更替回京之日,指实具奏,吏部记其姓名,候考满到部,查考升用。若御史考察不公,颠倒是非者,参奏如律。"这是因为雷击承天门,明英宗下《罪己诏》所开列事款有"文职有犯赃罪""有疾不堪任事""考退罢软等项"等④,经吏部奏准为例。嘉靖二十一年(1542),"令御史出巡,务要痛革淫刑。严惩酷吏,如用酷刑及打死无辜者,密拘尸属审实。六品以下径拿,五品以上参题,俱照律例重治。巡按满日,将问过酷吏名数开报。若御史自行酷虐,及纵庇不究者,回道考以

---

① 陈瑛(1373—1411),安徽滁州人,洪武太学生,官至都察院左都御史,入《明史·奸臣传》。
② 《明太宗实录》卷26,永乐元年十二月丁亥条,国立北平图书馆藏红格本,1962年,第483页。
③ 《明英宗实录》卷7,宣德十年秋七月辛巳条,国立北平图书馆藏红格本,1962年,第137 - 138页。
④ 《明英宗实录》卷280,天顺元年秋七月癸酉条,国立北平图书馆藏红格本,1962年,第6001、6003、6010页。

不职。"这是掌都察院事毛伯温①等,提出申明宪纲八事中有"禁酷刑"②,嘉靖帝所下之令。

3. 关于举劾奖戒方面。嘉靖六年(1527)题准:"酷刑官员,虽有才守,不许推荐,仍要劾奏罢黜。"这是都给事中周琅提出近来"狱吏苛刻"的问题,"上深然其言",提出"在外有司责之监司,在京令部院及科道纠察,但有用法深刻,致戕民命者,即黜为民,虽才守可观,不许推荐"③。之后吏部等衙门题准的则例。嘉靖二十一年(1542)奏准:"御史论劾三司方面,及有司五品以上,指实参纠。六品以下,贪酷显著者,即便拿问。其才宜烦简者,疏请调用。老疾等项,俱于考语内明白开报。"嘉靖二十七年(1548)题准:"御史巡历地方,务要访求按属贤否,勉励戒饬。其有戒饬不悛者,即时随事参奏提问,不必以无人诉告,例难访察,使久为地方之害。仍行各抚按官,一体悉心究访。"隆庆二年(1568),大学士张居正提出"振纪纲、重诏令二事",讲道"在外方面官员,举多劾少,使不肖者见容,贤者不见异,非所以肃宪体,昭公道也"④。经都察院题准:"御史出巡,果系卓异官员,方许举荐。方面多不过六七员,或三四员。有司多不过七八员,或五六员。其荐词以四五句为止,参语举一二事为证,不许烦冗鄙亵,失章奏之体。其应劾官员,须先及大奸,不许止以州县府佐等官充数。所劾之人,仍明开或贪或酷,以凭议覆。如有荐举方行,即以事败,官箴已坏,故为容隐者,回道之日,考察降黜。"万历十二年(1584)奏准:"巡按官虽及半年以上,若丁忧降调者,不许举劾所属官员。"

---

① 毛伯温(1482—1545),字汝厉,号东塘,江西吉水人,正德三年(1508)进士,官至兵部尚书,追谥襄懋,著有《毛襄懋集》《平南录》《东塘诗集》《毛襄懋奏议》。

② 《明世宗实录》卷260,嘉靖二十一年四月丁丑条,国立北平图书馆藏红格本,1962年,第5193页。

③ 《明世宗实录》卷78,嘉靖六年七月庚辰条,国立北平图书馆藏红格本,1962年,第1732页。

④ 《明穆宗实录》卷24,隆庆二年九月壬戌条,国立北平图书馆藏红格本,1962年,第654~655页。

4. 关于完销勘合方面。成化三年（1467）奏准："各处布政司分巡、分守官员，遇有陈告违法事情，并奉到勘合，应该勘问事理，俱要亲自勘问，及访问军民休戚，官吏贤否，并举行兴利除害等事，周岁满日，交替接管，方许回司，仍备将问过囚犯，完过事件，开报本司，转呈抚按等官稽考。若有奸慢误事者，径自参奏拿问。"嘉靖二十六年（1547），户科都给事中厉汝进①提出"申严差满考察之例"②，嘉靖二十七年（1548），"令御史差满之日，严核司道原奉勘合，务完至七分之上，如不及数，指名参劾"。又令："各边巡按御史，查勘将官失事，并究问未结事情，务要从公据实，作速奏结，使有功者早蒙录用，有罪者不至漏网。"

5. 关于开报缺官方面。弘治十五年（1502）奏准："各道分巡、分守官有缺，该司掌印官，将应委职名，呈禀监临衙门，查无违碍，依拟施行，毋致久缺误事。其有推奸不法者，巡按御史指实劾奏。"

6. 关于乡试方面。景泰元年（1450），"令在外乡试，仍听巡按御史监临"。这是顺天府府尹王贤提出在京在外乡试的考试官有"受业及同乡亲属"③，其中定有奸弊，景泰帝因此下的令。

7. 关于造册方面，嘉靖二十一年（1542）奏准："各该御史，除宪纲、考语，要紧文册，照旧造缴外，其余一应繁冗文册，通行查革。各该抚按，并中差御史，参官题奏到院，凡该奏请定夺者，照旧逐一题覆。遇有初参提问者，本院查照各道，酌量类题，止具参语，不必具招。其窃盗三犯，及辜限外人命，例应奏请者，亦照审录事例类题。"这是都察院事毛伯温等，申明宪纲八事中讲

---

① 厉汝进（1509—1567），字子修，滦州人，嘉靖十一年（1532）进士，以户科都给事中忤严嵩，贬为典史。

② 《明世宗实录》卷325，嘉靖二十六年七月癸丑条，国立北平图书馆藏红格本，1962年，第6017页。

③ 《废帝郕戾王附录》卷6，景泰元年闰正月甲子条，国立北平图书馆藏红格本，1962年，第3844页。

道:"御史出巡,类有造缴文册,费逾千金,然不过文具而已。"提出"今除宪纲、考语外,一切虚文通行厘革,以敦实政",嘉靖帝认为"切中时弊"①,之后都察院奏准的则例。

---

① 《明世宗实录》卷260,嘉靖二十一年四月丁丑条,国立北平图书馆藏红格本,1962年,第5194页。

第四章
明代职官考核内容与方法

贫苦农民出身的朱元璋,熟知民生艰难与官吏贪腐,因此非常关注对职官的考核问题。在建国第一年制定的《大明令》就明确规定:"凡各处府州县官员,任内以户口增、田野辟为尚。所行事迹,从监察御史、按察司考核明白,开坐实迹申闻,以凭黜陟。"①在确定府州县官考核重点的同时,明确由监察人员负责考核事宜。不久"特敕中书,令有司今后考课,必书农桑、学校之绩,违者降罚,民有不奉天时、负地利及师不教导、生徒惰学者皆论如律"②。在制定考核黜陟的标准同时,也明确了考核的重点内容,而这些都是《大明令》曾经讲过的。

第一节　考核内容

唐代官吏考核有"四善二十七最",宋代有"监司七事考",金代有"十七最",其"最"是具体考核标准,其"善",即:德义有闻、清慎明著、公平可称、

---

①　刘海年、杨一凡主编:《中国珍稀法律典籍集成·洪武法律典籍》,科学出版社,1994 年版,乙编第 1 册第 8 页。
②《明太祖实录》卷 77,洪武五年十二月甲戌朔条,国立北平图书馆藏红格本,1962 年,第 1409 页。

恪勤不懈,乃是道德标准。朱元璋认为这些"最",乃是各官职责分内的事,因此没有确定"最"的名目,而是在考满上有称职、平常、不称职"三等",以后在考察中出现贪、酷、浮躁、不及、老、病、罢、不谨"八法",还有表彰贤能卓异的制度。没有规定具体考核标准,在不同时期还有不同的侧重点。

一、道德考核

明代职官考核在道德方面的要求,主要是清、慎、勤,即清廉、谨慎、勤恪,与贪酷、不谨、疲软是相对应的,乃是对职官的根本要求。"居家惇孝友,莅官清慎勤。"①这是对职官的最高评价,也是职官考核最关注的问题。

1. 以清廉而言。朱元璋认为:"凡为官须廉洁自持。"②早在洪武元年(1368),他就对朝觐官们讲道:"天下初定,百姓财力俱困。譬犹初飞之鸟,不可拔其羽;新植之木,不可摇其根,要在安养生息之,惟廉者能约己而利人,贪者必朘人而厚己,况人有才敏者或尼于私,善柔者或昧于欲,此皆不廉害之也,尔等当深戒之。"③提倡廉洁,认为地方官"新授以政,必有以养其廉耻,然后可责其成功"④。特别是知府之职,"非老成廉能无过者不可居其任"⑤。而"方面之任,贵在廉明而戒于苛察,贵在刚果而戒于急暴,贵在有礼而戒于诡谲,贵在有仁而戒于姑息"⑥。监察御史,则要"公明廉正者,俾居是

---

① [明]焦竑辑:《国朝献征录》卷26《通议大夫吏部左侍郎谥文庄叶公盛神道碑》,台湾学生书局,1984年,第1084页。
② 《明太祖实录》卷63,洪武四年闰三月是月条,国立北平图书馆藏红格本,1962年,第1209页。
③ 《明太祖实录》卷29,洪武元年春正月辛丑条,国立北平图书馆藏红格本,1962年,第506页。
④ 《明太祖实录》卷33,洪武元年闰七月己酉条,国立北平图书馆藏红格本,1962年,第581页。
⑤ 《明太祖实录》卷59,洪武三年十二月癸酉条,国立北平图书馆藏红格本,1962年,第1161页。
⑥ 《明太祖实录》卷81,洪武六年夏四月甲戌条,国立北平图书馆藏红格本,1962年,第1457页。

职"①。风宪官一定要"以公正为心,廉洁自守"②。中央部院长官,也"必得勤敏廉智之士以任之"③。以为官员"守己廉而奉法公,犹人行坦途,从容自适"④。因此廉洁是考核官员的重要标准,只要是廉洁,甚至不惜屈法以贷之。

朱元璋坦诚地承认:"朕于廉能之官,虽或有过,常加宥免,若贪虐之徒,虽小罪,亦不赦也。"⑤严惩贪官,他使用重典;褒奖廉能,他也是不拘制度。洪武三年(1370),朱元璋见到嵩县典史刘某"衣服垢弊",便想到其"居官能廉",经察果然"廉谨",便"命以布帛赐之"⑥。只要是廉能,朱元璋都是不秩升迁。如郑州知州梁敏,"居官以廉能称"⑦,擢为工部侍郎,从五品升正三品。常州府通判邹彰,"以廉能称"⑧,擢为浙江按察司佥事,正六品升正五品。监察御史郎敏"为治廉明,有惠爱"⑨,升为饶州府知府,正七品升从三品(当时上府知府为从三品)。巩昌府宁远县典史王尚贤,"以廉能称"⑩,擢为广西布政使司参议,未入流升正四品。祥符县丞邹俊,"在职以廉能称"⑪,召

① 《明太祖实录》卷111,洪武十年春正月丙戌条,国立北平图书馆藏红格本,1962年,第1840页。

② 《明太祖实录》卷116,洪武十年十二月是月条,国立北平图书馆藏红格本,1962年,第1902页。

③ 《明太祖实录》卷50,洪武三年三月壬寅条,国立北平图书馆藏红格本,1962年,第979页。

④ 《明太祖实录》卷39,洪武二年二月甲午条,国立北平图书馆藏红格本,1962年,第800页。

⑤ 《明太祖实录》卷79,洪武六年二月壬寅条,国立北平图书馆藏红格本,1962年,第1444页。

⑥ 《明太祖实录》卷53,洪武三年六月戊寅条,国立北平图书馆藏红格本,1962年,第1050页。

⑦ 《明太祖实录》卷96,洪武八年春正月辛未条,国立北平图书馆藏红格本,1962年,第1651页。

⑧ 《明太祖实录》卷100,洪武八年五月戊子条,国立北平图书馆藏红格本,1962年,第1696页。

⑨ 《明太祖实录》卷107,洪武九年秋七月丁丑条,国立北平图书馆藏红格本,1962年,第1794~1795页。

⑩ 《明太祖实录》卷161,洪武十七年夏四月是月条,国立北平图书馆藏红格本,1962年,第2509页。

⑪ 《明太祖实录》卷162,洪武十七年五月丙寅条,国立北平图书馆藏红格本,1962年,第2514页。

为大理寺卿,正八品升正三品。河南按察司佥事王平,"廉介明敏"①,升为都察院左佥都御史,正五品升正四品。"升沭阳县知县周质为山东布政使司参政,衡山县主簿纪惟正为陕西布政使司参议",因为他们"皆刚直有为,廉洁自守"②,正七品升从三品,正九品升从四品。潞州知州刘士源,"以廉干闻"③,升为陕西布政使司左参政,从五品升从三品。肇州吏目诸葛伯衡,"守法奉职,人称其廉"④,擢为陕西布政使司右参议,从九品升从四品。在没有官缺的情况下,则给以赏赐。如浙江按察司佥事解敏⑤,"以廉能称职",赐"白金一百两,文绮十匹"⑥。齐东知县郑敏,"廉勤有守","赐钞百锭,衣三袭"⑦。如果官员犯罪,耆民诣阙"言其廉勤爱民",朱元璋都会高兴地说:"为政不难,得民心为难"⑧,让他们官复原职。"济南府沾化县典史杜濩坐事当徒,县民诣阙言濩廉干爱民",朱元璋认为他能够得民心,"命复其官"⑨。代州繁峙知县刘英坐事被逮,也是耆民言其"在官廉谨",朱元璋"遂命释(刘)英,给耆民道里费,遣还"⑩。朱元璋的这种做法,在正统时期尚且实行,

---

① 《明太祖实录》卷232,洪武二十七年三月癸卯条,国立北平图书馆藏红格本,1962年,第3386页。

② 《明太祖实录》卷235,洪武二十七年十一月甲辰条,国立北平图书馆藏红格本,1962年,第3432页。

③ 《明太祖实录》卷235,洪武二十七年十一月己酉条,国立北平图书馆藏红格本,1962年,第3433页。

④ 《明太祖实录》卷228,洪武二十六年六月丁酉条,国立北平图书馆藏红格本,1962年,第3327页。

⑤ 解敏,河南阳武人,洪武十八年(1385)进士,官至浙江按察使。

⑥ 《明太祖实录》卷206,洪武二十三年十一月庚戌条,国立北平图书馆藏红格本,1962年,第3071页。

⑦ 《明太祖实录》卷208,洪武二十四年夏四月乙酉条,国立北平图书馆藏红格本,1962年,第3103页。

⑧ 《明太祖实录》卷216,洪武二十五年二月庚辰条,国立北平图书馆藏红格本,1962年,第3184页。

⑨ 《明太祖实录》卷230,洪武二十六年十一月丙辰条,国立北平图书馆藏红格本,1962年,第3366页。

⑩ 《明太祖实录》卷231,洪武二十七年二月辛卯条,国立北平图书馆藏红格本,1962年,第3382页。

后因为查出一些官员假耆民以遂己意,予以治罪之后,则很少有耆民再为官员诉求了。

2. 以谨慎而言。要求慎行、慎密、慎法,既有自身素质,又有政务要求。朱元璋在赐臣下玺书中有云:"忠君爱民,修身慎法,则芳名不朽。"①蓟州玉田县人苏恭让②,因为"处事慎密,其为治简而明,严而不苟",被直接被任命为汉阳知府。"汉阳为府,密迩布政使司,凡徭役、科征之事视武昌,倍于他郡,故政繁而民困。"苏恭让到任,"每遇重役,必诣上官申理,事多减省,民赖以安"。由此可见,这种处事慎密,就是指凡事不能够独断专行,必须请示上司,还要求"有不便,慨然以身自任"③。在朱元璋看来,"惟慎可以奉职,惟勤可以处事,惟公可以律身"④。总的原则是"为官者务遵朝廷之法,抚安一方"⑤。宣德帝所作《官箴》中,兵部有"为式克慎",刑部有"惟敬惟慎",工部有"宜慎其官",都察院有"敬慎以勖",太常寺有"其慎其钦",大理寺有"明慎书戒",翰林院有"必慎乃守",左右春坊有"其慎其钦",司经局有"笃慎勿忘",光禄寺有"咸敬慎之",鸿胪寺有"敬慎尔仪",太仆寺有"肆予慎之",钦天监有"钦慎尔职",行人司有"慎简髦士",锦衣卫有"宜廉宜慎",中都留守司有"尚敬慎旃",各都指挥司有"尚慎旃哉",各府有"慎哉敬哉"⑥。由此可见,慎成为官员应该必备的德行。

---

① 《明太祖实录》卷108,洪武九年八月是月条,国立北平图书馆藏红格本,1962年,第1802页。

② 苏恭让,玉田人,洪武时任汉阳知府,《明史》有传。

③ 《明太祖实录》卷132,洪武十三年六月是月条,国立北平图书馆藏红格本,1962年,第2100页。

④ 《明太祖实录》卷160,洪武十七年三月戊戌朔条,国立北平图书馆藏红格本,1962年,第2477页。

⑤ 《明太祖实录》卷79,洪武六年二月癸酉朔条,国立北平图书馆藏红格本,1962年,第1438~1439页。

⑥ 《明宣宗实录》卷92,宣德七年六月是月条,国立北平图书馆藏红格本,1962年,第2105页。

3. 以勤而言。朱元璋认为："凡事，勤则成，怠则废。"①在朱元璋看来，"恪勤廉谨，以奉宪章，虽古称循良，不是过也"②。因此勤就是勤政和爱民，早在吴元年(1367)，朱元璋就对各郡县官说："尔当勤于政事，尽心于民。"③此后要求翰林学士"勤于献纳，赞我皇猷"④。只要是勤政，朱元璋就破格任用。如蔡瑄原本是仪礼司序班，因为"为人警敏，善奏对，勤于职事"⑤，超拜通政使，从九品升为正三品。工部屯田主事沈潛⑥，"勤于庶务，以明敏称"⑦，升为兵部尚书，正六品升为正二品。勤政还可以减罪，如"户部尚书徐辉犯罪下狱，论当死。上曰：'辉在官颇勤于事。命减死论'。"⑧安陆州知州余彦诚，以征税愆期，当逮问，因为"勤于爱民，上特宥之"⑨。陕西延安府知府李广，也是因"勤政爱民"⑩，被宥免其罪。勤政不见得爱民，只是在于勤于其事，故宣德帝所作《官箴》中，户部有"惟公惟勤"，工部有"必祗必勤"，鸿胪寺有"雍容惟勤"，太仆寺有"尔勤于职"，钦天监有"咸致其勤"，京府有"务勤与周"，锦衣卫有"宜勤宜祗"，各指挥使司有"维昔艰勤"。所以在考核时，还是以勤于供职、政事勤敏、供职能勤等述勤。

---

① 《明太祖实录》卷64，洪武四年夏四月壬辰条，国立北平图书馆藏红格本，1962年，第1215页。

② 《明太祖实录》卷121，洪武十一年十一月是月条，国立北平图书馆藏红格本，1962年，第1963页。

③ 《明太祖实录》卷24，吴元年秋七月丁丑条，国立北平图书馆藏红格本，1962年，第349页。

④ 《明太祖实录》卷29，洪武元年春正月庚子条，国立北平图书馆藏红格本，1962年，第500页。

⑤ 《明太祖实录》卷184，洪武二十年八月戊午条，国立北平图书馆藏红格本，1962年，第2767页。

⑥ 沈潛，字尚贤，钱塘人，洪武十八年(1385)进士，官至兵部尚书。

⑦ 《明太祖实录》卷195，洪武二十二年春正月癸卯条，国立北平图书馆藏红格本，1962年，第2930页。

⑧ 《明太祖实录》卷140，洪武十四年十二月辛未条，国立北平图书馆藏红格本，1962年，第2213页。

⑨ 《明太祖实录》卷223，洪武二十五年十二月丙辰条，国立北平图书馆藏红格本，1962年，第3260页。

⑩ 《明太祖实录》卷245，洪武二十九年三月戊寅条，国立北平图书馆藏红格本，1962年，第3556页。

朱元璋要求官员"抚民以仁慈为心,报国以忠勤为本,处己以谦敬为先,进修以学业为务"①。他曾经将贪饕与谅解之人进行比较,认为"贪饕之徒常执谦下,不拂人意,盖缘所守不正,恐举劾其奸,故为此取媚之态,人喜其媚己,以为贤,则堕其术中矣;其不贪者自谓操守廉洁,无敢谁何,故与人言议,稍有不合,辄起争端,此虽刚强,人恶其拂己,以为不肖,则失人矣"②。廉洁是个人的操守,若是因为有操守而强迫他人顺从自己,依然是"小人"。如永乐时,翰林院侍讲王洪,"有操守,恒自负,矜己傲物,醉辄出忿语,斥同列"。永乐帝则认为,"此小人,岂可以在侍近"③,改为礼部主事。因此在考核上还是以政绩为主,"必循名责实,其政绩有异者,即超擢之"④。即便如此,操守往往也是评价一个官员的重要标准。如永乐时,兵部左侍郎卢渊,"居官廉慎,莅事勤敏,不苟从违"⑤。太仆寺少卿杨砥⑥,"刚介勤敏,居官有操守,其孝行尤人所称"⑦。他们死后,都得到赐祭及赙遣官护丧。

清、慎、勤是明代官员考核的重要内容,从嘉靖时期《吏部考功司题稿》所见的考语来看,这三个字乃是必然出现的,讲清有"材清质雅""质性清雅""守亦清洁"等;讲慎的有"操持克慎""行谦而慎""守官知慎"等;讲勤的有"供职能勤""政务勤能""莅事恭勤"等。有些考语还二字、三字具备,如"持

---

① 《明太祖实录》卷 63,洪武四年闰三月是月条,国立北平图书馆藏红格本,1962 年,第1029 页。

② 《明太祖实录》卷 78,洪武六年春正月丙辰条,国立北平图书馆藏红格本,1962 年,第1427 页。

③ 《明太宗实录》卷 192,永乐十五年八月庚寅条,国立北平图书馆藏红格本,1962 年,第2022 页。

④ 《明太祖实录》卷 163,洪武十七年秋七月壬子条,国立北平图书馆藏红格本,1962 年,第2526 页。

⑤ 《明太宗实录》卷 181,永乐十四年冬十月甲子条,国立北平图书馆藏红格本,1962 年,第1959 页。

⑥ 杨砥,字大用,泽州人。洪武二十七年(1394)进士,官至行太仆寺卿。

⑦ 《明太宗实录》卷 196,永乐十六年春正月己巳条,国立北平图书馆藏红格本,1962 年,第2057 页。

身能慎,赞政能勤""确慎有为,廉勤无玷""材清质雅,守慎政勤"等。

清、慎、勤是官员的操守,也是在考核中最容易弄虚作假的。明人祝允明①云:"贪夫欲人之廉,虐夫欲人之柔,暴夫欲人之仁,敖夫欲人之逊,彼亦知夫廉柔仁逊之为美也,然而不能焉。而更要之人,以为己得,则以昧是非之分耳。"②也就是说,贪鄙的人希望别人说他廉洁,酷虐的人希望别人说他温柔,残暴的人希望别人说他怀仁,骄傲的人希望别人说他谦逊。这些人也都知道廉柔仁逊是人的美德,但他们做不到,却要求别人赞誉自己,乃是昧了良心的非分之想。即便是如此,在现实中,弄虚作假也在所难免,更何况"人好恶不同,则毁誉亦异。若只凭在官数人之言,以定贤否,其君子中正自守,小人赂遗求誉,而即墨及阿之毁誉出矣"③。考核之权掌握在少数人手中,他们的好恶往往决定被考核者的命运,再加上行贿受贿,现实与真实越来越远。"自今言之,以六年之官,而考于三二人;以六年之事,而核于三二日。则岂能得其善恶之真,所以毁誉肆出,飞语中伤,而行事者遂以为据。大奸任其弥缝,小过取其塞责,十分曾无一二之实。"④百分之八九十不实,并非是危言耸听。早在永乐时,朝廷派人考察地方,"州县官吏,答应奉承,惟恐不及,间有廉洁自守,心存爱民,不为承应,及其还也即加谗毁,以为不肯办事,朝廷不为审察,遽加以罪,无以自明"⑤。到后来"善恶不分,名节不振。其有廉洁自守者,反为贪夫所笑,曰无异干我,何苦如是,则天下之士,相率

---

① 祝允明(1461—1527),字希哲,苏州长洲人,自号枝山,弘治五年(1492)举人,官至应天府通判,以才子称,著有《太湖诗卷》《赤壁赋》《箜篌引》等。

② [明]李诩撰,魏连科点校:《戒庵老人漫笔》卷7《忘己责人》,中华书局,1982年,第303页。

③ [明]陈子龙等辑:《明经世文编》卷178引张孚敬《重守令疏》,中华书局影印本,1962年,第1818页。

④ [明]陈子龙等辑:《明经世文编》卷302引高拱《论考察》,中华书局影印本,1962年,第3195页。

⑤ [明]陈子龙等辑:《明经世文编》卷21引邹缉《奉天殿灾疏》,中华书局影印本,1962年,第164页。

而入于利,途民之被害,可胜言哉"①。特别是在党争之时,"朝廷用舍,多凭举劾,任已则耳目不广,任众则毁誉易淆。比年以来,几于朝无完人,人无完行"②。明人认为:"礼义廉耻,可以律己,不可以绳人,绳人则寡合,寡合则非涉世之道。"③这正是当时考核的弊端所在。在惟官、惟反、惟内、惟货、惟求"五病"俱存的情况下,"当官清慎勤之三事难矣,况兼而行,其害可知"④。这些道德的标准,往往成为官僚们打击异己的武器。

对于清、慎、勤,统治者也没有明确的认识。如崇祯十一年(1638),御史曾就义,"称百姓之困,皆由吏之不廉"。得到崇祯帝的赞许,后来则说"不能使吏皆廉",也得到崇祯帝的赞许。对于官而言,"此不过一时逢迎,姑借以为功名地耳"⑤。对于君主而言,还是从家天下来考虑,只要能够维持家天下的稳定,官员是否清慎勤,往往不是他们第一选择。

二、业绩考核

明代虽然没有对不同的官员设定具体的考核标准,但在《诸司职掌》内明确了各个衙门应该办理的事项。《诸司职掌》颁行于洪武二十六年(1393),乃是仿《唐六典》之制而成,以吏、户、礼、兵、刑、工六部及都察院、通政司、大理寺、五军都督府为门,门下设目及子目,如吏部有 4 目 26 个子目,

---

① [明]陈子龙等辑:《明经世文编》卷 36 引李贤《请给官员诰敕疏》,中华书局影印本,1962年,第 279 页。

② [明]陈子龙等辑:《明经世文编》卷 394 引王锡爵《定国论一政体疏》,中华书局影印本,1962 年,第 4264 页。

③ [明]李诩撰,魏连科点校:《戒庵老人漫笔》卷 8《林和靖要语》,中华书局,1982 年,第317 页。

④ 曰官者,谓威势也,八臣有威势则能气使,百司而惟命是从。曰反者,谓报恩怨也,人臣挟势以报恩怨,则能以祸福加人,无不如意。曰内者,谓女谒也,公卿大夫,为其妻姜子孙之亲党,而恣意干求,不顾国法。曰货者,贿赂也,用财请求,如市易之道,以渎乱天纪。曰求者,于请也,不顾礼法,徇私嘱托,以变乱事例。[明]陈子龙等辑:《明经世文编》卷 137 引许赞《正国典明选法以便遵守疏》,中华书局影印本,1962 年,第 1366 页。

⑤ [明]杨士聪:《玉堂荟记》卷下,商务印书馆,1939 年,第 47 页。

明确地规定各个衙门应该承办的事务。"《诸司职掌》所规定的细则,成为以后修订'则例'的基础,也是当时重要的法律形式。'则'是法则、准则或规则之意;'例'是指先例、成例或定例。"①对于文武职官的业绩考核,多是以《诸司职掌》所载事项来评定,许多内容也收入《明会典》之中。

除了《诸司职掌》,宣德帝所作《官箴》,也是各个衙门业绩考核的重要依据。如都督府"将有才智,士有勇锐,部伍有训,储偫有备,除治戎器,豫戒不虞,政修兵坚"。吏部"务公戒私,善尔勿蔽,才尔勿遗,必黜憸邪,必进忠贞,用舍适宜,治由汝兴。苟或贸贸,弗博询来,谋面而用,弗究其内,玉石不分,臧否莫明,治之弗兴,亦由汝成"。户部"毋纵掊克,毋诡于随,毋败于墨"。礼部"治国去礼,犹耕无耜,咸笃敬之"。兵部"怠则隳政,贪则乱法,毋为泄泄,毋为沓沓,职所宜为,式克慎修"。刑部"毒威以逞,下情郁堙,私意以行,枉直失真"。工部"为所当为,毋耗于材;逸所当逸,毋殚其力;毋纵己私,纵则召蕾;毋溺于宥,溺则取败"。都察院"庶几朝政,资尔以肃,婥婀缄默,徒取充位;职是用弛,国则何赖;必端诸心,必修诸己"。太常寺:"仪度必饬,粢盛必洁;无黩无慢,凛乎对越;事神之本,惟心之虔"。大理寺"易著明慎,书戒钦恤;祗率弗违,乃德之吉。惟官惟友,惟货惟来;终迷不复,乃祸之阶"。通政司"尔职于斯,必敬必忠;命必下究,情必上通"。詹事府:"毋为憸佞,毋肆谗慝"。翰林院"词尚典实,浮薄是戒;谋议所属,出弊乎外;心存大公,罔役于私"。左右春坊"尔端尔行,尔正尔心;非圣不道,其慎其钦"。司经局"曲学阿世,古人所戒;笃慎勿忘,庶几无悔"。六科"正人是资,邪佞必斥;其笃念哉,毋苟充位"。光禄寺"毋俭公费,而纵私馈;毋骋奢侈,毋肆暴殄;毋作愆过,以蹈常典"。鸿胪寺"时维尔官,必庄以肃;必考于度,必协于中;无简无繁,周旋雍容"。太仆寺"尔笃于民,毋侵毋刻;尔勤于职,必敬乃德"。

---

① 柏桦、李倩:《论明代〈诸司职掌〉》,《西南大学学报》,2014 年第 4 期。

国子监"勖尔师生，咸笃于诚；无忽于行，式观厥成"。钦天监"惰慢而失，灾眚而隐；予则汝罚，勖哉惟谨"。京府"冰清玉刚，准平绳直；毋惮豪右，毋纵奸慝"。行人司"毋为奇衺，毋纵贪墨"。锦衣卫"尔其懋密，勿纵于私；宜廉宜慎，宜勤宜祗"。中都留守司"严乃部曲，饬乃士伍；有爱有威，以训以抚"。各都指挥司"毋纵贪戾，毋肆暴害"。内外诸卫"饬尔屯务，兵食所赖；修尔兵政，以靖境内"。各布政司"谨其操持，端其表仪；郡守邑令，有贤有否；明其廉察，公其去取"。按察司"毋怠于职，毋败于度；毋权之慑，毋势之怙；吐刚茹柔，或私灭公"。各府"奉法循理，为下表仪；廉公与明，政乃弗疵"。各州"狱讼必平，赋税必时；毋纵民厉，毋侈货黩"。各县"致恭神祀，致励学校；毋肆侵渔，毋纵苛暴"。王府官"苟纳于邪，汝则干僻"。盐运司"尔之攸职，是名利权；利不自濡，汝允其贤"。儒学"化民成俗，以善其乡，成德达才，以资于邦"①。

　　虽然是《官箴》，但在职官考核上，往往也是依据官箴所言来进行评定的。如《官箴》讲六科"举其愆戾，厘革欺蔽""正人是资，邪佞必斥"，他们的考语则以此为中心。诸如"行端醇而干济有材，学此充赡而献纳有体""谨操持素履益著，详论建清议共归""行谨愿才识更赡，事练达议论可占""敏而果遇事敢言，谅而雅持身克慎""质雅靖而识量充，才明敏而政务达""行端饬而才华蕴籍，学充赡而敷奏详明""操持恪慎而学识充，论劾严正而才器达""朴谅外著，操履克修，明敏中涵，疏论有体""材清质雅，章疏足征，守慎政勤，营务益肃"。献纳、论建、议论、敢言、敷奏、论劾、疏论、章疏等，都成为考核称职的重要条件。再如《官箴》讲各县，"如父与母，字厥孩提"，要求他们善于抚字，勤于政事，强调的是操守，故考语也是以此为中心，诸如"律身谨饬，临

────────

① 以上引文见《明宣宗实录》卷92，宣德七年六月是月条，国立北平图书馆藏红格本，1962年，第2107页。

民慈厚""材敏政勤,心醇守慎""调官志励,简邑政修""强毅有为,敏达无议""才力素优,操持不变""才堪繁剧,守无訾议""守无疵议,政有勤绩""政务克修,操持能慎""操履恪慎,政事勤敏""简朴自持,平实为政""牧民有济,持己无疵""政既宽平,才亦敏达""临政敏达,持身方毅""才赡行良,政勤守慎""性资谨朴,政务勤能"①。虽然这些考语模糊,但也可以看出政务与操守已成为知县考核称职的必备条件。

明代对地方官的考核,特别是对州县官的考核,是非常重视且非常严格的。对于州县官,朱元璋曾经颁布《到任须知》,列举地方官应办理的事务有三十一款,涉及地方官各种事务。

1. 祭祀:国之大事,所以为民祈福。各府州县,每岁春祈秋报,二次祭祀,有社稷、山川、风云、雷雨、城隍诸祠,及境内旧有功德于民,应在祀典之神,郡厉、邑厉等坛,到任之初,必首先报知祭祀诸神日期,坛场几所,坐落地方,周围坛垣、祭器、什物,见在有无完缺。如遇损坏,随即修理,务在常川洁净,依时致祭,以尽事神之诚。

2. 救济:养济院孤老若干,各开:养济院见在孤老,月支粮米,岁支布匹,遂一开报。须亲自点视给赐,毋致失所,以副朝廷存恤之意。

3. 录囚:见在狱囚若干,已未完,各开。刑狱者,死生所系,实维重事,故报祀神之次,即须报知。本衙门见禁罪囚,议拟已完若干,见问若干。其议拟已完者,虽系前官之事,亦宜详审决放。见问者,到任尤宜究心,中间要知入禁年月久近,事体重轻,何者事证明白,何者取法涉疑。明白者,即须归结。涉疑者,更宜详审。期在事理狱平,不致冤抑。

4. 土地钱粮:入版籍官民田地若干,官粮民粮若干,各开。版籍田粮,政事之大,故于祀神、理狱之次,即须报知。此件中间,须要分豁军、民、匠、灶、

---

① 以上考语见[明]不著撰人:《吏部考功司题稿》,台湾伟文图书公司,1977 年。

僧、道、医、儒等户各若干,官田地若干,民田地若干,每岁民间夏秋二税该粮若干,官田租粮若干。各分款项开报,以备度量支用。

5. 朝廷政策推行:节次圣旨、制书,及奉旨榜文谕官民者若干,曾无存者若干,各开。为官之道,政治禁令,所当先知,须考求节次所奉圣旨、制书,及奉旨意出给榜文,晓谕官民事件,逐一考究,讲解立法旨意,已未施行。中间或有损缺不存者,须要采访抄写,如法收贮,永为遵守。

6. 察吏:本衙门吏典若干,各开。分科办事,在吏典之能否,必须先报吏典总数若干,然后分豁六房,某房司吏几名,典吏几名,备细开报。所该房分,须令常川掌管,考其所办事务,验其能否勤怠,以示惩劝。

7. 治吏:各房吏典,不许那移管事,违者处斩。凡有司内吏典,各有所掌房分。如刑房专掌刑名,户房专掌钱粮。该吏承管日久,则知事首尾,容易发落。近有司多听从吏员计嘱,将所管房分,时常迁调,以致所管事务,不知首尾,多生情弊。今后各房,若有仍前那移管事者,吏处斩,官别议。若一房事,更过十名二十名,或二三名接管,人人首尾不到了时,都拏来要处斩罪。其有事故接管者,不拘此例。

8. 各种公务:承行事务已完若干,已施行未完若干,未施行若干,各开。六房吏典,各将节次承受上司来文,及照行事件,分豁已完若干,已作施行未曾完结若干,未作施行若干,各另开报。除已完外,未完事件,要分事体急缓重轻先后,催并完结,其未施行者,即作施行。毋致沉匿稽迟,以致耽误公事。

9. 督促所属衙门:在城印信衙门若干,各开。除本衙门外,所属衙门,如一府所辖有州、县、学校、巡检司、水马驿、河泊、递运所、仓场库务,凡有印记衙门各若干,逐一开报,庶知所辖处所,及所理庶务。由县所属印记衙门,一体开报。

10. 清查衙署库藏:仓库若干,各开。凡本衙门所有仓库,须分豁报知,某仓见储某年收到官粮若干,民粮若干,几年官粮若干,民粮若干,已支若干,见存若干。其库分,依上分豁金银、钱货、什物,某件若干,逐一开报。以凭稽考支用,无致侵欺埋没。

11. 清查境内所属库藏:所属境内仓场库务若干,各开。除本衙门仓库已报外,所属境内,应有仓场库务,某仓储某年所收官民粮米见在若干,某场所收竹木等项数目若干,某库盛贮金银钱货什物各若干,某税课司局岁收钱钞若干,逐一开报。庶知境内所产所税,钱粮物货数目。

12. 核实官养牲畜:系官头匹若干,各开。本衙门或有系官头匹,及所属驿分所有马驴孳畜等项头匹数目,务要逐一取勘见数。或有孳生数目,随即报知作数,以凭稽考。

13. 核查粮储货物:会计粮储,每岁所收官民税粮若干,支用若干,各开。量入为出,国家经费重事,须要开报,每岁收到入官租粮若干,民间税粮若干,或漕运邻境,或折收布疋、钱钞、货物各该若干,及每岁官吏俸给,军士月粮等项,支用若干,各另开报。庶知每岁所收,及支用数目,以候经度。

14. 核查商税收:各色课程若干,各开。所属境内,出产货物,各色课程,酒醋茶矾等项,各别开报每岁所收数目,以凭稽考支用。

15. 清查水产税收:鱼湖几处,岁课若干,备开各湖多少。所属境内,若有鱼湖,须报总计几处,岁办鱼课若干,内某湖坐落某处,岁办若干,逐一开报,以凭稽考。

16. 清查金银矿产:金银场分若干,坐落何山川,所在若干,各开。所属境内,或有出产金银场分,须知总计若干。分豁坐落某处金场,额办数目若干。某处银场,额办数目若干。须要稽考实办数目,以革侵欺隐匿之弊。

17. 清查各种矿窑:窑冶各开是何伎器,及砖瓦名色。所属境内,若有窑冶去处,须要各另开报。某窑出产或铜铁锡,岁办若干。烧窑去处,所烧是何器物,或砖或瓦,碗楪什物等项名色,逐一开报。

18. 稽考盐场：近海郡邑煮海场分若干，各开。国用所需，多资铸山煮海之利，以省民租。所辖境内，或系边海郡邑，须将所有煮海场分，某场灶户若干，该工本钱若干，岁办盐课若干，所有场分，逐一开报，以凭稽考。

19. 清理衙门公物：公廨间数，及公用器皿裀褥之类若干，各开。署事公厅，及住歇房屋，公用器皿，皆民所办。须分豁公厅、左右两厢、门屋后堂等项间数，内公用什物、椅卓、裀褥等项，逐一开报。遇有缺坏，随即修理，务在整治洒扫洁净，相沿交割。其有毁坏者，必须究治。庶令爱护使用，免致重劳民力。

20. 清理境内公物：邑内及乡村系官房舍，有正有厢若干，各开。系官房舍，若不以时整点，恐致颓敝埋没，必须逐一开报，某处官房几间，正房几间，厢房几间。其有便于民间租赁者，约量租赁，从便住歇。须令时加葺理，免致颓敝。

21. 监督学校：书生员数若干，各开。培养生员，所以作成人才，以资任用。如一府所属，本府学肄业生员几名，中间通经成才者几名，年幼及未成才者几名，时加考试勉励，劝勤惩怠。遇有缺员，随即选补。其有入学已久，不遵教养者，随即黜退，罚充令典。若建言实封告讦，把持公事者，照依已行榜文内事理治罪。所属州县，依前开报，考试勉励，务求实效，以称善俗良才之意。

22. 考察境内耆宿善恶：耆宿几何，贤否若干，各开。设耆宿，以其年高有德，谙知土俗，习闻典故，凡民之疾苦，事之易难，皆可访问。但中间多有年纪虽高，德行实缺，买求耆宿名色，交结官府，或蔽自已差徭，或说他人方便，蠹政害民。故到任之初，必先知其贤否，明注姓名，则善者知所劝，恶者知所戒，自不敢作前弊矣。

23. 清查孝行：孝子、顺孙、义夫、节妇，境内若干，各开。如前官未明，到任之后，须当日访以开之。移风易俗，在于激劝善良，所属境内，或有孝子顺孙,义夫节妇,孝行可称,节操显着,已行旌表者,必须报知数目。其有未经旌表者,必须亲自体访的实,申请旌表,以励风俗。

24. 查考本籍在任及致仕官员:境内士君子在朝为官者几户,所属境内有士人君子在朝为官,及任府州县事者,须逐一开报几户,及见任是何职事。其有仕于朝廷,年老致仕还乡者,一体开报。

25. 查访人才:境内有学无学儒者若干,各开。所属境内之民,贤愚不等,其间儒者,或有精通经典,或有长于文章,或有牧民驭众之能,或有干办小才之用,皆当察其能否,记其姓名,一可访问以补政治,二可充贡以资任用。

26. 惩处恶霸讼棍:境内把持公私,起灭词讼者有几,明注姓氏。为政之要,必先除奸去恶,则良善得安。所辖境内,或有把持公私事务,说事过钱,教唆起灭词讼,骗诈良善者,着令备细开报。但恐到任之初,一时吏典人等,访寻不实,以善为恶,反害忠良,必须到任之后,详细究问的实,注其姓名,以候再犯,则恶者知惧,不敢为非矣。毋得纵令吏典人等,指此为名,遍行取勘,以致扰民。

27. 清理游民术士:好闲不务生理,异先贤之教者有几。民有常产,则有常心,士农工商,各居一业,则自不为非。或有游手好闲,不务生理,及行邪术左道,以惑人视听,扶鸾祷圣,烧香结会,夜聚晓散,并不孝不弟,好饮赌博,不遵先贤之教者,须采访姓名,注于簿籍,以示惩戒。其人畏惧,更改则止。若仍前不悛,则治之以法。毋得纵令吏典人等,指此为名,偏行取勘,以致扰民。

28. 核对诸色徭役数目:本衙门及所属该设祗禁、弓兵人等若干,各报数目。本衙门见设祗从、禁子、弓兵人等,令报数目若干,分豁额设定数,到役日月,毋令容留、滥设、作弊。

29. 开报本籍犯罪黜免官员名单:境内士人,在朝为官,作非犯法,黜罢在闲几人,至死罪者几人。所属境内,有为官作非犯法,断发他所工役,迁徙安置,家不存者,及罢闲在家住坐者,须逐一开报。其已犯死罪,家小见存者,一体开报。

30.开报境内违法犯罪名单:境内民人犯法被诛者几户。境内民人有作犯非为,已经诛戮者,逐一取勘数目,及所犯是何罪名。

31.开报境内警迹人名单:境内警迹人若干,各开。所属境内,充警迹人若干,逐一开报。

不能不佩服朱元璋的殚精竭虑,他不但对地方政务了如指掌,而且把握了地方的官风民情。朱元璋明白,这不是什么施政纲领,也不是什么指导原则,乃是地方官应该承办的各种事务,故此认为:"此书虽粗俗,实为官之要机,熟读最良。"①

朱元璋所罗列的三十一项事务,虽然号称为官之要,但不能够含括地方官所有的职权及应办的事务。《明史·职官志》列有地方官职掌赋役、养老、祀神、贡士、读法、表善良、恤穷孤、稽保甲、严缉捕、听狱讼、致贡等十余项。明人叶春及的《惠安政书》十二篇,所言图籍、地理、版籍、乡约、里社、社学、保甲等事,其讲政务的顺序是:田土(附屯田)、户口(附清军)、贡赋(附鱼课、盐课)、力役、驿传、巡检、里社、学校、保甲、赈灾、祀神、风俗、防灾、人物等事。而事关州县官处分事项则有公式、降罚、升选、举劾、考绩、赴任、离任、本章、印信、限期、事故、旷职、营私、书役、仓场、漕运、田宅、户口、盐法、钱法、关市、灾赈、催征、解支、盘查、承追、科场、学校、仪制、礼典、文词、服饰、驿递、马政、军政、军器、海防、边防、盗贼、人命、逃人、杂犯、提解、审断、禁狱、用刑、河工、修造等数十项。明末高攀龙的《申严宪约责成州县疏》中,

① ［明］申时行等:《明会典》卷9《吏部·到任须知》,中华书局,1989年,第53页。

提出的责成州县官应重点承办的事务有五十余条。① "夫守令,安民之官,守令得人,则政著而民自安,否则朝廷虽有良法美意,惠泽不宣于下,民不可得而安矣。"②明王朝重视对地方官的考核,既有朝觐考察,又有考满规定,还有不时考察,以及巡视考察,而考核的重点往往与地方官的政务脱节。

三、本等六事

六事之说,始于汉代上计考课,"秋冬岁尽,各计县户口垦田、钱谷入出、盗贼多少,上其集簿"③。当时县令之责有教化、户籍、赋税、徭役、保卫、刑讼、赈恤、供应八项要务④,后人称"汉以六事课吏"⑤。宋代"以四善、三最考守令:德义有闻、清谨明著、公平可称、恪勤匪懈为四善;狱讼无冤、催科不扰为治事之最,农桑垦殖水利兴修为劝课之最,屏除奸盗、人获安处、振恤困穷、不致流移为抚养之最"⑥。四善乃是道德标准,也是对所有职官的考核标准,而"三最"涉及狱讼、催科、农桑、水利、奸盗、振恤等事。金代制定《辟举县令法》云:"以六事考之,一曰田野辟,二曰户口增,三曰赋役平,四曰盗贼

---

① 1.课农桑,2.兴教化,3.育人才,4.乡约,5.乡饮,6.社学,7.学宫,8.积贮,9.社仓,10.境内荒芜田土,11.境内陂池,12.仓谷,13.养济院,14.振极贫,15.钱粮,16.征银火耗,17.收银,18.起解银两,19.库藏,20.词状,21.人命状词,22.佐贰不得令擅受民词,23.勾摄,24.不得容棍徒,25.妇人犯罪,26.轻犯罪人,27.罪犯,28.查狱,29.胥役,30.旌善,31.惩恶,32.查讼师,33.拿豪奴,34.慎用刑,35.肃堂规,36.立簿书,37.谨关防,38.去亲戚,39.平易买,40.放工食,41.却贺礼,42.严巡缉,43.称贷,44.上司铺陈,45.马匹,46.保甲,47.武备,48.盗贼,49.自审,50.赌博,51.娼家,52.白莲无为等教,53.移风易俗,54.禁溺子女,55.禁杀耕牛飞鸟。参见[明]高攀龙:《高子遗书》卷7《申严宪约责成州县疏》,文渊阁四库全书本。
② [明]陈子龙等辑:《明经世文编》卷197引潘潢《申明守令条格疏》,中华书局影印本,1962年,第2031页。
③ [晋]司马彪撰,[梁]刘昭注补:《后汉书志》卷28《百官志五》,中华书局,1965年,第3623页。
④ 参见瞿兑之、苏晋仁:《两汉县政考》,中国联合出版公司,1944年,第17~36页。
⑤ [明]易鸾等修:《嘉靖和州志》卷16《金石志》载《和州修学碑记》,天一阁藏明代方志丛刊补刊第35册,上海书店,1982年。
⑥ [元]脱脱等:《宋史》卷163《职官志三》,中华书局,1977年,第3839页。

息,五曰军民和,六曰词讼简。"①元初至元八年(1271),"诏以户口增、田野辟、词讼简、盗贼息、赋役均五事备者,为上选"②。虽然少了"军民和",但后来增加"学校兴"。如元檀州达鲁花赤瓮吉刺,"治绩可书者",有赋役均平、田野开辟、词讼简少、学校兴举、盗贼屏息、常平得法,乃是"六事既备,而君之政毕举矣"③。

朱元璋认为:"元以六事责守令,徒具虚文。今丧乱之后,中原草莽,人民稀少,所谓田野辟、户口增,此正中原今日之急务。"④这等于是废除"六事",以为"郡县之治,自守令始",如果"使守令皆能抚民,天下何忧不治"⑤。所以朱元璋对地方事务非常关注,并将"凡各处府、州、县官员,任内以户口增、田野辟为尚"著入令典⑥。主张因地制宜地治理地方,要求地方官们安抚流亡,劝课农桑。洪武九年(1376),莒州日照县知县马亮考满入觐,其考语云:"无课农兴学之绩,而长于督运。"朱元璋则认为:"农桑,衣食之本;学校,风化之原。此守令先务,不知务此,而曰长于督运,是弃本而务末,岂其职哉? 苟任督责以为能,非岂弟(恺悌)之政也,为令而无,岂弟之心? 民受其患者多矣。宜黜降之,使有所惩。"⑦在这种情况下,"流民归业,田野垦辟"⑧,也就成为考核重点。

随着政治的稳定和社会的发展,田野辟、户口增固然还是重点,但其他

---

① [元]脱脱等:《金史》卷55《百官志一》,中华书局,1975年,第1228页。

② [明]宋濂等:《元史》卷82《选举志二》,中华书局,1974年,第2039页。

③ 钱伯城等主编:《全明文》卷61引危素《檀州达鲁华赤瓮吉刺君去思碑》,上海古籍出版社,1994年,第2册第384页。

④ 《明太祖实录》卷37,洪武元年十二月辛卯条,国立北平图书馆藏红格本,1962年,第749页。

⑤ 《明太祖实录》卷174,洪武十八年秋七月丙子条,国立北平图书馆藏红格本,1962年,第2649页。

⑥ 杨一凡等主编:《大明令·吏令》,科学出版社,1994年,《中国珍稀法律典籍集成》乙编1册第8页。

⑦ 《明太祖实录》卷106,洪武九年六月乙未条,国立北平图书馆藏红格本,1962年,第1773页。

⑧ 《明太祖实录》卷125,洪武十二年闰五月庚申条,国立北平图书馆藏红格本,1962年,第1998页。

事务也逐渐纳入考核之中。洪武十七年(1384),朱元璋"命县考于州,州考于府,府考于布政司,各以所临精其考核,以凭黜陟,昭示劝戒"。为此列为八事,"颁布天下,永为遵守"。其第一事:"州县之官宜宣扬风化,抚字其民,均赋役,恤穷困,审冤抑,禁盗贼,时命里长,告戒其里人敦行孝弟,尽力南亩,毋作非为,以罹刑罚,行乡饮酒礼,使知尊卑、贵贱之体,岁终察其所行善恶而旌别之"①。除了此前的户口增、田野辟之外,增加了均赋役、恤穷困、审冤抑、禁盗贼等内容。洪武二十四年(1391),"选历事官习成等往十二布政司整饬庶务,访求贤才,劝励学校,仍责其成于有司"②。地方学校之事也纳入考核的重点,虽然没有以"六事"名之,但已经有了"六事"的内容。

永乐二年(1404),因御史分巡考察以后收效不大,永乐帝认为,如果御史分巡入其境,"田野辟,人民安,礼让兴,风俗厚,境无盗贼,吏无奸欺,即守令贤能可知"。这乃是所谓的实迹,所以"考察有司贤否,皆令具实迹以闻"③。这里也是"六事",但没有"学校兴"。永乐十五年(1417),命行在礼部移文中外诸司,要他们一遵成宪,"爱恤军民必崇实惠。且以农桑衣食之本,必及时劝课;学校育材之地,必加意劝;勉赋役必均平,科征必从实,祭祀必诚敬,刑狱必平恕,孝顺节义必旌表,鳏寡孤独必存恤,材德遗逸必荐举,边徼备御必严固,仓库出纳毋侵欺。有司官吏贪暴旷职者,监察御史、按察司具实纠举"④。这应该是按照《到任须知》而罗列的主要事项,但已经将学校纳入考察范围。

宣德元年(1426),陕西秦安县知县畅宣,因"为政廉能,抚民勤劳,差科

---

① 《明太祖实录》卷 161,洪武十七年夏四月壬午条,国立北平图书馆藏红格本,1962 年,第 2497 页。

② 《明太祖实录》卷 209,洪武二十四年六月辛酉条,国立北平图书馆藏红格本,1962 年,第 3119 页。

③ 《明太宗实录》卷 34,永乐二年九月丁卯条,国立北平图书馆藏红格本,1962 年,第 604 页。

④ 《明太宗实录》卷 194,永乐十五年十一月癸酉条,国立北平图书馆藏红格本,1962 年,第 2044 页。

均平,逃徙复业,词讼简,盗贼息"①,所以在丁忧之后官复原职。宣德二年(1427),宣德帝在读完《汉书·循吏传》之后,对吏部尚书蹇义讲《汉书》所载循吏,都是"兴学校,勤劳徕,劝课农桑,修举水利,恭俭爱人",因此提出守令"教养之道,农桑、学校而已。农桑之业修,则民足于衣食,而遂其生。学校之政举,则民习于礼义,而全其性。如是足以为善治矣"②。当年他所作《御制帝训》,也有《兴学篇》。即便是倡导学校兴,在考察时也往往容易忽略,当年朝觐考察,所劾奏的守令,乃是"为守令不勤于抚字,司钱谷不明于出纳,致人民遁逃,赋税逋负,军伍不清,狱讼愈繁"③。还是户口、赋役、狱讼、盗贼等事。

在正德、嘉靖年为官的林希元④,曾经讲道:"学校、田野、户口、赋役、讼狱、盗贼之六事者,乃国朝督崇守令之令典"⑤。这个"六事"是什么时候进入令典的,《明会典》没有明确记载,但在成化七年(1471),左都御史李宾在题奏中讲道:"窃天下守令有才有德者少,不敬不惧者多,本等六事未见其行,备荒救荒亦无其策。"⑥此后"六事"不断出现于各类文章之中,但在具体考核上,并不是"六事并举"。成化十四年(1478),翰林院编修王鏊⑦丁忧回籍,"历数十郡县,入其疆,其六事举者盖少也,独得三四人焉耳。三四人外,盖有环数城而不闻善政者,何其难也。三四人者,其政赫然有闻,刑狱减,赋税

①　《明宣宗实录》卷16,宣德元年夏四月壬午条,国立北平图书馆藏红格本,1962年,第438页。
②　《明宣宗实录》卷26,宣德二年三月辛丑条,国立北平图书馆藏红格本,1962年,第681页。
③　《明宣宗实录》卷24,宣德二年春正月壬辰条,国立北平图书馆藏红格本,1962年,第628页。
④　林希元(1482—1567),字茂贞,号次崖,泉州同安人,正德十二年(1517)进士,官至兵备海道,著有《林次崖集》《朱子大同集》《易经存疑》等。
⑤　[明]林希元:《林次崖先生文集》卷9《赠郡侯西川方公朝觐序》,厦门大学出版社,2015年。
⑥　[明]戴金等编,蒋达涛等点校:《皇明条法事类纂》卷8《除授守令其后犯赃污等事连坐举主例》,科学出版社,1994年,《中国珍稀法律典籍集成》乙编第4册第361页。
⑦　王鏊(1450—1524),苏州吴县人,成化十一年(1475)进士,官至内阁辅臣,著有《震泽长语》《震泽集》《姑苏志》等。

集,斯已矣。其诚心抚字,如古之循吏,盖无有也"①。即便是如此,"六事"还是守令考核的重点内容,正如海瑞所讲:"守令陆事,于今行之,即古之意。"②当时朝廷"以学校、赋役、狱讼等六事责郡县,而督察于监司,岁遣御史巡察之"③。每逢朝觐,地方官都要述职,"述职者,述所职也。守令六事,对扬上休,君无愧矣。虽然无非事者,而今视为故事矣"④。六事考核虽然成为"故套",但在考核中也需要样样具备。

本等六事虽是地方官考核的重点,但在不同时期侧重点也不同。按照六事顺序,"学校兴、田野辟、户口增、赋役均、词讼简、盗贼息"。在社会安定的时候,田野、户口、赋役等,不存在什么问题,若要考核称职,地方官多从学校方面搞政绩,"大多数名宦传记,都记载该官有修建学宫的政绩,修建时也都立有碑传以镌刻姓名,而很难说这些人是重视教育的"⑤。为了应付考核,"守令亦未尝以教养为己任,徒具文案,以备照刷而已。及至宪司分部按临,亦但循习故常,依纸上照刷,亦未尝差一人巡行点视,兴废之实,上下视为虚文"⑥。务其表而不顾其实,总以当时朝廷提倡为转移,如张居正提出,"夫徭役、赋役、里甲、驿递,乃有司第一要义,余皆非所急也"⑦。既然是第一要义,当然也是考核重点。当社会动乱之际,"武备举废,为今日课守令第一要务"⑧。"今专以狱讼为要务,以获贼多者为称职,以事迹少者为阘茸,一有不

---

① [明]王鏊:《震泽集》卷10《送姜太守改任宁波序》,台湾商务印书馆《景印文渊阁四库全书》,1983年,第1256册该卷第12页。
② 陈义钟编校:《海瑞集》上编《督抚条约》,中华书局,1962年,第247页。
③ [明]林希元:《林次崖先生文集》卷9《送惠安陈侯入觐序》,厦门大学出版社,2015年。
④ 陈义钟编校:《海瑞集》下编《赠文昌大尹罗近云入觐序》,中华书局,1962年,第394页。
⑤ 柏桦:《明代州县政治体制研究》,中国社会科学出版社,2003年,第324页。
⑥ [清]黄宗羲辑:《明文海》卷47引叶居升《上万言书》,中华书局,1987年,第348页。
⑦ [明]张居正:《张太岳集》卷25《答保定巡抚孙立亭》,上海古籍出版社,1984年,第298页。
⑧ [明]陈子龙等辑:《明经世文编》卷416引吕坤《摘陈边计民艰疏》,中华书局影印本,1962年,第4510页。

称,虽有忠臣、孝子、义夫、节妇,视为虚文末节,而不暇举。"①由此可见,所谓的要务都是随着社会形势而改变的,具有应时性的特点。

六事考核,都可以有指标,而这些指标有缓有急,有的容易见到成效,有的不容易见到成效,再加上守令"由是要名者,惟务善事上官,而不知民事之当理。图利者,惟务克剥下民,而不知民穷之当恤。非惟人心不古,亦势使然也"②。也无怪乎"今之守令以户口、钱粮、簿书、狱讼为急务,至于农桑、学校,王政之本,乃视为虚文,而置之不问"③。朝廷考核重视什么方面,地方官就会从什么方面下手,他们并不是尊重朝廷,也不是为了办事,应付考核就是为了自己的官运,也就无怪乎时人讲他们"以官爵为性命,以钻刺为风俗,以贿赂为交际,以嘱托为当然,以循情为盛德,以请教为谦厚"④。在政治腐败的时候,所谓的考核也不过是给一些人牟利带来方便,正如海瑞所云:"今人谓朝觐年,为京官收租之年。"⑤外官以京官为奥援,京官以外官为利薮,政治与金钱交易在考核中成为惯例,也就不能够说什么考核公正了。

四、实政册

从汉代上计考核要提交"计书",到明代朝觐考核提交"文册",考核一直是以文书为凭据。最初朝觐考核,朱元璋令地方官攒造文移册图,赴部考核,这些文移册图要写明真实政绩及所办事宜,如田亩水利要绘图。洪武五

---

① ［清］黄宗羲辑:《明文海》卷47引叶居升《上万言书》,中华书局,1987年,第348页。
② ［明］陈子龙等辑:《明经世文编》卷178引张孚敬《重守令疏》,中华书局影印本,1962年,第1819页。
③ ［清］黄宗羲辑:《明文海》卷47引叶居升《上万言书》,中华书局,1987年,第348页。
④ ［明］赵南星:《赵忠毅公诗文集》卷20《蒙恩再出力挽于进疏》,北京出版社,2000年,《四库禁毁书丛刊》集部第68册第634页。
⑤ 陈义钟编校:《海瑞集》上编《淳安政事》,中华书局,1962年,第40页。

年(1372)，"令有司今后考课，必书农桑、学校之绩，违者降罚"①。可见赴部考核文册，都是朝廷要考核的重点事宜。洪武十八年(1385)，"自今定为三年一朝，赍其纪功图册、文移稿簿，赴部考核，吏典二人从，其布政司、按察司官亦然。著为令"②。洪武二十年(1387)，"每司止令正官、首领官吏各一人来朝，盐运司官亦令其来，皆以所行事迹开具纪功图簿，隔眼草稿，亲赍奏考，俱期以岁终到京，舟车之费官给与之，禁毋驰驿扰民，其云南道远者，不必来朝"③。这里讲纪功图册或图簿，文移稿簿或隔眼草稿，具体是什么内容，语焉不详，但《责任条例》里明确指出："诸司置立文簿，将行过事迹，逐一开写，每季轮差吏典一名，赍送本管上司查考。布政司考府、府考州、州考县，务从实效，毋得诳惑繁文，因而生事科扰。每岁进课之时，布政司将本司事迹，并府州县各赍考过事迹文簿，赴京通考。"④也就是说，除府州县官朝觐考察时需要将纪功图册亲赍吏部，各布政司将每年考核府州县官的事迹文簿也带到吏部，进行比对考察。洪武二十六年(1393)定："在外有司府州县官三年考满，先行呈部，移付选部作缺铨注，司勋开黄，仍令给由。其见任官，将本官任内行过事迹，保勘覆实明白，出给纸牌，攒造事迹、功业文册，纪功文簿，称臣佥名，交付本官，亲赍给由。"⑤建文帝革繁就简，"止令造进功业文册一本、纸牌一面"⑥。永乐帝即位，恢复祖制，则可见地方官朝觐考察，要亲赍纸牌、功迹册、功业册、须知文册等，可以称为"实政册"。

① 《明太祖实录》卷 77，洪武五年十二月甲戌朔条，国立北平图书馆藏红格本，1962 年，第1409 页。

② 《明太祖实录》卷 173，洪武十八年六月戊申条，国立北平图书馆藏红格本，1962 年，第 2640~2641 页。

③ 《明太祖实录》卷 184，洪武二十年八月壬申条，国立北平图书馆藏红格本，1962 年，第2770 页。

④ [明]申时行等：《明会典》卷 12《吏部·责任条例》，中华书局，1989 年，第 77 页。

⑤ [明]申时行等：《明会典》卷 12《吏部·考核》，中华书局，1989 年，第 72 页。

⑥ 《明太宗实录》卷 10 下，洪武三十五年秋七月甲午条，国立北平图书馆藏红格本，1962 年，第161 页。

所谓的"纸牌",是一种公文形式,其种类繁多。用于凭信者,金银铜铁竹木纸张均有之。用于官府之间事务,则以纸张为主,下行称为牌行,上行称为牌呈,平行称为牌咨。用于执行政务,则称为牌委,如火牌、拘牌、行牌等,通常要与票一起使用,故此称牌票。牌与票的区别在于,票是单面写字,牌是双面写字。朝觐考察所要带的纸牌,前面写明某某为朝觐事,后面需要写明在任考满年月日期,任本职多长时间,此前任某职多长时间,有什么主要事迹,所承办的事务完结多少,未完结多少,丁忧多少时间,得病多少时间,是否是初任、复任,除了要把完整职衔(如知县要写:某府某县知县事、文林郎、某科进士及第、加几级、纪录几次、罚俸几月、降几级、臣某某)写清楚之外,书写此牌的吏员也要署名,加盖印信。牌上有一处错误,都要参问,按律治罪。

所谓的"功迹册",亦称"功绩册""事迹册",是在任期间接受的奖励及处分的记录,有奖励处分缘由及凭证,三年、六年考满的给由文书,各种带有印信的保结文书等,装订成册,以备查核,如果没有,就要受到处分。如洪武二十七年(1394),山西按察司佥事宋礼、吕震等"考满至京,不进功绩文册"[①],就被降为户部主事,正五品降为正六品。

所谓的"功业册",是在任期间所办理的各项事务,基本上是按照六事而诸项填写。海瑞在应天巡抚时所制定的《考语册式》,上有操守、才识、兴利、除害等四大项。操守下有纸赎、秤头常例、贿赂、嘱托、里甲常例、粮长常例、粮里供应、盐引常例等八项。才识下有治民、治财赋、治兵、兴教化、听狱讼等五项。兴利下有耕桑、均田、均赋役、水利、开垦、积谷、学校、成美俗等八项。除害下有吏书作弊、门皂作弊、库吏称头、里老科害、粮长科害、巡捕扰

①　《明太祖实录》卷232,洪武二十七年三月癸丑条,国立北平图书馆藏红格本,1962年,第3390页。

害、军兵扰害、唆词、盗贼、风俗薄恶、风俗侈靡等十一项。这是海瑞对"所有申送文册,日夜阅思",最终制定的册式,"仰各道各府州县官照后款式注填,按季申报"①。海瑞便可以根据申报而撰写考语,也可见"功业册"大致的内容。

所谓的"须知文册",就是《到任须知》罗列的三十一项内容,也是地方官应该查报的内容,在朝觐考核时,如果没有完成此任务,或者出现错误,就要受到处罚。如洪武二十七年(1394),山东曲阜县知县孔希文,就是"坐须知不完,罢为民"②。最初对《须知文册》检查很仔细,查出错误要予以治罪,但自正统以后,多予以宥免。如正统元年(1436),"天下诸衙门所进《须知文册》内,户口钱粮数目,违错者多"。经过追究责任,涉及官吏3659员,"上宥其罪,但令移文谕戒之"③。皇帝的网开一面,导致官吏们对《须知文册》不太重视,在天顺四年(1460),又查出各官"赍到《须知文册》其中钱粮、户口、数目多错异",按例提出对经该金书官吏治罪,"上命姑恕其罪,仍移文谕之"④。此后查出错误,照例赦免,几乎成为惯例,如弘治十二年(1499),"吏部以天下诸朝觐官员所赍《须知文册》数目类多舛错,请治原金书官吏之罪"。结果是"上以犯在赦前,俱贷之"⑤。在正德时,《须知文册》更成为表面文章,只要交钱就能够免查,特别是镇守太监们,"皆假名科敛,自为取财之计",收受"拜见银、须知银、图本银、税课司银、出办椿草银、扣除驿传银、马价银、甲首

---

① 陈义钟编校:《海瑞集》上编《考语册式》,中华书局,1962年,第259页。
② 《明太祖实录》卷234,洪武二十七年九月庚戌条,国立北平图书馆藏红格本,1962年,第3421页。
③ 《明英宗实录》卷18,正统元年六月丁巳条,国立北平图书馆藏红格本,1962年,第364页。
④ 《明英宗实录》卷317,天顺四年秋七月己卯条,国立北平图书馆藏红格本,1962年,第6609页。
⑤ 《明孝宗实录》卷151,弘治十二年六月壬辰条,国立北平图书馆藏红格本,1962年,第2662页。

夫银、快手月钱银、河夫歇役银，动以数十万计"①。须知、图本等，都是例应开报考核的文册，如今收银，则可见承办不认真了。

　　嘉靖年间，曾经将此前朝觐考察事例的一些内容纳入《问刑条例》，使之具有法律的效用②，但也不能够消除弊端。嘉靖七年（1528），工科给事中陆粲③，曾经上疏云："惟今天下所造《须知文册》，止是空文，部院虽或行查，亦不过虚应故事。"④嘉靖二十五年（1546），御史陈价提出朝觐考察八事之"省繁文"讲："须知文册（原文为囚）不得拘泥格式，勒令改造。"⑤隆庆四年（1570），南京科道官条陈考察事宜之"明须知以责实政"讲道："请查须知事条，能举与否，并积谷多寡，以别勤惰，以明殿最，令各抚按以此督责有司。"⑥由此可见，《须知文册》的问题越来越多，已经成为虚应故事的空文，有必要进行改造，所以形成朝觐考察攒造《五花册》制度。

　　嘉靖三十一年（1552），吏科都给事中何云雁，条奏考察六事，其"稽考语以防欺误"事讲道："五花文册所载天下众官考语，中间多有举刺相戾，迁转

---

　　① 《明武宗实录》卷139，正德十一年秋七月己丑条，国立北平图书馆藏红格本，1962年，第2737页。

　　② 《大明律》吏律·职制·官吏给由例："在外有司、府、州、县官，三年考满，将本官任内行过事迹，保勘核实明白，出给纸牌，攒造事迹、功业文册，纪功文簿，称臣金名，交付本官，亲赍给由。如县官给由到州，州官当面察其言行，办事勤惰，从实考核称职、平常、不称职语。州官给由到府，府官给由到布政司，如之。以上俱从按察司官核考，仍将考核词语呈部。直隶府、州、县官考核，本部覆考类奏，俱以九年通考黜陟。其云南有司官员任满给由，一体考核，不称职者黜降。原系边方，具奏复任，九年通考。"参见黄彰健：《明代律例汇编》，台湾"中央研究院"历史语言研究所专刊之七十五，1979年，第439页。

　　③ 陆粲（1494—1551），字子余，苏州府长洲人，嘉靖五年（1526）进士，授工科给事中，以敢言而被廷杖三十，谪贵州都镇驿丞，不久升永新知县，以母老乞终养，卒于乡，著有《左传附注》《春秋胡氏传辨疑》等。

　　④ ［明］陈子龙等辑：《明经世文编》卷289引陆粲《去积弊以振作人材疏》，中华书局影印本，1962年，第3408页。

　　⑤ 《明世宗实录》卷317，嘉靖二十五年十一月庚辰条，国立北平图书馆藏红格本，1962年，第5918页。

　　⑥ 《明穆宗实录》卷45，隆庆四年五月辛未条，国立北平图书馆藏红格本，1962年，第1127页。

不一,吏缘为奸,宜令员外、主事各一员,将造完文册查对异同,有差误者正之。"①万历十九年(1591),吏部考功司郎中陆光祖,提出考绩五事,其"举清吏"事讲:"抚按同五花文册,揭报本部,臣等参酌佥同,于大察毕日,列名上请。如得其真,虽数十人不为多。如不得其真,虽数人不为少。"②河南道御史马象乾等条陈六事,其"稽核当实"事云:"其考语册文外,另造一册,列所访事实,送部以凭黜陟。"其"采集当广"事云:"其五花考语册文,预行司道府州县,从实开送抚院,抚院参酌,访明攒造,毋得转委滋弊",其"开报当预"事云:"考语事迹册,俱限九月终送部,过期者以怠玩参罚。"③由此可见,这个《五花文册》既有考语内容,又有咨访事实。

《五花文册》的样式,在天启元年(1621),由吏部尚书周嘉谟④重新制定,即"凡考语册,以守、才、心、政、年、貌,开列六款,以五等为率。守下注:或清洁,或谨慎,或平常,或玷缺,或污浊。才下注:或精练,或通达,或平常,或疏拙,或昏悖。心下注,或公正,或坦直,或平常,或隐秘,或奸险。政下注:或勤敏,或整办,或平常,或宽缓,或隳废。年下注:或方青,或正壮,或似壮,或将老,或已衰。貌下注:或端伟,或雅饬,或平常,或绵弱,或颓鄙"⑤。掌河南道御史刘兰,对此提出补充,"大计五花册既定六款,仍宜于考语后散评数十语,不得止以四六骈语塞责"⑥。当时宦官魏忠贤⑦专权,群臣党争,实施效果并不理想。当时有谣语云:"生文选,死考功。"讲的是"选司主明陟,

① 《明世宗实录》卷392,嘉靖三十一年十二月壬戌条,国立北平图书馆藏红格本,1962年,第6883页。
② [明]陈子龙等辑:《明经世文编》卷374引陆光祖《计吏届期敬陈饬治要务以重大典疏》,中华书局影印本,1962年,第4053页。
③ 《明神宗实录》卷235,万历十九年四月甲辰条,国立北平图书馆藏红格本,1962年,第4364页。
④ 周嘉谟(1546—1629),字明卿,隆庆五年(1571)进士,官至吏部尚书。
⑤ 《明熹宗实录》卷10,天启元年五月癸丑条,国立北平图书馆藏红格本,1962年,第512页。
⑥ 《明熹宗实录》卷13,天启元年八月癸巳条,国立北平图书馆藏红格本,1962年,第679页。
⑦ 魏忠贤(1568—1627),北直隶肃宁人,原名李进忠,天启时权宦。

功司主幽黜"。因为文选司只是主管铨选,而考功司的考核会直接影响到铨选,"若赍捧月分,外报考语,但有一字之疵,每大计后二月,功司付送《五花册》于选司,但有一笔之直,即转王官矣"①。可见《五花册》在当时考察中,起到至关重要的作用。

黄六鸿②《福惠全书》记有《五花册》的样式,认为:"贪酷露章,纠参八法,汇疏入告,其应留任者,均列《五花册》,大约优考居多,而劣者不与也。"清沿明制,《福惠全书》记载在大计朝觐时,州县官所攒造的文册有呈交通政司的奏本、副本、奏册;都察院的须知文册,见任官员册,委署官员册,保民五事册,地方繁简册,地丁简明册,举贡册,见役典吏册,开浚河工册;吏部的须知册,清理文职贴黄册,见任官员册,委署官员册,考察官员册,保民五事册,地方繁简册,乡宦履历册,举贡文册,见役典吏册;吏科的须知册,见任官员册,考察官员册,委署官员册,保民五事册,见任典吏册,地方繁简册;户部的地丁简明册,积谷四柱册,盐引册,逃人册,典税册,羊猪牛驴税册;户科的地丁简明册,积谷四柱册,盐引册,逃人册,典税册,羊猪牛驴税册;礼部的乡宦册,举贡册,廪增附生员册,僧道花名册;兵科的逃人册;刑部的逃人册;工部的开浚河道册;督捕厅的逃人册。除了逃人册是清代新增之制外,其余都是明代沿袭下来的。清代在康熙初年,就停止大吏入觐,"而大计《五花》各册,俱行停造",因此"旧章不传,知者或鲜"③。黄六鸿认为:"然而今之所谓卓异,乃平平无奇,大约以礼意之厚薄为优劣,以谄媚之工拙为喜愠。至其开列事实以云讲读上谕,假寺庙为约所,偶一循故事而已。以云建立义学,于闹市通衢,高立门榜而已。以云修理文庙,于棂星门垣,略施丹垩而已。而

① 《明熹宗实录》卷26,天启二年九月乙未条,国立北平图书馆藏红格本,1962年,第1294页。
② 黄六鸿,字思湖,江西新昌人,康熙九年(1670)举人,历官郯城知县、东光知县、给事中,所著《福惠全书》颇有影响。
③ 以上引文见:[清]黄六鸿:《福惠全书》卷24《典礼部·朝觐大计》,清康熙三十八(1699)年种书堂刊本。

求其所谓民风丕变,士习还淳,教化兴行之实,果何在哉"。清初期"整顿吏治的决心是坚决的,也采取过一系列措施,收到一定效果"①。即便如此,在考核上依然是弊端百出,则可见在专制政体下,其本身就难以克服这些弊端。

第二节　考语与访单

明代的考语是对被考核人员的个人鉴定;访单、地方为揭帖,是在考察时分发给相关人员的咨访文书。考语在考满之后可作为铨选给由的依据,在考察时则成为评定称职、平常、不称职的证据。在官僚政治下,考语趋于模棱两可、华而不实,而且出现信口雌黄、黑白颠倒,甚至成为官员手中打击报复的工具,针对这些弊端出现的访单、揭帖,意在监督官员而与考语相互比对。但考语及访单、揭帖,都是在脱离实政考察的基础上生成的,难免出现各种弊端,以至于成为明末党争的工具。

一、考语不足有访单

考语是以简洁的语言,对被考核官员做出的鉴定。官员考满,要由本衙门堂上官及正官对所属官员开定考语,送部给由。京堂四品官,外官三品官自陈得失,不用考语,其他官员,正官由上级正官填注考语。比如知县由知府填注考语,知府由守巡道填注考语,守巡道由布政使、按察使填注考语。

最初,官员"历任三年,听于本衙门正官察其行能,验其勤惰,从公考核明白,开写称职、平常、不称职词语,送监察御史考核,本部覆考。其在京军职文官,俱从监察御史考核,各以九年通考"。当初称为"词语",弘治元年

---

① 韦庆远:《明清史新析》,中国社会科学出版社,1995 年,第 316 页。

（1488），明确称为"考语"。在京各衙门属官，都要由堂上官出具考语，送都察院覆考，"平常者引奏复职，有赃者罢黜为民。其有前考平常，后能惩艾，勉于为善者，亦宜书称。前考称职，后或放肆改节者，亦书平常，以凭黜陟"①。三年一考，六年再考，九年通考，将三次考语综合评定，然后决定官职升降，这是考满制度。

考满之外，亦有考察。考察最初没有定期，后来定为六年一次，称为"京察"；外官朝觐考察，三年一次，称为"大计"。考察有"八法"，即贪、酷、浮躁、不及、老、病、罢、不谨。每到考期，在京堂上官要开具所属各官考语，在外各官由抚按开具所属考语上报。嘉靖十三年（1534）定制，要抚按每年"将所属大小官，填注考语、揭帖送部，其考语俱要自行体访"②。考语便既是所属各官的工作总结，又是总体评价。

对于地方官员，朱元璋颁布有《到任须知》。洪武二十三年（1390）颁行《责任条例》，"颁行各司府州县，令刻而悬之，永为遵守"。并要"诸司置立文簿，将行过事迹逐一开写，每季轮差吏典一名，赍送本管上司查考。布政司考府，府考州，州考县"。强调"务从实效，毋得诳惑繁文，因而生事科扰。每岁进课之时，布政司将本司事迹，并府州县各赍考过事迹文簿，赴京通考。敢有坐视不理，有违责任者，罪以重刑"③。京官有《诸司职掌》，为考满和考察的标准。行过事迹，即《须知文册》。在景泰以前，如果地方发生战乱等特殊情况，提出免于朝觐考察，可以由该地的首领官带领书吏，携带《须知文册》，"付布、按二司，首领官赍赴本部，以凭考究"④。

但随着考察的制度化，考语的作用愈加重要。"仰惟本朝三年一朝觐，

①　以上引文见［明］申时行等：《明会典》卷12《吏部·考核》，中华书局，1989年，第70页。
②　［明］申时行等：《明会典》卷13《吏部·朝觐考察》，中华书局，1989年，第79页。
③　［明］申时行等：《明会典》卷12《吏部·责任条例》，中华书局，1989年，第77页。
④　《明英宗实录》卷265，景泰七年四月甲辰条，国立北平图书馆藏红格本，1962年，第5631页。

天下布政、按察诸司,府州县官吏,各赍须知文册来朝,六部、都察院行查其所行事件有未完报者,当廷劾奏之,以行黜陟。"到了成化年间,因选调积滞,朝廷设法疏通,"辄凭巡按御史开具揭帖(考语)以进退天下官僚,不复稽其实迹,录其罪状,立为老疾、罢软、贪暴、素行不谨等名以黜退之,殊非祖宗初意。"①弘治时期,左都御史戴珊②对"当考察时,吏部只欲凭巡按御史考语黜退"提出异议,吏部却称"我不能担怨"。明人何良俊③表示:"余谓弘治当人才极盛之时,然吏部尚不肯担怨,今日之事又何待言。"④何良俊所讲的"今日"即嘉靖时期,"惟今天下所造须知文册,止是空文,部院虽或行查,亦不过虚应故事",考察更是以考语为重,而"至于所谓考语者,大抵骈四俪六,两可难辨之词"。"古之圣贤,犹不能以一言尽一人",故"今区区数语,欲尽夫人之情状难矣",何况"未必尽公"⑤。《须知文册》尚有实绩,而考语却以两可难辨之词决定被考察官员的命运,以至于"庶官藩臬,下至郡邑守丞,悉凭考语以为黜陟"⑥。实绩变得次要,考语至关重要,而考语的形式也决定了不可能注重实绩。考语优劣的标准成为道德、学识、能力、人际关系等。

考语关系到被考官员的命运,应该如实填注。在实际运作过程中,"不难发现各级官员都不乏身体力行以维护注考严肃性者,由其填注的考语理当真实可信"。在"实"之中,更多的是虚,填注官员"在填注考语时大多都会经过理性分析。通过反复分析仍违背中央政令填注不实考语,唯一合理的

---

① 以上引文见[明]丘濬:《大学衍义补》卷11《严考课之法》,台湾商务印书馆《景印文渊阁四库全书》,第713册该卷第9~10页。

② 戴珊(1437—1505),字廷珍,江西浮梁人,天顺八年(1464)进士,官至南京都察院左都御史,谥恭简。

③ 何良俊(1506—1573),字元朗,松江华亭人,嘉靖时贡生,曾任南京翰林院孔目,后归隐著述,著有《四友斋丛说》《柘湖集》《何氏语林》等。

④ [明]何良俊:《四友斋丛说》卷9《史五》,中华书局点校本,1959年,第79页。

⑤ [明]陈子龙等辑:《明经世文编》卷289引陆粲《去积弊以振作人才疏》,中华书局影印本,1962年,第3049页。

⑥ [明]张瀚撰,盛冬铃点校:《松窗梦语》卷8《铨部纪》,中华书局,1985年,第147页。

解释在于注考的风险和收益极不均衡"①。这有制度的原因，也有人为的原因，更与当时的政治风气密切相关。

弘治八年(1495)奏准："各处巡抚官，当朝觐之年，具所属不职官员揭帖，密报吏部，止据见任不谨事迹，不许追论素行。其开报官员，若爱憎任情，议拟不当，吏部、都察院并科道官，指实劾奏，罪坐所由。"②由此，抚按官开具各官贤否揭帖成为制度。其实，成化年间，吏科都给事中赵侃就提出"明年朝觐考察，乞谕所司广咨群情，博访众论。其巡抚、巡按并来朝官，揭帖所报贤否，必再四详审，果见其可去可留之迹，然后从而去留之。或有奏报不实，进退失当者，听科道纠举"。所言得到"制可"③。虽然丘濬认为"殊非祖宗初意"，但已经普遍实行了。揭帖名为抚按咨访众情，实为抚按自设"窝访"所得的讯息，也是弊端百出。④ 访单是在抚按官开具贤否揭帖的基础上形成的，是嘉靖末年形成制度。

二、考语的内容

《吏部考功司题稿》收录了不少考语，是嘉靖二十年到二十二年的原始记录。题稿所收的考语，多是官员考满给由咨送吏部铨选所附注的考语，因此称职者较多，即使有一些平常之人，也是可以给由铨选之人。

六部郎中的考语多为赞美之词，如"才识优瞻，操履端恪""才充识敏，守慎政勤""清才济之明敏，吏事饬以文章""心行惇洁而学益勤于官履，才识缊藉而政克慎乎国储""性资和易而应事无失，刑名经历而谳狱亦详"。郎中的

---

① 余劲东：《明代大计考语"虚"、"实"探因》，《江南大学学报》(人文社会科学版)，2016 年第 4 期。

② ［明］申时行等：《明会典》卷 13《朝觐考察》，中华书局，1989 年，第 78 页。

③ 《明宪宗实录》卷 173，成化十三年十二月戊午条，国立北平图书馆藏红格本，1962 年，第 3132 页。

④ 参见［日］和田久德：《明末窝访の出现过程》，《东洋学报》第 62 卷，1980 年第 1、2 期。

职务不同,有关政绩的叙述也不同。如户部郎中,"性资醇雅而操履克修,才识疏通而出纳惟慎";刑部郎中,"性资刚直而守官不渝,才识通敏而谳狱惟允";工部郎中,"醇实之资恒持于素履,公勤之政屡试于剧繁";有些还讲其声名,如户部郎中,"性资缃籍,文学素擅于关中;操履端庄,政务克勤于民部";兵部郎中,"早誉词林,积劳武库"。① 从考语,大概可知其负责的事务,但很难看到具体实绩。考语乃是以德行、才能为主。

员外郎是副职,考语更加难以涉及实绩,而偏重操守。如"学优才敏,行谨政修""操持慎恪,政务详勤""奋礪学勤,慎守官职""操履约饬,听断平明""质静而确,材敏而慎""操履既修,官评克允""乡行素孚,才益著称""志向端而行尤严谨,才识敏而事有执持""学优政勤,性质才敏""性资明敏而官守不渝"。②

六部主事承担一些具体事务,他们的考语往往还能够体现出一些实绩,如"临财无议,遇事有为""质性安凝,政事敏达""守身无玷,临政有条""学赡才充,守身勤政""质稚行良,政勤孝赡""质雅粹而持己慎,才练达而遇事勤""分理繁剧之司,未闻淹滞之狱""尚往之志而操履克修,详慎之才而听断不爽""资性精明而持之以雅饬,才学敏达而济之以公勤""器识通敏,出纳平明""才器磊落,干济能勤""持身不失,理财有方""质本温雅,政优水利"。③

六科给事中有举劾与劝谏之责,"六科掌侍从、规谏、补阙、拾遗、稽察六部百司之事"④。考语也以此为中心。如"朴谅外著,操履克修,明敏中涵,疏论有体""材清质雅,章疏足徵,守慎政勤,营务益肃""行端醇而干济有材,学

---

① 以上引文见[明]不著撰人:《吏部考功司题稿》,台湾伟文图书公司,1977 年,第 53、54、55、375、376、377、702、703、704、1406 页。

② 以上引文见[明]不著撰人:《吏部考功司题稿》,台湾伟文图书公司,1977 年,第 54、55、180、181、182、704、705、1154、1155 页。

③ 以上引文见[明]不著撰人:《吏部考功司题稿》,台湾伟文图书公司,1977 年,第 55、56、938、939、940、941、1156 页。

④ [清]张廷玉等:《明史》卷74《职官志三》,中华书局标点本,1974 年,第 1805 页。

此充赡而献纳有体""行谨慤才识更赡,事练达议论可占""谨操持素履益著,详论建清议共归""质雅靖而识量充,才明敏而政务达""敏而果遇事敢言,谅而雅持身克慎""操持恪慎而学识充,论劾严正而才器达""行端饬而才华蕴籍,学充赡而敷奏详明"。①

十三道监察御史有巡视及巡按之责,"主察纠内外百司之官邪,或露章面劾,或封章奏劾"②。他们的考语以弹劾与巡按为主。如"操履素称端慎,激扬尤著滇闽""廉直而建白皆正论,明恕而干济有余才""质醇雅而夙著才名,守端慎而益占风采""持己直谅而行益修,莅政精敏而才不眩""政体精练而风裁著,操履贞慎而名实孚""行慎谅而政体练达,才蕴籍而风裁著闻""端雅夙闻于持守,风裁懋著于激扬""性资重厚而克修,才识周详而台评允协""历宪院而操履益慎,巡山陕而风力并彰""才明达而学识深醇,行端恪而操履慎洁""器识远大而干济充,激扬明允而风裁著""才明敏而巡省有声,器端重而操履克励""才力有为而激劝公,操履可慎而声誉著"。③

大理寺、光禄寺、鸿胪寺、通政司、太常寺、钦天监、太医院、尚宝司、上林苑、苑马寺等各属官员的考语,多与政务相关。如大理寺评事"性资雅而持己克励乎官箴,才识明而详谳不徇乎成案""审刑明允,持己恭勤""敦确之质励于操修,明恕之政徵于平反",光禄寺署丞"克守家训,不失官箴",典簿"心行端于尚往,才识可以从政",鸿胪寺主簿"书篆能美""授译能勤"。④

翰林院、国子监、詹事府官员,考语偏重文学。如翰林院修撰"文学首重于甲科,器识具徵于远大";编修"行端而孝友明赡,学明而政体练达""风纪

① 以上引文见[明]不著撰人:《吏部考功司题稿》,台湾伟文图书公司,1977年,第182、183、710、941、942、1157页。
② [清]张廷玉等:《明史》卷73《职官志二》,中华书局标点本,1974年,第1768页。
③ 以上引文见[明]不著撰人:《吏部考功司题稿》,台湾伟文图书公司,1977年,第56、183、712、943、1157、1158、1408、1409页。
④ 以上引文见[明]不著撰人:《吏部考功司题稿》,台湾伟文图书公司,1977年,第381、718、712、1162、1416、1417页。

著于宪台,文学宜于翰苑";检讨"才清而志节嚣不苟,行饬而文学更优"。国子监助教"儒业无忝于改官,年力尚堪于佐政""为人朴实,分教事勤";学录"学充而师模无忝,才敏而吏事亦宜""问学不废,师范克修";博士"醇朴之资,平易之行,学优而训士不怠,官久而守己益坚""学识平实,性行简朴"。①

顺天府、应天府所属,以及兵马司指挥、副指挥、吏目,各卫经历司经历、都事,千户所吏目等官,称职的考语,一般无特别之处。如顺天府经历"闲于幕职,勤于听委";顺天府知事"性朴政勤";应天府治中"官历练而法律谙,性严敏而政务修";通判"谨畏以集事,恺悌以宜民"②。兵马司指挥"年力未衰,职事勉办""临事效劳,守身亦慎";副指挥"供职知勤""守职勤慎""畏法守职""知分守官""守官无失";吏目"临事有为""年力方壮,承委克勤";都督府都事"性质简谅,才识明敏";卫经历"任久能勤""幕政克修""佐幕练达""朴勤";千户所吏目"久任守官"③。

府州县官除知府之外,都要填注考语,府佐贰官、首领官,州县正官、佐贰官、首领官及杂官的称职考语,除注重品行之外,也涉及职责。如府同知"佐繁克勤,任久能慎""佐郡练达,程工勤励""持身谨厚,行政宽平"。府通判"会计有条,勤慎无失""随事尽心,临财守己"。府推官"听断详明,士民自服""行质而慎,才敏而明""才本敏达,志尤策励"。知州"恪实无疵,简靖有体""干济有方,政务能举"。州判官"质恪可任"。州吏目"久任无过"。知县"才力素优,操持不变""守无疵议,政有勤绩""政务克修,操持能慎""牧民有绩,持己无疵""政既宽平,才亦敏达"。县丞"才堪佐繁""佐政勤

---

① 以上引文见[明]不著撰人:《吏部考功司题稿》,台湾伟文图书公司,1977 年,第 710、711、196、1159、716 页。

② 以上引文见[明]不著撰人:《吏部考功司题稿》,台湾伟文图书公司,1977 年,第 386、1411、1412 页。

③ 以上引文见[明]不著撰人:《吏部考功司题稿》,台湾伟文图书公司,1977 年,第 950、951、952、966、967、1160、991 页。

繁""行朴政勤"。典史"守法效官""效职能勤"。①

称职的考语,一般有"清白、勤励字样"或者"清慎、公勤、精明、端洁、详练字样"。② 称职者,初考可以授散官,再考加授散官,三考可以升迁,都可以给由。少数平常者,在不妨碍职业的情况下,也可以给由,如太常寺署丞"年力未衰",光禄寺监事"备数供事",钦天监刻漏博士"推验仅通"等。

不称职的考语,要以"八法"衡量。在京由堂上官提出,在外则由抚按官、按察司纠劾或上疏。对于五品以下官员,抚按官以"访得"的方式提出,所访得内容写就揭帖(考语)上奏,并且提出处理意见。如嘉靖二十二年(1543),凤阳巡抚劾官疏内有,访得盐城县知县林宗桂贪污,"持守欠谨,久招物议;赃私已露,近被告讦";虹县知县崔绍先罢软,"词讼未知决判,政务不能分理,吏卒莫制,法度多隳";含山县知县刘如愚有疾,"性好安逸,久抱疾病,跪拜动辄倾仆,朔望一升公座,虽有若无,诚素餐而尸位者也";邠州知州叶尚浩才力不及,"性行谨慎,心本切于爱人;才识绵暗,力难堪于治剧";徐州知州熊林才力不及,"操守无失,才力难强;历任壹年有余,所司六事俱废";宿迁县知县俞交行才力不及,"心性疏略,因招物议;邑当要冲,甚难支持";蒙城县知县陈命才力不及,"心本柔弱,性又疏纵;里甲之费莫知调停,商税之课莫知查考"。③ 湖广巡按劾官疏内,列举了"贪污不职,所当纠合"的府同知、知县八人。常德府同知谭绍宗"老耄无为,昏醋废事;管工通知商贾,受金几累数百";长沙府同知蔡缵"赋性既已乖方,秽政难以枚举;清戎肆多罚之价,管册有可指之赃;交通积书,索取常例";武昌府蒲圻县知县陈理"邑已刁顽,才未振举;取银至于解户收头,行贪多在罚纸见面";荆州府远安

---

① 以上引文见[明]不著撰人:《吏部考功司题稿》,台湾伟文图书公司,1977 年,第 398、399、964、457、286、201、399、718、741、963、964、965、966、968、719 页。

② [明]不著撰人:《吏部考功司题稿》,台湾伟文图书公司,1977 年,第 1111、1137 页。

③ [明]不著撰人:《吏部考功司题稿》,台湾伟文图书公司,1977 年,第 1093~1094 页。

县知县谭曜"处心奸佞,赋性贪残;苞苴大行,被讦有证";岳州府临湘县知县尹仲仪"政尚粉饰,心怀奸诈;指称给由起身,大索科罚害人";衡州府衡阳县知县胡希定"才力迟钝,心行污浊;索财害民,事发媚灶";郴州桂东县知县罗举"僻居边邑,殊乏作为;索取大肆于均徭,贿赂潜通于门隶";郧阳府保康县知县项情"老奸巨猾,眩视听以招虚誉;贪赃害法,致告讦而肆巧钻"。① 这些"参语"就是"考语"的摘录。

三、考语与访单的关系

访单与考语关系密切。万历时,"访单者,吏部当察时,咨公论以定贤否,廷臣因得书所闻以投掌察者。事率核实,然间有因以中所恶者"②。而《吏部考功司题稿》常有"本部查访"字样,再加上嘉靖十六年(1537),"以考察全据考语,未免失实,令吏部、都察院,先事秉公查访,旌别黜陟"③。可以看出,吏部、都察院查访至少是在嘉靖十六年时就已经成为制度。

为某事或某官进行查访,最初出自圣旨。如景泰时,兵部提出:"宣府等处随操官舍军余,多有隐瞒不报",希望"令佥都御史李秉④等查访",并"选送副总兵杨能等训练剿贼"。帝"从之"⑤。成化年间行取御史,要由都御史"查访政绩显著,体貌相称者,取来选考"⑥。弘治十五年(1502),"南京吏科给事中陈伯献、监察御史陆微等,劾奏湖广等处右布政使等官朱瓒等六十五人不职,请考察罢黜"。而弘治帝认为所劾人数过多,又不见实迹,"令吏部

---

① [明]不著撰人:《吏部考功司题稿》,台湾伟文图书公司,1977 年,第 1293 ~ 1294 页。
② [清]张廷玉等:《明史》卷 229《沈思孝传》,中华书局标点本,1974 年,第 6006 页。
③ [明]申时行等:《明会典》卷 13《吏部·朝觐考察》,中华书局,1989 年,第 78 页。
④ 李秉(1408—1489),字执中,曹县人,正统元年(1436)进士,官至吏部尚书,追谥襄敏。
⑤ 《明英宗实录》卷 223,景泰三年十一月壬午条,国立北平图书馆藏红格本,1962 年,第 4840 页。
⑥ 《明宪宗实录》卷 83,成化六年九月庚子条,国立北平图书馆藏红格本,1962 年,第 1625 页。

查访的确,从公考察,毋轻易枉人"①。此后,每逢考察之时,吏部、都察院都奉命查访,"既据各抚按官平日开具考语以验其实,复即今日科道所劾奏者以求其故,参互考计,至再至三,乃敢疏名上请"②。这种查访还不是访单,史料记载,吏部尚书严纳等言"今年朝觐考察之后,臣等已将存留官资望相应者量才推用,然犹慎杂流冗职尚有遗良也。乃创立访单,发来朝官,令各举所属府佐以下治行卓异者,送部议处"③。由此可见,访单是与考语相结合,特别是官员被荐举与弹劾之后,由吏部、都察院进行的咨访。

访单是"由考功司密托吏科都给事和河南道掌道御史发给有关官员,由他们秘密举报"④。应该是"朝廷进行重大决策前发给相应官员征询意见的一种带有档案性质的文书,其目的是广泛收集信息从而保证决策科学合理"⑤。因只有在荐举卓异及弹劾不法时才使用,"访单远不如考语作用大,而且也不是非用不可的法定程序"⑥。

严纳等创立访单,是举治行卓异者,至于何时与京察相配合,则语焉不详。万历初年,"凡京察后,台谏例有纠拾疏,所刺事辄用赫蹏书之,名曰访单,至期各出单,众共评之"。万历九年(1581),南京礼部尚书陶承学因为得罪南京给事中傅某,"摭有数事"交给河南道监察御史,张居正要罢免陶承

———————

①《明孝宗实录》卷 183,弘治十五年正月戊寅条,国立北平图书馆藏红格本,1962 年,第 3372 页。

②《明孝宗实录》卷 183,弘治十五年正月乙未条,国立北平图书馆藏红格本,1962 年,第 3382 页。

③《明世宗实录》卷 544,嘉靖四十四年三月戊申条,国立北平图书馆藏红格本,1962 年,第 8781 页。

④ 王天有:《明代国家机构研究》,北京大学出版社,1992 年,第 85 页。

⑤ 余劲东:《明代京察访单之研究》,《中州学刊》,2015 年第 2 期。

⑥ 张显清、林金树:《明代政治史》,广西师范大学出版社,2003 年,第 629 页。

学①，"因出赫蹏"，因为有访单，"遂致政归"②。可见，至少在万历初京察就有访单了，其制应该是在隆庆年间。

访册是京察的访单编订成册。最初吏部四司不列名于访册中。兵科右给事中吴鸿功③提出："京察大典，五品下俱载访册，乃吏部四司独不列名，曰旧规，曰体面，何以服天下。至如邵仲禄之庸庸而赠官尚执前说，邹观光之邪鄙而请病溢以美辞，法纪荡然矣。"万历帝下旨："诘问铨属，不列访册，始自何年，查明具奏。"④吏部奉旨查奏铨属，言"访册非定自令甲，不过密行咨访于吏科、河南道二臣，以报堂官，故不自列其名，非昔年列而后不列也。况考察以各堂官考语为据，又不卢凭访册乎。今请京察年分访单送科者，不列科臣名；送道者不列道臣名，不必刊刻访册"。"报可。"⑤访册的刊刻，乃是"隆庆以后，乃有刻版访册，以便博访，然亦止送科道首事二臣，复密叩其同事者所索之多寡而与之，听其转送，此今日版册之所繇始也"⑥。也就是说，从隆庆以后，访单应用于京察。

考察访单由吏科给事中、河南道监察御史负责发放与回收的，而单内所讲的事情，却是以查访为名收集的。前述陶承学因傅某以赫蹏"摭有数事"而被勒令致仕，乃是其私自访查得知的，因为访单并不开列姓名。沈德符讲道："匿名文书，禁不得行。唯内外大计，吏部发出访单，比填注缴纳，各不著

---

① 陶承学(1518—1598)，字子述，浙江会稽人，嘉靖二十六年(1547)进士，官至南京礼部尚书，谥恭惠，著有《字学集要》。

② [明]焦竑辑：《国朝献征录》卷34《南京礼部尚书进阶资善大夫赠太子少保泗桥陶公承学墓志铭》，台湾学生书局，1965年，第1043~1044页。

③ 吴鸿功，字文勋，山东莱芜人，万历十七年(1589)进士，官至陕西布政司参政。

④ 《明神宗实录》卷252，万历二十年九月癸未条，国立北平图书馆藏红格本，1962年，第4701页。

⑤ 《明神宗实录》卷253，万历二十年十月壬辰条，国立北平图书馆藏红格本，1962年，第4706页。

⑥ [明]赵南星：《赵忠毅公诗文集》卷18《再覆前疏》，北京出版社影印《四库禁毁书丛刊》，1997年，第68册第540页。

姓名。虽开列秽状满纸,莫知出于谁氏,然尚无人御览者。至己未外计,浙江参政丁此吕①以不谨罢,会有人言其枉,吏部竟以访单进呈,此吕遂追赃遣戍。人虽冤之,竟不晓单自何人。"②可见访单不仅用于京察,也用于大计。万历时"部院所据以考察者有二:曰考语,曰咨访"。可见考语与访单是相互配合的,访单是匿名的,"因为无所顾忌,填写者也容易捕风捉影,信口雌黄"③。这一是因为"今谘访诸臣,平时漫不加意,时至事迫,道听一言,信若符契"④。二是"京官之有访单者凡数百人,据所闻开列,人人宜黜"⑤。三是"咨访四出,议论繁多,眩惑恫疑,人人重足,加以无名揭帖,相望通衢,而倾危几成俗矣"⑥。访单多发,虽可广泛地征求意见,但其采用匿名的方式,违背《大明律》⑦,且助长了官场相互倾轧之风。对于这种匿名访单,一些官员提出反对意见,如"见者即便烧毁,被言者不坐"⑧;还有一些科道官在"京察、外察时,曾有粘无名揭帖于科道私寓,职得之即焚之"⑨,但却不能阻止匿名访单的畅行。

万历十八年(1590),吏部验封司员外郎邹元标谈到访单,特别是匿名访

① 丁此吕,字右武,江西新建县人,万历五年(1577)进士,官至浙江布政司右参政,以考察谪戍边。

② [明]沈德符:《万历野获编》卷11《考察访单》,中华书局,1959年,第301页。

③ 张显清、林金树:《明代政治史》,广西师范大学出版社,2003年,第629页。

④ [明]陈子龙等辑:《明经世文编》卷374引陆光祖《计吏届期敬陈饬治要务以重大典疏》,中华书局影印本,1962年,第4054页。

⑤ [明]赵南星:《赵忠毅公诗文集》卷18《拾遗回话疏》,北京出版社影印《四库禁毁书丛刊》,1997年,第68册第545页。

⑥ [明]陈子龙等辑:《明经世文编》卷430引许弘纲《计典乍竣众志方新乞崇实行以端士习事》,中华书局影印本,1962年,第4708页。

⑦ 《大明律·刑律·诉讼·投匿名文书告人罪》条规定:"凡投隐匿姓名文书,告言人罪者,绞。见者,即便烧毁。若将送入官司者,杖八十。官司受而为理者,杖一百。被告言者,不坐。若能连文书捉获解官者,官给银一十两充赏。"

⑧ [明]周念祖辑:《万历辛亥京察记事始末》卷1引王绍徽:《京察届期敬陈末议以佐大典疏》,上海古籍出版社,1995年,第203页。

⑨ [明]周念祖辑:《万历辛亥京察记事始末》卷1引徐绍吉:《京察近迩疏》,上海古籍出版社,1995年,第201页。

单所带来的危害:"惟是两京考察,议论纷纭,毁誉杂出,虽孔圣复生,耻为乡愿之行难,必其满于人之口矣。"以至于"当事者非有洞世高见,千古定力,鲜不为所眩"。面对这种情况,他主张"京察年分,不必分单咨访,许部院各寺,纠核各属以备考察"。认为"与其阴开册送部院,不若明上疏君父之前"①。匿名毁誉,不如光明正大,但此建议没有被采纳。在访单没有畅行之时,"弘、正、嘉、隆间,士大夫廉耻自重,以挂察典为终身之玷"。而当访单肆行之时,出现了"群臣水火之争"的局面,"党局既成,互相报复,至国亡乃已"②。访单设计初衷是弥补考语之不足,但最终效果却很不理想。

四、考语与访单的利弊

考语是对官员的个人鉴定,"在初期,考语本身并不能作为考核的唯一依据,它必须与《到任须知》等记载官员实政的文件相配合"③。《须知文册》与考语相结合,对被考核人员而言,实际的工作成绩要高于简单的个人鉴定。但对考核者而言,工作量是极大的。特别是在京察大计之时,需要在几天内完成考察事宜,大计一般都在万人以上,京察也有千人,逐一查核实政,难度很大,而考语寥寥数语,考察起来就容易很多了,更何况"弘、正间考语,犹不失先辈遗风"④。

访单是针对考语填注不实而采取的一种措施,在某种程度上可以纠正

---

① [明]陈子龙等辑:《明经世文编》卷446引邹元标《敷陈吏治民瘼恳乞及时修举疏》,中华书局影印本,1962年,第4899页。

② [清]张廷玉等:《明史》卷71《选举志三》,中华书局标点本,1974年,第1724页。

③ 高寿仙:《从〈兴革条例〉〈考语册式〉看海瑞的实政精神》,《明长陵营建600周年学术研讨会论文集》,2009年,第341页。

④ [明]陈子龙等辑:《明经世文编》卷446引邹元标《敷陈吏治民瘼恳乞及时修举疏》,中华书局影印本,1962年,第4899页。

考语不实的问题。如成化年间陆容①，"为职方主事考满，同年与予有隙者适在河南道，遂以考语中之。吏部询之舆论而寝，且一岁得连迁"②。这种询之舆论就是访单。可以看出，访单可以与考语相互比对。官员受到弹劾以后，按例要由吏部进行查核，查核的依据就是考语和访单。如嘉靖时，府同知张孟澄被巡抚弹劾，要求罢黜，吏部查核其"节年考语颇优"，没有罢黜。对于没有到考满年限的官员，则以"历任尚浅"为由而"姑留"③。对于抚按弹劾各官，吏部除了要查核历年考语之外，还要进行查访，如果"与本部查访相同"，则"相应议处"④。如果"缘系抚按举劾不同"⑤，则请旨定夺。若官员能够"精心咨访，明注官评，毋狥毁誉，勿任喜怒"⑥，则能较为公正。但在君主专制政体下很难做到。因为"法律仅仅是君主的意志而已。即使君主是英明的，官吏们也没法遵从一个他们所不知道的意志，那么官吏当然遵从自己的意志了"⑦。官僚政治的弊端显现。在这种情况下，考核弊端百出。

有学者认为，明代考语弊端有二，"一是浮华成风，黑白颠倒"，"二是模棱两可，贤否莫辨"⑧。这都是嘉靖以后出现的问题。从《吏部考功司题稿》所收录的数百名称职者的考语来看，确实有这些问题，但并不突出。万历年间则非常明显了，如邹元标⑨所言："曰才与诚合，光风霁月，是周、程诸贤复

---

①　陆容(1436—1497)，字文量，号式斋，太仓州人，成化二年(1466)进士，官至浙江布政司右参政，以大计罢归，著有《菽园杂记》《世摘录》《式斋集》等。

②　[明]陆容撰，佚之点校：《菽园杂记》卷4，中华书局，1985年，第40页。

③　[明]不著撰人：《吏部考功司题稿》，台湾伟文图书公司，1977年，第13页。

④　[明]不著撰人：《吏部考功司题稿》，台湾伟文图书公司，1977年，第1572页。

⑤　[明]不著撰人：《吏部考功司题稿》，台湾伟文图书公司，1977年，第1556页。

⑥　[明]陈子龙等辑：《明经世文编》卷374引陆光祖《覆湖广巡抚李桢肃吏治以奠民生疏》，中华书局影印本，1962年，第4055页。

⑦　[法]孟德斯鸠：《论法的精神》，张雁深译，商务印书馆，1961年，第66页。

⑧　高寿仙：《从〈兴革条例〉〈考语册式〉看海瑞的实政精神》，《明长陵营建600周年学术研讨会论文集》，2009年，第342页。

⑨　邹元标(1551—1624)，字尔瞻，号南皋，江西吉水县人，万历五年(1577)进士，官至都察院左都御史，为东林党首领之一，谥忠介。

生矣！察其人，仕路之奸雄也。曰守遵四知，琴鹤相随，是赵抃、杨震挺生矣！察其人，捆载归乡里也。曰才堪八面，北门锁钥，是孔明、寇准杰出矣！察其人，一筹不能寸展也。珪璋瑚琏，如金如玉，麒麟凤凰，如松如栢，古人所以颂圣贤者，今以之誉凡夫矣。"①一些握有书写考语权力的抚按官，更是将考语作为生财甚至报复的工具，他们"假耳目以求其瑕疵，植心腹以伺其阴私。甚而大张无稽之谤。指廉为贪，以正为邪，而论劾公排，考语私丑矣。朝廷见其罗织之词，以为去之犹有余辜"②。权大于法，则弊端百出。考语不实，甚至黑白颠倒也就不奇怪了。以至于"近年以来，不稽功迹，专论考语，密封投递，多假之以行报复之私"③。

考语不实，访单毁誉杂出，特别是匿名访单，"各不着姓名，虽开列秽状满纸，莫知出于谁氏"④。再加上访单本身内容的限制，亦难以反映真实情况。如万历三十九年（1611），京察访单列有四款："淮上之党、东林之党、顾李之党、王元瀚之党，令人填注。"⑤也就无怪乎群臣"树党相攻"⑥，最终党争不已，乃至亡国。虽然不能否认"访单是明代不少行政决策中的重要一环"⑦，但它的出现并没有给明代政治带来转机，反而沦为政治斗争的工具，令人深思。

"在专制政治出现的瞬间，就必然会把政治权力把握在官僚手中，也就

---

① ［明］陈子龙等辑：《明经世文编》卷446引邹元标《敷陈吏治民瘼恳乞及时修举疏》，中华书局影印本，1962年，第4899页。

② ［明］陈子龙等辑：《明经世文编》卷100引李承勋《重守令疏》，中华书局影印本，1962年，第883页。

③ ［明］陈子龙等辑：《明经世文编》卷251引王邦直《陈愚衷以恤民穷以隆圣治事》，中华书局影印本，1962年，第2637页。

④ ［明］沈德符：《万历野获编》卷11《考察访单》，中华书局，1959年，第301页。

⑤ ［明］叶向高：《蘧编》卷4，北京出版社影印《四库禁毁书丛刊补编》，2005年，第25册第470页。

⑥ ［清］张廷玉等：《明史》卷240《叶向高传》，中华书局标点本，1974年，第6236页。

⑦ 余劲东：《明代京察访单之研究》，《中州学刊》，2015年第2期。

必然会相伴而赍来官僚政治。官僚政治是专制政治的副产品和补充物。"①专制君主希望官僚们维护朝廷利益，奉公办事；而官僚们却往往以自身利益为出发点来行动办事。从考语与访单的弊端可以看出，君主希望通过使官僚们相互监督、互相纠参来控制他们，从而尽可能地集中权力。官僚们则编织起政治关系网，并依托它来破坏制度，吏治逐渐败坏，各种矛盾日益激化。官员们以权力和利益为核心的政治关系网，不但在很大程度上破坏着制度，还会使制度变成共同作弊甚至打击报复的工具。黄宗羲②认为："后世之法，藏天下于筐箧者也；利不欲其遗于下，福必欲其敛于上。用一人焉则疑其自私，而又用一人以制其私；行一事焉则虑其可欺，而又设一事以防其欺。"不是没有制度和法律，乃是基于防范权力的制度和法律，当然是"其法不得不密，法愈密而天下之乱即生于法之中，所谓非法之法也"③。从这种意义上来讲，明代的考语与访单，便是非法之法。

第三节　察例

明代的察例也称为"八法"，即贪、酷、浮躁、不及、老、病、罢、不谨。这八项标准是陆续形成的，凡是符合这些标准，分别为民、冠带闲住、致仕、降调，乃至追究刑事责任。虽然在考察中，对一些贤能卓异也进行表彰，但终究是少数，也就决定了考察乃是以黜免为主。

一、察例的形成

朱元璋早在建元之初就曾经讲过："有功不赏，是谓吝；无功求赏，是谓

---

① 王亚南：《中国官僚政治研究》，商务印书馆，2010 年，第 10 页。
② 黄宗羲（1610—1695），浙江余姚人，字太冲，别号梨洲老人，著有《明夷待访录》《明儒学案》等。
③ ［清］黄宗羲：《明夷待访录》，岳麓书社，2021 年，第 27 页。

贪。吝则失众,贪则蹹分。"①对于元末"小人擅权,奸邪竞进,举用亲旧,结为朋党,中外百司,贪婪无话"②,也是深表痛恨。朱元璋东征西伐,"恐有贪暴掠人子女、财货,使民嗟怨"③。称吴王以后,对各郡县官讲:"毋或尸位素餐,贪冒坏法,自触宪网"④。当时"有吏受赃,人发其事,吏赴井死",朱元璋认为:"其人既死,有不足恤,但其事可以为世之贪污者戒。"⑤在命中书省定律令时,指出:"立法贵在简,当使言直理明,人人易晓。若条绪繁多,或一事而两端,可轻可重,使奸贪之吏得以夤缘为奸,则所以禁残暴者反以贼良善,非良法也。"⑥

建元以后,朱元璋曾经与刘基谈论治国之道,"不明教化则民不知礼义,不禁贪暴则民无以遂其生"⑦。"又尝思昔在民间时,见州县官吏多不恤民,往往贪财好色,饮酒废事,凡民疾善,视之漠然,心实怒之。故今严法禁,但遇官吏贪污,蠹害吾民者,罪之不恕"⑧。在任命广西按察司各官时敕谕:"兹特命尔等,往司风宪,须严明以驭吏,宽裕以待民,如有奸贪、强暴、虐良善者,尔等就逮其人鞫问审决,然后以闻。"⑨洪武六年(1373),朱元璋谕来朝守令时讲道:"苟县官贪虐以毒民,或怠弛以废事,民间利病,尸坐不闻,不惟民受其殃,府亦受其弊矣。为府官者知其弊,能绳其奸贪,去其阘茸,请更贤者而任之,则上下皆安矣。"⑩在朱元璋眼里,奸贪、酷虐、阘茸的官员,就应该予

---

① 《明太祖实录》卷 14,甲辰年三月辛未条,国立北平图书馆藏红格本,1962 年,第 187 页。
② 《明太祖实录》卷 15,甲辰年十二月丁巳条,国立北平图书馆藏红格本,1962 年,第 211 页。
③ 《明太祖实录》卷 21,丙午八月丙子条,国立北平图书馆藏红格本,1962 年,第 301 页。
④ 《明太祖实录》卷 24,吴元年秋七月丁丑条,国立北平图书馆藏红格本,1962 年,第 349 页。
⑤ 《明太祖实录》卷 24,吴元年八月戊申条,国立北平图书馆藏红格本,1962 年,第 354 页。
⑥ 《明太祖实录》卷 26,吴元年冬十月甲寅条,国立北平图书馆藏红格本,1962 年,第 389 页。
⑦ 《明太祖实录》卷 29,洪武元年春正月乙酉条,国立北平图书馆藏红格本,1962 年,第 496 页。
⑧ 《明太祖实录》卷 39,洪武二年二月甲午条,国立北平图书馆藏红格本,1962 年,第 800 页。
⑨ 《明太祖实录》卷 54,洪武三年秋七月己亥条,国立北平图书馆藏红格本,1962 年,第 1063 页。
⑩ 《明太祖实录》卷 78,洪武六年春正月乙巳条,国立北平图书馆藏红格本,1962 年,第 1422 页。

以清除。洪武十五年（1382），监察御史赵仁①提出考核地方官的问题，认为："若有公勤廉干者擢用之，庸怠贪鄙者罢黜之。"朱元璋采纳其建议，命刑部尚书开济等定议条例，共计七条，其第三条云："往者，犯罪官员皆以怠惰无能，遂致废事，今宜精选可用者留之，老疾不堪者遣还，仍命布政使司、按察司具其善恶实迹，参其所言得失，以为黜陟。"②当年特置天下府、州、县提刑按察分司，让他们按治各府、州、县，敕谕云："吏治之弊，莫甚于贪墨，而庸鄙者次之。今天下府、州、县官于斯二者，往往有之，是以弊政日滋，民受其害，故命尔等按治其地。凡官吏贤否，军民利病，皆得廉问纠举，勿蹈因循。"③这里规定贪墨、庸鄙在按治之列，而此前老疾在遣还之列。当年颁行《巡按事宜》，要各处提刑按察司，"官吏廉能者举之，贪鄙者黜之"④。

洪武十八年（1385），有朝觐官 4117 人接受考核，吏部分为称职、平常、不称职、贪污、阘茸五项上奏，朱元璋"诏称职者升，平常者复其职，不称职者降，贪污者付法司罪之，阘茸者免为民"⑤。查继佐⑥认为："考察朝觐官，分称职、平常、不称职、贪污、阘茸五等。"⑦这是将考满的评定与朱元璋诏令所指出的"贪鄙"区分出来。廉能是廉与能，贪鄙是贪与鄙，在考察时，贪就是贪污，鄙与庸合在一起就成为阘茸了。考满与考察相结合的等级，是最初的考察标准。当年阴雨连绵，朱元璋下诏求直言，国子监博士高允宪提出："宜

---

① 赵仁，登州府宁海人，洪武初以人才举荐为五军都督府断事，官至兵部尚书。

② 《明太祖实录》卷 147，洪武十五年八月辛丑条，国立北平图书馆藏红格本，1962 年，第 2323 页。

③ 《明太祖实录》卷 148，洪武十五年九月癸亥条，国立北平图书馆藏红格本，1962 年，第 2332 页。

④ 《明太祖实录》卷 150，洪武十五年十一月戊辰条，国立北平图书馆藏红格本，1962 年，第 2364 页。

⑤ 《明太祖实录》卷 170，洪武十八年春正月癸酉条，国立北平图书馆藏红格本，1962 年，第 2583 页。

⑥ 查继佐（1601—1676），字友三，号伊璜，浙江海宁人。崇祯六年（1633）举人，以庄廷鑨"明史案"牵连入狱，后获救。著有《罪惟录》《东山国语》《国寿录》《鲁春秋》《班汉史论》等。

⑦ ［清］查继佐：《罪惟录·帝纪》卷 1《太祖纪》，浙江古籍出版社，1986 年，第 39 页。

如汉故事,察其节行卓异、政事公平者增秩,赐金以宠擢之,或有公过,亦姑宥之,其贪污、阘茸者斥逐之,苛刻虐民、废法不奉公者诛戮之。"①朱元璋嘉纳之,并没有将"废法不奉公"列入考察标准。洪武十九年(1386),河南府卢氏县主簿徐存义建言,讲到州县之职,"若其廉能可称,则升赏之,贪污不才则黜罚之,赏罚既明,则天下自治"②。朱元璋也是嘉纳之,但没有将"不才"纳入考察标准。朱元璋将贪污者付法司治罪,这与其严惩贪官的政策有关,凡是贪赃枉法的官吏多被诛杀,以至于打击面过大,如按治江西监察御史花纶,在江西"欲张威名,有司受逮者众",朱元璋当即遣人往谕:"自今惟官吏贪墨鬻法及事重者,如律逮问,轻者但录其过,毋毛举细事,以兴大狱。"③虽然不再兴大狱,但将贪官付法司治罪的规定一直没有变更。

永乐元年(1403),礼部尚书李至刚④提出:"若官吏人等贪污、颠倒曲直、酷虐良善及婚姻、田土、军役等事,必命自下而上陈告。"⑤永乐帝可之。当年,永乐帝派遣监察御史袁纲、给事中朱亮等,分诣直隶府州及浙江等布政司,抚按军民,讲道"凡事与内官、锦衣卫官协议,遇害民及奸贪不法者,就执问如律,重事奏闻区处,务在军民获安,公私不扰"⑥。则可见其继承了朱元璋严厉惩贪的政策。永乐二年(1404),吏部尚书蹇义等言:"在京各衙门官,原有定额,近因事烦额外添设,不无冗员",提出"宜令所隶上司,严行考核,

---

① 《明太祖实录》卷171,洪武十八年二月甲辰条,国立北平图书馆藏红格本,1962年,第2595页。

② 《明太祖实录》卷179,洪武十九年十二月庚子条,国立北平图书馆藏红格本,1962年,第2716页。

③ 《明太祖实录》卷190,洪武二十一年夏四月丙寅条,国立北平图书馆藏红格本,1962年,第2869页。

④ 李至刚(1355—1426),名钢,以字行,松江华亭人,洪武二十一年(1388)明经。历官礼部郎中、工部郎中、河南右参议、湖广左参议、右通政、礼部尚书、左通政、兴化知府。

⑤ 《明太宗实录》卷17,永乐元年二月癸丑条,国立北平图书馆藏红格本,1962年,第304页。

⑥ 《明太宗实录》卷21,永乐元年六月癸丑条,国立北平图书馆藏红格本,1962年,第379页。

其罢软不胜,及老疾、贪墨者,悉送赴部"①。这里出现罢软不胜、老疾、贪墨三项标准。

永乐三年(1405),朱棣谕天下文臣,"毋为贪墨,肆暴虐"②。这里提出"暴虐",在永乐四年(1406),天下文武官 1943 人述职,敕谕讲道:"其有以怠废事,以贪掊克,以私灭公,以苛劾励下,乱政坏法,无所顾忌者,朕已黜罚之。"③这里虽然没有讲具体黜罚的原因,但有怠、贪、私、苛,应该是按照考察标准黜罚的。永乐七年(1409),天下文武官 1542 人来朝,敕谕讲道:"尔等宜善加抚恤,无为贪酷,以重困之。"④这里讲到"贪酷",是年因巡狩北京遣御史考察郡县长吏贤否,易州同知张腾,因"贪暴虐民"⑤,下狱治罪,可见"暴虐"要追究刑事责任的。永乐十年(1412),朝觐考察"刑部、都察院、六科,劾奏天下朝觐官千五百余人",提出"有勘合更数年不完者,请付法司治之"。经过勘察,勘合皆完者 80 员,皆"各赐钞五十锭复职,余未完者,亦姑宥复职"⑥。因为勘合未完者人数众多,没有给予处分,也就没有成为考察标准。

永乐十三年(1415),遣监察御史吴文等分行天下,询察吏治得失及民间疾苦,敕谕有云:"凡朝廷所差人及郡县官,有贪刻不律者执之,郡县官有阘茸不职及老病者悉送京师,惟布政司、按察司堂上官,以状来闻。"⑦永乐十六年(1418),"天下布政司、按察司,各府州县及土官衙门官吏来朝。六部、都察院及六科给事中交奏其职业有废惰者,请付法司正其罪"。永乐帝虽然

① 《明太宗实录》卷 32,永乐二年夏六月己丑条,国立北平图书馆藏红格本,1962 年,第 570 页。
② 《明太宗实录》卷 38,永乐三年正月庚子条,国立北平图书馆藏红格本,1962 年,第 639 页。
③ 《明太宗实录》卷 50,永乐四年春正月甲午条,国立北平图书馆藏红格本,1962 年,第 745 页。
④ 《明太宗实录》卷 87,永乐七年春正月丙午条,国立北平图书馆藏红格本,1962 年,第 1151 页。
⑤ 《明太宗实录》卷 93,永乐七年六月壬寅朔条,国立北平图书馆藏红格本,1962 年,第 1227 页。
⑥ 《明太宗实录》卷 124,永乐十年正月己丑条,国立北平图书馆藏红格本,1962 年,第 1556 页。
⑦ 《明太宗实录》卷 160,永乐十三年正月戊午条,国立北平图书馆藏红格本,1962 年,第 1818~1819 页。

"皆不问",但敕谕中有云:"今能改过自新,革贪为廉,革暴为仁,上体吾心,下抚百姓,使百姓皆得其所,则可以永享爵禄保富贵矣。如复不悛而违命厉民,罪必不恕。"①永乐十九年(1421),朝觐考察,刑部尚书吴中、都察院右都御史王彰言:"天下文武官来朝,稽其政务,有空缺军伍者,有逋欠钱粮者,有刑名失当者,有不能振举学校及劝课农桑者,有董造作而慢其废事者,请付法司正其旷官之罪。"结果"上皆宥之,令复职命。今后再有废弛职务者,罪之"②。永乐二十二年(1424),天下朝觐考察2472人,"刑部右侍郎张本、都察院左都御史刘观,及浙江等道监察御史、六科给事中交章劾奏(广西右布政使周)干等旷官弃政,请寘于法。敕付锦衣卫狱,寻命输作赎罪"③。至此,旷官弃政也纳入考察范围。永乐时期的察例,综合起来有贪墨、酷虐、罢软不胜、老疾等项,后期增加旷官弃政。凡是贪墨、酷虐都予以治罪,而且不允许他们诉理,如永乐二十年(1422),"敕法司,凡考黜贪(职)污官吏,具谪戍边,掩饰诉理者,勿听"④。

宣德二年(1427),朝觐考察,"其老疾不胜事者,令吏部黜之"⑤。宣德三年(1428),宣德帝要都察院将御史"凡廉勤公正,老成惇厚者,俱留在职。其不达政体,不谙文移,贪淫无耻,及曾犯赃罪者,悉送吏部降黜"⑥。都察院查出贪淫无耻、贪污不律、不达政体、不谙文移、老疾的御史32名,"上命贪

---

① 《明太宗实录》卷196,永乐十六年春正月癸丑条,国立北平图书馆藏红格本,1962年,第2053页。

② 《明太宗实录》卷233,永乐十九年春正月丙寅条,国立北平图书馆藏红格本,1962年,第2247页。

③ 《明太宗实录》卷267,永乐二十二年春正月壬午条,国立北平图书馆藏红格本,1962年,第2423页。

④ 《明太宗实录》卷246,永乐二十年春二月辛丑条,国立北平图书馆藏红格本,1962年,第2308页。

⑤ 《明宣宗实录》卷24,宣德二年春正月壬辰条,国立北平图书馆藏红格本,1962年,第628页。

⑥ 《明宣宗实录》卷45,宣德三年秋七月戊午条,国立北平图书馆藏红格本,1962年,第1101页。

淫不律者发辽东各卫充吏终身,不达政体者降县典史,老疾者罢为民"①。宣德四年(1429),奉敕考察京官,有贪淫无耻、不达政体、不谙文移、贪污、奸懒、不谙文理、才力不及等项,"悉如例降黜"②。这里出现"才力不及",为后来"八法"之一。

宣德五年(1430),朝觐考察,刑部、都察院按例劾奏,宣德帝"令吏部简斥其不称任者,其余皆宥复任"③。所斥"贪污者戍边,老疾、鄙猥者罢为民"④。宣德八年(1433),朝觐考察,行在六部、都察院、六科给事中,交章劾奏朝觐官"稽违诏旨,坐视民患,瘝官废事等罪"。宣德帝曰:"论法不可宥,但岁事一新,姑宥之,俾其自新,不悛即不复宥。"⑤即便如此,在敕谕中还是声称:"如不悛前过,或贪虐纵私。祖宗大法具在,朕不尔贷。"⑥宣德时期,对贪官酷吏也是实行严惩,官员只要是涉及贪酷,都要问罪。如江宁县主簿侯璠,鞭死怀孕妇女,宣德帝恻然曰:"此酷吏,岂有为民父母之心,罪之如律。"⑦山西赵城县知县张秉使用酷刑,杖杀及烙杀二人,宣德帝曰:"县令民父母,当爱民如子,今以私意杀一家二人,是民贼也。无故伤人畜产食人瓜果,尚有罪,况杀人乎?斩之如律。"⑧对于官员如此,对大臣及内官也不轻贷。"中官唐受,以公差南京,纵恣贪酷,民不胜其害",宣德帝命"械赴南京,凌迟于市,枭首以示众"⑨。应城伯孙杰因贪暴酷刑受贿等罪,被"下狱,仍追

① 《明宣宗实录》卷46,宣德三年八月己丑条,国立北平图书馆藏红格本,1962年,第1122页。

② 《明宣宗实录》卷51,宣德四年二月壬寅条,国立北平图书馆藏红格本,1962年,第1233页。

③ 《明宣宗实录》卷61,宣德五年正月戊午条,国立北平图书馆藏红格本,1962年,第1449页。

④ 《明宣宗实录》卷62,宣德五年正月丙寅条,国立北平图书馆藏红格本,1962年,第1463页。

⑤ 《明宣宗实录》卷98,宣德八年春正月癸亥条,国立北平图书馆藏红格本,1962年,第2204页。

⑥ 《明宣宗实录》卷98,宣德八年春正月丁卯条,国立北平图书馆藏红格本,1962年,第2206页。

⑦ 《明宣宗实录》卷19,宣德元年秋七月癸巳条,国立北平图书馆藏红格本,1962年,第493页。

⑧ 《明宣宗实录》卷64,宣德五年三月丁卯条,国立北平图书馆藏红格本,1962年,第1521页。

⑨ 《明宣宗实录》卷84,宣德六年十一月辛卯条,国立北平图书馆藏红格本,1962年,第1957页。

其赃"①。贪官酷吏往往不待考察,随时发现,随时处置,除了按律追究刑事责任之外,还有特旨加重治罪。

正统元年(1436),朝觐考察,按例劾奏"典方面者不能宣扬德化,职风纪者不能振肃宪纲,居盐运而不明出纳,为守令而不勤抚字,掌兵者私役军人,司马者牧养无法","上俱宥之,赐敕戒勉"②。还是黜退了老疾、阘茸柔懦、嗜酒怠惰、临政暴虐、不谙刑名等官二百八十五人。③ 当年考察京官,都察院考得监察御史,有素行不立、法律不通、老疾不任事者,"命素行不立者为民,法律不通者降黜,老疾者致仕"。敕书中还讲道:"其余各衙门属官,有不才及不任事者,悉从堂上官,各即用心考察具奏。"④之后,各堂上官具奏,刑部将衰老、不习法律者上奏,"上命老疾者致仕,不习法律者黜降之"⑤。礼部将老疾、学行迂疏不胜表率者上奏,"上命老疾者致仕,不胜表率者罢为民"⑥。兵部将不谙文移、老疾者上奏,上命老疾冠带闲住,不谙文移"罢为民"⑦。吏部将有疾、年老、行检不饬、不习法律者上奏,"上命有疾者冠带闲住,年老者致仕,不习法律者调外补,行检不饬者罢为民"⑧。这年的考察,出现了素行不立、老疾、阘茸柔懦、嗜酒怠惰、临政暴虐、不谙刑名、法律不通、不习法律、学行迂疏、不胜表率、有疾、年老、行检不饬、不谙文移等名目,都是根据实际情况下的断语,从行文来看,似乎是考语中的词汇。"负责考察的官员都是先考察该官员的工作是否称职,再检查是否有各种过失或缺陷。"⑨

---

① 《明宣宗实录》卷64,宣德五年三月丁卯条,国立北平图书馆藏红格本,1962年,第1522页。

② 《明英宗实录》卷13,正统元年春正月壬午条,国立北平图书馆藏红格本,1962年,第238页。

③ 参见《明英宗实录》卷13,正统元年春正月甲午条,国立北平图书馆藏红格本,1962年,第244页。

④ 《明英宗实录》卷17,正统元年五月壬辰条,国立北平图书馆藏红格本,1962年,第343页。

⑤ 《明英宗实录》卷17,正统元年五月乙未条,国立北平图书馆藏红格本,1962年,第348页。

⑥ 《明英宗实录》卷18,正统元年六月己亥条,国立北平图书馆藏红格本,1962年,第351页。

⑦ 《明英宗实录》卷18,正统元年六月庚戌条,国立北平图书馆藏红格本,1962年,第359页。

⑧ 《明英宗实录》卷18,正统元年六月丁酉条,国立北平图书馆藏红格本,1962年,第350页。

⑨ 张显清、林金树主编:《明代政治史》,广西师范大学出版社,2003年,第631页。

正统四年（1439），朝觐考察，吏部考察朝觐官，开报老疾、茸懦、酗酒、贪污者，则照前例，"老疾者冠带致仕，茸懦者罢为民，酗酒贪污者置之法"①。此时已经成为例，不仅仅是黜免，还有置之法者。正统七年（1442），朝觐考察没有记载黜免官员人数，但从明英宗敕谕讲"比年简用贤良，罢黜不肖，任之得人，殆将及半"②，所黜免的人数应该不少。正统十年（1445），朝觐考察，吏部将考察老疾、阘茸、民心不服、贪污、酷刑者按例上奏，分别致仕、为民，"上悉从之"③。值得注意的是，贪污、酷刑者并没有治罪。是时科道官还"劾奏公候驸马伯都督魏国公徐显宗等二十八人，懒慢不朝"，明英宗"命跪于午门前以愧之"④。正统十三年（1448），朝觐考察，吏部将老疾当致仕，阘茸、贪污、酷刑、柔懦者黜为民，以及为事宜移文法司究理者上奏，明英宗"从之"⑤，这都是按例处置，老疾、阘茸、贪污、酷刑、柔懦等成为察例，而所谓"为事"，乃是有案在身。

景泰二年（1451），朝觐考察，将"老疾俱令致仕"，"有疾并阘茸、贪淫、不才者俱革冠带黜为民"⑥。景泰五年（1454），朝觐考察，有贪污酷暴、阘茸、老疾、罢软等名目，因为有人诉枉，景泰帝让"诉枉并堪任者，姑令还职"⑦。这些名目都是察例，巡按考察也是依据这些例进行劾奏，但也有根据政务而定

---

① 《明英宗实录》卷50，正统四年春正月丁亥条，国立北平图书馆藏红格本，1962年，第961页。

② 《明英宗实录》卷88，正统七年春正月丁丑条，国立北平图书馆藏红格本，1962年，第1764页。

③ 《明英宗实录》卷125，正统十年春正月壬辰条，国立北平图书馆藏红格本，1962年，第2501页。

④ 《明英宗实录》卷125，正统十年春正月辛卯条，国立北平图书馆藏红格本，1962年，第2500页。

⑤ 《明英宗实录》卷162，正统十三年春正月丁酉条，国立北平图书馆藏红格本，1962年，第3143页。

⑥ 《废帝郕戾王附录》卷18，景泰二年春正月丙辰条，国立北平图书馆藏红格本，1962年，第4256页。

⑦ 《废帝郕戾王附录》卷55，景泰五年春正月己未条，国立北平图书馆藏红格本，1962年，第5160页。

的。如当年"各处巡抚官考察过府州县官,老疾者一百八十六人,例宜致仕。懦弱贪暴者一百三十三人,宜罢为民,及学问荒疏教官五人,宜别选用"①。阘茸是指人品卑劣或者庸碌无能,罢软的软弱不振作,与做事没主见有相通之处,但前者涉及人品,后者则是能力的体现,所以在以后的考察中"阘茸"便不常用了。

天顺元年(1457),朝觐考察,适逢夺门之变,吏部考察的老疾者致仕,罢软、贪婪、疾病者为民,在明英宗正位以后,大多数得以翻案。如镇守陕西等处右副都御史耿九畴,被考察为老疾,此后升迁为右都御史。天顺四年(1460),朝觐考察,有年老、有疾、罢软、犯赃等名目,"上命老疾者致仕,罢软者冠带闲住,犯赃者罢为民"②。天顺七年(1463),朝觐考察,有年老、有疾、罢软无为、犯赃等名目,"上令老疾者致仕,罢软者冠带闲住,有赃者罢为民"③。天顺年间,"阘茸"在朝觐考察中已经不列在内,"罢软"成为察例,也是地方抚按考察地方官的重点内容。

成化二年(1466),朝觐考察,有老疾、素行不谨、贪暴、罢软无为等名目,"上命老疾者致仕,罢软无为及素行不谨者冠带闲住,贪暴者除名为民"④。这里增加"素行不谨",其实"不谨"之名出现得很早,还曾经以"不谨罪"提出治罪,如正统五年(1440),礼部提出"将正统六年贺太皇太后、皇太后正旦表误进,请治各官不谨罪"⑤。巡抚、巡按也经常劾奏不谨官员,至此"素行不

---

① 《废帝郕戾王附录》卷60,景泰五年六月戊戌条,国立北平图书馆藏红格本,1962年,第5269页。

② 《明英宗实录》卷311,天顺四年春正月乙巳条,国立北平图书馆藏红格本,1962年,第6538页。

③ 《明英宗实录》卷348,天顺七年春正月辛亥条,国立北平图书馆藏红格本,1962年,第7010页。

④ 《明宪宗实录》卷25,成化二年春正月壬子条,国立北平图书馆藏红格本,1962年,第490页。

⑤ 《明英宗实录》卷73,正统五年十一月壬戌条,国立北平图书馆藏红格本,1962年,第1421页。

谨"也成为察例。成化四年(1468),以修德弭灾考察京官,"行止不端给冠带闲住"①,"年貌衰惫不堪任事致仕","操行不谨冠带闲住"②。成化五年(1469),朝觐考察,"命老疾者致仕,罢软无为及素行不谨者冠带闲住,贪暴者为民"③。成化八年(1472),朝觐考察,"诏老疾者致仕,罢软不谨者冠带闲住,贪暴者为民"④。成化十一年(1475),朝觐考察,"命老疾者致仕,罢软素行不谨者冠带闲住,贪酷及惧罪在逃者为民"⑤。成化十三年(1477),光禄寺卿周骙,因"柔懦而才力不及",被调"为辽东苑马寺卿"⑥。成化十四年(1478),朝觐考察,"诏老疾者致仕,罢软不谨者俱冠带闲住,贪酷者为民"⑦。成化十七年(1481),朝觐考察,"得旨:老疾者致仕,罢软不谨者冠带闲住,贪酷并为事在逃者原籍为民"⑧。成化二十年(1484),朝觐考察,"上命老疾者致仕,罢软不谨者冠带闲住,贪酷及为事在逃者原籍为民"⑨。成化二十三年(1487),朝觐考察,"上命老疾者致仕,罢软不谨者冠带闲住,贪酷

---

① 《明宪宗实录》卷59,成化四年冬十月己卯条,国立北平图书馆藏红格本,1962 年,第1204 页。

② 《明宪宗实录》卷59,成化四年冬十月丁未条,国立北平图书馆藏红格本,1962 年,第1209 页。

③ 《明宪宗实录》卷62,成化五年春正月戊辰条,国立北平图书馆藏红格本,1962 年,第1265 页。

④ 《明宪宗实录》卷100,成化八年春正月乙巳条,国立北平图书馆藏红格本,1962 年,第1934 页。

⑤ 《明宪宗实录》卷137,成化十一年春正月丙辰条,国立北平图书馆藏红格本,1962 年,第2569 页。

⑥ 《明宪宗实录》卷168,成化十三年秋七月丙戌条,国立北平图书馆藏红格本,1962 年,第3049 页。

⑦ 《明宪宗实录》卷174,成化十四年春正月庚午条,国立北平图书馆藏红格本,1962 年,第3138 页。

⑧ 《明宪宗实录》卷211,成化十七年春正月戊寅条,国立北平图书馆藏红格本,1962 年,第3675 页。

⑨ 《明宪宗实录》卷248,成化二十年春正月己亥条,国立北平图书馆藏红格本,1962 年,第4200 页。

者原籍为民"①。成化二十三年（1487），礼部尚书李裕②提出："人材质不同。偏执类酷，迟钝类软。乞立'才力不及'一途，以寓爱惜人才之意。"提议得到成化帝赞许，"遂著为令"③。

成化年间朝觐考察，以老疾、罢软、贪酷、不谨为四目，有时也将"为事"纳入考察目中，当才力不及著为令时，常行考察就有了五目。当时人丘濬认为："近岁为因选调积滞，设法以疏通之，辄凭巡按御史开具揭帖以进退天下庶僚，不复稽其实迹，录其罪状，立为老疾、罢软、贪暴、素行不谨等名以黜退之，殊非祖宗初意。"以为这些察例都不是固有的，不是祖宗的制度，并且说"彼哉何人，立为此等名目，其素行不谨者，尤为无谓，则是不复容人改过迁善"④。但也不能够否认，一旦成为例以后，就有法律的效力。

弘治元年（1488），当时京官考察，吏部尚书王恕建议："除廉干公勤、才行超卓者遇有内外相应员缺另行具奏擢用，职业颇修、操履不失者存留办事外，其贪淫、酷暴、罢软、老、疾、素行不谨、浮躁浅露者开具职名，奏请定夺。"⑤当年京官考察，"年老者照例致仕，不谨者冠带闲住，不协人望与浮躁浅露者各降一级调外任"，"才力不及者降一级调外任"⑥。在京官考察中有"浮躁浅露"，而在朝觐考察中，还没有将之纳入考察目。弘治三年（1490），朝觐考察，"老疾者请照例令致仕，罢软及素行不谨者冠带闲住，贪酷在逃者为民"⑦。这里并没有将才力不及、浮躁浅露纳入考察。弘治六年（1493），朝

---

① 《明宪宗实录》卷286，成化二十三年春正月甲寅条，国立北平图书馆藏红格本，1962年，第4832页。

② 李裕（1426—1513），字资德，南昌丰城人，景泰五年（1454）进士，官至吏部尚书。

③ ［清］张廷玉等：《明史》卷160《李裕传》，中华书局，1974年，第4370页。

④ ［明］丘濬：《大学衍义补》卷11《严考课之法》，台湾商务印书馆《景印文渊阁四库全书》，1986年，第713册该卷第28页。

⑤ ［明］王恕：《王端毅公奏议》卷11《修省陈言奏状》，台湾商务印书馆《景印文渊阁四库全书》，1986年，第427册该卷第8页。

⑥ 《明孝宗实录》卷12，弘治元年三月壬辰条，国立北平图书馆藏红格本，1962年，第291页。

⑦ 《明孝宗实录》卷34，弘治三年正月己巳条，，国立北平图书馆藏红格本，1962年，第738页。

觐考察，有"年老、有疾，并罢软、不谨、贪酷、才力不及者"①。这里将才力不及纳入，没有浮躁浅露。弘治九年（1496），朝觐考察，"令老疾者致仕，罢软无为者冠带闲住，贪酷者为民，才力不及者调用。其有疾官，虽例该致仕，若年未及五十五岁者，亦令冠带闲住"②。以前有疾官年满50岁便令冠带闲住，现在改为55岁。弘治十年（1497），京官考察，有老疾、年老、有疾、罢软无为、持身不谨、浮躁浅露、才力不及、在逃者，"请如例，令年老及有疾者并致仕，罢软及不谨者并冠带闲住，浅露及才力不及者并降调外任，在逃者为民"③。这里老疾与年老、有疾分开，在黜免时没有将老疾合在一起。弘治十二年（1499），朝觐考察，有年老、有疾、罢软无为、不谨、才力不及、贪酷及在逃等名目，"俱照例行"④。弘治十五年（1502），朝觐考察，有年老、有疾、罢软、不谨、贪纵、才力不及等目，除了"以才力不及堪治简，俱更调别用"⑤，其余按例黜免。这里出现调简，也就是调用简缺。弘治十七年（1504），京官考察，有老疾、罢软、不谨、浮躁浅露、才力不及、在逃等目，老疾致仕，罢软、不谨当冠带闲住，浮躁浅露、才力不及降一级调外任，"缘事在逃当为民"⑥。弘治十八年（1505），朝觐考察，有年老、有疾、不谨、罢软、贪酷、为事在逃等目，"如例各令致仕、冠带闲住、为民及调用"⑦。弘治时期的京官察例与朝觐察例有一定的区别，京官多浮躁浅露一目，但都已经成为例，巡抚、巡按可以奉

①　《明孝宗实录》卷71，弘治六年正月己丑条，国立北平图书馆藏红格本，1962年，第1337页。

②　《明孝宗实录》卷108，弘治九年正月丁酉条，国立北平图书馆藏红格本，1962年，第1980页。

③　《明孝宗实录》卷122，弘治十年二月甲午条，国立北平图书馆藏红格本，1962年，第2188页。

④　《明孝宗实录》卷146，弘治十二年正月甲戌条，国立北平图书馆藏红格本，1962年，第2564页。

⑤　《明孝宗实录》卷183，弘治十五年正月乙未条，国立北平图书馆藏红格本，1962年，第3383页。

⑥　《明孝宗实录》卷215，弘治十七年八月辛酉条，国立北平图书馆藏红格本，1962年，第4046页。

⑦　《明孝宗实录》卷220，弘治十八年正月甲辰条，国立北平图书馆藏红格本，1962年，第4147页。

例考察。

正德三年(1508),朝觐考察,"请如例以老疾者致仕,罢软不谨者冠带者冠带闲住,贪酷及为事在逃者为民,才力不及者调用"①。所谓的如例,指的是弘治时的事例。正德四年(1509),按例对京官考察,有年老、有疾、罢软无为、素行不谨、贪、浮躁浅露、才力不及七项,"请老疾者致仕,浮躁浅露与才力不及者降一级外补,素行不谨者冠带闲住,贪与逃者原籍为民,才力不及而初入仕途者量改教职",最终"才力不及者亦令致仕"②。在因循弘治例的情况下,对才力不及者加重黜罚。正德六年(1511),朝觐考察,有年老有疾、罢软无为、不谨、才力不及、贪、酷、在逃等名目,"请俱如例,令老疾者致仕,罢软不谨者冠带闲住,贪酷及在逃者为民,才力不及者调用"③。正德九年(1514),朝觐考察,"请如例,老疾者致仕,罢软及不谨者冠带闲住,贪酷者为民,才力不及者调用"④。正德十年(1515),京官考察,如前次京察,有老、疾、罢软、不谨、贪、浮躁浅露、才力不及七项,吏部、都察院请如例黜免,"从之"⑤。正德十二年(1517),朝觐考察,"请如例,令老疾者致仕,罢软不谨者冠带闲住,才力不及者调用"⑥。特旨不谨的孙清、张龙留用。正德十五年(1520),朝觐考察,因正德帝亲征宁王朱宸濠,吏部、都察院上奏半年以后,才得到核准,"请如例以年老有疾者致仕,罢软不谨者冠带闲住,贪酷在逃者

---

① 《明武宗实录》卷34,正德三年春正月辛亥条,国立北平图书馆藏红格本,1962年,第824页。
② 《明武宗实录》卷48,正德四年三月辛酉条,国立北平图书馆藏红格本,1962年,第1104页。
③ 《明武宗实录》卷71,正德六年春正月己巳条,国立北平图书馆藏红格本,1962年,第1568页。
④ 《明武宗实录》卷108,正德九年春正月庚辰条,国立北平图书馆藏红格本,1962年,第2204页。
⑤ 《明武宗实录》卷123,正德十年夏四月甲午条,国立北平图书馆藏红格本,1962年,第2465页。
⑥ 《明武宗实录》卷145,正德十二年春正月癸巳条,国立北平图书馆藏红格本,1962年,第2840页。

为民,才力不及者调用"①。正德十六年(1521),京官考察因正德帝得病去世,直到嘉靖帝即位才完成,也是如例考察。正德时期的察例完全按照弘治例,但随着宦官刘瑾专权及佞幸专宠,再加上正德帝本人独断专行,经常用特旨宽宥或加重黜免。

嘉靖二年(1523),朝觐考察,有年老、有疾、罢软、不谨、贪酷坐事在逃、才力不及等项,"得旨黜调如例"②。嘉靖五年(1526),朝觐考察同上次。嘉靖八年(1529),朝觐考察,没有讲因何例,将4076人"黜调有差"③。嘉靖十一年(1532),朝觐考察,有年老、有疾、罢软、不谨、贪酷、才力不及、在逃等目,"调用如例"④。嘉靖十四年(1535),朝觐考察,有不谨、罢软、年老、有疾、贪酷、才力不及等目,"黜降调用如例"⑤。嘉靖十七年(1538),朝觐考察,有年老、罢软、不谨、贪、酷、才力不及等目,"各调黜有差"⑥。嘉靖二十年(1541),朝觐考察,有老疾、罢软、不谨、才力不及、贪酷、在逃等目,"俱如例致仕、闲住为民、调用有差"⑦。嘉靖二十三年(1544),朝觐考察,有年老、有疾、罢软、不谨、贪、酷、才力不及等目,"降调罢黜如例"⑧。嘉靖二十六年(1547),朝觐考察,有老疾、罢软、不谨、贪、酷、才力不及等目,"俱如例致仕、

① 《明武宗实录》卷187,正德十五年六月壬午条,国立北平图书馆藏红格本,1962年,第3567页。
② 《明世宗实录》卷22,嘉靖二年正月丁卯条,国立北平图书馆藏红格本,1962年,第645页。
③ 《明世宗实录》卷97,嘉靖八年正月甲寅条,国立北平图书馆藏红格本,1962年,第2267页。
④ 《明世宗实录》134,嘉靖十一年正月丁卯条,国立北平图书馆藏红格本,1962年,第3173页。
⑤ 《明世宗实录》卷171,嘉靖十四年正月癸酉条,国立北平图书馆藏红格本,1962年,第3724页。
⑥ 《明世宗实录》卷208,嘉靖十七年正月丁亥条,国立北平图书馆藏红格本,1962年,第4316页。
⑦ 《明世宗实录》卷245,嘉靖二十年正月戊戌条,国立北平图书馆藏红格本,1962年,第4923页。
⑧ 《明世宗实录》卷282,嘉靖二十三年正月癸丑条,国立北平图书馆藏红格本,1962年,第5482页。

闲住为民、降调有差"①。嘉靖二十九年(1550),朝觐考察,有年老、有疾、罢软、不谨、贪、酷、才力不及等目,"诏致仕、罢斥、降调如例"②。嘉靖三十二年(1553),朝觐考察,有老疾、罢软、不谨、贪、酷、不及等目,"诏致仕、黜调如例"③。嘉靖三十五年(1556),朝觐考察,有年老、有疾、罢软、不谨、才力不及、贪、酷等目,"得旨致仕、黜调如例"④。嘉靖三十八年(1559),朝觐考察,有老疾、罢软、不谨、贪等目,"罢黜调用如例"⑤。嘉靖四十一年(1562),朝觐考察,有老疾、罢软、不谨、才力不及、贪、酷等目,"得旨致仕、罢黜、降调如例"⑥。嘉靖四十四年(1565),朝觐考察,有老疾、罢软、不谨、贪、酷、才力不及等目,"诏罢黜、降调如例"⑦。嘉靖年间朝觐考察主要是年老、有疾、罢软、不谨、才力不及、贪、酷七目,有时候不足七目,其处置也是如例,乃是制度化的表现,但在具体处置过程中,也时常有特旨减轻或加重,这是皇权的表现。

嘉靖年间京察已经步入正轨,六年一次京察,先北京后南京,依序进行。嘉靖六年(1527),京官考察,仅有老疾、不谨、不及,"诏黜退降调如例"⑧。不过南京官员考察有不谨、罢软、才力不及、浮躁浅露、年老、有疾六项,"诏罢黜降调如例"⑨。嘉靖十二年(1533)京官考察,有年老、有疾、贪、罢软、素

① 《明世宗实录》卷319,嘉靖二十六年正月丙寅条,国立北平图书馆藏红格本,1962年,第5934页。
② 《明世宗实录》卷356,嘉靖二十九年正月戊寅条,国立北平图书馆藏红格本,1962年,第6402页。
③ 《明世宗实录》卷393,嘉靖三十二年正月庚寅条,国立北平图书馆藏红格本,1962年,第6899页。
④ 《明世宗实录》卷431,嘉靖三十五年正月甲戌条,国立北平图书馆藏红格本,1962年,第7440页。
⑤ 《明世宗实录》卷468,嘉靖三十八年正月乙酉条,国立北平图书馆藏红格本,1962年,第7876页。
⑥ 《明世宗实录》卷505,嘉靖四十一年正月丙申条,国立北平图书馆藏红格本,1962年,第8333页。
⑦ 《明世宗实录》卷542,嘉靖四十四年正月乙卯条,国立北平图书馆藏红格本,1962年,第8764页。
⑧ 《明世宗实录》卷74,嘉靖六年三月甲午条,国立北平图书馆藏红格本,1962年,第1665页。
⑨ 《明世宗实录》卷75,嘉靖六年四月乙亥条,国立北平图书馆藏红格本,1962年,第1685页。

行不谨、浮躁浅露、才力不及七目,"诏降黜如例"①。科道官考察,有素行不谨、浮躁浅露、才力不及三目,"诏敕调如例"②。南京官考察,有贪、素行不谨、罢软、才力不及、浮躁浅露、年老、有疾、老疾八目,"诏黜降如例"③。嘉靖十八年(1539)京官考察,有不谨、浮躁、年老、老疾、才力不及五目,"诏各黜退降调如例"④。南京官考察,有贪、不谨、罢软、浮躁、才力不及、年老六目,"诏黜退降调如例"⑤。嘉靖二十四年(1545)京官考察,有年老、有疾、老疾、不谨、贪、浮躁、不及七目,"诏罢黜降调如例"⑥。南京官考察,有贪、不谨、浮躁、不及、年老、有疾、罢软七目,"得旨黜降调用如例"⑦。嘉靖三十年(1551)京官考察,有年老、有疾、不谨、浮躁、不及、罢软、贪、酷八目,"诏黜退降调如例"⑧。南京官考察,有不谨、罢软、浮躁、不及、年老、有疾、贪七目,"诏黜退降调如例"⑨。嘉靖三十五年(1556),考察科道官,有不谨、浮躁、不及三目,"得旨罢黜降调如例"⑩。嘉靖三十六年(1557)京官考察,有老疾、

①《明世宗实录》卷148,嘉靖十二年三月壬戌条,国立北平图书馆藏红格本,1962年,第3417页。

②《明世宗实录》卷149,嘉靖十二年四月癸巳条,国立北平图书馆藏红格本,1962年,第3430页。

③《明世宗实录》卷150,嘉靖十二年五月己酉条,国立北平图书馆藏红格本,1962年,第3436页。

④《明世宗实录》卷228,嘉靖十八年八月癸巳条,国立北平图书馆藏红格本,1962年,第4730页。

⑤《明世宗实录》卷230,嘉靖十八年十月辛巳条,国立北平图书馆藏红格本,1962年,第4747页。

⑥《明世宗实录》卷297,嘉靖二十四年三月辛未条,国立北平图书馆藏红格本,1962年,第5663页。

⑦《明世宗实录》卷298,嘉靖二十四年四月戊午条,国立北平图书馆藏红格本,1962年,第5683页。

⑧《明世宗实录》卷370,嘉靖三十年二月癸酉条,国立北平图书馆藏红格本,1962年,第6613页。

⑨《明世宗实录》卷371,嘉靖三十年三月丙午条,国立北平图书馆藏红格本,1962年,第6637页。

⑩《明世宗实录》卷433,嘉靖三十五年三月丙寅条,国立北平图书馆藏红格本,1962年,第7465页。

贪、罢软、不谨、浮躁浅露、才力不及六目，"诏黜降如例"①。南京官考察，有年老、有疾、不谨、浮躁浅露、才力不及、贪、酷七目，"得旨黜降如例"②。嘉靖四十年（1561），因灾异修省考察京官，有不谨、年老、有疾、浮躁、才力不及五目，"诏黜降如例"③。考察南京官，有不谨、浮躁、才力不及、罢软四目，"诏黜降如例"④。嘉靖四十二年（1563），京官考察，有老疾、贪、不谨、浮躁浅露、才力不及五目，"诏黜降如例"⑤。南京官考察，有贪、素行不谨、罢软无为、浮躁浅露、才力不及、老疾六目，"黜降致仕如例"⑥。嘉靖时期京官考察"八法"已经形成，在具体考察过程中，也没有要求八目都必须有，无则阙之。

隆庆元年（1567），因为改元，没有按六年期考察京官，京官有年老、有疾、老疾、贪、罢软无为、素行不谨、浮躁浅露、才力不及八目，"得旨：老疾致仕，贪为民，罢软、不谨冠带闲住，浮躁、不及降一级调外任"⑦。南京官有贪、酷、素行不谨、浮躁浅露、才力不及、年老、有疾、罢软无为八目，"诏罢黜、降调、致仕俱如例"⑧。隆庆二年（1568），朝觐考察，有素行不谨、贪、酷、才力不及、老疾五目，将"赃迹尤著"者，"逮问如法，以为贪墨之戒"⑨。自此以后，贪、酷除了黜免之外，还要予以问罪。隆庆三年（1569），按例六年京官考察，

① 《明世宗实录》卷444，嘉靖三十六年二月己亥条，国立北平图书馆藏红格本，1962 年，第7578 页。
② 《明世宗实录》卷445，嘉靖三十六年三月庚午条，国立北平图书馆藏红格本，1962 年，第8690 页。
③ 《明世宗实录》卷496，嘉靖四十年五月壬午条，国立北平图书馆藏红格本，1962 年，第8225 页。
④ 《明世宗实录》卷498，嘉靖四十年六月戊寅条，国立北平图书馆藏红格本，1962 年，第8247 页。
⑤ 《明世宗实录》卷518，嘉靖四十二年二月乙亥条，国立北平图书馆藏红格本，1962 年，第8499 页。
⑥ 《明世宗实录》卷519，嘉靖四十二年三月乙巳条，国立北平图书馆藏红格本，1962 年，第8513 页。
⑦ 《明穆宗实录》卷3，隆庆元年正月乙亥条，国立北平图书馆藏红格本，1962 年，第75 页。
⑧ 《明穆宗实录》卷6，隆庆元年三月丙辰朔条，国立北平图书馆藏红格本，1962 年，第159 页。
⑨ 《明穆宗实录》卷16，隆庆二年正月壬戌条，国立北平图书馆藏红格本，1962 年，第108 页。

京官有年老、有疾、贪、素行不谨、罢软无为、浮躁浅露、才力不及七目，"各致仕、闲住、降调如例"①。南京官有贪、素行不谨、浮躁浅露、才力不及、年老、在逃六目，"各黜降如例"②。隆庆五年（1571），朝觐考察，有年老、有疾、罢软、不谨、贪、酷、才力不及七目，"罢黜降调如例"③。隆庆年间的考察虽然都是按例，但对贪酷者除了罢黜之外，还要移交法司问罪，乃是恢复明初的制度。

万历年间一如前朝，如期举行京官考察及朝觐考察，之后黜免如例，保障贤能卓异如例。万历二十三年（1595），在朝觐考察之前，万历帝颁布敕书，讲道"比年考察后，群言籍籍，有廉直自持、任怨任劳者，或被屈抑贪黩；无耻浮躁饰非者，附和结纳，以致是非淆乱，纪纲日颓，士风日坏"④。这里提到外官的"浮躁"，至万历二十九年（1601），朝觐考察时，浮躁纳入外官考察目，考察八目成为内外官通用的察例，分别"革职、闲住、致仕、降调俱如例"⑤。

明代的察例是在实践的过程中不断增加的，最终形成"八法"，成为内外官员考察的标准，这其中有合理的内容，但也有含糊的标准，因此在具体实践过程中，出现的问题也越来越多，考察的不公正也越来越明显，以至于"群臣水火之争"⑥在考察时表现无遗。

---

① 《明穆宗实录》卷28，隆庆三年二月乙酉条，国立北平图书馆藏红格本，1962年，第762页。

② 《明穆宗实录》卷29，隆庆三年二月甲辰条，国立北平图书馆藏红格本，1962年，第783页。

③ 《明穆宗实录》卷53，隆庆五年正月甲戌条，国立北平图书馆藏红格本，1962年，第1314页。

④ 《明神宗实录》卷281，万历二十三年正月丙子条，国立北平图书馆藏红格本，1962年，第5187页。

⑤ 《明神宗实录》卷355，万历二十九年正月丙辰条，国立北平图书馆藏红格本，1962年，第6640页。

⑥ [清]张廷玉等撰：《明史》卷71《选举志三》，中华书局，1974年，1721页。

二、察例的实施

八项察例看起来非常明确,但在实际运作过程中,往往缺乏精确的标准,很大程度上是由考察者进行裁定,统治者的意志往往起到决定作用,有必要从统治者的认识与察例的实际运作,对察例的具体实施进行考察。

首先,有关贪和酷的认识。朱元璋由放牛娃变成皇帝,其本身就犹如一个神话,一个奇迹。对于朱元璋的评价也一直存在争议,但他开规模、立规章、审形势、构制度。因此其对贪和酷的认识,直接影响到察例中贪和酷的处置。朱元璋对元末政治腐败深表痛恨,认为"小人擅权,奸邪竞进,举用亲旧,结为朋党,中外百司,贪婪无话,由是法度日弛,纪纲不振,至于土崩瓦解,卒不可救。"①他希望官员都能够勤于公务,尽心于民。称吴王以后,他曾对郡县官员们讲道:"天下之大,人君不能独治,必设置百官有司以分理之,锄强扶弱,奖善去奸,使民得遂其所安,然后可以尽力田亩,足其衣食,输租赋以资国用。"他强调"尔当勤于政事,尽心于民","毋或尸位素餐,贪冒坏法"。② 在命中书省定律令时,他指出立法要简单明了,不能模棱两可,认为"若条绪繁多,或一事而两端,可轻可重,使奸贪之吏得以夤缘为奸,则所以禁残暴者反以贼良善,非良法也。"③洪武二年(1369),朱元璋谕群臣:"昔在民间时,见州县官吏多不恤民,往往贪财好色,饮酒废事,凡民疾善,视之漠然,心实怒之。故今严法禁,但遇官吏贪污蠹害吾民者,罪之不恕。"他希望官员们能够认识到:"若守己廉而奉法公,犹人行坦途从容自适,苟贪贿罹法,犹行荆棘中寸步不可移,纵得出,体无完肤矣。"④朱元璋在次年任命广西

① 《明太祖实录》卷15,甲辰年十二月丁巳条,国立北平图书馆藏红格本,1962,第211页。
② 《明太祖实录》卷24,吴元年秋七月丁丑条,国立北平图书馆藏红格本,1962年,第349页。
③ 《明太祖实录》卷26,吴元年冬十月甲寅条,国立北平图书馆藏红格本,1962年,第389页。
④ 《明太祖实录》卷39,洪武二年二月甲午条,国立北平图书馆藏红格本,1962年,第800页。

按察司官员时,谕之:"广西地控诸蛮民未熟化,况兵戈凋瘵之余,未遂生业,恐有司不能抚恤,又从而蠹害之,兹特命尔等往司风宪,须严明以驭吏,宽裕以待民,如有奸贪、强暴、虐良善者,尔等就逮其人鞫问审决,然后以闻,若俟闻而后决,道里辽远,往复不无淹滞。"①针对"吏治之弊,莫甚于贪墨,而庸鄙者次之",他"特置天下府、州、县提刑按察分司"②,对地方进行巡视考察,并且严厉惩贪。其后继者最初坚持惩贪的方针,但自宣德年间出现"纳赎"制度,即便是考核为贪酷,也可以赎免,到后来仅仅是罢职为民,还可以援例起复,仍然可以当官,贪酷的考核实际上形同虚设。隆庆年间将贪酷官员黜免以后治罪,原本是符合法律精神的,但在官僚政治下,却很难以实施。如正德时,"南御史李熙劾贪吏触怒刘瑾,矫旨杖三十"③。此后一发不可收拾,"大臣污则小臣悉效,京官贪则外臣无畏"④。海瑞在嘉靖四十五年(1566)上疏有云:"吏贪官横,民不聊生,水旱无时,盗贼滋炽。"⑤从嘉靖至万历,士风经历三变,"一变环境严嵩之黩贿,而士化为贪。再变于张居正之专擅,而士竞于险。至于今,外逃贪黩之名,而顽夫债帅多出门下;阳避专擅之迹,而芒刃斧斤倒持手中"⑥。

其次,有关年老有疾的认识。在察例中,这两个标准应该是最容易确定的,但在具体实施过程中,依然存在许多问题。按照明代对老疾的认识,"在京在外文武官员,若年七十以上,及年未及七十,有疾不堪任事者,俱准自陈

---

① 《明太祖实录》卷54,洪武三年秋七月己亥条,国立北平图书馆藏红格本,1962年,第1063页。
② 《明太祖实录》卷148,洪武十五年九月癸亥条,国立北平图书馆藏红格本,1962年,第2332页。
③ [清]张廷玉等撰:《明史》卷95《刑法志三》,中华书局,1974年,第2331页。
④ [清]张廷玉等撰:《明史》卷194《王廷相传》,中华书局,1974年,第5156页。
⑤ [清]张廷玉等撰:《明史》卷226《海瑞传》,中华书局,1974年,第5928页。
⑥ [清]张廷玉等撰:《明史》卷216《刘应秋传》,中华书局,1974年,第5709页。

致仕。其才堪倚注,特旨留用者不在此例"①。这里以七十岁为老,但有"特旨"的可以留用,即便是终生为官也可以。在具体实施过程中,皇帝可以根据情况进行裁决。如"浙江右布政使方廷玉②,自陈年老有疾,乞致仕。上以其精力未衰,仍命复任"③。"协赞延绥等处军务右副都御史马恭,以老疾乞致仕。兵部言:恭虽称有疾,而彼处官军累疏留之,宜令仍旧赞理。"④可见裁定是否老疾,既有皇帝的认识,又有官员的看法。在考察中何者为老疾,很大程度由考察官员所决定。以老而言,所见史料中最小的三十七岁被考核为老,因此考察官员可以用"老疾"为名排斥异己。如循吏徐九思⑤,亦称徐九经,是曾经轰动一时的《七品芝麻官》戏剧的主人公,刚正廉洁,爱民如子,风闻当时,流传后世,就是因为在工部郎中任上督修河道,适逢严嵩死党工部尚书赵文华⑥来巡视东南,徐九思"不出迎,遣一吏赍牒往谒,文华嫚骂而去"⑦。结果在考察时,被以"老"致仕,时年六十二岁。云南曲靖知府庞嵩⑧,历官有善政,名闻当时,"中察典,以老罢,而年仅五十"⑨。明代文豪王世贞,因为父亲王忬⑩"以滦河失事,(严)嵩构之,论死系狱"。王世贞与弟

---

① 《明英宗实录》卷 280,天顺元年秋七月癸酉条,国立北平图书馆藏红格本,1962 年,第6003 页。

② 方廷玉,字致美,巴陵人,永乐十三年(1415)进士,官至浙江布政使。

③ 《明英宗实录》卷 125,正统十年春正月甲午条,国立北平图书馆藏红格本,1962 年,第2503 页。

④ 《废帝郕戾王附录》卷 22,景泰二年五月丁巳条,国立北平图书馆藏红格本,1962 年,第4375 页。

⑤ 徐九思,一名徐九经(1495—1580),字子慎,江西贵溪人,嘉靖四年(1525)举人。曾任句容知县。曾经治行为天下第一,官至知府,六十二岁以年老勒令致仕。

⑥ 赵文华(1503—1557),字元质,号梅村,浙江慈溪人,嘉靖八年(1529)进士,官至工部尚书,以阿附严嵩被目为奸臣。

⑦ [清]张廷玉等撰:《明史》卷 281《循吏徐九思传》,中华书局,1974 年,第7214 页。

⑧ 庞嵩,字振卿,南海(今佛山市)人,嘉靖十三年(1534)举人,官至知府,入《循吏传》,著有《刑曹志》《太极解图书解》《弼唐遗言》《弼唐存稿》等。

⑨ [清]张廷玉等撰:《明史》卷 281《循吏庞嵩传》,中华书局,1974 年,第7215 页。

⑩ 王忬(1507—1560),字民应,江苏太仓人,王世贞之父,嘉靖二十年(1541)进士,官至兵部右侍郎,后被严嵩陷害下狱,斩于西市。

弟王世懋①"日蒲伏（严）嵩门，涕泣求贷"②，最终王忬还是被斩首西市，这是因为王世贞"每与严世蕃宴饮，辄出恶谑侮之"③。所以严嵩没有帮助，而当王世贞丁忧期满，应该复任的时候，也以其年老冠带闲住，时年三十七岁而已。在政治腐败时，如果不会贿赂，"失于阿附者，发须微白，即目为老疾"④。由此可见，年老有疾的判断也不能够脱离人为的因素。

再次，有关素行不谨与罢软无力的认识。素行是指平素之品行，不谨乃是所作之事不合为官体统；罢软即疲沓软弱，乃是从阘茸转变而来，因阘茸指人品卑劣及庸碌无能，故此改为罢软无力。"或有善于守分，而短于治才，作罢软者。或到任未久，而以政绩无闻，为阘茸者。"⑤短于治才是罢软，政绩无闻是阘茸，若是与政务结合起来，还有其合理之处，但与人结合起来，其中的变数就大了。沈德符认为："后以立法太苛，谓疏放者似不谨，迟缓者似罢软，概弃不无可惜。"⑥本来是短于治才，却变为迟缓了。可见这两项标准的判定本身就存在问题。因为素行不谨与罢软无力（阘茸），都涉及人的行为及品德，后来则简化为"不谨"与"疲软"。即便如此，在具体判定上，也容易出错，更容易受人为因素的影响。如嘉靖时期，户科左给事中孙应奎⑦，因为弹劾都御史汪鋐⑧结党营私，在京察时被"诬以不谨而黜之"，而他一直"以风

---

①　王世懋（1536—1588），字敬美，王世贞之弟，嘉靖三十八年（1559）进士，官至南京太常寺少卿。

②　[清]张廷玉等撰：《明史》卷287《文苑王世贞传》，中华书局，1974年，第7380页。

③　[明]沈德符：《万历野获编》卷8《严相处王弇州》，中华书局，1959年，第208页。

④　[明]陈子龙等辑：《明经世文编》卷122引范珠《修政弭灾疏略》，中华书局影印本，1960年，第1180页。

⑤　[明]陈子龙等辑：《明经世文编》卷45引林聪《修德弭灾二十事疏》，中华书局影印本，1960年，第344页。

⑥　[明]沈德符：《万历野获编补遗》卷2《大计添浮躁》，中华书局，1959年，第841页。

⑦　孙应奎，字文卿，号蒙泉，余姚人，嘉靖八年（1529）进士，官至山东布政使。

⑧　汪鋐（1466—1536），字宣之，号诚斋，徽州婺源人，弘治十五年（1502）进士，官至吏部尚书，曾引进推广佛郎机铳。

节自厉"①。当时礼科都给事中魏良弼,因"偕同官劾吏部尚书汪鋐",在京察时"竟坐不谨削籍"②。被海瑞推荐为异才的颜鲸③,行为巡按河南,黜免新郑知县,此乃是内阁首辅高拱的家乡,故"其人高拱所庇也"。等高拱掌管吏部事,"遂以不谨落(颜)鲸职"④。御史张槚⑤"尝劾大学士高拱",高拱掌管吏部事,也及之"坐不谨罢归"⑥。河南参政王慎中⑦,"四岁能诵诗",在当时文坛很有名气,也很勤政,嘉靖二十年(1541)大计,吏部考察为"不及","大学士夏言先尝为礼部尚书,慎中其属吏也,与相忤,遂内批不谨,落其职"⑧。有考察权者可以任意,没有考察权者则施加影响。如万历三十八年(1610),京师正阳门楼维修,工部营缮司郎中张嘉言,面对内监估价银十三万两,厉声云:"此楼在民间,当费三千金。今天家举事,不可同众,宜加倍为六千。"气得内监们"但奋拳欲殴之"。因此"次年大计,张(嘉言)竟以不谨被斥"⑨。何为不谨? 何为罢软? 原本就难以判定,其人为的影响就更大了。

最后,有关才力不及与浮躁浅露的认识。浮躁乃是轻浮急躁,浅露是浅显缺乏深度。才力乃是才华与智慧,不及则是达不到。沈德符认为这是立法太苛,"乃创为浮躁浅露、才力不及二款为次等,京官降一级调外任。若外计皆以贪酷等项罢斥,无降调之例"⑩。成化二十三年(1487),吏部尚书李裕以为"迟钝似软,偏执似酷,创立才力不及一条以处之,实爱惜人才之意。其

---

① [清]张廷玉等撰:《明史》卷202《孙应奎传》,中华书局,1974年,第5334页。
② [清]张廷玉等撰:《明史》卷206《魏良弼传》,中华书局,1974年,第5455页。
③ 颜鲸(1515—1589),字应雷,浙江慈溪人,嘉靖三十五年(1556)进士,官至太仆少卿。
④ [清]张廷玉等撰:《明史》卷208《颜鲸传》,中华书局,1974年,第5513页。
⑤ 张槚,字叔养,号心吾,江西新城县人,嘉靖三十八年(1559)进士,官至南京工部右侍郎。
⑥ [清]张廷玉等撰:《明史》卷210《张槚》,中华书局,1974年,第5571页。
⑦ 王慎中(1509—1559),字道思,福建晋江人,嘉靖五年(1526)进士,官至河南参政,著有《海上平寇记》《金溪游记》《游清源山记》《朱碧潭诗序》《游白鹿洞》《游麻姑山》《遵岩集》等。
⑧ [清]张廷玉等撰:《明史》卷287《文苑王慎中传》,中华书局,1974年,第7368页。
⑨ [明]沈德符:《万历野获编》卷6《箭楼》,中华书局,1959年,第174页。
⑩ [明]沈德符:《万历野获编补遗》卷2《大计添浮躁》,中华书局,1959年,第841页。

法迄今不变"①。也就是说才力不及与罢软与酷暴有一定关系,重在断定是否"迟钝""偏执",使一些酷吏、罢软官员得以减轻处分,所以称"爱惜人才"。至于"浮躁"列入察例,沈德符推测:"或云是年有才士被妒,难处以不及,故立此例,未知信否。"②沈德符的怀疑不是没有凭据,如成化二年(1466)进士李绅,因"意气勃发,遽罹猜忌",在为光禄寺少卿时,"以浮躁例,调知山西之忻州"。他不肯去,申请致仕,上疏云:"郡县之职,非循良恺悌者弗称。兹以浮躁浅露之名而责其循良恺悌之政,盖亦难矣。"并且写座右铭云:"五斗懒将双膝屈,三章乞得一身间。"他的行为,使"论者赏其志,因惜其才之不尽见也"③。"余姚进士诸燮④有时名,初拜京官,以浮躁调外任。"⑤

　　他们都是有才气及名望者,考察则被称之为"浮躁",而沈德符也罗列许多人,如通政使司左通政李应策⑥,因为揭发别人受贿而得罪人,"乙巳(1605年)内计,以浮躁褫级"⑦。费尚伊"年少有隽声,且屡考前列",却在"丁亥(1587年),京察以浮躁谪居家"⑧。巡按广东御史顾龙桢,"不甚谙吏治,而性刚戾自尊大",在广东与左布政使王泮⑨,在乡试科场互殴,"后京考以浮躁处之"⑩。直隶广平知府刘芳誉,"为人倜傥不甚拘小节",与同僚以酒令发生

① [明]焦竑辑:《国朝献征录》卷24《光禄大夫吏部尚书古澹李公裕墓志铭》,台湾学生书局,1984年,第992页。
② [明]沈德符:《万历野获编补遗》卷2《大计添浮躁》,中华书局,1959年,第841页。
③ [明]焦竑辑:《国朝献征录》卷71《光禄寺少卿李君绅墓志》,台湾学生书局,1984年,第3075页。
④ 诸燮,字子相,号理斋,浙江余姚人,嘉靖十四年(1535)进士,历仕兵部主事、邵武同知、潮州通判等。曾镇守山海关。后因触怒寻访边关的宦官,贬官辞官,著有《新编通鉴集要》《新镌通鉴集要》等。
⑤ [明]叶权撰,凌毅点校:《贤博编》,中华书局,1987年,第34页。
⑥ 李应策,字成可,号苍门,蒲城人,万历十一年(1583)进士,以直言贬官。
⑦ [明]沈德符:《万历野获编》卷7《发馈遗》,中华书局,1959年,第203页。
⑧ [明]沈德符:《万历野获编》卷10《庶常授官》,中华书局,1959年,第268页。
⑨ 王泮,字宗鲁,号积斋,山阴人,嘉靖四十四年(1565)进士,官至湖广参政。
⑩ [明]沈德符:《万历野获编》卷15《御史方伯相殴》,中华书局,1959年,第292页。

冲突，"至甲辰外计，刘（芳誉）以浮躁降四级用"①。户部郎中马之骏②，"甫逾弱冠登第，当今才士翘楚也"。"丁巳（1617 年）大计，忽罹白简拾遗，以浮躁外谪。"③因为有才能，难免发表议论，一旦得罪权贵，加以"浮躁"之名也是难免的。如工科右给事中叶洪，因为论吏部尚书汪铉之奸，"明年（1533 年）考察，（汪）铉修怨，遂坐（叶）洪浮躁，贬宁国县丞"④。大理右寺丞宋仪望⑤，因为得罪严世蕃"遂坐以浮躁，贬夷陵判官"⑥。吏科给事中陈瓒因为是首辅徐阶所推荐，高拱为首辅后恶之，陈瓒⑦"已移疾归，竟坐浮躁谪洛川丞"⑧。还有李腾芳⑨"好学，负才名"，因为指斥首辅王锡爵私写密揭，被贬为太常博士，万历三十九年（1611）京察，"复以浮躁谪江西都司理问"⑩。翰林院编修刘纲⑪因为上疏得罪万历帝，"居二年，京察。坐浮躁，调外任，遂归"⑫。这些都是有才能之人，在考察中被列为"浮躁"，固然是有被考察者自己的原因，但很大程度上这类标准难以确定。万历初年任吏部尚书的张瀚认为："惟直谅慷慨者类浮躁，老成厚重者类不及，辨之不审，善类受伤。于此二项，必以轻佻不检当浮躁，以才识谫劣当不及。庶真伪不淆，而名实允当

---

① ［明］沈德符：《万历野获编》卷 22《刘际明太守》，中华书局，1959 年，第 578 页。
② 马之骏（1578—1617），字九达，万历三十八年（1610）进士，官至户部郎中，著有《妙远堂集》。
③ ［明］沈德符：《万历野获编》卷 28《马仲良户部》，中华书局，1959 年，第 723 页。
④ ［清］张廷玉等撰：《明史》卷 206《叶洪传》，中华书局，1974 年，第 5456 页。
⑤ 宋仪望（1514—1578），字望之，江西永丰人，嘉靖二十六年（1547）进士，官至大理寺卿，著有《华阳馆文集》。
⑥ ［清］张廷玉等撰：《明史》卷 227《宋仪望传》，中华书局，1974 年，第 5953 页。
⑦ 陈瓒（1505—1578），字敬夫，直隶献县人，嘉靖二十六年（1547）进士，官至南京户部尚书，谥简肃。
⑧ ［清］张廷玉等撰：《明史》卷 221《陈瓒传》，中华书局，1974 年，第 5821 页。
⑨ 李腾芳（1565—1631），字子实，湘潭人，万历二十年（1592）进士，官至礼部尚书，著有《李湘州集》。
⑩ ［清］张廷玉等撰：《明史》卷 216《李腾芳传》，中华书局，1974 年，第 5713 页。
⑪ 刘纲，邛州人，万历二十三年（1595）进士，为翰林院编修，万历二十七年（1599）以京察浮躁调外任，致仕。
⑫ ［清］张廷玉等撰：《明史》卷 234《刘纲传》，中华书局，1974 年，第 6108 页。

矣。"①也应该承认,这种判断标准,也很难区分何者是"直谅慷慨",何者是"轻佻不检",何者是"老成厚重",何者是"才识谫劣",所有判断都是人为的,再加上政治的因素便愈发诡异。

　　总之,察例在具体实施过程中,人为确定的因素较多,更兼考察之时,往往仅注其所中何例,很少或者根本不列实绩。内阁首辅高拱认为,这是"行事者不体朝廷之意,而皆袭为含糊暧昧不明之说。曰贪而已,更不列其贪之状。曰酷而已,更不列其酷之状。曰不谨而已,更不列其不谨之状。余皆然,徒加之名,不指其实,不止罔者无以压服其心,即当其罪者亦无以压服其心"。再加上吏部不认真咨访,内阁部院之臣"有所私意中伤"②,察例本身的不足,在官僚政治下,更显得弊端百出。

　　① ［明］张瀚撰,盛冬铃点校:《松窗梦语》卷8《铨部纪》,中华书局,1985年,第147页。
　　② ［明］陈子龙等辑:《明经世文编》卷302引高拱《再论考察》,中华书局影印本,1962年,第3197页。

第五章

明代职官考核制度评析

评价一个制度,可从制度设计、制度实施、实施效果三个层面进行剖析。制度设计主要考察该制度的历史承继、制度体系。制度实施核心是制度的适用,既有对制度的认定,又有制度实施过程中的复杂政治关系。实施效果包括该制度当时的影响,也有对后世的影响,更能够得出某些有益的启示。通过明代职官考核制度的分析,在制度设置、制度实施及效果方面进行研究总结,以期较为客观而深入地评价该项历史制度。

第一节 明代职官考核制度的设计理念

明人声称:“我朝朝觐考察,其法最为精尽,盖委之巡抚、巡按,俾报其贤否;又参之布、按二司及直隶州郡之长,俾究其实;吏部、都察院又迹其岁报殿最,以为朝觐去留之据。如有不当者,则朝野得以非之,科道得以劾之,其不才者岂容幸免,而才能者亦岂致冤抑。”[①]这里虽然有自夸的成分,但也体现出明代在制度设计层面的确有一定的特色。

---

① 《明孝宗实录》卷99,弘治八年四月壬戌条,国立北平图书馆藏红格本,1962 年,第 1817 页。

一、考核程序

明代官吏考核虽然由吏部主管,但都察院也要参与。在中央层面,要求会同考察,除了吏部、都察院堂上官参与之外,皇帝还经常指派内阁大臣参与。具体办法是:京察,先由吏部考功司会同河南道监察御史、吏科给事中,将各衙门堂上官所进行的考评汇总,一旦发现问题,及时纠正。在吏部与都察院堂上官会同考察时,考功司与科道官提交考评文册,与堂上官共同考评。朝觐考察,吏部考功司会同吏科给事中,先整理各地送来的考评文册,发现问题则记录在案,待吏部与都察院堂上官会同考察时分别提交,凡是该来朝觐,误期及不来朝觐者也记录在案,交吏部与都察院堂上官奏请处置。最终的考评结果,都要列名上奏,由皇帝进行裁决。当考察黜陟有例可循,吏部与都察院堂上官则按例拟定。如宣德三年(1428),吏部左侍郎郭琎上奏:考核在外郡县官,有"才识平常者",请示如何黜罚,宣德帝讲:"平常者才不及也,如无赃罪,但降用之。其郡佐及县正佐降杂职,若未入流则改除边远,不足罚也。"①到宣德四年(1429),都察院考核御史,有"才力不及",则"如例降黜"②。

在考核过程中,无论是吏部与都察院堂上官,还是吏部考功司、河南道监察御史、吏科给事中,只要是分析问题,即可以提出。如嘉靖时,江西巡抚王炜弹劾吉安府同知张孟澄、通判晏杞,考功司就提出:"同知张孟澄节年考语颇优,通判晏杞历任尚浅,相应姑留,以责后效。"报知吏部堂上官请旨之后,"本部移咨都察院,转彼行处巡抚衙门,行令张孟澄、晏杞策励供职"③。考核提交各种文册,缺一不可,每一道程序都不能减少。

---

① 《明宣宗实录》卷48,宣德三年十一月丙子条,国立北平图书馆藏红格本,1962年,第1178页。
② 《明宣宗实录》卷51,宣德四年二月壬寅条,国立北平图书馆藏红格本,1962年,第1234页。
③ [明]不著撰人:《吏部考功司题稿》,台湾伟文图书公司,1977年,第13页。

考核是以考满结合考察,内外结合,构成相互制约。"内外臣工,六年有察,三年有觐,内则有科道以司纠弹,外则有抚按以行举劾,耳目极密,闻见极真,信足凭也。"①京察大计再加上不时考察,都有责成,每一环节都在于防弊,不能使任何人决定别人的前程命运,其设计理念非常明确,但也逃不过专制政体及官僚政治的影响,每一环节都可能作弊。

二、层层考核

明代职官考核,从县级开始,知县、知州考核所属,年终填注考语,送交府(直隶)州复核;府州考核所属,并对州县正官进行考核,填注考语,送分巡、分守复核。分巡、分守也考核所属,并对府州正官进行考核,填注考语,送按察司、布政司复核。按察使、布政使考核所属,并对分巡、分守进行考核,填注考语,送抚按复核。抚按除了核实上报的考核文册及考语外,对按察使、布政使也进行考核,然后送交吏部、都察院复核。正如朱元璋所讲:县亲临里甲,"若耳目有所不及,精神有所不至,遗下无藉顽恶之民,本州方乃是清"。州临县治,"耳目有所不及,精神有所不至,遗下贪官污吏,及无藉顽民,本府方乃是清"。府临州治,"耳目有所不及,精神有所不至,遗下贪官污吏,及无籍顽民,布政司方乃是清"。布政司治理亲属临府,"倘耳目有所不及,精神有所不至,遗下贪官污吏,及无藉顽民,按察司方乃是清"。按察司治理布政司府州县,"耳目有所不及,精神有所不至,巡按御史方乃是清"②。这种层层监督的体制,配合以朝廷的督察,与职官考核制度联系在一起,也就具有层层考核、层层监督的效用。

统治者认为,各级官员都会有"耳目有所不及,精神有所不至"之时,因

① [明]张萱辑:《西园闻见录》卷31《考察》引萧淳语,哈佛燕京学社,1940年,该卷第12页。
② [明]申时行等:《明会典》卷12《吏部·责任条例》,中华书局,1989年,第77页。

此在省一级既设巡抚,又设巡按,还曾经普遍设置镇守中官;在省内既设分守、分巡,又增加兵备道,还曾经普遍设中官分镇。从积极意义看,有利于强化地方统治,统一事权,提高统治效率,便于中央控制,不易形成地方割据。从消极意义看,旧的三司体制虽然在普遍设置巡抚的情况下,使地方权力得以整合,但巡抚、巡按、镇守中官构成新的"三权分立",依然没有解决三者难以协调的问题,以至于诸事难于办理,"皆缘政出多门,每行一事,既禀巡抚,复禀镇守,复禀巡按"①。后来废除镇守中官,巡抚、巡按依然没有分清权责,"抚按之争"成为地方矛盾的焦点。虽然说,"巡抚都御史是省一级的权力中心,巡按监察御史则是中央权力在地方贯彻的保障,是中央在地方的执法者"②。但是在君主专制中央集权制度下,君主的意志及内阁部院大臣们的好恶,在"抚按之争"中起到至关重要的作用。巡抚、巡按都掌握地方官的考核大权,这是"内则有科道以司纠弹,外则有抚按以行举劾,耳目极密,闻见极真,信足凭也"③。也应该看到在这种体制下,考核权在巡按,"考核官吏之际,与夺轻重,皆惟巡按出言,而藩臬唯唯承命,不得稍致商确矣"。"故属吏之畏按臣,甚于抚臣也。甚而巡抚固位者,亦不敢专行一事,而承望风旨于巡按矣。"④明代"惟巡抚得以便宜从事"⑤,巡抚不仅主持一省军政事务,也有举荐和弹劾权力。"在嘉靖以前,巡抚代表中央监控地方的职责仍很明显,且级别较高,权力较大,故抚按发生争执时,巡抚往往占优。在嘉靖以后,巡抚节制三司,成为总领一方的封疆大吏的趋向已大大加强,而原有的代表中央监控地方的职能相对地减弱,因而朝廷便有意通过巡按对巡抚牵

---

① [明]陈子龙等辑:《明经世文编》卷132引王守仁《与王晋溪第四书》,中华书局影印本,1962年,第1289页。

② 方志远:《明代国家权力结构及运行机制》,科学出版社,2008年,第301页。

③ [明]张萱《西园闻见录》卷31《考察·前言》引萧淳曰,哈佛燕京学社,1940年,该卷第12页。

④ [明]陈子龙等辑:《明经世文编》卷136引胡世宁《守令定例疏》,中华书局影印本,1962年,第1349页。

⑤ [清]张廷玉等撰:《明史》卷159《熊概等传赞》,中华书局,1974年,第4352页。

制,以防止巡抚在地方上专擅。"①既然寓意抚按相互制衡,在职官考核上也免不了相互制衡,地方官也只能惟其马首是瞻。

三、科道官拾遗

明代科道官是监察的主力军,其六科各设给事中,"掌侍从、规谏、补阙、拾遗、稽察六部百司之事"②。制度设计是以谏诤为主,故俗称"谏垣"。但其主要责任在于对口监察,并没有专门对皇帝谏诤的科名,而是与六部相对,实际上就是监察官员。按照制度额定,北京有五十八名给事中,南京有七名给事中,共计六十五名,除了对口监督南北两京六部事务之外,对地方督、抚、按等大员也有监督责任。道是十三道监察御史,按照当时十三个布政司命名,"主察纠内外百司之官邪,或露章面劾,或封章奏劾"③。以布政司为名,并不是专察布政司事,还要带管在京文武衙门的官员及监察事务。如河南道监察御史带管:司礼监、尚膳监、尚宝监、直殿监、酒醋面局、尚宝司、中书舍人、钟鼓司、礼部、翰林院、都察院、国子监、光禄寺、太常寺、鸿胪寺、太医院、钦天监、教坊司、彭城卫、羽林左卫、留守前卫、留守后卫、神武左卫、神武右卫、神武前卫、两淮盐运司、直隶扬州府、大名府、扬州卫、仪真卫、高邮卫、归德卫、潼关卫、宁山卫、泰州千户所、通州千户所、汝宁千户所三十七个文武衙门的监察,负责照刷文卷和磨勘卷宗,还承办京察事宜。十三道监察御史分为内外差,所谓的内差就是两京刷卷、巡视京营、监临会试及武举、巡视光禄寺、巡视仓场、巡视内库、巡视皇城、巡视五城、轮值登闻鼓等;所谓的外差,如巡按、清军、巡盐、提督学政、巡茶、巡视马政、巡视漕运、巡视边关、巡视钞关、督运粮饷、监临印马、巡视屯田、监军、纪功等。差事按照繁简,分

---

① 关文发、颜广文:《明代政治制度研究》,中国社会科学出版社,1995 年,第 62 页。
② [清]张廷玉等撰:《明史》卷 74《职官志三》,中华书局,1974 年,第 1805 页。
③ [清]张廷玉等撰:《明史》卷 73《职官志二》,中华书局,1974 年,第 1768 页。

为大差、中差、小差。北京额设一百一十名,南京额设三十名,共计一百四十名。自汉代称为御史台,直到洪武十三年(1380)改称都察院,而作为监察御史简称的"台",一直延续到清代。监察御史主管监察,故称"台察",与六十五名给事中合称为"台垣",一般称为科道官。

科道官都有监督百司的权力,在分工上六科给事中侧重于行政监督,以提高百司衙门的办事效率,监察御史侧重于法纪监察,以整肃朝纲、澄清吏治。在行政权力包揽一切的情况下,很难区分何者为监督,何者为监察。以职官考核而言,制度规定抚按考察地方官,"有不如令者,抚按得参奏罢黜。抚按官或徇情隐匿者,许科道劾之"①。这里泛指科道,也不分彼此。在定期考察与不时考察之后,允许科道官拾遗,可以对考察中的不法不公,乃至遗漏提出,是"科道之设,将以补阙拾遗,举正欺蔽,是以每当考察之后,例必纠正。盖使司考察者,畏清议,而不敢不公;被考察者,仗公论,而不患不当"②。制度设计的本意是借助清议及监察的力量,以制约考察者,但在现实上,往往不是为了考察不公,而是纠举不职,制度也随之变为"内外官考察自陈后,则与各科具奏。拾遗纠其不职者"③。真正的考察不公却得不到纠正。

明代在短时期还实行过科道官互纠的制度。嘉靖六年(1527),经吏部奏准:"两京科道官,有相应黜调考察遗漏者,互相纠举。"④沈德符对此事的始末进行论说,认为是当年"张璁以兵部左侍郎,为北科道所纠,桂萼以礼部右侍郎,为南科道所纠,虽俱奉旨留用,而心恨甚。萼乃疏谓杨廷和私党犹在言路,引宪宗初年例,于拾遗后,互相纠察"。当时他们"引宪宗初年例,于拾遗后,互相纠察"。实际上并没有这种例,却得到嘉靖帝的认可,"命吏部

---

① 《明世宗实录》卷 20,嘉靖元年十一月丁卯条,国立北平图书馆藏红格本,1962 年,第 598 页。
② 《明孝宗实录》卷 213,弘治十七年六月乙亥条,国立北平图书馆藏红格本,1962 年,第 4002 页。
③ [清]张廷玉等撰:《明史》卷 74《职官志三》,中华书局,1974 年,第 1805 页。
④ [明]申时行等:《明会典》卷 13《吏部·京官考察》,中华书局,1989 年,第 80 页。

勒科道互相纠拾,时考察内六科已去四人,十三道已去十人矣"。这乃是桂萼"始终引杨廷和及大礼为言,耸动上听,以要必允,心虽狠而识则陋矣"①。这种出于政治报复而制定的制度,当然不能长久,所以在嘉靖十七年(1538)予以废除,并不是如一些讲明代官员考核制度者所云:"这种严密而完备的纠劾制度,是抵制和打击考核舞弊的有效举措。"②乃是基于政治目的,其设计理念也不在完善考察,当然也不会收到良好效果。

四、申辩制度

对于考满、考察、不时考察过程中出现的冤假错误,制度规定允许受害者本人伸理,让其他人或本人进行论辩。以伸理而言,"洪武间,有司有刚直有为廉洁自守被诬逮者,得伸理后,往往赐衣钞诸物,或赐宴,或升秩。如沐阳知县周质升山东参政,衡山主簿纪惟正升陕西参议,潞州知州刘士源升陕西参政。诸如此类,不可胜纪"③。弘治六年(1493),朝觐考察,吏部、都察院黜退官员甚多,弘治帝认为:"今或因一人无根之言,而遂革其积勤所得之官,使之泯默不敢伸理,是岂治世所宜有。"因此要吏部、都察院"从公详审考察,如有不公,许其伸理"④。命令下才几个月,礼科都给事中林元甫等就提出:"朝觐考劾退官,造言妄奏者,例为民及发口外。近有旨,许其伸理,本开理枉之门,反益奔兢之弊,乞照前例为便。"⑤如今"命下未几,奏者踵至,恐岁复一岁,终无止期"。事下吏部议覆:"三年朝觐,本部会同都察院考察,凡贪酷不职者,必严加黜退,盖以去恶不尽,不足以除天下之害。然人材难得,其恶未著而遽去之,则人心不平,是以圣明许其伸理,但嚣悍狂躁之徒,一见禁

① [明]沈德符:《万历野获编补遗》卷3《科道互纠》,中华书局,1959年,第883页。
② 王兴亚:《明代行政管理制度》,中州古籍出版社,1999年,第181页。
③ [明]余继登:《典故纪闻》卷5,中华书局,1981年,第92页。
④ 《明孝宗实录》卷71,弘治六年正月己丑条,国立北平图书馆藏红格本,1962年,第1338页。
⑤ 《明孝宗实录》卷75,弘治六年五月癸酉条,国立北平图书馆藏红格本,1962年,第1419页。

令稍宽,辄便饰词妄奏,变乱是非,有伤治体。"因为有圣旨在,吏部也不敢拂圣意,只好提出折中的办法,"今后朝觐考察,中间果有黜退不公者,许其伸理。若本无冤抑,撼拾奏扰者,仍照例参问治罪",弘治帝只好同意,"果有冤抑者许伸理"①。

弘治八年(1495),科道官们认为如有不公,许其伸理,乃是"皇上爱惜人才,慎重黜陟之意,但人心巧伪,所宜深虑",提出"明年朝觐,又当考察,乞一依弘治三年以前故事,而加之以至公至密,行之天下幸甚"。吏部及都察院议覆,弘治帝认为:"人才固不可轻进,尤不可轻退,苟不得其真,所损多矣"②。仍然坚持考察不公,许其伸理。这个制度设置的理念很清楚,就是爱惜人才而慎重黜陟,但也给吏部、都察院考察带来了不便,他们提出"果有冤抑",实际上是将冤抑的判断权交给吏部、都察院。

以奏辩而言,《大明律》名例律·职官有犯条规定:"若所属官被本管上司非理凌虐,亦听开具实迹,实封径直奏陈。"③这是法律规定职官可以奏辩,但《大明律》刑律·诉讼·越诉条规定:"凡军民词讼,皆须自下而上陈告。若越本管官司,辄赴上司称诉者,笞五十。"④正因为法律界限的模糊,对于职官因考核问题的奏辩受理与否,也要视情况而定。如正德三年(1508),"湖广布政司差沔阳州阴阳生韦经等,输本州岁造弓箭至京,寄民家久未纳官而逃,为刘瑾访获"。此事牵连湖广布政司官员很多,在朝觐考察时纷纷予以黜退,只有右布政陆珩"独奏辩,输物后九月始上任,寻入觐,遂转他职,非其经手,乃准辩"⑤。这里只是因为他不是经手人,才允许奏辩。当时在弘治末考察被以有疾勒致仕的南京刑部主事陈言,以不谨勒致仕的兵部员外郎董

①　《明孝宗实录》卷77,弘治六年六月乙亥条,国立北平图书馆藏红格本,1962年,第1488页。
②　《明孝宗实录》卷99,弘治八年四月壬戌条,国立北平图书馆藏红格本,1962年,第1818页。
③　怀效锋点校:《大明律》,法律出版社,1999年,第4页。
④　怀效锋点校:《大明律》,法律出版社,1999年,第174页。
⑤　《明武宗实录》卷35,正德三年二月壬申条,国立北平图书馆藏红格本,1962年,第841页。

俊,"援言例奏辩",他们言诉不已,吏部认为他们贪冒无耻,正德帝"命锦衣卫杖之三十,遣之"①。嘉靖二年(1523),"时方面官被抚按论列者,多有撼拾奏辩。御史马禄,请行禁约以重风纪。都察院议行各抚按,备行各属,凡经参劾者,俱听吏部查访覆奏,期合舆论,毋辄诬诋中伤,营求报复,违者,参究罢升"②。得到嘉靖帝批准之后,进而不允许被论列者奏辩。

嘉靖八年(1529),因灾异数见,嘉靖帝"问辅臣杨一清等,令条画弭灾急务"。杨一清讲道:"先年考察罢官,如徐盈③、彭占祺④、施儒、杨必进等大臣,节奏以为屈抑,拘于禁例,不得叙用。夫与其论奏于数年之后,曷若伸理于被黜之初乎? 乞令大臣、科道官,于考察落职中再加详访,如有冤抑从公论辩"⑤。因此又允许奏辩,但灾异过后,依然限制奏辩。嘉靖十四年(1535),御史们提出:"近时考察,每忽功能,而听采访,略事而信传闻,以致贤否未辩,黜陟不明。"嘉靖帝认为:"朝觐考察,系国家黜陟大典,被黜者既不容奏辩,又终其身不许叙用,朝廷委任部院,不为不尊,近者徒事询访,以致人得行私报复亏枉,甚失朝廷公平正大之体。今考察,伊迩卿等,务秉至公,唯以抚按等官考语,及科道等官论劾为据。其一切暧昧影响事情,毋辄听信。若抚按等官徇私,贤否开具失真者,卿等参奏处治。"⑥这里虽然没有明确是否允许奏辩,但似乎是给予认可,所以在嘉靖十九年(1540),"各官被论,往往妄行奏辩,或互相攻诋,投具揭帖"。嘉靖帝下诏云:"今后即非朝觐之年,而以虚词挟害人者,厂卫捕治,所司擅自受理,扶同中伤者,科道指实

---

① 《明武宗实录》卷35,正德三年二月丁酉条,国立北平图书馆藏红格本,1962年,第852页。
② 《明世宗实录》卷23,嘉靖二年二月壬辰条,国立北平图书馆藏红格本,1962年,第675页。
③ 徐盈,字子谦,江西贵溪人,弘治十八年(1505)进士,官至嘉兴知府,以朝觐考察去官。
④ 彭占祺(? —1534),字朝吉,山东平邑人,正德九年(1514)进士,官至浙江按察司佥事,以朝觐考察罢官。
⑤ 《明世宗实录》卷97,嘉靖八年正月丙辰条,国立北平图书馆藏红格本,1962年,第2270页。
⑥ 《明世宗实录》卷171,嘉靖十四年正月癸亥条,国立北平图书馆藏红格本,1962年,第3722页。

参奏。"①也就是说,对于奏辩及投具揭帖者,要由东厂、锦衣卫审理。即便如此,也没能阻止奏辩。如嘉靖二十八年(1549),给事中们提出:"近年官员被劾者,辄行奏辩,名曰白已,实则攻人。"②"朝觐被黜者,不许奏辩,禁例甚严。但近日复有潜住京师,假以他途进用。"③嘉靖四十二年(1563)礼科给事中王楷言四事讲道:"言官论列者,止据官箴大节,毋得钩索隐微。而被论之臣,如果事情有枉,亦宜虚心以待公论之定,毋得哓哓辩讦",经过吏部议覆"俱允行之"④。制度上限制奏辩,但没有禁止奏辩,而奏辩的真实效果并不明显。万历八年(1580),给事中们提出"严奏辩之实",认为:"伸冤理枉,虽系仁育,但尔来奏辩,俱支吾隐饰,希图报复"⑤。以考察打击政敌,以奏辩攻击对方,考察与奏辩,竟然成为明末党争的焦点所在。

从申辩制度设计来看,能够给予被冤枉的职官以申诉的机会,经过伸理,也可以改正错误。值得注意的是,"一个为官僚把持操纵的社会,本来没有什么法度可言,要说有,不外是有关人民对于他们的义务的规定,或有关他们自己相互之间的权利的规定罢了"⑥。官僚们出于自身利益而进行的奏辩,往往与社会治理毫无关联,所奏辩者,无非是一些末节,并没有发挥申辩制度的效用。

---

① 《明世宗实录》卷239,嘉靖十九年七月己未条,国立北平图书馆藏红格本,1962年,第4861页。

② 《明世宗实录》卷344,嘉靖二十八年正月丁酉条,国立北平图书馆藏红格本,1962年,第6236页。

③ 《明世宗实录》卷350,嘉靖二十八年七月戊寅条,国立北平图书馆藏红格本,1962年,第6331页。

④ 《明世宗实录》卷522,嘉靖四十二年六月辛酉条,国立北平图书馆藏红格本,1962年,第8544页。

⑤ 《明神宗实录》卷99,万历八年闰四月甲寅条,国立北平图书馆藏红格本,1962年,第1978页。

⑥ 王亚南:《中国官僚政治研究》,商务印书馆,2010年,第117页。

五、考核内容

明代职官考核有道德与业绩两种。以道德而言,所重视的就是清、慎、勤三个方面。以制度设计而言,要求职官清廉、谨慎、勤恪,这原本是无可厚非的,但在具体判定上也会有许多不确定的因素。如"清"在考语中常有清才、材清、清雅、清勤、清敏、清议、清洁、清严、清操、清和、清正、清介之类。"廉"在考语中常有廉直、廉约、廉勤、廉介、廉能、廉静、廉信、廉让、廉洁、廉节、廉贞、廉知之类。"谨"在考语中常有醇谨、谨恪、谨畏、谨厚、谨严、勤谨、知谨、谨饬、详谨、谨操、行谨、谨约、谨实之类。"慎"在考语中常有克慎、守慎、明慎、能慎、详慎、敬慎、节慎、慎洁、心慎、简慎、端慎、恭慎之类。"勤"在考语中常有恭勤、政勤、勤敏、勤能、详勤、尤勤、勤饬、勤劳、勤慎、勤绩、克勤、清勤、学勤、事勤之类。"恪"在考语中常有恪慎、端恪、寅恪、恪遵、淳恪、恪实、质恪、简恪之类。虽然近似于文字游戏,但也略有区别,看似都有清、慎、勤三字,所添加的一个字,便可以改变对一个人的认识。比如说清与才、雅、勤、敏、洁、操等字相配合,就是个人的操守,与他人无关。若是与严、正、介、议等字相配合,则与他人有关,因为他们不但自己要清,也以清律人。对于这样的人,在当时是有非议的。

如徽州婺源人游震得①,在嘉靖十七年(1538),考中进士之后,"扬历中外,以清介特闻"。其好友张瀚说他"刚毅峭直,不谐俗侣。居常负气节,高自许可"。因为负有清介之名,"以空剌投时宰,时宰责其馈遗不至,衔之",因此"竟以罢闲去"②。固然有他没有行贿的原因,但一个"介"字,就成为罢免他的理由。天顺三年(1459),南直隶巡按杨贡,"素号清严,疾恶之心尤

---

① 游震得,于嘉靖年间上任福建巡抚,主要从事福建军政事务。
② [明]张瀚撰,盛冬铃点校:《松窗梦语》卷7《忠廉纪》,中华书局,1985年,第132页。

胜",惩治土豪不成,反为所构,"朝廷遣兵官逮公及豪至锦衣狱置对,公不胜困苦,遂诬伏,敕归田里,天下冤之"①。其罪名就是一个"严"字,即便是"清"也不能够幸免,人们只能够冤之。

因为清、慎、勤三字易于文字游戏,虽然可以加上一字以确定短长,但毕竟是含糊不清。从嘉靖年间出现《五花册》,操守方面则不再以清、慎、勤为标准。天启元年(1621),由吏部尚书周嘉谟制定的考语《五花册》,以守、才、心、政、年、貌六项为考核内容,每项分为五等,至清代则改为"四格",即守、政、才、年。守分廉、平、贪,政分勤、平、怠,才分长、平、短,年分青、中、老。明代道德方面考核,从清、慎、勤三字,到守、才、心、政、年、貌的变化,说明道德标准难以把握,但六项内容,也不能够反映真实情况,在没有真凭实据的情况下,往往还会授人以口实。如"心"分五等:公正、坦直、平常、隐秘、奸险;"貌"分五等:端伟、雅饬、平常、绵弱、颓鄙。一个是内心的问题,一个是长相问题,如何猜度心理,以貌取人呢? 清代对此予以废除,也是必然。

明代对地方官虽然没有在制度上明确"本等六事",但一直以此来衡量地方官的政绩。以当时社会发展水平来看,学校兴、田野辟、户口增、赋役均、词讼简、盗贼息,还是具有可行性的。从制度设计来看,也是基于当时地方官的主要政务,"夫户口盛而后田野辟,赋税增。今责守令年增户口,正为是也"②。若是能够综合评定,应该也会有效果,所以《明史》云:"一时守令畏法,洁己爱民,以当上指,吏治焕然丕变矣。下逮仁、宣,抚循休息,民人安乐,吏治澄清者百余年。"③从朱元璋时起,"守令以户口、钱粮、狱论为急务;至于农桑、学校,王政之本,乃视为虚文而置之"④。考核只重视急务,这些急

---

① [明]王锜撰,张德信点校:《寓圃杂记》卷3《记守令》,中华书局,1984年,第22页。
② [清]张廷玉等撰:《明史》卷139《叶伯巨传》,中华书局,1974年,第2992页。
③ [清]张廷玉等撰:《明史》卷281《循吏传序》,中华书局,1974年,第7185页。
④ [清]张廷玉等撰:《明史》卷139《叶伯巨传》,中华书局,1974年,第2993页。

务就是朝廷当时要求的重点,而随着社会的发展变化,原本应该顺应社会发展而调整的考核重点,却因为朝廷的急务,从抚绥而走向科敛。

以张居正的"考成法"而言,研究者多持肯定态度,认为是明代考核上的进步,有积极作用,提高了行政效率,加强了中央集权,是一种行之有效的政治改革,给明朝带来了生机,具有独特性,方法简单易行,对"考成法"多持肯定的态度。① 但也有持反对态度,认为张居正改革具有横征暴敛、承前启后、南辕北辙三大特征。② 在职官考核制度日益败坏的情况下,在考核方面进行调整,原本无可厚非,但考核重在科敛,也失去考核制度设立的初衷。

在朝廷重视"急务"的情况下,朝廷考核地方官的重点已经发生变化。如宣德五年(1430),奏准:"天下官员三六年考满者,所欠税粮,立限追征。九年考满,任内钱粮完足,方许给由。"重点已经偏向于征收税粮,弘治十六年(1503)奏准:"凡天下官员三六年考满,务要司考府,府考州,州考县,但有钱粮未完者,不许给由。其给由到部,不系九年者,不许送户部考核。"③嘉靖五年(1526),"天下来朝正佐官,凡徵解未完者,籍记多寡,著为限程,限内皆停俸,以完日支给,过限者,并下巡按逮问,送吏部降用"④。嘉靖十四年(1535),"凡掌印管粮官,三年六年考满,必任内钱粮完足,方许给由,到部查明无碍,方准收考"⑤。可见考核越来越重视钱粮征收,也就是考核政绩首列

① 参见蒋长芳:《张居正的考成法及其在改革中的作用》,《学术研究》,1980 年第 1 期;金弋:《张居正的考成法》,《安徽史学》,1985 年第 5 期;张海瀛:《论张居正的考成法》,《晋阳学刊》,1987 年第 5 期;孟昭信:《试论张居正的"考成法"》,《吉林大学社会科学学报》,1993 年第 5 期;王娟娟:《张居正考成法探析》,《山东省农业管理干部学院学报》,2010 年第 3 期;任翔:《从考成法看张居正改革失败原因》,《内江师范学院学报》,2014 年第 9 期。

② 参见胡铁球:《新解张居正改革——以考成法为中心讨论》,《社会科学》,2013 年第 5 期。

③ [明]申时行等:《明会典》卷 12《吏部·考核》,中华书局,1989 年,第 72 页。

④ 《明世宗实录》卷 60,嘉靖五年正月辛丑条,国立北平图书馆藏红格本,1962 年,第 1413 页。

⑤ 《明世宗实录》卷 172,嘉靖十四年二月丙辰条,国立北平图书馆藏红格本,1962 年,第 3751 页。

催科,于是地方官们"日夜从事,唯急催科"①。善催科者能够上考,而"所谓善催科者,非必严刑刻法,但尽心稽考,无使奸顽拖欠"②。可是"有司惮考成,必重以敲扑。民力不胜,则流亡随之"③。为了完成催科,于是"州县一年之间,辄破中人百家之产,害莫大焉"④。

张居正的"考成法"有"带征"一条,其弊可见,以至于"天下极冤最枉之事,莫如带征钱粮一节。凡知县、知州在任,止该清理任内钱粮,任以前自有官在,这官既不清得,如何一并责备后官? 行取文书一到,合干上司,俱另具一眼相待,惟恐得罪何人,行取因钱粮不完。上司留着他在。今日则更有可笑,如万历十年官,直要他追而上之到万历四、五年,也要兼比来,如何做得去! 天下只是这几个百姓,百姓只有这些皮肤,前面太宽,后面太紧,直是赶到大坏极乱,不可救药便了"⑤。制度设计理念在于完成朝廷的税收,却忽略了人民的感受和承受能力,不从发展社会经济入手,只站在王朝的立场上,也必然会受到社会的处罚,人民则揭竿而起矣。

第二节　明代职官考核制度的设计缺陷

明朝对于职官的考核,既有考满,又有考察,还有考成,不但从中央到地方都设置考核机构,而且制定详密的条例。在具体考核上,既有层层考核,也有不时考察,还辅之以举劾、拾遗、奏辩等,形成了较为完备的制度体系。专制主义中央集权制度要求权力集中,任何制度也逃不过权力的作用。君

---

① ［明］陈子龙等辑:《明经世文编》卷197引潘潢《申明守令条格疏》,中华书局影印本,1962年,第2036页。

② ［明］陈子龙等辑:《明经世文编》卷312引万士和《条陈南粮缺乏事宜疏》,中华书局影印本,1962年,第3304页。

③ ［清］张廷玉等撰:《明史》卷227《萧彦传》,中华书局,1974年,第5964页。

④ ［清］张廷玉等撰:《明史》卷78《食货志二》,中华书局,1974年,第1899页。

⑤ ［明］李乐:《见闻杂记》卷2《七十三》,上海古籍出版社,1986年,第208页。

主专制的"主要威胁不是外力入侵,而是内部瓦解"①。君主通过考核以控制官僚,尽可能地将权力集中于自己手中。"在专制政治出现的瞬间,就必然会把政治权力把握在官僚手中,也就必然会相伴而赍来官僚政治。官僚政治是专制政治的副产物和补充物。"②官僚政治与君主专制相结合,很容易使考核制度成为君主及官僚手中的工具,而制度设计的缺陷也会暴露无遗。

一、重德不重行

朱元璋虽然在任用官员时重视德行,但在考核上还是强调实际政绩。如洪武六年(1373),"命吏部访求贤才于天下",认为"山林之士,岂无德行、文艺之有称者",访求以后,"朕将任用之,以图至治"③。但他并非重德不重行,在戒谕府县官时讲道:"今尔等皆出编氓,深知稼穑艰难,民生疾苦,是用授以职任,相与图治"④。声称"朕惟郡守、县令,民之师帅,其职惟在爱民,爱民之道,抚以恩,守以法,民安而政不挠,斯为称也"⑤。因此"长民者能爱民,虽有过可用也"⑥。只要是能够实政爱民,他都不秩奖赏或免于治罪。这种德与行并重,在职官考核时还能够重视实际。如宣德元年(1426),松江郡民千余人言知府黄子威,"莅事公平,治民有方,税粮无亏,诉讼不作"。宣德帝认为黄知府有才,对吏部尚书蹇义说:"才之人如又有德,斯尤难得,卿等亦

---

① [美]王国斌:《转变的中国——历史变迁与欧洲经验的局限》,李伯重、连玲玲译,江苏人民出版社,1998年,第89页。

② 王亚南:《中国官僚政治研究》,商务印书馆,2010年,第10页。

③ 《明太祖实录》卷81,洪武六年夏四月辛丑条,国立北平图书馆藏红格本,1962年,第1465页。

④ 《明太祖实录》卷133,洪武十三年九月丁未条,国立北平图书馆藏红格本,1962年,第2115页。

⑤ 《明太祖实录》卷195,洪武二十二年二月癸亥条,国立北平图书馆藏红格本,1962年,第2932页。

⑥ 《明太祖实录》卷188,洪武二十一年春正月戊寅条,国立北平图书馆藏红格本,1962年,第2812页。

闻其德行何若"。蹇义回答:"其才盖屡闻之,其德行臣等不能尽知也。"①由此可见,明代前期对职官的考核,并不完全重视德,也重视行。

正德三年(1508),正德帝"令抚按官询访在外官吏,贪酷者奏黜,廉能守法者旌擢之"②。强调"廉能守法",不再提爱民实绩,只要是有清廉之名,就在旌表之列,而考核也重视清慎,如顺德府知府郭纡,本来是以年老乞致仕,"吏部称其廉平尚可用"③,升任山东布政司右参政。既然重视道德指标,也就无怪有些人伪装了。如南京刑部左侍郎张抚④,"常布衣蔬食,务为廉名,然内多矫诈",其实张抚"无他才略,以善奕著闻"⑤。正德以后,这种伪装者越来越多,海瑞认为:"今人士一入官,初心大抵循俗,而伪日见之,事事匿其心,盖自宋人诈高位高之习,流至今日,沦肌浃髓,不可破矣。"⑥在这种情况下,"今之取士也,以文章,而纸上之谈不足凭也。程官也,以功状,而矫诬之绩不足信也。采之于月旦,而沽名者进矣。核之于行事,而饰诈者售矣。居家而道学者,大盗之薮也。居官而建言者,大奸之托也"⑦。不但有实绩者得不到表彰,即便是得到表彰,人们也不会相信。如何良俊认为:"我朝名臣即言行录所载诸公,大率皆是矣。但其所载,皆用墓志碑文以及饯赠序记之语编入。此等皆粉饰虚美之词,且多是套子说话。以之入于史传,后人其肯信之乎。"⑧在考核中,也经常是"粉饰者见赏,则暗修者弗庸;迎合者受知,则骨梗者蒙弃;搏击者上考,则长厚者无称;要结者得欢,则孤立者无誉;畔援者

①　《明宣宗实录》卷17,宣德元年五月辛亥条,国立北平图书馆藏红格本,1962年,第465页。
②　《明武宗实录》卷36,正德三年三月辛亥条,国立北平图书馆藏红格本,1962年,第860~861页。
③　《明武宗实录》卷51,正德四年六月壬申条,国立北平图书馆藏红格本,1962年,第1167页。
④　张抚,字世安,宝鸡县人,成化五年(1469)进士,官至南京刑部侍郎。
⑤　《明武宗实录》卷21,正德二年春正月己亥条,国立北平图书馆藏红格本,1962年,第604页。
⑥　陈义钟编校:《海瑞集》下编《赠赖节推arg贵县序》,中华书局,1962年,第380页。
⑦　[明]谢肇淛:《五杂组》卷14《事部二》,上海书店出版社,2001年,第277页。
⑧　[明]何良俊:《四友斋丛说》卷38《续史》,中华书局,1959年,第345页。

承旨,则寒微者自疏。至于资格一定,则舍豺狼而问狐狸;意见稍偏,则盼夜光而宝燕石。故下吏之受知长官,有难于扣九阍者"①。之所以会出现这种情况,与考核时重表不重行有很大的关系。

重表则人务虚名,重行才有可能使人重实绩。嗜名者矫情,嗜利者贪污,两者实际上是一样的②,都于国家与社会无补,且会导致政治腐败,败坏社会风气。注重道德而忽略实际才能,也不会有实政,甚至会给社会带来危害。李乐以家乡知府所作所为为例,万历十六年(1588),湖州发生灾荒,郡伯(知府)"令穷民至富家食粥,百十成群,几致大乱;又下令顿米之家,止许卖一两一石,米愈不出,价日益高,毕竟到一两六钱一石才住"。李乐知道"此郡伯甚是清介",但没有实政,故此感叹道:"当官者贪财无耻,想是性生,不足责矣。有一等廉靖无求之人,非不可嘉可重,至于临大事,决大疑,遇大欺,须要有胆略,有才智,方能办得事来。"③

明代重德而略行,乃是逐渐形成的。如正统十年(1445),褒奖"朝觐官治行超卓"④,共有十人入选。其中松江府知府赵豫⑤,"一意拊循,与民休息",考满之时,"民五千余人列状乞留"⑥,可见其还是办实政者。凤阳府知

---

① [明]谢肇淛:《五杂组》卷14《事部二》,上海书店出版社,2001年,第280页。
② 官至九卿,俸禄自厚,即安居肉食,有千金之产,原不为过,盖不必强取之民,而国家养廉之资,已不薄矣。今外官七品以上,月俸岁得百金,四品以上倍之,糊口之外,自有赢余,何至敝车羸马悬鹑蔬栌,而后为廉吏也?至于大臣则愈厚矣。《论语》称季氏富于周公,可见周公当时亦富。诸葛武侯身殁之后,亦有桑八百株,田数十顷。古之人不贪财,不近色,如此,盖其心,大公至正之心也。今人聚敛厚积者,无论已,一二位列三事,绳床布被,弊衣垢冠,妻子不免饥寒,不知俸入作何措置?既不闻其辞免,又不见其予人,此亦大可笑事也。而世竞尚之以为高。吾以为与贪者一间耳。贪者嗜利,矫者嗜名,一也;贪者害物,而矫者不能容物,亦一也。[明]谢肇淛:《五杂组》卷15《事部三》,上海书店出版社,2001年,第310页。
③ [明]李乐:《见闻杂记》卷2《七十八》,上海古籍出版社,1986年,第213页。
④ 《明英宗实录》卷125,正统十年春正月癸巳条,国立北平图书馆藏红格本,1962年,第2501页。
⑤ 赵豫,字定素,安肃人,以生员在靖难之役督赋守城功录用,官至松江知府。
⑥ [清]张廷玉等撰:《明史》卷281《循吏赵豫传》,中华书局,1974年,第7205页。

府杨瓒①,因为"凤阳帝乡,勋臣及诸将子孙多犯令。瓒请立户稽出入,由是始遵约束。瓒言民间子弟可造者多,请增广生员毋限额。礼部采瓒言,考取附学。天下学校之有附学生,由瓒议始。"②他们都是有政绩可述,而且号称"循吏"。天顺以后,所举卓异开始注意行止,如天顺四年(1460),云南布政使贾铨③被"举政绩卓异",明英宗派内阁大学士李贤验看,"还奏貌寝"④,没有升任京官。弘治以后,卓异则偏重于道德。如浙江按察使朱钦,被举为"治行卓异",是因为他"以学行称","并著风节"⑤。嘉靖初年,凡是在正德时受排挤,所谓"怀忠竭节之士"⑥,得以为卓异。自此以后成为惯例,凡是被权臣黜免者,一旦权臣垮台,大部分都会被推举为卓异。嘉靖中叶以后,在推举卓异上,更加注重道德。如长芦盐运使徐问,"终任不取一钱",以"清节自励",号称"清官",后被举为"治行卓异"⑦。青州知府汪乔年⑧,"清若自励,恶衣菲食",所以被举为"治行卓异"⑨。乃是"往岁尝举卓异,然所举多饰虚躐誉之官。壬辰(1592)之春,变而专举清吏,盖谓举卓异未必实,而清吏必实耳"⑩。重道德而轻实政,非但没有提高道德水准,而且使地方的治理越来越坏。

① 杨瓒,蠡县人,永乐二十二年(1424)进士,官至浙江右布政使。
② [清]张廷玉等撰:《明史》卷161《杨瓒传》,中华书局,1974年,第4386页。
③ 贾铨,字秉钧,邯郸人,永乐二十二年(1424)进士,官至云南巡抚,谥恭靖。
④ [清]张廷玉等撰:《明史》卷158《贾铨传》,中华书局,1974年,第4337页。
⑤ [清]张廷玉等撰:《明史》卷186《朱钦传》,中华书局,1974年,第4944页。
⑥ [清]张廷玉等撰:《明史》卷189《罗侨传》,中华书局,1974年,第5103页。
⑦ [清]张廷玉等撰:《明史》卷201《徐问传》,中华书局,1974年,第5319页。
⑧ 汪乔年(1585—1642),字岁星,遂安人,天启二年(1622)进士,官至陕西总督,被李自成杀害,谥忠烈。
⑨ [清]张廷玉等撰:《明史》卷262《汪乔年传》,中华书局,1974年,第5781页。
⑩ [明]陈子龙等辑:《明经世文编》卷441引冯琦《铨部议举卓异》,中华书局影印本,1962年,第4839页。

二、务虚文而忽实政

朱元璋曾经讲道:"昔元之初得天下,人材皆务实学,故贤能由公道而进;后元之失天下,世俗皆尚虚名,故赃私于权门而用。"①故此他严惩贪污,强调官员应该有爱民实政,却没有革除虚文之弊。洪武九年(1376),平遥训导叶伯居上书讲道:"求治之道,莫先于正风俗;正风俗之道,莫先于守令知所务;使守令知所务,莫先于风宪知所重;使风宪知所重,莫先于朝廷知所尚。"而事实上,"今之守令以户口、钱粮、狱论为急务;至于农桑、学校,王政之本,乃视为虚文而置之"。对于王政之本,"守令不过具文案、备照刷而已。上官分部按临,亦但循习故常,依纸上照刷,未尝巡行点视也。兴废之实,上下视为虚文"②。因为上书涉及分藩,朱元璋认为他离间骨肉,最终将叶伯居下狱处死,但也使朱元璋有所警觉,次年派遣监察御史巡按州县,谕之曰:"今汝等出巡天下,事有当言者须以实论列,勿事虚文,凡为治以安民为本,民安则国安,汝等当询民疾苦,廉察风俗,申明教化,处事之际,须据法守正,务得民情,惟专志以立功,勿要名以取誉。"③要求他们崇实政而去虚文,却没有废除文牍,后颁布《到任须知》,罗列三十一项,都要造册上报,而朝觐考察,各种文册都必须携带。考察实政,各类文册固然是必不可少,但文册如山,不但上司难以照刷,且容易弄虚作假。

明中叶以后,各类文册不断增多。以类解文册而言,弘治年间的南京各卫,"一年之间,该造文册,无虑二十余起。攒写之劳,裒敛之费,所不可言"。这些文册都要送缴京城各部察核,以钱粮文册而言,"要差官赴京,送缴户

---

① [明]叶盛撰,魏中平点校:《水东日记》卷11《记王轸父家书事》,中华书局,1980年,第115页。
② [清]张廷玉等撰:《明史》卷139《叶伯巨传》,中华书局,1974年,第2993页。
③ 《明太祖实录》卷113,洪武十年七月是月条,国立北平图书馆藏红格本,1962年,第1871页。

部。南京共该五十余卫,每卫一年差官二次,约计一百余员。造册之际,费扰可知,至于往回路给,皆从概卫贴办,侵渔科敛,日益岁增,卫所愈困,何由苏息"①。再如辽东"所属二十五卫,每年造册缴报,起数至多。缴吏部三件,缴户部十五件,缴礼部二件,缴兵部九件,缴工部四件。每造文册一本,辄用六七本,一立案,一缴卫,一缴都司、或守、巡、苑马、行太仆寺,一缴该部,一缴该府,一奏缴"②。浪费人力物力,如果能够收到实效,也不能够说是务虚,但"其造送回答文册,亦多止是纸上虚文"③。上司也不认真核查,李承勋"亲见解册既到,置之高阁,不为虫鼠之所毁伤,则为奸吏之所费用,并不曾见于缴到册内,查出何项钱粮以充国用,但以其旧规而姑存之"④。巡按考察,照刷文册是其主要任务之一,"后来巡按不知大体,而好览诸司之权,百凡大小刑名,俱令申详定夺,于是簿书山积,而精神疲于检阅矣"⑤。上司疲于检阅,下级也不认真,"惟今天下所造须知文册,止是空文,部院虽或行查,亦不过虚应故事"⑥。即便是上司"竟日磨研,不过开吏胥一骗局"⑦。更何况"天下岁报钱粮文册,近年止具司府大总,所属州县并不开明,户部每遇给由等官

---

① [明]陈子龙等辑:《明经世文编》卷78引倪岳《会议》,中华书局影印本,1962年,第681页。
② [明]陈子龙等辑:《明经世文编》卷100引李承勋《辽东据处残破边城疏略》,中华书局影印本,1962年,第893页。
③ [明]陈子龙等辑:《明经世文编》卷99引王宪《计处清军事宜》,中华书局影印本,1962年,第873页。
④ [明]陈子龙等辑:《明经世文编》卷100引李承勋《辽东据处残破边城疏略》,中华书局影印本,1962年,第893页。
⑤ [明]陈子龙等辑:《明经世文编》卷399引管志道《直陈紧切重大机务疏》,中华书局影印本,1962年,第4327页。
⑥ [明]陈子龙等辑:《明经世文编》卷289引陆粲《去积弊以振作人材疏》,中华书局影印本,1962年,第3049页。
⑦ [明]陈子龙等辑:《明经世文编》卷185引霍韬《第三札》,中华书局影印本,1962年,第1885页。

赴部查粮,只凭自赍来文,虚应故事,完欠虚实,无从查考"①。成化时的何孟春②曾说:"臣生长外郡,见臣郡之守,所属来谒,必门卒为通,所属急于见,无不赂门卒者。既见以簿书上,簿书坌积,则付房吏看详,所属恐其寻隙以议,无不赂房吏者。门卒、房吏于守何亲,而得贾利而假权。"③这些胥吏之所以得以贾利假权,就是依靠攒造簿书文册,而弄虚作假则是他们的专长,也是地方官求之不得的。

谢肇淛④认为:"为守令者,贪污无论。以上者高谈坐啸而厌簿书,此一病也。次者避嫌远疑,一切出内,概不敢亲,此亦一病也。而上之人其疑守令甚于疑胥役,其信奸民甚于信守令,一切钱谷出入,俱令里役自收,而官不得经手,此何里役皆伯夷,而守令尽盗跖也。事有违盗以干誉者,莫此为甚焉。"⑤在上司察鱼索斑的情况下,地方官们大多数务虚不务实,他们"剥下奉上,以希声誉。奔走趋承,以求荐举。征发期会,以完簿书。苟且草率,以逭罪责。其实心爱民,视官事如家事,视百姓如子弟者,实不多见"⑥。这是因为"上官但考政于厨传,课绩于簿书"⑦。巡抚、巡按考察,"其流弊大略有六:曰民情太隔也,案牍太烦也,趋承太过也,耳目太偏也,名实太淆也,宪纲太

---

① [明]陈子龙等辑:《明经世文编》卷 198 引潘潢《会议第一疏》,中华书局影印本,1962 年,第 2055 页。

② 何孟春(1474—1536),字子元,郴州人,弘治六年(1493)进士,官至吏部尚书,谥文简,著有《五经晰疑》《孟春文集》。

③ [明]陈子龙等辑:《明经世文编》卷 127 引何孟春《陈万言以俾修省疏》,中华书局影印本,1962 年,第 1216 页。

④ 谢肇淛(1567—1624),字在杭,福建长乐人,万历二十年(1592)进士,官至广西右布政使,著有《五杂俎》《太姥山志》等。

⑤ [明]谢肇淛:《五杂俎》卷 14《事部二》,上海书店出版社,2001 年,第 279 页。

⑥ [明]陈子龙等辑:《明经世文编》卷 325 引张居正《请择有司蠲逋赋以安民生疏》,中华书局影印本,1962 年,第 3467 页。

⑦ [明]陈子龙等辑:《明经世文编》卷 441 引冯琦《铨部议核实政》,中华书局影印本,1962 年,第 4838 页。

峻也"①。在考核过程中,专务虚而不务实,对当时吏治民生的影响是巨大的。

三、考察权责不明确

朱元璋从设置按察分司分巡考察府州县,到设置巡按巡视考察,再到普遍设置巡抚、镇守中官,最终确立地方抚按考察体制,但没有明令废除按察司、布政司参与考察的制度。在中央,先是命吏部考察,之后让都察院参与,又附之以六科监督、科道官拾遗。这种制度看上去是一种权力制约,但权责不明,不但容易出现纷争,也会失去考察的公正性。

明代地方官,"有抚按以举劾之,巡抚则有科道以纠劾之。而近日则虽同处,巡按亦间有劾之者矣"②。巡按可以举劾巡抚,巡抚也可以举劾巡按,而他们都有举劾地方官的权力。朱元璋"外建都布按三司,实有臂指相使之势"。设置巡按御史以后,"御史之与按察使副使、佥事等,均为风宪,俱名察官",由于"三司诡佞阿附,要求保荐,以为进身之阶,所以养成粗傲之御史"③。最初三司还可以与巡按御史抗礼,后逐渐变成惟巡按马首是瞻。巡抚普遍设置,与巡按分庭抗礼,在成化年间,"各处巡按举劾巡抚及方面等官,因被劾之人讦奏,往往并令御史回籍听勘"④。巡按与巡抚以及三司官之间互相攻讦的事情时有发生,巡抚往往能够占据上风,但也是两败俱伤。普遍设置镇守中官以后,制度上规定镇守中官不得侵夺巡抚、巡按之权,也不

---

① [明]陈子龙等辑:《明经世文编》卷399引管志道《直陈紧切重大机务疏》,中华书局影印本,1962年,第4327~4239页。
② [明]陈子龙等辑:《明经世文编》卷100引李承勋《重守令疏》,中华书局影印本,1962年,第884页。
③ [明]陈子龙等辑:《明经世文编》卷155引陆深《正名祛弊以光治体事》,中华书局影印本,1962年,第1554页。
④ [明]陈子龙等辑:《明经世文编》卷151引万镗《应诏陈言时政以裨修省疏》,中华书局影印本,1962年,第1515页。

允许参预地方官考察事务,但镇守中官有权监督、弹劾所在地区的文武官吏,还可以举荐、请留、奏罢地方官吏。在抚按发生争执之时,镇守中官的意向往往能够决定胜负,三者之间还能够保持平衡。弘治时,镇守中官要接受抚按官的考察及兵部的勘核,其权势有所收敛,但在正德时期,宦官受到重用,其权势则又凌驾于抚按官之上,嘉靖时裁撤镇守中官,地方上少了平衡之人,故此"抚按之争"愈演愈烈。

抚按掌握地方考察与考核大权,按照制度规定,科道官可以对他们进行监督,但在成化年间,"科道官员,惟知作崖岸,修边幅,旅入旅出,随沉随浮",他们"或满考而未尝举劾一人,或解任而不闻建明一事"①。嘉靖以后,科道官们卷入"首辅之争""朋党之争",他们所参劾者已经缺少公正,更何况各怀权谋心计,各谋私利,还甘当鹰犬,喙人吠人,以至于清雍正帝认为:"前明季世一二新进后生窃居言路,遂朋比固结,挟制大臣,把持国政,以致国是日非而不可挽"②。"明季吏治之坏,多由科道巡按结党营私,紊乱是非所致。"③

抚按官操举劾与考核大权,特别是举劾权最重,但在官僚政治下,也经常出现滥用。"今各处抚按荐举所属官员,真知其贤者,荐之可也,而任浅及升任去任已久者,往往掇拾举荐,或曰录去思,或曰荐升任。夫既已升迁去任矣,又何荐焉。其意不过结欢收功,而不顾激扬之大体也。"④因此有荐举之滥,荐举也是举大而劾小,举大官"则足以树恩",劾小官"无伤于任怨"⑤。

---

① [明]陈子龙等辑:《明经世文编》卷122引范珠《修政弭灾疏略》,中华书局影印本,1962年,第1177页。

② 《清世宗实录》卷81,雍正七年五月辛未条,中华书局影印本,1985年,第8册第78页。

③ 《清世宗实录》卷78,雍正七年二月丙子条,中华书局影印本,1985年,第8册第12页。

④ [明]陈子龙等辑:《明经世文编》卷137引许赞《正国典明选法以便遵守疏》,中华书局影印本,1962年,第1367页。

⑤ [明]陈子龙等辑:《明经世文编》卷261引唐顺之《答李中溪论举劾书》,中华书局影印本,1962年,第2761页。

在举劾时,抚按"其举者必方面大官也,不然必进士州县也,不然必其突梯韦脂、善为媚者也,不若是千百中之一耳。其劾者必州县小官也,不然必举人方面也,不必其倔强倨亢、不善为媚者也,不若是千百中之一耳"。进而导致,"媸妍因乎强弱,则刚者吐而柔者茹。美恶视乎苦甘,则佞人登而直人远。豺狼载道,豺豕为辜,狸鼠同游,狐蜮变态"①。进而加剧政治的腐败,以至于"守令不问贤不肖,惟以奉承为臧否,跪拜频仍"②,更有甚者,"假公营私,要一奉十,稍拂其意,便有文翁之教化,阳城之抚字,轻不免于骂詈,重莫逃于棰楚"③。原本是层层考核的制度,在拥有大权的抚按官面前已经一钱不值,以上乃是职责不清楚所致。

四、重催科轻实政

按照六事顺序,赋役均排在第四位,词讼简排在第五位,因为这两项指标容易量化,所以政绩考核很容易以此为中心,而量化都是通过文册汇报的,簿书更是弄虚作假的关键,因此地方官"问刑以深刻为能,催科以峻急为功,案牍以弥缝为巧,御众以狙诈为术"④。重视完成指标,也就会忽略实政,更难安下心来做利国利民,但不容易收到功效的事情。

明代的徭役是百姓沉重的负担,百姓往往不堪徭役之苦,在官府的催逼下,"至不能存,而窜徙于他乡,或商贩于别省,或投入势要,为家奴佃仆。民

---

① ［明］陈子龙等辑:《明经世文编》卷 366 引叶春及《审举劾》,中华书局影印本,1962 年,第 3951 页。

② ［明］陈子龙等辑:《明经世文编》卷 100 引李承勋《重守令疏》,中华书局影印本,1962 年,第 883 页。

③ ［明］陈子龙等辑:《明经世文编》卷 122 引范珠《修政弭灾疏略》,中华书局影印本,1960 年,第 1180 页。

④ ［明］陈子龙等辑:《明经世文编》卷 185 引霍韬《第三札》,中华书局影印本,1962 年,第 1885 页。

之逃亡,此其故也"①。嘉靖时期,一些地方开始实行一条鞭法,将徭役与赋税合在一起,改为征银。白银在成化、弘治时期,已经有了货币化的趋势。"白银货币化,整个社会从上到下都卷入对白银的追求之中,官可以买得,学可以进得,僧道可以当得,徭役可以代得,有了罪过,也可以通过纳银,即纳赃银化得。"②徭役以银替代,赋役之事主要在于赋税了,而完赋税,就在于催科。所谓的催科,就是催收租税,而是否完成租税,也就成为地方官最重要的考核指标,当张居正《考成法》推出,催科还加上"带征",也就是历年积欠也要完成。张居正去世,《考成法》也随之废除,但不久还是以催科、带征来考核地方官,是名为废而制犹存。在天启六年(1626),朝廷要地方官将天启元年(1621)以来拖欠的租税全部征收上来,等于是又增加了一项重税。当时的官员惊呼道:"民力止有此数,足于加派必亏于正额,况兼之带征,骨尽而髓不继矣。"③

早在嘉靖时期,就已经是"职催科则借法肆贪,赋入朝廷不一二,利归私家常八九矣"④。自《考成法》推行以后,"自是考期将近,先核钱粮,上以此求,下以此应,不问抚字,专问催科,而循良内召之典,化为钱穀销算之局。此亦世道之一变也。自是征解日急一日,考成日严一日,户部奸吏,上下其手,不惟多逋为累,即少逋亦足以为累"⑤。为了迎合张居正,一些州县官将"累年以前积逋无不追征,南方本色逋赋亦皆追征折色矣"⑥。因为张居正"尚综核,颇以溢额为功。有司争改小弓以求田多,或掊克见田以充虚额。

---

① [清]查慎行:《西江志》卷26《风俗》,台北成文出版社,1889年,《中国方志丛书》第783册。
② 万明主编:《晚明社会变迁问题研究》,商务印书馆,2005年,第213页。
③ 《明熹宗实录》卷73,天启六年闰六月丁巳条,国立北平图书馆藏红格本,1962年,第3551页。
④ [明]陈子龙等辑:《明经世文编》卷186引霍韬《天戒疏》,中华书局影印本,1962年,第1917页。
⑤ [明]杨士聪:《玉堂荟记》卷下,商务印书馆,1939年,第61页。
⑥ [清]张廷玉等撰:《明史》卷78《食货志二》,中华书局,1974年,第1902页。

北直隶、湖广、大同、宣府,遂先后按溢额田增赋云"①。这些州县原本没有这些田土,也没有这样多的粮食,如今为了考成,虚报滥报,而要完成上报的数目,只有逼迫百姓。崇祯时期,举人知县也可以行取科道官,为了能够行取,这些知县只能够逼迫百姓。李清"尝过恩县,见乙榜(举人)令催比钱粮,血流盈阶,可叹"②。这些州县官追呼敲扑,草菅人命,人民只能铤而走险,走上推翻明王朝的反抗道路。

重催科名义上是完成朝廷赋税,从某种意义上,也可以算是实政;但为了完成指标而忽略经济发展水平,就是竭泽而渔了。实政应该是想方设法发展经济,促进生产,人民富则赋税足,而虚假指标及所谓的"政绩",是以征税为目的,而不是以发展经济为首务,不但使朝廷的赋税难以完成,对社会的摧残也是惨烈的。特别是在崇祯年间加派"辽饷""练饷",更超出正税之额,再加上朝廷要一,地方科十,到州县则要科百矣。"在这个贫困的帝国中,民力是有限的,敲骨吸髓的无限加派终于使人民不堪于命,明朝至此也就亡了。"③以考核来胁迫地方官完成某项任务,他们当然不会再关心实际政务了。

五、信传言略核实

明代考核之法,先是实政册,后重考语,考语不足,附以访单,访单有弊,代以《五花册》。实政册主要有纸牌、功迹册、功业册、须知文册等,从制度设计理念来讲,是重视政绩考核,但需要制作众多文册,当朝觐之期,数千乃至万余名朝觐官员齐集京师,不能来朝觐者也要送进实政册,且不说这些文书制作容易出现弄虚作假,仅就考察在半个月内完成,负责考察的官员如何能够核查这样多的文册,其重视考语则势在必然。在官僚政治下,考语不但趋于华而不实,而且出现黑白颠倒,甚至成为主管官员手中的工具,针对这些弊端而出现揭帖、访单。从制度设计来看,乃是立足于博采众议,但也未免毁誉由人。

对于诋毁与赞誉,古代人认为能够置之度外者,便是豁达之人。不对别人诋毁与赞誉,便是行为高尚的君子。经常进行诋毁与赞誉,就是行为不端的小人。听信诋毁与赞誉,不是没有气量的人,便是闻者足戒善于自省的人。无论如何,毁誉在人们现实生活中是不可避免的,若是持不毁誉他人的态度,就能够取得声望。如宣德时期的都察院右都御史顾佐①,"性严重,声望伟然,未尝口毁誉人"。顾佐职司监察,深得宣德帝的信任,"虽公(顾佐)遭时得君之盛,要亦有慑伏弹压之实焉"②。因为他不毁誉人,所以有声望。洪武元年(1368),"时有御史上言陶安③隐微之过"。朱元璋经询问闻之于道路,于是说:"御史但取道路之言以毁誉,人以此为尽职乎。"④黜退了该御史,以为御史也不能够妄言。在朱元璋看来,"毁誉之言,不可不辨也。人固有卓然自立不同于俗而得毁者,亦有谄媚狎昵同乎污俗而得誉者。夫毁者未必真不贤,而誉之者未必真贤也,第所遇有幸、不幸尔。人主能知其毁者果然为贤,则诬谤之言可息而人亦不至于受抑矣,知其誉者果然不肖,则偏陂之私可绝而人亦不至于幸进矣。问君子于小人,小人未必能知君子,鲜有不为所毁;问小人于小人,其朋党阿私,则所誉者必多矣。惟君子则处心公

---

① 顾佐(1376—1446),字礼卿,河南太康人,建文二年(1400)进士,官至都察院右都御史,深得宣德帝的信任,命他考核诸御史,黜免二十人,举荐四十余人,而在正统初年再度考核诸御史,却遭谗毁,自请致仕还乡,卒于家。

② [明]叶盛撰,魏中平点校:《水东日记》卷2《顾都御史声望》,中华书局,1980年,第22页。

③ 陶安(1315—1368),字主敬,当涂人,元至正四年(1344)举人,十五年(1355)投朱元璋,官至江西参知政事,卒于任,著有《周易集粹》《陶学士集》《辞达类钞》等。

④ 《明太祖实录》卷34,洪武元年八月甲午条,国立北平图书馆藏红格本,1962年,第624页。

正,然后能得毁誉之正,故取人为难,而知言为尤难也"①。能够辨别毁誉是否正确,乃是君子所为,连朱元璋这样自称从不受人蒙蔽的人,也感觉到为难,更不免被人蒙蔽,何况其子孙了。

统治者出于对官僚们的不信任,常常赋予风宪官以风闻奏事的权力,他们毁誉他人也就在所难免。除了风宪官之外,还允许官员之间互劾,相互诋毁也是常态。应该注意的是,"毁誉不公,良臣解体,忠佞无别,志士隳心"②。特别是从嘉靖时期在考察中出现了揭帖、访单制度,这种毁誉不公的现象逐渐成为政治斗争的焦点。

遭到诋毁往往是个人受到冤屈,充其量是"人皆冤之",其影响还是小的,若是因为赞誉而受到奖赏,尤其是赏非其人,影响就大了。如嘉靖十四年(1535),朝觐考察按例应该推举贤能卓异,都察院认为:"人才自古称难,而盛名其实鲜副。"因为以前蒙受奖赏人,后多名节堕落,若是"所举之人,而众不知与,物议顿起",更"诚恐一时采访未当,荐举不真,舆论未平"③,因此没有举荐贤能卓异之人。当时御史乔英提出:"近时考察,每忽功能,而听采访略事,而信传闻,以致贤否未辩,黜陟不明。"④嘉靖二十八年(1549),南京御史张鉴等,疏陈考察四事讲道:"务坚持清议,博采佥论,无以一人毁誉,辄为予夺。"⑤嘉靖四十三年(1564),刑科右给事中张岳⑥,陈时宜六事之"公舆

---

① 《明太祖实录》卷232,洪武二十七年三月丁未条,国立北平图书馆藏红格本,1962年,第3388页。

② [明]焦竑辑:《国朝献征录》卷63《右佥都御史麟山李公良墓志铭》,台湾学生书局,1984年,第2739页。

③ 《明世宗实录》卷171,嘉靖十四年正月乙酉条,国立北平图书馆藏红格本,1962年,第3728页。

④ 《明世宗实录》卷171,嘉靖十四年正月癸亥条,国立北平图书馆藏红格本,1962年,第3721页。

⑤ 《明世宗实录》卷350,嘉靖二十八年七月戊寅条,国立北平图书馆藏红格本,1962年,第6331页。

⑥ 张岳,字汝宗,浙江余姚人,嘉靖三十八年进士。历任行人、礼科给事中等职。

论"讲道:"今毁誉淆于众口,恩怨树之私门,当事者执信,虚声罔加综核。"提出"各抚按所荐举,及外官以事至京,有所称列者,悉书举主之名具奏"。特别是一些人"假陈言以乱国是,借谠论以洩私雠,或标榜通衢,或投缄私第者,殆未可以悉数也。姑未论其计之行否,而众口铄金,亦可畏矣"①。是诋毁还是赞誉,知道是谁,还可以进行核实,若是听信于传闻,则无从核实了。

嘉靖时期的县丞王邦直②,曾经建言云:"近年以来,不稽功迹,专论考语,密封投递,多假之以行报复之私。暗装隐微,恒持之以擅威福之柄。风宪不能以自知也,而惟取之于委官。委官不能以自知也,而复凭之于吏卒。毁誉多出于爱憎之口,伪妄率由于体访之疏。贿赂可以潜通,贤否竟至淆乱。所以官怀疑惧,恒肆志于贪求。士务逢迎,多不修夫职业也。"③隆庆时首辅高拱认为:"以六年之官而考于三二人,以六年之事而核于三二日,则岂能得其善恶之真。所以毁誉肆出,飞语中伤,而行事者遂以为据,大奸任其弥缝,小过取其塞责,十分曾无一二之实。"④张居正"见顷年以来朝廷之间,议论太多,或一事而甲可乙否,或一人而朝由暮踬,或前后不觉背驰,或毁誉自为矛盾,是非淆于唇吻,用舍决于爱憎,政多纷更,事无统纪"⑤。到万历中叶,"朝廷用舍,多凭举劾,任已则耳目不广,任众则毁誉易淆。比年以来,几于朝无完人,人无完行。言者以为必有,辨者以为必无,当事者不复穷诘有无,但为调停量处。若其事果虚,则是近在辇毂,犹有不白之冤。若其事果

① 《明世宗实录》卷541,嘉靖四十三年十二月壬申条,国立北平图书馆藏红格本,1962年,第8750~8751页。

② 王邦直(1513—1600),字子鱼,号东溟,即墨人,岁贡出身,为盐山县丞,以建言罢归。

③ [明]陈子龙等辑:《明经世文编》卷251引王邦直《陈愚衷以恤民穷以隆圣治事》,中华书局影印本,1962年,第2637页。

④ [明]陈子龙等辑:《明经世文编》卷302引高拱《论考察》,中华书局影印本,1962年,第3195页。

⑤ [明]陈子龙等辑:《明经世文编》卷324引张居正《陈六事疏》,中华书局影印本,1962年,第3450页。

实,则既闻于朝廷,岂有不行之法。近时法纪纵弛,劝惩不立,人才缺乏,推用不敷,弊率由此”[①]。那个时候,“考察者有二:曰考语,曰咨访。为重考语之说者曰:抚按日与群有司相习,其才品耳而目之,甚核也,一夫之颊,不可为凭矣。为重咨访之说者曰:抚按之势尊,而下饬貌以为工,故名实易淆也,非集思广益,其道靡由矣”。但是“咨访诸臣,平时漫不加意,时至事迫,道听一言,信若符契,虽私揭倾人,法之所禁,犹或藉以塞责,尚暇计真赝耶”[②]。到了明后期,更是如此,“两京考察,议论纷纭,毁誉杂出,虽孔圣复生,耻为乡愿之行,难必其满于人之口矣。当事者非有洞世高见,千古定力,鲜不为所眩”[③]。每逢考察,“咨访四出,议论繁多,眩惑恫疑,人人重足,加以无名揭帖,相望通衢,而倾危几成俗矣”[④]。原本博采众议的咨访,在没有监督的情况下,给官僚之间互相吹捧攻击提供了方便,成为任情毁誉的工具。

明人张瀚所写座右铭有云:“夫君子信是非,不信毁誉,以是难为非,非难为是也。然世有见人是而不察其非,见人非而不谅其是,则是可为非,非可为是。此无他,公之则是非,私之则毁誉。”其仕宦三十余年,也没有少遭“萋菲之口”的攻击,无奈之下,只有“生平宜自省矣”[⑤]。谢肇淛认为:“今之仕者,议论繁多,毁誉互起,循资升降,既不胜其患得患失之心。任意雌黄,又难当夫吠形吠声之口。历官半世,而尺寸未闻;立身累朝,而夷跖不定。是用世之具与官人之术,两失之也。”[⑥]若是议论与毁誉,只是从政务的角度,

---

① [明]陈子龙等辑:《明经世文编》卷394引王锡爵《定国论一政体疏》,中华书局影印本,1962年,第4264页。

② [明]陈子龙等辑:《明经世文编》卷374引陆光祖《计吏届期敬陈饬治要务以重大典疏》,中华书局影印本,1962年,第4054页。

③ [明]陈子龙等辑:《明经世文编》卷446引邹元标《敷陈吏治民瘼恳乞及时修举疏》,中华书局影印本,1962年,第4900页。

④ [明]陈子龙等辑:《明经世文编》卷430引许弘纲《计典乍竣众志方新乞崇寔行以端士习事》,中华书局影印本,1962年,第4708页。

⑤ [明]张瀚撰,盛冬铃点校:《松窗梦语》卷7《自省纪》,中华书局,1985年,第142页。

⑥ [明]谢肇淛:《五杂组》卷13《事部一》,上海书店出版社,2001年,第274页。

还可以算是政治见解不同,经过明辩,于政事也会有所裨益。若是议论与毁誉仅仅在于人品,则未免有失国体。何良俊看到"南京考察,大率以苛细责人而不问其大者。夫天之立君,与人君之所以求贤审官布列有位者,无非为万百生灵计也。今贪残之人,赃贿狼藉,鱼肉百姓至于靡烂而不已者,一切置而不问,好以闺房细事论罢各官。夫闺房之事既暧昧难明,流闻之言又未必尽实。纵或得实,则于名教虽若有亏,于朝廷设官之意亦未大戾。较之贪墨之徒,相去盖万万矣。今之进退人才者,顾详于此而略于彼,未知何谓也"①。谢肇淛也认为:"台谏虽以风闻言事,然轻以赃私,污人名节,则过矣。纵使有而发其阴私,已非厚道,况以传闻暧昧之事,或爱憎毁誉之口,而妄加诬蔑乎。"②在提倡以道德为本、以孝行传天下的当时,整治别人的私罪,能够树立自己的名声,捞取政治资本。更何况流言蜚语,查无根据,却能三人成虎,败坏名誉,直接影响他人的前程,但于政事却没有什么意义。

万历十一年(1583),都察院左副都御史丘橓③陈吏治积弊八事有:考绩、请托、访察、举劾、提问、处佐贰教职、馈遗等积弊,均与考核有关。其考绩"以朝廷甄别之典,为人臣交市之资";其请托"以豸冠持斧之威,束手俯眉,听人颐指";其访察"彼此结纳,上下之分荡然";其举劾"严小吏而宽大吏,详去任而略见任";其提问"乃豺狼见遗,狐狸是问,徒有其名";其处佐贰教职"役使谴诃,无殊舆隶";其馈遗"假明扬之典,开贿赂之门,无惑乎清白之吏不概见于天下也"④。这八个积弊当中,访察积弊在以后越来越突出。

万历初年,刑部主事管志道⑤,在讲到"巡察之弊"时,列举六大弊端,其

---

① [明]何良俊:《四友斋丛说》卷12《史八》,中华书局点校本,1959 年,第 100 页。

② [明]谢肇淛:《五杂组》卷14《事部二》,上海书店出版社,2001 年,第 277 页。

③ 丘橓(1516—1585),字茂实,诸城人,嘉靖二十九年(1550)进士,官至南京吏部尚书,谥简肃,著有《四书摘训》《礼记追训》《奏疏》《诗文集》等。

④ [清]张廷玉等撰:《明史》卷226《丘橓传》,中华书局,1974 年,第 5934 ~ 5936 页。

⑤ 管志道(1536—1608),字登之,号东溟,太仓州人,隆庆五年(1571)进士,官至盐课司提举,万历初年朝觐考察以老疾勒致仕,著有《惕若斋集》等书数十部。

"耳目太偏"中讲道:"夫抚按会同举劾,其耳目必有所寄,非不委司府州县,互相觉察,而其实皆起于所亲信之一官也。一官既开贤否,余官展转雷同,而流言且达于京师矣。至于访拿凶恶,则宪臣委耳目于推官,推官委耳目于胥隶,各处水陆要冲,多有卖访窝家,又胥隶之耳目也。朝通赂以买入,暮通风以卖出,大奸漏网,良善被诬,酿祸匪细。"①崇祯六年(1633),祁彪佳②陈民间十四大苦,其中就有窝访之苦,"乃造访之人,即应访之人也。乃应访之人,窜入造访之中。睚眦之仇可报也,富厚之利可贪也。有司不察而报之,抚按不察而行之,菜佣受罪,豪猾长奸,莫此为甚"③。窝访的出现,是抚按官及职司考察的官员唯恐自己的耳目不广,雇佣一些人进行伺察,所涉及的群体极广,连妓女、乞丐都成为其窝访点。这是仿照东厂、锦衣卫的做法。如崇祯时,"上寄耳目于锦衣卫,称为心膂大臣,托采外事以闻"④。"上寄耳目于东厂,吏部每遇大选,为之惴惴。后每选,许以二万金,听其自觅谋缺者,遂安堵无虞。"⑤寄耳目于他人,自然难以约束耳目。如何良俊见"南京考察,考功郎中或有寄耳目于皂隶者,故其人狞恶之甚。纵考功不以之为耳目,然此辈皆积年狡猾之人,好生唇吻,群类又多,转相传播,其言易售。故各衙长官但能打皂隶,则为有风力者矣。然数十年来无一人也"⑥。

　　抚按官及职司考察的官员广寄耳目,不但难以有效地约束下属,更不能够安心于政务。对于这种情况,有人提出,希望"通行各处抚按,务精简别,

　　①　[明]陈子龙等辑:《明经世文编》卷399引管志道《直陈紧切重大机务疏》,中华书局影印本,1962年,第4328页。

　　②　祁彪佳(1602—1645),字虎子,天启二年(1622)进士,官至都察院右佥都御史,清兵攻占杭州,自沉于梅墅水池,著有《远山堂曲品剧品》等。

　　③　[明]祁彪佳撰,中华书局上海编辑所编:《祁彪佳集》卷1《陈民间十四大苦疏(崇祯六年正月)》中华书局,1960年,第16页。

　　④　[明]李清撰,顾思点校:《三垣笔记·崇祯一》,中华书局,1982年,第4页。

　　⑤　[明]李清撰,顾思点校:《三垣笔记·附识中》,中华书局,1982年,第201页。

　　⑥　[明]何良俊:《四友斋丛说》卷12《史八》,中华书局点校本,1959年,第100页。

毋惑飞语。寄之耳目者,必先问其所寄之人。得之传闻者,必覆查其所闻之
事"。认为只要是能够找到举报之人,便可以进行核实,不许将这些飞语传
闻"遽入章疏,而挟私驾空,私遽揭帖,擅刻谤版者,仍加重治"①。但人微言
轻,统治者也不会采纳。既然统治者不采纳,通过大臣进行制度上的修订也
是可行的。他们希望"至如大计取选,亦不必泛寄耳目,旁增私窦"②。但是
这些大臣也寄耳目于四处,如何让他们不听信耳目之言。不是说寄耳目不
能够收到功效,但耳目传闻不进行核实就是任人毁誉。在这种情况下,官吏
们岂能够安心于政务,只能够小心翼翼地做人,甚者以耳目制耳目,上上下
下都在伺察别人的过失,不但使人际关系空前紧张,更败坏了官场与社会风
气。广设耳目,不是实施人民监督,而是出于个人私利。听信传闻,不是博
采舆论,而是别有用心。核实固然困难,但身为官员,责任所在,不负责核
实,显然是怠政。更有甚者,吹毛求疵,善者略而恶者喜,非要置人死地而后
快,个中问题值得深思。

第三节　明代职官考核制度的实施

明代职官考核制度主要是考满、考察、考选,配合以不时考察所构成,虽
然在制度上不断修订,但整体上没有什么改变,只不过考察从不定期到定
期,考核标准从不明确到明确。即便是在国家出现动乱之时,也没有停止对
文武官吏的考核。职官考核制度的实施,不但关系到各级文武官吏的个人
利益,也关系到各级官府衙门的政治运作,更关系到社会的治乱兴衰。

---

① ［明］陈子龙等辑:《明经世文编》卷 407 引萧彦《竭愚忠陈三议以备圣明采择疏》,中华书局
影印本,1962 年,第 4420 页。

② ［明］陈子龙等辑:《明经世文编》卷 431 引刘应秋《上山阴王相国书》,中华书局影印本,
1962 年,第 4714 页。

一、考核的效果

明人认为,当时的官吏考核制度,"其立法之简而要、详而尽,汉、唐以来所未有也"①。而且早期能够严格执行,即便是出现一些弊病,也没有影响大局,总的形势是人们很看重考核,从明人的文集中存在的考满、卓异、崇奖、保留等序颂文来看,一旦考察称职,或者是被推举为卓异,总要请一些名人写篇文章,也可以看出官员们很重视考核。不过值得注意的是,在嘉靖以后的序颂文,在夸奖当事人的同时,已经开始指斥时弊。

明代考核制度实施的效果是应该肯定的,以京察而言,最初没有确定考察期限,也没有明确的考核标准,出现问题,随时举劾。永乐二年(1404),因为出现冗官现象,为清查冗员,对内外大小衙门进行考察,罢软不胜、老、疾、贪墨等,在考察之列。② 永乐四年(1406),考察北京及天下文武官员中的1943 人,处罚了"以怠废事,以贪掊克,以私灭公,以苛劾励下,乱政坏法,无所顾忌者"③。永乐九年(1411),考察三法司,以庸劣不称、贪婪苛刻、作奸犯科为清查对象。④ 当时京官考察并没有定期,全凭臣下提出、皇帝敕谕来决定。宣德三年(1438),考察南京百官,清理御史中贪淫无耻、不达政体、不谙文移以及曾犯赃罪者,各部清理贪污、奸懒、不谙、文理、才力不及者。正统元年(1436),因改年号,两京各衙门考察不才及老疾者。正统四年(1439),因京畿大水,考察罢软无能、老疾不堪、平昔行止不端谨者。正统十四年(1449),吏部奉诏书考察年老有疾者。景泰三年(1452),考察各道监察御史

① ［明］丘濬:《大学衍义补》卷 11《严考课之法》,台湾商务印书馆《景印文渊阁四库全书》,第713 册该卷第 10 页。
② 参见《明太宗实录》卷 32,永乐二年夏六月己丑条,国立北平图书馆藏红格本,1962 年,第570 页。
③ 《明太宗实录》卷 50,永乐四年春正月甲午条,国立北平图书馆藏红格本,1962 年,第 745 页。
④ 参见《明太宗实录》卷 123,永乐九年闰十二月己未条,国立北平图书馆藏红格本,1962 年,第 1545 页。

中才力不及、病不能任者,以及各部才力不胜、老疾不堪者。成化帝即位宣布京察每十年一次举行,当年黜退老疾、罢软庸懦、持身欠谨、贪酒怠政者。成化四年(1468)、成化十三年(1477)、成化十七年(1481),都是因为灾异进行考察。弘治元年(1488)是按照十年考察,降斥京官109人。弘治十年(1497),考察京官,降斥老疾、罢软无为、持身不谨、浮躁浅露、才力不及、在逃者95人;南京降斥年老有疾、罢软无为、持身不谨、贪淫无耻、浮躁浅露、才力不及者88人。都为由,"请如例,各令致仕冠带闲住及降调外任"①。弘治十四年(1501),定京官六年一考察,至弘治十七年(1504)才著为令,当年降斥老疾、罢软、不谨、浮躁浅露、才力不及、在逃者91人。正德四年(1509),还没有到六年之期,权宦刘瑾就让吏部考察京官,并且考察固定在巳、亥之岁。

自此正德四年(1509)以后,大臣自陈得失成为制度,当年降斥京官年老、有疾、老疾、在逃、罢软无为、贪、浮躁浅露、才力不及、素行不谨者等136人,还规定:"考察去官者,必待查盘勘事,及新任者至彼交接,乃听任。"②南京官年老有疾、素行不谨、浮躁浅露、才力不及者65人,南京吏部尚书刘忠提出"考察之后,或有如前所云恶迹显著者,容参奏罢黜",则"颇为士论所短"③。正德十年(1515),参加京察1500余人,有老30人,疾5人,老疾8人,罢软4人,不谨40人,贪3人,浮躁浅露14人,才力不及21人,总共125人,约占考察总数的8%。④ 南京官考察黜调29人。⑤ 正德十六年(1521),

---

① 《明孝宗实录》卷124,弘治十年四月庚辰条,国立北平图书馆藏红格本,1962年,第2216页。
② 《明武宗实录》卷48,正德四年三月辛酉条,国立北平图书馆藏红格本,1962年,第1104页。
③ 《明武宗实录》卷49,正德四年夏四月丙戌条,国立北平图书馆藏红格本,1962年,第1127页。
④ 参见《明武宗实录》卷123,正德十年四月甲午条,国立北平图书馆藏红格本,1962年,第2464页。
⑤ 参见《明武宗实录》卷125,正德十年五月己亥条,国立北平图书馆藏红格本,1962年,第2504页。

因正德帝去世,嘉靖帝即位,京察黜调人数缺记。

嘉靖六年(1527),京察老疾 19 人,不谨 27 人,不及 16 人,总共 62 人。① 南京官不谨 41 人,罢软 3 人,才力不及 13 人,浮躁浅露 8 人,年老有疾 10 人,总共 75 人。② 嘉靖十二年(1533),京察有贪、年老、有疾、罢软、素行不谨、浮躁浅露、才力不及者 109 人。③ 南京官有贪、素行不谨、罢软、才力不及、浮躁浅露、老疾者 92 人。④ 嘉靖十八年(1539),京察有不谨 67 人,浮躁 13 人,年老 14 人,老疾 8 人,才力不及 45 人,总共 147 人。⑤ 南京官有贪 3 人,不谨 31 人,罢软 2 人,浮躁 12 人,才力不及 13 人,年老 9 人,总共 70 人。⑥ 嘉靖二十四年(1545),京察有年老 8 人,有疾 3 人,老疾 7 人,不谨 85 人,贪 1 人,浮躁 30 人,不及 21 人,总共 155 人,其中有 3 人后来"如贪酷例为民"⑦。南京官有贪 2 人,不谨 44 人,浮躁 11 人,不及 14 人,年老 7 人,有疾 3 人,罢软 1 人,总共 82 人。⑧ 嘉靖三十年(1551),京察有年老 8 人,有疾 8 人,不谨 95,浮躁 29 人,不及 25 人,罢软 1 人,贪酷 2 人,总共 168 人,其中

---

① 参见《明世宗实录》卷74,嘉靖六年三月甲午条,国立北平图书馆藏红格本,1962 年,第 1664～1665 页。

② 参见《明世宗实录》卷75,嘉靖六年四月乙亥条,国立北平图书馆藏红格本,1962 年,第 1685 页。

③ 参见《明世宗实录》卷148,嘉靖十二年三月壬戌条,国立北平图书馆藏红格本,1962 年,第 3417 页。

④ 参见《明世宗实录》卷150,嘉靖十二年五月己酉条,国立北平图书馆藏红格本,1962 年,第 3436 页。

⑤ 参见《明世宗实录》卷228,嘉靖十八年八月癸巳条,国立北平图书馆藏红格本,1962 年,第 4730 页。

⑥ 参见《明世宗实录》卷230,嘉靖十八年十月辛巳条,国立北平图书馆藏红格本,1962 年,第 4747 页。

⑦ 《明世宗实录》卷297,嘉靖二十四年三月辛未条,国立北平图书馆藏红格本,1962 年,第 5663 页。

⑧ 参见《明世宗实录》卷298,嘉靖二十四年四月戊午条,国立北平图书馆藏红格本,1962 年,第 5683 页。

不谨大理寺寺副徐应豊，"上以其侍办御典，特留用之"①。南京官有不谨 30 人，罢软 2 人，浮躁 15 人，不及 16 人，年老 4 人，有疾 2 人，贪 2 人，总共 71 人。② 嘉靖三十六年（1557），京察有老疾 25 人，贪 2 人，罢软 2 人，不谨 102 人，浮躁浅露 19 人，才力不及 26 人，总共 176 人。③ 南京官有年老 8 人，有疾 2 人，不谨 30 人，浮躁浅露 15 人，才力不及 19 人，贪 1 人，酷 2 人，总共 77 人。④ 嘉靖四十二年（1563），京察有老疾 29 人，贪 3 人，不谨 105 人，浮躁浅露 29，才力不及 22 人，总共 188 人。⑤ 南京官有贪 2 人，素行不谨 31 人，罢软无为 1 人，浮躁浅露 13 人，才力不及 14 人，老疾 10 人，总共 71 人。⑥ 从嘉靖年间京察的情况来看，黜免降调人数大约占参与京察总数的 10% 左右，其中不谨、浮躁浅露、才力不及 3 项居多，被论贪酷者多是户部、刑部、兵马司的官员。

隆庆元年（1567），乃是闰考，以改元进行京察，有年老 30 人，有疾 6 人，老疾 5 人，贪 10 人，罢软无为 1 人，素行不谨 101 人，浮躁浅露 7 人，才力不及 30 人，总共 190 人。⑦ 南京官有贪酷 3 人，素行不谨 35 人，浮躁浅露 5 人，才力不及 12 人，年老有疾 7 人，罢软无为 1 人，总共 63 人。⑧ 隆庆三年

---

① 《明世宗实录》卷 370，嘉靖三十年二月癸酉条，国立北平图书馆藏红格本，1962 年，第 6613 页。

② 参见《明世宗实录》卷 371，嘉靖三十年三月丙午条，国立北平图书馆藏红格本，1962 年，第 6637 页。

③ 参见《明世宗实录》卷 444，嘉靖三十六年二月己亥条，国立北平图书馆藏红格本，1962 年，第 7577 ~ 7578 页。

④ 参见《明世宗实录》卷 445，嘉靖三十六年三月庚午条，国立北平图书馆藏红格本，1962 年，第 7590 页。

⑤ 参见《明世宗实录》卷 518，嘉靖四十二年二月乙亥条，国立北平图书馆藏红格本，1962 年，第 8499 页。

⑥ 参见《明世宗实录》卷 519，嘉靖四十二年三月乙巳条，国立北平图书馆藏红格本，1962 年，第 8513 页。

⑦ 参见《明穆宗实录》卷 3，隆庆元年正月乙亥条，国立北平图书馆藏红格本，1962 年，第 75 页。

⑧ 参见《明穆宗实录》卷 6，隆庆元年三月丙辰朔条，国立北平图书馆藏红格本，1962 年，第 159 页。

（1569），京察有年老有疾31人，贪8人，素行不谨及罢软无为125人，浮躁浅露及才力不及41人，总共205人。①南京官有贪2人，素行不谨46人，浮躁浅露10人，才力不及5人，年老6人，在逃60人，总共129人。②值得注意的是，隆庆三年（1569）的黜免降调比例增加，特别是南京官在逃的人数增多，这是在内阁"首辅之争"时，徐阶在与高拱相争时，利用言官攻击高拱，"于是言路论拱者无虚日，南京科道至拾遗及之。（高）拱不自安，乞归，遂以少傅兼太子太傅、尚书、大学士养病去"。徐阶清算拥护高拱的人，故此黜免降调的人多，等到隆庆三年（1569）冬，高拱再度回到内阁，以大学士兼掌吏部事，"乃尽反（徐）阶所为，凡先朝得罪诸臣以遗诏录用赠恤者，一切报罢"③。从嘉靖时期开始，因首辅之争而导致的京察黜免降调不公，至此达到高潮。

隆庆六年（1572），隆庆帝去世，新皇登基，进行闰考，京官黜免降调92人④，南京官黜免降调31人⑤。万历三年（1575）京察，京官缺记，南京官有不谨8人，浮躁8人，才力不及6人，总共22人。⑥万历五年（1577），因星变实行闰考，京官黜免降调51人⑦，京官黜免降调29人⑧。万历九年（1581）京察，京官闲住降调264人⑨，南京官闲住降调67人⑩。自此以后，形成了黜免

---

① 参见《明穆宗实录》卷28，隆庆三年二月乙酉条，国立北平图书馆藏红格本，1962年，第762页。

② 参见《明穆宗实录》卷28，隆庆三年二月甲辰条，国立北平图书馆藏红格本，1962年，第783页。

③ ［清］张廷玉等：《明史》卷213《高拱传》，中华书局，1974年，第5639页。

④ 参见《明神宗实录》卷3，隆庆六年七月庚寅条，国立北平图书馆藏红格本，1962年，第77页。

⑤ 参见《明神宗实录》卷4，隆庆六年八月戊辰条，国立北平图书馆藏红格本，1962年，第159页。

⑥ 《明神宗实录》卷35，万历三年二月丙申条，国立北平图书馆藏红格本，1962年，第832页。

⑦ 《明神宗实录》卷69，万历五年十一月丁卯条，国立北平图书馆藏红格本，1962年，第1496页。

⑧ 《明神宗实录》卷70，万历五年十二月乙未条，国立北平图书馆藏红格本，1962年，第1510页。

⑨ 《明神宗实录》卷109，万历九年二月乙未朔条，国立北平图书馆藏红格本，1962年，第2089页。

⑩ 《明神宗实录》卷109，万历九年二月己酉条，国立北平图书馆藏红格本，1962年，第2098页。

降调固定人数。万历十三年(1585),废除闰考制度,固定为六年京察。万历二十七年(1599),"命吏部会同都察院考察京官,从公甄别,勿拘旧数"①。以后京察则不再考虑数额,但还是有一定比例,如万历三十三年(1605)京察,京官老疾 30 人,贪酷 10 人,罢软 6 人,不谨 90 人,浮躁 39 人,才力不及 32 人,总共 207 人。② 南京官有老疾 10 人,贪 2 人,不谨 34 人,罢软 3 人,浮躁 10 人,才力不及 14 人,总共 73 人。③ 值得注意的是,考察之后,所上之疏,俱"留中",万历帝不做任何批示,以至于考察之后不能够黜免降调,自此以后,京察也成为群臣水火之争的焦点,直至明亡也没有停息过。

外官三年朝觐考察黜免降调人数,在嘉靖年间也形成一定的比例,一般在 2000 人左右,多的时候达到 5000 人。除了黜免降调,也旌表贤能卓异,其人数大约 10 个左右,嘉靖十四年(1535)以后,曾经停止旌表,后虽然恢复推荐卓异,但人数还是不多,"但卓异宜旌,第恐矫伪者得以眩名;贪残宜斥,第恐中伤者得以诬善",在实际考察中,还是以"老、疾、不谨,类显明易见"为主,至于罢软、浮躁、才力不及,容易使"善类受伤"④,一般不轻易加之。

从明代职官考核的效果来看,还是很明显的。首先,奖廉惩贪。朱元璋时期严惩贪污,一旦发现贪官污吏,必定层层追查。如《大诰·问赃缘由第二十七》讲:"如六部有犯赃罪,必究赃自何而至。若布政司贿于部,则拘布政司至,问斯赃自何得,必指于府。府亦拘至,问赃何来,必指于州。州亦拘至,必指于县。县亦拘至,必指于民。至此之际,害民之奸,岂可隐乎。"⑤ 在

---

① 《明神宗实录》卷 330,万历二十七年正月丙戌条,国立北平图书馆藏红格本,1962 年,第 6095 页。

② 《明神宗实录》卷 405,万历三十三年正月癸卯条,国立北平图书馆藏红格本,1962 年,第 7568 页。

③ 《明神宗实录》卷 406,万历三十三年二月乙丑条,国立北平图书馆藏红格本,1962 年,第 7581 页。

④ [明]张瀚撰,盛冬铃点校:《松窗梦语》卷 8《铨部纪》,中华书局,1985 年,第 149 页。

⑤ 张德信、毛佩琦主编:《洪武御制全书》,黄山书社,1995,第 761 页。

榜文中,对贪官污吏,不是凌迟处死便是斩首枭示,对于酷吏也不姑息。如对一些地方官使用"打造尖刀锥铁钩,伤人皮肉""使大样檀木批头""创制两层牛皮鞭,恣行残虐",除了将他们全部斩首之外,对"皂隶祗禁,辄使听从行使者,一体处死"①。不但追究指挥行刑官的责任,连听从指挥之人也处死。严惩不能够长久,中典才能够长久,在重典惩贪之后,本应该行中典,但自宣德时期开始从轻,官吏贪酷逐渐不再全部处死,至正统时期则令贪酷为民而已。虽然惩处从轻,但严惩贪酷的方针没有变,无论是朝觐考察,还是京察,抑或是不时考察,都会有贪酷之官被黜免,至隆庆时还开始追究刑事责任,惩贪去酷成为常态。除了惩贪之外,还褒奖廉能卓异,虽然褒奖的人数不多,也不可能是什么"暮夜入衙未之有闻也,审册不言常例,听讼不入锾金,民予其节,居官之道,清慎勤三者,东城兼而有之"②。至少也有一定的政绩,如隆庆六年(1572),海南文昌顾知县,到任"阅月即有兴工筑城之役,张生世望,以别丁粮争,不得于尹,土筑二月完工"③。诸如此类的《荣奖序》甚多,虽多赞美之词,但或多或少也反映了一些实际情况,至少有一定事迹。正如隆庆时内阁首辅高拱所讲:"不肖者罚,固可以示惩。若使贤者不赏,又何以示劝。"④惩恶扬善一直是明代职官考核制度秉承的方针,其实施的好坏,与吏治关系密切。

其次,重在考绩。职官的政绩如何,与他们能否认真执行朝廷政策密切相关,更关系到治乱兴衰。职官是朝廷政策的执行人,也是政策执行的责任人,政策执行的好坏既与职官本人的素质相关,也与当时的政治情况与社会风气有关。明初职官考核要有纸牌、功迹册、功业册、须知文册等实政册,知

---

① 杨一凡点校:《洪武永乐榜文》载《中国珍稀法律典籍续编》,黑龙江出版社,2002 年,第 3 册第 516 页。
② 陈义钟编校:《海瑞集》下编《贺李东城荣奖序》,中华书局,1962 年,第 358 页。
③ 陈义钟编校:《海瑞集》下编《赠顾肖坡荣奖序》,中华书局,1962 年,第 361 页。
④ 《明穆宗实录》卷46,隆庆四年六月丙午条,国立北平图书馆藏红格本,1962 年,第 1154 页。

县、知州、知府、布政司要层层考察核实,按察司副使、佥事及按察使要照刷磨勘;巡按及巡抚还要照刷磨勘,考察核实册内每项事情,特别是在强调"本等六事"的情况下,学校、田野、户口、赋役、诉讼、盗贼,乃是重点核实的项目。对于教职,先是以本学中科举人数进行考核,后是以教职是否通经进行考核,总的要求及实际上都以政绩为主。

明中叶以后,随着政治腐败及官僚政治的恶性发展,考核渐重考语,特别是抚按掌握考核大权之后,不认真照刷磨勘实政册,只凭印象及耳目伺察,政绩考核成为可有可无的事情,但对一些正直的官员来说,还是具有规范作用的。如万历中期为知县的陈幼学①,在为确山知县时,"政务惠民,积粟万二千石以备荒,垦莱田八百余顷,给贫民牛五百余头,核黄河退地百三十余顷以赋民。里妇不能纺者,授纺车八百余辆。置屋千二百余间,分处贫民。建公廨八十间,以居六曹吏,俾食宿其中。节公费六百余两,代正赋之无征者。栽桑榆诸树三万八千余株,开河渠百九十八道"。调繁中牟县,适逢蝗灾,"幼学捕蝗,得千三百余石,乃不为灾"。修城池、垦荒地、兴水利、劝农桑,其在中牟的政绩"倍于确山"。虽然"以不通权贵,当考察拾遗,掌道御史拟斥之",但经过其子论争,还是"乃已"②。正因为政绩突出,整个万历时期,仅有他一人进入《循吏传》。人们常说,制度防君子,不防小人。即便是在乱世,还是有一些官员致力于办实事。毕竟人民有口,即便是考核制度败坏,也难逃舆论的谴责。如"松江旧俗相沿,凡府县官一有不善,则里巷中辄有歌谣或对联,颇能破的"。何良俊讲:"近年又有'松江府同知贪酷拚得重参,华亭县知县清廉允宜光荐'之对。时潘天泉为同知,潘名仲骖。倪东洲

---

① 陈幼学(1541—1624),字志行,无锡人,万历十七年(1589)进士,官至按察副使,以侍养老母亲辞官。

② [清]张廷玉等:《明史》卷281《循吏陈幼学传》,中华书局点校本,1974 年,第 7217 页。

为华亭尹，倪名光荐故也，是非之公毫发不爽。"①舆论的评价，与考核规定内容有密切的关系。

再次，淘汰老病。洪武元年（1368）颁行的《大明令·吏令》规定："凡内外大小官员，年七十者，听令致仕。其有特旨选用者，不拘此限。"②洪武十三年（1380），"命文武官年六十以上者，皆听致仕，给以诰敕"③。洪武二十六年（1393）颁行的《诸司职掌》规定："凡官员年七十以上，若果精神昏倦，许令亲身赴京面奏。如准，吏部查照相同，方许去官离职。"④以后不断调整，最终确定武官的致仕年龄为 60 岁，文官的致仕年龄为 70 岁，外官的致仕年龄为 65 岁，钦天监官不致仕。这种致仕年龄的规定，比较符合当时的实际情况，且有老病自请致仕的规定，弘治四年（1491）规定："凡告老疾官员，年五十五岁以上者，冠带致仕；未及五十五岁者，冠带闲住；考满官员到部，但年六十五岁以上，不再取选。"⑤即便是如此，因为人的身体素质不同，有的老当益壮，有的未老先衰，有的疾病缠身，若是完全按照致仕年龄，一些身体衰弱而有疾病者在位，必然会影响工作，更会影响人员的更新。明代考核制度规定，凡是年老、有疾，在考察时都勒令致仕。这里的"老"，不仅指年龄，还包括容貌体态显得衰老者；"病"不仅指患病，还包括"内外文武官员患病三个月之上"⑥，以及请病假回乡疗养三年以上者。在考察时，淘汰这些人，令其致仕，一般是冠带闲住，但不享受半俸及年节存问的待遇，严重者为民，冠带

---

① ［明］何良俊：《四友斋丛说》卷 18《杂纪》，中华书局，1959 年，第 161 页。

② 刘海年、杨一凡主编：《中国珍稀法律典籍集成·洪武法律典籍》，科学出版社，1994 年，乙编第 1 册第 8 页。

③ 《明太祖实录》卷 130，洪武十三年二月壬戌条，国立北平图书馆藏红格本，1962 年，第 2060 页。

④ 杨一凡点校：《中国珍稀法律典籍续编·诸司职掌》，黑龙江人民出版社，2002 年，第 3 册第 102 页。

⑤ ［明］申时行等：《明会典》卷 13《吏部·事故》，中华书局，1989 年，第 82 页。

⑥ ［明］申时行等：《明会典》卷 13《吏部·事故》，中华书局，1989 年，第 82 页。

与诰命都要追回,自请致仕则可以享受致仕待遇。可以说明代考核制度弥补了致仕制度的不足,将一些衰老有病者淘汰,既可以提高工作效率,又可以加快更新。值得注意的是,年老、有疾固然是标准明确,但丘濬①曾经认为"老疾未必老疾"②,完全取决于判定者认识。万历时期吏部尚书陆光祖,看到抚按官所写考语,"前考已称衰老、复注强壮"③,甚至"发须微白,即目为老疾"④。从已经查阅到的史料来看,虽然有 37 岁被考察为年老的特例,但一般都在 50—60 岁之间,其中有一些人确实被冤枉,他们都是 70 岁以后去世的,而且身体强壮,完全可以到年龄致仕。

最后,淘汰无能力者。察例中有浮躁浅露、素行不谨、罢软无力、才力不及。张瀚讲:"惟直谅慷慨者类浮躁,老成厚重者类不及,辨之不审,善类受伤。于此二项,必以轻佻不检当浮躁,以才识谫劣当不及。庶真伪不淆,而名实允当矣。"⑤沈德符认为:"后以立法太苛,谓疏放者似不谨,迟缓者似罢软,概弃不无可惜,乃创为浮躁浅露、才力不及二款为次等,京官降一级调外任。"⑥丘濬则认为:"素行不谨不知何所指名,又何以厌服其心哉。"⑦这些标准确实难以裁定,但从制度设计的角度,"浮躁"是办事轻浮,凡事躁进;"不及"是才力不及,能力低下;"罢软"是办事拖沓,行动迟缓;"不谨"是官行有亏,有碍官箴。若是在考核上能够有细则规定,对于整肃官场秩序、肃清吏

---

① 邱濬(1421—1495),字仲深,琼山人,景泰五年(1454)进士,官至内阁辅臣,谥文庄,著有《大学衍义补》。

② [明]丘濬:《大学衍义补》卷 11《严考课之法》,台湾商务印书馆《景印文渊阁四库全书》,第 713 册该卷第 10 页。

③ [明]陈子龙等辑:《明经世文编》卷 374 引陆光祖《覆湖广巡抚李桢肃吏治以奠民生疏》,中华书局影印本,1962 年,第 4055 页。

④ [明]陈子龙等辑:《明经世文编》卷 122 引范珠《修政弭灾疏略》,中华书局影印本,1960 年,第 1180 页。

⑤ [明]张瀚撰,盛冬铃点校:《松窗梦语》卷 8《铨部纪》,中华书局,1985 年,第 147 页。

⑥ [明]沈德符:《万历野获编补遗》卷 2《大计添浮躁》,中华书局,1959 年,第 841 页。

⑦ [明]丘濬:《大学衍义补》卷 11《严考课之法》,台湾商务印书馆《景印文渊阁四库全书》,第 713 册该卷第 10 页。

治,还是有积极作用的。可惜没有明确的细则,在具体实施过程中,确实有不少被冤枉者。

总之,明代职官考核制度在具体实施过程中还是饶有成效的,在相当长时期起到了奖廉惩贪,澄清吏治,端正仕风,激励官吏,移风易俗等多方面的效用。《明史》认为,"吏治澄清者百余年"①,应该是事实,这与考核制度正常实施有很大的关系。另外,明代职官考核制度,无论是考核期限,还是考核标准,抑或是考核形式,都直接为清朝所承袭。一个制度能够存续500余年,亦可见其制度存在的合理部分远远大于弊端,应该予以肯定。

二、考核的困境

明代职官考核制度自出现以来就利弊共存,因此在具体实施过程中,不免要面临许多困境。面对这些困境,统治者时常在制度上予以调整,但也有些并没有调整,因为是"大率遵旧制行之"②。既然旧制必须因循,也就很难摆脱困境。

首先,朝觐考察对地方政务的妨碍。地方官每三年要到京城来接受朝觐考察,且不论朝觐考察中的弊端,仅就往返路途来说,离京师近的地方还容易一些,若是离京师遥远,以当时的交通状况而言,远者往返需要七八个月甚至一年,显然影响地方官办理政务。基于地方情况,明代对于边远地方,还是有特殊优待政策的,可以根据情况免地方官朝觐。如永乐九年(1411),吏部提出"交阯新附,宜命布政司、按察司,掌印官一员来朝,余令在任治事,以安远人"。永乐帝"命礼部,凡守边将帅,当朝者,止勿来"③。在宣

---

① [清]张廷玉等撰:《明史》卷281《循吏传序》,中华书局,1974年,第7185页。
② [清]张廷玉等撰:《明史》卷71《选举志三》,中华书局,1974年,1720页。
③ 《明太宗实录》卷112,永乐九年春正月壬午条,国立北平图书馆藏红格本,1962年,第1433页。

德、正统年间,远方朝觐误期,也都被宥之。正统六年(1441),因为云南连岁用兵,布、按二司堂上官,府州县正佐官免于朝觐,"不为常例"①,但已经开了先例。景泰元年(1450),广西以"地方多为盗贼所扰"②,请免朝觐;云南以"苗寇未靖,用兵方殷"③,请免朝觐;贵州以"苗寇未弭"④,请免朝觐;湖广"每有苗寇窃发"⑤,请免朝觐。自此以后,形成惯例,只要是地方出现动乱、灾荒、疫病、盗贼等事,由镇守抚按官提出免朝觐,都说"不为常例",但每次请免,基本上都能够得到批准,并且越来越多,甚至连内地也可以请免朝觐,至少是免正官朝觐。对于朝觐的弊端,当时的人都很明白,如丛兰⑥提出:"旧制在外官员,每三岁考察,人有固志,爱惜名节,今三岁之内,考察者已三四次矣。妻子之往还,道路之供费,自非有定守者,孰不变易初志,本欲止人之贪,而反诱人以贪,此为法之弊也。"⑦都知道有弊,但是祖宗之制,抚按官们只能够以各种理由提出免朝觐,谁也不敢提出废除。到了清代,深知"朝觐计典三年一行,旧例府州县正官入觐,势必委署,但署官害民,反为地方之累。今议止令藩臬各一员,各府佐一员代觐"⑧。康熙四年(1665),"命朝觐之年,止令布政司造送钱粮简明文册,其各州县册,概行停止"⑨。康熙十二

---

① 《明英宗实录》卷76,正统六年二月壬辰条,国立北平图书馆藏红格本,1962年,第1504页。

② 《废帝郕戾王附录》卷6,景泰元年闰正月甲戌条,国立北平图书馆藏红格本,1962年,第3856页。

③ 《废帝郕戾王附录》卷8,景泰元年三月丁未条,国立北平图书馆藏红格本,1962年,第3898页。

④ 《废帝郕戾王附录》卷8,景泰元年三月癸亥条,国立北平图书馆藏红格本,1962年,第3918页。

⑤ 《废帝郕戾王附录》卷16,景泰元年十一月丙寅条,国立北平图书馆藏红格本,1962年,第4215页。

⑥ 丛兰(1456—1523),字廷秀,山东文登人,弘治三年(1490)进士,官至南京工部尚书。

⑦ [明]陈子龙等辑:《明经世文编》卷108引丛兰《清查延绥条议》,中华书局影印本,1962年,第984页。

⑧ 《清世祖实录》卷64,顺治九年夏四月己未条,中华书局,1985年,第3册第501页。

⑨ 《清圣祖实录》卷14,康熙四年三月丙申条,中华书局,1985年,第4册第218页。

年(1673)，"令藩臬亲身朝觐"①。只让布政使、按察使朝觐，将地方考察事宜报请吏部、都察院复核，大规模的朝觐至此结束。

其次，朝觐增加地方负担。三年朝觐考察，路途往返，必定有一定的开支。这些费用由朝廷颁给"朝觐道里费"。朱元璋《大诰续编·路费则例第六十一》云："今后每岁有司官赴京，进纳诸色钱钞并朝觐之节，朕已定下各官路费脚力矣。若向后再指此名头科民钞锭脚力物件，官吏重罪。每有司官壹员，路费脚力共钞一百贯，周岁柴炭钱五十贯。吾民见此，若此官此吏仍前不改非为，故行搅扰，随即赴京伸诉，以凭问罪。一、进商税路费脚力钞一百贯。一、朝觐路费脚力一百贯。一、周岁柴炭钞五十贯。"②朝觐道里费一百贯，在朱元璋时期应该是不少的数目，所以他禁止科民，但大明宝钞不断贬值，在加上物价上涨，这些费用显然不够花销，当然也免不了地方官科敛。白银货币化以后，朝觐道里费变成白银，并且根据等级有不同的数额。隆庆二年(1568)，陕西按察司副使姜子羔，取媚朝廷，提出朝觐道里费及馈遗私赏，应该"进献羡余，以佐国计"。其数额是"布政司官银三百两，按察司官二百，苑马、行太仆二寺官一百，运司及府正官二百五十，佐贰官一百，州县正官二百，佐贰官五十，首领及边远者量进"。隆庆帝认为："进献非事体，朝廷亦不藉此足用，不许。第以诸司路费皆取诸民，令御史查照原给银数，追收贮库，自后进表朝觐官，更不得派给累民。"③这里是羡余，并不是朝觐官真正的花费，实际上的开销，因为事涉隐私，史料没有明确记载，只是讲一些清官开销少，或取办于家，或鬻书为费而已。

正德年间云南巡抚何孟春，"查得朝觐事例，司府官员，跟随皂隶不过六名，州县不过四名，首领官不过二名，路费听镇巡衙门定与数目，于无碍官钱

---

① 《清圣祖实录》卷42，康熙十二年秋七月壬午条，中华书局，1985年，第4册第556页。
② 张德信、毛佩琦主编：《洪武御制全书》，黄山书社，1995年，第839页。
③ 《明穆宗实录》卷16，隆庆二年正月戊辰条，国立北平图书馆藏红格本，1962年，第438页。

内支用,不许擅自巧取一钱一物"①。可见路费的数目是由镇守中官与巡抚制定的,所谓的"无碍官钱",据其奏疏讲,有赃罚银、余丁银、银差等项,还有"照依往年,自备酒食,邀请本司各所,并经历司、巡司、税课司、馆、驿等衙门,指挥、千百户、大使、驿丞等官,各以礼量助盘缠馈赆"②。一方面是从地方公费支出,一方面收敛私礼。明代的"八分纸价,赎罪、赃罚银钱,香钱、引契、鱼盐、茶酒等税,不系解库者"③。这些是地方官可以支配的,如海瑞以"淳民喜讼,本县于词讼中酌处帮助,通以二年中为之,似或可以使民不觉劳费"④。他用赃罚银一万多两修筑城池,可见这项银两数目之多。海瑞讲:"今人谓朝觐年,为京官收租之年,故外官至期,盛辇金帛以奉京官,上下相率而为利,所苦者小民而已。"⑤这不是嘉靖后期才有的现象。早在正统年间,王振专权,"当朝觐日,大开其门,郡邑庶职能具礼者无不进见,以百金为寻常,重千两者始得一醉一饱而出。由是以廉者为拙,以贪者为能,被其容接者若登龙门,上下交征利,如水去提防,势不可止,君子付之太息而已"⑥。景泰时期,"在外司府州县官,假以朝觐为名,肆行科敛,剥民膏脂,舟车盈载,馈遗权门,希觊迁擢"⑦。"朝觐官多有往来公卿之门奔竞,形势之涂,贿赂公行,馈遗辐辏,公道由兹而蚀,政令以之而坏。"⑧虽然朝廷出榜禁止,但

---

① [明]何孟春:《何文简奏议》卷5《贪官害民疏》,台湾商务印书馆《景印文渊阁四库全书》,1983年,第429册第131页。

② [明]何孟春:《何文简奏议》卷5《禁科扰疏》,台湾商务印书馆《景印文渊阁四库全书》,1983年,第429册第156页。

③ [明]陈子龙等辑:《明经世文编》卷197引潘潢《覆积谷疏》,中华书局影印本,1962年,第2038页。

④ 陈义钟编校:《海瑞集》上编《筑城申文》,中华书局,1962年,第157~159页。

⑤ 陈义钟编校:《海瑞集》上编《淳安政事》,中华书局,1962年,第40页。

⑥ [明]李贤:《古穰杂录摘抄》,中国全国图书馆文献缩微复制中心影印《纪录汇编》,1994年,第236页。

⑦ 《废帝郕戾王附录》卷18,景泰二年春正月壬寅条,国立北平图书馆藏红格本,1962年,第4244页。

⑧ 《废帝郕戾王附录》卷91,景泰七年十二月庚申条,国立北平图书馆藏红格本,1962年,第5774页。

很难说有成效，因为此后每逢朝觐之时，都会例行禁约，是"朝觐馈遗之禁，朝廷三令五申矣，而其风愈甚"①。

这固然与吏治败坏有关，但也有皇帝姑息养奸的原因。如弘治十八年（1505）春天，弘治帝召见兵部尚书刘大夏、左都御史戴珊，"上令中使出白金二笏以赐"，并说："卿等将去买茶果用，朕闻朝觐日，文官避嫌，有闭户不与人接者。如卿等，虽开门延客，谁复有以贿赂通也？朕知卿等，故有是赐。"②用这种方法讽喻，只是为了让大臣们"怀愧耻"而已，不能够以法绳之。正德时，刘瑾专权，"诸司官朝觐至京，畏瑾虐焰，恐罹祸，各敛银赂之，每省至二万余两，往往贷于京师富家，复任之日，取官库所贮倍偿之，其名为京债，上下交征，恬不为异"③。严嵩专权，大肆受贿，"自其升任礼部尚书直至削官为民，贪贿活动贯穿于仕途的始终。从诸生到亲王，从朝臣到边将无不向其行贿馈送，少者几百两，多者十几万两"④。清人赵翼⑤考证明代受贿情况，得出结论云："可知贿随权集，权在宦官则贿亦在宦官，权在大臣则贿亦在大臣，此权门贿赂之往鉴也。"⑥不仅仅是权宦、权臣，所有的京官在朝觐之年都会收到"书帕"⑦。如崇祯元年（1628），户科给事中韩一良⑧曾经讲："以官言

---

①　[明]沈鲤《亦玉堂稿》卷四《典礼疏》，台湾商务印书馆《景印文渊阁四库全书》，1983年，第1288册该卷第36页。

②　[明]焦竑撰，顾思点校：《玉堂丛语》卷3《宠遇》，中华书局，1981年，第86页。

③　《明武宗实录》卷46，正德四年春正月庚申条，国立北平图书馆藏红格本，1962年，第1056页。

④　张显清：《严嵩传》，黄山书社，1992年，第421页。

⑤　赵翼（1727—1814），字云崧，号瓯北，江苏阳湖人，乾隆二十六年（1761）探花，官至贵西兵备道，辞官著述，著有《廿二史札记》《陔余丛考》等。

⑥　[清]赵翼：《廿二史札记》卷35《明代宦官》，中国书店，1987年，第512页。

⑦　明代官员之间送礼，都以自著或自编的书籍相互赠送，书用函套包装，里面放有银两，一般是16两，也可以多放，如海瑞这样的清官，也不能够脱俗，所著《淳安政事》印刷3000册，据其书信讲，内有银8两，书函用手帕包起来，故称书帕，其内装是金、是银、是珠宝，外人不知，以至于成为行贿的代名词。此外送名人字画则是重贿，若是送自作的书画，在卷轴内也要放金银财宝，使行贿变得典雅一些。

⑧　韩一良（1580—1630），字象儒，号有怀，澄城人，万历四十七年（1619）进士，崇祯时以户科给事中言书帕事奏对失措，革职为民。

之,则县官为行贿之首,给事为纳贿之尤。今言者俱咎守令不廉,然守令亦安得廉? 俸薪几何,上司督取,过客有书仪,考满、朝觐之费,无虑数千金。此金非从天降,非从地出,而欲守令之廉,得乎? 臣两月来,辞却书帕五百金,臣寡交犹然,余可推矣。"①一个户科给事中都能够在两个月间得到五百两书帕,则可见地方官朝觐来京,上下打点需要多少。进而使"朝觐考察的运作过程不仅违背了制度设计的初衷,更成为助长官场劣习的温床"②。无论这些钱是从哪项"无碍官钱"支出,无非是民之膏血,最终增加地方的负担。

再次,黜免名额指标的设定。自正德以后,监察黜免降调京官在百余名左右、南京官七十名左右,已经成为固定的指标;自成化年间朝觐考察黜免降调地方官达两千以后,每次朝觐考察黜免降调总在两千五百名左右,虽然多时曾经达到过五千人,但常制应该在两千五百名。本来考察大典,"所以惩汰官邪,风示有位,所关至为重大"。自嘉靖以来,"每遇考察,其惩汰之数,大较前后不相上下,以是袭为故常"。因为一来名额指标,就必须完成,"其数既足,自是通论,虽有不肖者姑置勿论。其数不足,虽无不肖者,强索以充"。为了充数,就会将一些原本不在察例范围内的人纳入察例,使一些人蒙受其冤,特别是在察例中难以判断的罢软无力、浮躁浅露、素行不谨,很容易中伤人,是"乃其称为不肖者,又多苛求隐细,苟应故事"③。如嘉靖六年(1527)京察,"吏部同都察院考上,不谨御史储良材④,浮躁给事黎良,御史王道⑤、曹宏"。当时就有人论考察不公,而嘉靖帝也"责部院不持公论,为人报

---

① [清]张廷玉等撰:《明史》卷258《韩一良传》,中华书局,1974年,第6565页。
② 余劲东:《明代朝觐考察道里费研究》,《史林》,2015年第6期。
③ [明]陈子龙等辑:《明经世文编》卷301引高拱《公考察以励众职疏》,中华书局影印本,1962年,第3177页。
④ 储良材,字邦抡,柳州马平人,正德十二年(1517)进士,为监察御史,巡按江西,考察以不谨为民。
⑤ 王道,字纯甫,号顺渠,山东武城人,正德六年(1511)进士,官至南户部右侍郎,谥文定。

复私怨,且(储)良材素行非不谨者,今以不及调外任"①。考察为素行不谨,嘉靖帝改为才力不及。储良材之所以被称为不谨,是因为上疏弹劾杨廷和等人为"奸党",而在允许科道互纠的情况下,被同僚揭发素行不端,也无非是个人私事。嘉靖十一年(1532),御史冯恩②论吏部侍郎湛若水,"素行不合人心,乃无用道学"③。无非是指斥其在丁忧期间,"筑西樵讲舍,士子来学者,先令习礼,然后听讲"④,倡导王阳明心学,而嘉靖不喜欢心学。如果是苟应故事,揭发别人一些闺房隐私,也只不过是个人心理卑鄙,但揭发别人具有政治目的,或者是有意打击别人,则不仅仅是心理卑鄙了,由此可见官场的道德标准远远低于社会的一般标准。

此外,考核制度本身的弊端。隆庆时期的首辅高拱,曾经极论考察之弊:一是"以六年之官而考于三二人,以六年之事而核于三二日";二是"其考满者率加以美辞,又数升迁有至二三品者";三是考察有固定指标,"其数未足,则必取盈;其数已足,即不复问";四是"考察各衙门皆须有人,如此衙门已有人矣,遂不复动";五是"考察之时,不肖者造作言语,鼓弄风波,倾陷善人";六是"被黜者既不许辩,科道纠劾不公之例又复不行"⑤。此外还讲到察例,"徒加之名,不指其实,不止罔者无以压服其心,即当其罪者,亦无以压服其心"。认为弊病有二:一是"访之不的,知之不真,若明指其实,则不符者多矣";二是"内阁部院之臣,于内有所私意中伤,若明指其实,则必将以无作有,以轻作重,私害昭然在人矣"。因为有了这些弊端,"朝廷法度可如是举

---

① ［明］沈德符:《万历野获编补遗》卷3《科道互纠》,中华书局,1959年,第883页。
② 冯恩(1496—1576),字子仁,号南江,松江府华亭人,嘉靖五年(1526)进士,官南京监察御史,以上疏事涉上言大臣德政,遣戍雷州,穆宗即位,拜为大理寺丞,著有《刍荛集》。
③ ［明］沈德符:《万历野获编》卷2《讲学见绌》,中华书局,1959年,第52页。
④ ［清］张廷玉等撰:《明史》卷283《儒林湛若水传》,中华书局,1974年,第6565页。
⑤ ［明］陈子龙等辑:《明经世文编》卷302引高拱《论考察》,中华书局影印本,1962年,第3195页。

行,天下人才可如是摧折乎"①。高拱所论,应该是制度本身存在的问题。参加朝觐考察者恒万人,接受京察者也数千人,考察权由三二人,又在三二日内必须完成,能够不生弊端吗!考满加以美辞能够很快升迁,能够制止被考者经营政治关系吗!考察有黜免降调的指标,为了完成任务,能够消除凑数的现象吗!主管考察的衙门,不能够有一人身挂察典,美其名曰他们是考察之人,己不正岂能正人,考察别人不公不法,却置自己不公不法于不顾,能够不使被考察的人鸣冤叫屈吗!考察者相信造作言语,不去核实,也没有时间去核实,能够不让不肖者倾陷善人吗!不许被考察者论辩,也不让科道官纠劾,能够不使被考察者冤沉海底吗!察例规定范范,没有细则规定,纳入察例而又不访知真伪,既不能够让被考察者心服口服,又不能够使天下信服,所以"使天下徒有骇疑,而不得其故"。对于私意中伤,不看有无真实,能够不使一些人"假公以威众"吗!制度本身存在问题,再加上君主专制、官僚政治,自然是弊病百出。

最后,事上安下的政治体制。柏桦在论述明清父母官时讲道:"事上安下的方法很多,不同的类型的父母官的表现也千姿百态。他们当中有事上以直、安下以爱而被称为强项的,有事上以巧、安下以智而被称为巧宦的,有事上以廉、安下以清而被称为清廉之吏的,有事上以正、安下以法而被称为循良之吏的,有事上以佞、安下以术而被称为谄媚之吏的,有事上以伪、安下以诈而被称为诈伪之吏的,等等不一而足。他们事上和安下的目的不一,所采取的手段也有很大的差异。"②职官考核决定职官的命运与官运,对于能够决定他们命运与官运的上司,采取各种各样的手段,乃是不可避免的。"贪官污吏之多,一般人总喜欢用'风气'或'民族性'一类玄学性质的事景去解

---

① [明]陈子龙等辑:《明经世文编》卷 302 引高拱《再论考察》,中华书局影印本,1962 年,第 3197 页。

② 柏桦:《父母官:明清州县官群像》,新华出版社,2015 年,第 395 页。

释,以后者而论,仿佛中国人是天生成贪污似的;以前者而论,又仿佛有一二出类拔萃的人物出来表率一下,风气就会改变过来似的。"①这两种说法都没有接触本质的问题,也不可能从深层次去探讨。王亚南从官僚政治层面进行解读,涉及许多实质性的问题,认为是因为"特殊自然条件和历史条件所造成的专制主义、官僚主义与封建主义混合统治形态"②。这种混合形态在君主专制中央集权制度下才有突出表现,因为"专制政体的原则是不断在腐化的,因为这个原则在性质上就是腐化的东西"③。腐化则源自这种"事上安下"的制度设计,因为其本身变数是很大的。只要搞好与皇帝及上司的关系,就能够保住和争取更大的利益;只要不逼迫人们铤而走险,就不会因为官逼民反而把自己推上绝路。在这种情况下,事上就会出现奉上、媚上、谄上、悦上、欺上、骗上、愚上、佞上等,以至于矫诬、沽名、饰诈、大盗、大奸等各色人物活动于政治舞台。安下则会出现瞒下、剥下、欺下、压下、打下、恐下、责下、卸罪于下等,以至于狼贪兼虎豹,攫食贫弱之民。他们"宁可刻民,不可取怒于上"④。"宁负公家而不负私室,宁害小民而不害已身,以致朝廷法度废弛,天下军民疲敝。"⑤这种情况必然导致政治腐败,当然也会影响到职官考核制度的实施。

总之,明代职官考核制度在实施过程中面临许多困境,既有来自制度方面的,也有来自人为的。凯尔森从法与国家的理论,分析君主专制政体的法律,"君主本人是不负责任的;他不在法律之下,因为他是不对任何法律制裁

---

① 王亚南:《中国官僚政治研究》,商务印书馆,2010年,第116页。
② 王亚南:《中国官僚政治研究》,商务印书馆,2010年,第148页。
③ [法]孟德斯鸠:《论法的精神》,张雁深译,商务印书馆,1963年,第119页。
④ 陈义钟编校:《海瑞集》上编《淳安政事序》,中华书局,1962年,第38页。
⑤ [明]陈子龙等辑:《明经世文编》卷136引胡世宁《备边十策疏》,中华书局影印本,1962年,第1351页。

负责的"①。明代君主专制的高度发展,职官考核制度不是天下之法,而是治官之法,乃是为了家天下的统治,而君主专制政体"首脑人物多是不诚实的人,而要求在下的人全都是善人;首脑人物是骗子,而要求在下的人同意只做受骗的呆子;这是极难能的事"②。专制君主把职官考核制度作为工具,也就无怪乎臣下也将之作为工具,明末党争集中在考察之上,即可说明这一点。弗里德曼从社会学角度分析法律制度,"按惯例,制裁被分为两大类,奖赏和惩罚即积极和消极制裁。认为受法律管辖的人们会选择一种,躲避一种"③。明代职官考核制度兼有奖赏和惩罚,选择与躲避也是必然的,再加上官僚们趋利避害的本能,利用制度保护自己,同时也利用制度祸害他人。这一切都是专制政体所造成的,正如梁启超所讲:"所以发生之由,莫不在专制政体。专制政体者,实数千年来破家亡国之总根原也。"④

三、值得思考的问题

明代职官考核制度作为时代的产物,曾经在强化君主专制中央集权制度、维护王朝的政治统治、规范官员行政行为等方面发挥过重要的作用。对明代职官考核制度进行研究,并不是为了叙述其曾经存在的"辉煌",也不仅仅是为了描述其出现及实施的经过,而是在于分析和评价,总结经验教训,提出一些值得思考的问题,也对现代的公务员考核制度提供某种支持。

首先,实绩考核与政绩考核的问题。明代初期,职官考核重在实绩,以地方官而言,以"本等六事"为主,即在继承前代的基础上,经过调整而形成

---

① [奥]凯尔森:《法与国家的一般理论》,沈宗灵译,中国大百科全书出版社,1996 年,第332 页。

② [法]孟德斯鸠:《论法的精神》,张雁深译,商务印书馆,1961 年,上册第24 页。

③ [美]劳伦斯·M. 弗里德曼:《法律制度——从社会科学角度观察》,李琼英、林欣译,中国政法大学出版社,2004 年,第89 页。

④ 梁启超:《饮冰室合集》文集之九《论专制政体有百害于君主而无一利》,中华书局,1945 年,第90 页。

的学校兴、田野辟、户口增、赋役均、词讼简、盗贼息。从顺序来看,学校兴排在首位,并不是以兴建学校为考核标准,而是在于教化,重点在于移风易俗。正如朱元璋认为:"今天下初定,所急者衣食,所重者教化,衣食给而民生遂,教化行而习俗美。足衣食者在于劝农桑,明教化者在于兴学校。学校兴则君子务德,农桑举则小人务本,如是为治则不劳而政举矣。"①因为学校乃是风俗之源,在于"君子而知学则道兴,小人而知学则俗美"②。因此将学校兴作为考核地方官之首位。而刚刚经过残酷的战争,恢复战乱之后的经济也是刻不容缓,田野辟主要劝农桑,发展农业经济。也就是说,考核以风俗美、衣食足为重点,在当时确实也收到很大的成效。朱元璋"在位 31 年,虽然没有达到历史最繁荣的高峰,但'山市晴,山鸟鸣,商旅行,农夫耕,老瓦盆中冽酒盈,呼嚣隳突不闻声',自给自足的太平气象,也颇令时人在生活上得到满足"③。

朱元璋去世以后,"本等六事"虽然还在实行,但这两项难以量化的考核,则变成了量化。学校兴变成了修一修学宫、文庙,至于教化是否能行,则不在地方官考虑的范围。田野辟变成了开垦荒地多少,不顾自然环境,山林成为梯田,湖泽成为田亩,自然环境遭到严重的破坏,自然灾害也就不断。据统计,历史黄河特大决溢有 52 次,明代就有 24 次;历史上长江中下游特大洪水发生 19 次,明代就有 4 次;历史上淮河特大决溢有 9 次,明代也有 1 次;历史上特大蝗灾有 46 次,明代就有 7 次;历史上特大瘟疫有 13 次,明代就有 4 次。历史上特大旱灾也多发生在明代,以北方而言,平均 11 年发生一次;

---

① 《明太祖实录》卷 26,吴元年冬十月癸丑条,国立北平图书馆藏红格本,1962 年,第 387 ~ 388 页。

② 《明太祖实录》卷 136,洪武十四年三月辛丑条,国立北平图书馆藏红格本,1962 年,第 2154 页。

③ 柏桦:《朱元璋与空印案》,《紫禁城》,2011 年第 5 期。

历史上特大涝灾,以南方而言,也是平均 11 年发生一次。[①] 地震等自然灾害是人不能够左右的,而人为地破坏环境会导致水旱蝗灾的发生。可以说实绩考核是一种可持续发展,不容易马上见到功效,而政绩考核可以急功近利,可以收到立竿见影的效果,但所带来的危害是巨大的。明人常常形容地方官为了考绩,不顾人民死活,这仅仅是一种表象,对社会经济的摧残和对自然环境的破坏,却不是杀几个贪官污吏就能够解决的,也是应该引以为戒的问题。

其次,奖优汰劣的问题。明代职官考核制度一直秉持奖优汰略的方针,无论是定期考察,还是不时考察,都要举荐贤能卓异,弹劾不公不法,汰除年老有病、罢软无力,才力不及等不能够在政务中发挥作用的人。虽然在具体实施过程中出现许多弊端,但从实际效果上看,每次考察都能够清除一些这样的人,有利于职官队伍新陈代谢。明代所设定的八项察例,除了浮躁浅露与素行不谨涉及个人行为,与政务关系不大之外,其余均与政务有关。特别是一些年老有病之人,本来难以胜任工作,但按照致仕年龄,他们还可以占据那个位置,既不能提高行政效率,又不能清除出去。虽然在具体实施过程中,有一些人并不是真正的年老而被淘汰,但制度上还有补救,一是可以提出病痊,二是可以自请致仕。提出病痊,就有验看;自请致仕,就有审批,而在制度上规定,自请致仕是可以享受退休待遇的,即加一级,享受半俸和免其杂泛差徭,并且给予岁拨月廪人夫,颁发诰敕,年节存问,大臣还可以荫其子孙,如果是考察被勒令致仕,其待遇则要降低,若是闲住为民,则什么待遇都没有了。

这种制度意在使那些年老、有病的官员,估量自己的身体状况,自己提出申请,以免在考察中进入察例。任何制度都会有缺陷,更何况执行制度的

---

① 参见宋正海等:《中国古代自然灾异动态分析》,安徽教育出版社,2002 年。

是人,都不可能脱离政治、经济、文化、社会等环境影响,也会出现弊病,但总体上还可以保证工作效率,总比恋栈不退要好一些。奖优汰劣要注重实绩,若是按照比例升赏,按照比例淘汰,就很难注重实绩。现在一些单位实行末位淘汰制,这与明代设置淘汰名额大同小异。有了固定的比例,本不应该淘汰的淘汰了,不应该升赏的升赏了,特别是升赏,若是升赏不得其人,其影响远比淘汰不得其人要大,因为赏以劝善,罚以惩恶,人心向善,榜样的力量是无穷的,如果榜样不得其人,其祸害也是无穷的。如明代有《自宫禁例》,若敢私自净身,"本犯及隐藏之家俱处死。该管总小旗、里老、邻人,知而不举,一体治罪"①。现实却是"内官衣蟒腰玉者,禁中殆万人"②。"以故无知小民,贪图富贵,入骨熏心,柰何欲以死刑禁之乎。"③谈职官考核制度,不应该引自宫为例,但这种现象可以折射出明代滥赏的情况导致的政治败坏。陆容认为:"古之君子,以军功受赏,犹以为耻。而近时各边巡抚文臣,一有克捷,则以其子弟女婿冒滥升赏,要君欺天,无耻甚矣。"④为了得赏不管什么无耻不无耻,以至于朝野之风,"廉静之节尽丧,贪污之风大行。一得任事之权,便为营利之计,贿赂大开,私门货积,但通关节,罔不如意,湿薪可以点火,白昼可以通神,是岂清平之世所宜有者乎!在先朝岂无贿者,馈及百两,人已骇其多矣!今也动称千数,或及万数矣!岂无贪者暮夜而行,潜灭其迹犹恐人知。今也纳贿受赂,公行无忌,岂非士风之大坏乎!大臣贪浊而日在高位,则小臣得于观感之下者,将无不惟利是图矣。京官贪浊而安处无事,则外官被其鼓动饮风者,亦无不惟利是图矣"⑤。这些行贿的人不是去找罪

---

① 〔明〕申时行等:《明会典》卷80《礼部·自宫禁例》,中华书局,1989年,第460页。
② 〔明〕谢肇淛:《五杂组》卷12《物部四》,上海书店出版社,2001年,第251页。
③ 〔明〕陈子龙等辑:《明经世文编》卷418引沈鲤《议处净身男子疏》,中华书局,1962年,第4544页。
④ 〔明〕陆容撰,佚之点校:《菽园杂记》卷12,中华书局,1985年,第153页。
⑤ 〔明〕陈子龙等辑:《明经世文编》卷148引王廷相《天变自陈疏》,中华书局影印本,1962年,第1471页。

罚,不是牟利,便是免罪,与滥赏滥罚关系密切。慎重于淘汰,更要慎重于升赏,这也是应该记取的经验教训。

再次,照刷文卷与核实情况的问题。明代职官考察中工作量最大的是照刷文卷,若能够认真照刷,也确实能够查出问题,考核也就有了实据。如海瑞在为南京巡抚时,照刷上元县、江宁县文卷,查出买办家火用银、借办用租银,认为"借办则纯然虚费";照刷提学、印马来差,用徭役三十余人,还临时募人,工食银造算二三次,"租银预造一次之用,绰绰余裕",认为二县知县"财不己出,痛不切身"①,将他们议革,并且要求其他州县也进行清查。海瑞照刷文卷,涉及银数不多,也没有入己的事情,但违规造算,也与当时制度不符,当事人当然无话可说。照刷文卷,不但要认真,还有公正。如弘治时监察御史周津,奉敕清查山东户籍,"复兼刷省卷,磨勘有法,方伯而下皆敬服之"②。监察御史包泽,奉玺书清戎陕西,"磨勘诸司文卷,搜剔蠹弊"③。正德时,监察御史文皓"照刷文卷,一秉至公,诸司称服"④。监察御史唐濂"刷卷湖广,仅一月,而宿蠹尽涤"⑤。监察御史许宗鲁,"刷卷苏徽,尽按诸大猾,置之法,所入银谷至百数十余万"⑥。监察御史黎贯,"奉命往福建刷卷,兼查盘有司仓库,军卫器械,劾奏镇守太监尚春,追还官银十三余万两,粮二十六

① 陈义钟编校:《海瑞集》上编《督抚条约》,中华书局,1962年,第250页。

② [明]焦竑辑:《国朝献征录》卷103《贵州布政使司左布政使周公津墓志铭》,台湾学生书局,1984年,第4627页。

③ [明]焦竑辑:《国朝献征录》卷65《云南道监察御史东川包公泽墓碑》,台湾学生书局,1984年,第2837页。

④ [明]焦竑辑:《国朝献征录》卷92《河南按察司副使文公皓墓志铭》,台湾学生书局,1984年,第4024页。

⑤ [明]焦竑辑:《国朝献征录》卷65《监察御史唐君濂墓志铭》,台湾学生书局,1984年,第2852页。

⑥ [明]焦竑辑:《国朝献征录》卷62《都察院右副都御史许公宗鲁墓志铭》,台湾学生书局,1984年,第2653页。

万石"①。监察御史何钺，"奉敕北直隶清理戎务，兼阅军器刷卷，事多干涉近贵。公奉法惟谨，划剔奸蠹殆尽"②。

可见在弘治、正德以前，巡按御史们还是会认真照刷文卷的，这样不但能够挽回损失，还能够剔奸厘弊，但在嘉靖以后，这种刷卷往往就是表面工作，认真者少。一是因为下级在文卷上作弊，"虽有严明上司，悉心查考，欲质之于簿书，而改匿诬捏，巧伪百端，簿书不可尽凭也"③。二是因为各级官吏忙于应酬，无心于政务，"若非委官时加稽考，未免人心玩弛，易于怠忽"④。三是因为巡视考察人员吹毛求疵，使"为文武大帅者，不忧外而忧内。又加以文法簿书之是牵，逢迎便辟之是熟，而望其能应惩大憝哉"⑤。认真照刷文卷，就能够发现问题，发现问题予以核实更正，不仅仅是考核时需要办理的事情，即便是日常工作，也不能够忽略这个问题，若是到考察时再照刷卷宗，很容易使官吏改匿文卷，把真实情况隐藏起来，问题也就很难查出了。明代每逢考察时，总是雇用一些人加工制作考核文册，数字造假，程序无误，而毫无实际意义，这个经验教训是值得记取的，也应该引以为戒。

最后，官府监督与舆论监督的问题。明代职官考核，知县考所属，知府知州考所属及知县，布政司考所属及知府知州，按察司负责核查，最终由抚按填定考语，后来抚按还拥有考布政使、按察使的权力。抚按考核送京之后，由吏部、都察院定考。京官由各衙门堂上官考核，吏部、都察院定考。四

---

① ［明］焦竑辑：《国朝献征录》卷65《监察御史韶山黎公贯墓志》，台湾学生书局，1984年，第2854页。

② ［明］焦竑辑：《国朝献征录》卷89《湖广常德府知府何公钺墓志铭》，台湾学生书局，1984，第3860页年。

③ ［明］陈子龙等辑：《明经世文编》卷151引万镗《应诏陈言时政以裨修省疏》，中华书局影印本，1962年，第1510页。

④ ［明］陈子龙等辑：《明经世文编》卷206《议处海防事》，中华书局影印本，1962年，第2177页。

⑤ ［明］陈子龙等辑：《明经世文编》卷335引王世贞《备虏策》，中华书局影印本，1962年，第3589页。

品以上大员,自陈得失,由皇帝决定去留。由于官僚之间缺乏基本的信任,抚按经常派耳目伺察,而吏部、都察院则发放"访单",二者都称为"博采舆论"。因此"比及大计群吏之期,各抚按官疏名以闻,本部又按采舆论,综核名实"①。即便是能够决定的事情,"计诚便矣,而执一己之见,以废舆论之公,臣亦不敢也"②。这种看似公正的做法,实际上隐藏着许多不公正。"顾其守若令,俱表表称贤也。是非采舆论而荐之,该府误循良多矣。"③这里涉及舆论采集的问题,是不是公论。黄宗羲认为公论应该出于学校,"天子之所是未必是,天子之所非未必非,天子亦遂不敢自为非是而公其非是于学校"④。早在嘉靖后期,生员们已经成为舆论策源地。如海瑞所讲:"近日学校岂无公论之人,但有一种浮薄之习,以爱憎为毁誉,以口舌代戈矛。意所不快,造作谤言,写帖匿名,或无水而起风波,或因小而张重大,或聚谈人家是非,或编起同庠绰号。"⑤时人认为:"近来士风恶薄,吴中尤甚,稍不得志于有司及乡兖,辄群聚而侮辱之,或造为歌谣,或编为传奇,或摘四书语为时义,以恣其中伤之术。而台省抚按,且采其语以入弹章,何怪乎。"⑥

即便如此,还是有一些"清议"。顾炎武认为:"天下风俗最坏之地,清议尚存,犹足以维持一二。至于清议亡而干戈至矣。"⑦问题是这些舆论并不是来自"清议",而是来自结党营私。大小官员通过各种形式以谋私利和升迁,

---

① [明]陈子龙等辑:《明经世文编》卷 310 引陈以勤《披哀献议少裨圣政疏》,中华书局影印本,1962 年,第 3279 页。

② [明]陈子龙等辑:《明经世文编》卷 410 引万象春《题为酌议宗藩事宜疏》,中华书局影印本,1962 年,第 4454 页。

③ [明]陈子龙等辑:《明经世文编》卷 467 引宋一韩《牧政日弛振刷宜亟敬陈一得以裨国计疏》,中华书局影印本,1962 年,第 5128 页。

④ [清]黄宗羲:《明夷待访录》,岳麓书社,2021 年,第 47 页。

⑤ 陈义钟编校:《海瑞集》上编《规士文》,中华书局,1962 年,第 21 页。

⑥ [明]伍袁萃:《林居漫录》前集卷 3,台北伟文出版社影印本,1976 年,第 94 页。

⑦ [清]顾炎武著,[清]黄汝成集释,栾保群、吕宗力校点:《日知录集释》卷 13《清议》,花山文艺出版社,1990 年,第 598 页。

却总打着民意的幌子，因为这些"官僚们把国家的利益、人民的痛苦以致王朝的命运抛弃不顾，而一味地秉承皇帝的意愿，结朋树党，相互攻击，从万历后期至明朝灭亡，王朝的政治一直处在争吵不休的混乱状况之中"①。采诸舆论，却不辨别舆论是非，更不问舆论来自何方，道听途说，都可以进入弹劾奏章之中，而且是用密封揭帖的方式。密疏作为一种特殊的上行文书，在明代发挥着重要功能，"在强化君主专制的作用上，密疏也比一般的题奏要突出，因为皇帝在处理密疏时，既不需内阁的票拟，又不必司礼监太监的代为批红，批答后也不必经过六科的驳正发抄，完全是皇帝个人意志的体现，与正常的题奏本相比，明代的密疏是强化君主专制的特殊手段"②。不能否认密疏的积极作用，因为清代的密折制度是在此基础上发展的，至少使臣下不敢期瞒，也是君主专制中央集权体制的一种自我完善，但将此应用到职官考核之上，则不但公然违背法律，也违背了健全制度的原则。密疏至少是署名的，若有不实，还可以追究责任，而所谓采诸舆论的揭帖及访单，往往是匿名的，根本无法核实情况。《大明律》刑律·诉讼·投匿名文书告人罪条明文规定，不许投贴匿名文书，投贴者绞，受理者杖，在考核过程中却采纳这些所谓的"舆论"，显然是违背法律，而考核的特点则在于公开、公正，无论是奖还是罚，既要让受到奖罚者心悦诚服，又要让没有受到奖罚者知有激励与儆戒。不能说官府监督比采诸舆论强，但也不能只注重舆论而忽略官府监督，特别是那些道听途说及匿名揭帖、访单，更不能够作为考核的依据。明代职官考核在官府监督与采诸舆论方面的经验教训，也是值得吸取的。

　　总之，明代职官考核涉及方方面面，值得思考的问题也很多。不能只看到弊病而忽略其积极作用，也不能只强调积极作用而忽略其弊端的存在。

---

① 傅衣凌主编：《明史新编》，人民出版社，1993 年，第 240 页。
② 王剑：《明代密疏研究》，中国社会科学出版社，2005 年，第 358 页。

认真总结经验教训，分析得失利弊，既是评价历史制度所应该持有的态度，也是基于人类发展，能够制定更好的制度的需要。

结　语

明代职官考核制度，可以说是成效显著的，在规范文武官吏的行为，纠正政治、军事和财政等违失方面，发挥了积极作用。但在专制主义中央集权体制内构建的职官考核制度，其局限性也是难免的，不但存在难以克服的弊端，更有专制政体本身难以克服的矛盾。明代职官考核制度，不可能脱离专制主义中央集权体制，也不可能改变当时的政治环境，其实施效果如何，不但与君主之意志有关，而且与当时政局是否稳定有密切的关系，更不能够消除官僚政治的影响。因此要深入研究，所涉及的问题很多，要想全面理解，还需要下更大的功夫。

本研究乃是在继承前人研究基础上，通过对制度的梳理，试图从制度形成与运作角度进行分析，以期使研究具有创新意义。

首先，全面梳理明代职官考核制度的具体制度规范及内容，探讨制度规范出台的原因，分析该制度所蕴含理念，再从考满、朝觐考察、京察、武官考选、巡视考察、不时考察的内容与它们之间的相互关系入手，从制度实施与运行的角度，分析制度规范在具体运作过程中发挥的效用，在相近的研究中尚不多见。

其次，明代职官考核制度是职官管理的重要制度，一直为统治者所关注，又因为牵扯职官群体的根本利益，在实施过程中，往往成为政治斗争的焦点。因此本书分析统治者及官僚对职官考核问题的认识及看法，结合考核制度具体的运作,探讨考核制度与职官的关系,进而从政治与社会现实的角度来分析问题。

再次,对明代职官考核内容与方法进行较为全面的论述,既有考核道德内容,也有考核业绩内容,还有考核重点,对考核中的实政册、考语、访单也进行细致的分析。在考察"察例"的出现过程之时,对其内容也进行评析。这些乃是当前研究关注不多,而且容易出现误解的地方。

此外,注重明代职官考核制度的实施,既关注考核重点与政务相关的内容,也关注考核重点与政务无关的内容,在分析职官考核制度实施阻力的情况下,从社会政治、经济、社会环境变化,分析该制度所受到的政治与人为的影响,从社会发展角度来看该制度所发挥的效用,以期加深对明代职官考核制度整体的认识。

还有,注重制度运行效果分析,在分析职官考核制度与考核权力关系的基础上,对影响职官考核制度实施的因素进行分析,最终落实到制度运行效果之上。指出效果有制度设计者预期的内容,也有超出制度设计者预期之外的内容,在总体效果评价的基础上,分析预期效果与实际效果的异同。

最后,在研究的基础上,对明代职官考核制度实施困境进行分析,看到制度实施既有人为产生的困扰,也有制度本身的缺陷,并从实绩考核与政绩考核,奖优汰劣,照刷文卷与核实情况,官府监督与舆论监督等方面提出一些思考,以提高研究的实用价值。

明代职官考核制度值得研究的问题有很多,笔者在研究过程中,也发现一些需要深入研究的问题,有些问题需要展开研究,碍于时间及精力,目前暂时无暇顾及,期待在今后研究中予以重点关注。

首先,制度规范与制度实践问题。制度规范本身是一种抽象的规则或规定,从某种意义上讲,它是死的,如果不纳入实践领域,最终也就是一种文本。制度规范的实际执行,以及制度的实际运作,乃是制度规范在社会现实中的体现,只有通过实践,才能够是"活的制度"。社会需要制度规范,但社会对制度规范的反映却不尽相同,特别是人的思想、思维及其与社会意识形态的结合,都会影响到制度规范,而制度规范又以其强制力在规范着这种结合。在二者交互作用下,文本上的制度与活着的人,既有对立的一面,又有统一的一面,特别是在人与人组成利益网络的情况下,人情、天理、国法、私恩与制度规范,必定会产生激烈的碰撞,制度规范往往也会因此出现弹性,乃至于在碰撞时导致制度规范的改变。因此,明代职官考核制度与被制度规范者、制度拥护及反对者之间的关系,以及彼此之间的对立与统一问题,有待进一步深入研究。

其次,明代职官考核制度的资料,不但记载于典章制度等政书内,还见于各种史籍、文集、笔记之中,以及张伟仁教授主编的《明清档案》中有关明代的档案,因此需要收集的资料还很多,还应该下更大的功夫进行收集整理,为今后的研究准备充足的资料。

再次,明代职官考核制度的研究,重点应该考察具体运作与实际效果。虽然在研究过程中,注意到在具体实施过程中有许多人为的因素,也关注了专制主义中央集权制度的特点,试图将职官考核制度纳入整个王朝体系中进行分析,但总有顾此失彼的感受。职官考核制度实施的好坏,与当时的政治状况、经济情况、社会变化有密切的关系。如果仅就职官考核制度来论职官考核,很可能就成为文本上的制度,因此还需要详细勘察明代历史的发展变化,从历史周期论中,去发现考核制度为什么会败坏。这些既是研究应该予以关注的问题,也是今后研究的重点所在,因此需要加强对明代历史的了解。

此外,明代职官考核制度涉及文武职官,研究虽然关注了这个问题,对武官考核也设有专节,但在其他章节内没有展开论述。与文职官不同,武职官在明代军户制度下,其职务乃是世袭的,因此在考核上与文职官有一定的区别,而在明中叶以降,募兵制逐渐推广,这种招募的武职官与世袭武职官,在考核上有没有区别,也有待于深入考察,进行比对分析。不仅仅是本研究对武职官关注不够,当前的研究也很少关注武职官考核问题,因此值得深入研究。

还有,明朝是统一的多民族国家,在边远及民族地区设置土司与土官,从史料上看,土官也要接受朝觐考察,也要黜免降级,但没有调用,这是细微的区别。按照明代边远及民族地区管理的原则:土司属于武职官序列,归兵部管理;土官是属于文职官序列,归吏部管理。因此,既要关注要朝觐考察的土官考核情况,又要关注不用朝觐考察的土司考核情况,毕竟在明代已经形成武职官五年定期军政考选的制度。可以说研究土司与土官的考核具有非常重要的意义,这既是统一多民族国家的管理经验,也是国家统一的重要环节,无论是就历史还是现实而言,其研究意义都是重要的。

最后,明代职官考核制度至今已经不复存在,但其制度的主要内容为清朝所承袭,有些内容在现代还有一些痕迹。研究历史制度,不可能脱离当今社会,也不可能完全站在历史的角度。因此,总结利弊得失,能够从中吸取经验教训,得出有益于现代社会制度完善的启示,并且立足于人类更好地发展,则会赋予研究以现实意义,使之更有价值,这也是今后研究的重点所在。

通过对明代职官考核制度的初步研究,笔者从内心感受到中国古代政治制度博大精深,需要研究与理解的问题实在太多,也深感自己的不足。既然走上了这条研究的道路,也得出一些体会,更感觉到有意义,所以今后还会继续关注职官考核问题。从上可以追述前代的制度,从下可以关注清朝的因循,更重要的是从中发现更有价值的问题,展开具体而深入的研究,将此研究继续下去。

附 录

附录一：五花册式

某省五花册										
			某州府县							升任 见任 署印 丁忧
			督抚院某考语	布政使司某考语	按察使司某考语	分道某考语	知府某考语			知县 某县
										某人
		事实	一本官					政 年	守 才	日到任	于某年月日除授今职某年月	年若干岁某省府州县人由某途
应										

注：参见[清]黄六鸿：《福惠全书》卷24《典礼部·朝觐大计》。该册空白各项，均由上司填写，各官要详开履历，不论丁忧、升降、在任、去任，俱要开填。

附录二：考语册式

操 守	总约书数语于下，如一尘不染，贪取无厌之类。后分纸赎、常例等款，下方一一细书其事。	
	纸　赎	取用否？计若干？入己否？计若干？取用与入己无异，姑别之。今行有宪票，姑存此款再防之。
	秤头常例	取否？取者约某人收某项钱粮，计取若干？
	贿　赂	某人因某事送某物若干？某人过送？或贿赂全不敢举。或某人以某事送某物而却之。
	嘱　托	乡官举监生员某说某事，听之，致屈某人，致坏某事。或某说，峻拒之。或原不敢嘱托。
	里甲常例	取否？取者每里计若干？共若干？虽取一鱼一菜亦是取。
	粮长常例	取否？取者每名计若干？共若干？虽一纸一笔墨亦是取。
	粮里供应	有无？如铺陈、马匹、轿、伞、鱼菜之类皆是。
	盐引常例	取否？取者每引计得若干？每岁计得若干？以上止举其大概。各官所掌不同，常例亦异。本院不及尽知。有影响知之亦不及尽言者，各官宜诚心相告。如上面款目，该府县原无此例者，则除去不书。有此例而本院不书，增续于后。管水利、管巡捕、教官、卫所官、巡检、驿递官各就所有常例书于上，余下填注。各官除俸米柴马外，虽一分一文不可遗漏。
才 识	大概在兴利除害内，未能尽者别分款于后。亦总括数语于下，如英明温厚，坚执变通，萎靡昏昧，狡猾残刻之类。足以有为为才，足以有察为识，本相兼也。盖才足有为，以其识见到此故能之。亦有识到而懦不能行，勇行而识见不到者。又须一一别之。	
	治　民	能否？否者或驰或酷，能者或宽或严。或宜于繁，或宜于简，或曾以某事某事见其可，曾以某事某事见其不可。
	治财赋	书同前治民款。
	治　兵	能否？曾以某事见其能，曾以某事见其不能。能者可大将，可小将，可将多兵，可将少兵，可陆，可山，可河，可海，或止可运筹，止可调度。
	兴教化	能否？能者宽严何如？否者或俗或邪何如？
	听狱讼	能否？能者迟敏何如？否者昏懦何如？上五款亦须分别才何如，识何如。上数事皆男子之所当有。事无足以当着，亦须书其能否。卫所官、教官亦书之。

	以后二款,不为总括语,盖总括已见于才识款中也。	
兴利	耕　桑	行否?行者府官开某县,县官开某里。或通县原不耕桑,今始行之,为利几何?否者书某县某里某可耕桑,惰不督民举行。
	均　田	或随告丈量,或通行丈量之类,皆是。
	均赋役	
	水　利	三款俱照前开。此款下开或原无水道,或原有而淤塞,今某始开濬。
	开　垦	或开田开地,令民耕种,开山种菓木,皆是。
	积　谷	或罚赎,或劝民出粟立义仓,或令民家家皆有蓄积,皆是。
	学　校	兴否?前教化言其才之所能,此言其制之所立,如修学宫建社学之类,学校在教之以礼义,使之记诵词章。为欺诈事,非兴学校也。
	成美俗	如民兴孝弟、兴礼让、讲信修睦之类,革其不美之俗,则变而成美矣。似于革弊中亦可见,但革弊言其事,成俗言其功,自是二事。况教养乃守令第一事,虽反复言之,无不可也。
除害		吏书门皂,各官身左右人也。近不能防,远复何望,故以之为首。此全在法度严明,少宽一分,事不可济。尤有大者,事到即行,不复留滞,则百姓完事而去,决不送与之钱。此等人自不能为弊。不然关防虽严,法度虽厉,恐不能保于法之所不及也。
	吏书作弊	开某房科某项弊,今能革,或听之,或尽革,或少减。府官能革州县并各属吏书弊者,明开之。
	门皂作弊	
	库吏秤头	某项正数加收若干?
	里老科害	或无名科敛,或指一科十。
	粮长科害	以上四款开具如首一款。
	巡捕扰害	如诬指良民为盗,或因盗而搜取他人财物,能禁之否?
	军兵扰害	如强掠强买货物之类,能制之否?
	唆　词	或有口告簿,唆词不能行,或拿治而彼知所畏,皆是。否者明开致唆讼人得利,并唆讼人不知所畏之故。
	盗　贼	能革否?弭盗之方,治盗之法,备言之。
	风俗薄恶	如不孝不友,为奸为弊,事佛为娼,打行赌博之类。此等事类甚多,须详细言之,亦详细言其能革不能革之故。

风俗侈靡	如衣服屋舍饮食过制游荡之类。如蔡知府革酒船、禁妇女冶容坐铺之类,皆是。此等事类甚多,须详细言之,亦详细言其能革不能革之故。
	兴利除害款下细口,如各官职掌所无,除去。职掌所有而本院不及者增入。

注:参见陈义钟编校:《海瑞集》上编《考语册式》,中华书局,1962 年,第 258 页。

参考文献

一、史料类

1.《明太祖实录》,国立北平图书馆藏红格本,1962 年。

2.《明太宗实录》,国立北平图书馆藏红格本,1962 年。

3.《明仁宗实录》,国立北平图书馆藏红格本,1962 年。

4.《明宣宗实录》,国立北平图书馆藏红格本,1962 年。

5.《明英宗实录》,国立北平图书馆藏红格本,1962 年。

6.《明宪宗实录》,国立北平图书馆藏红格本,1962 年。

7.《明孝宗实录》,国立北平图书馆藏红格本,1962 年。

8.《明武宗实录》,国立北平图书馆藏红格本,1962 年。

9.《明世宗实录》,国立北平图书馆藏红格本,1962 年。

10.《明穆宗实录》,国立北平图书馆藏红格本,1962 年。

11.《明神宗实录》,国立北平图书馆藏红格本,1962 年。

12.《明光宗实录》,国立北平图书馆藏红格本,1962 年。

13.《明熹宗实录》,国立北平图书馆藏红格本,1962 年。

14.《废帝郕戾王附录》,国立北平图书馆藏红格本,1962 年。

15.《清圣祖实录》,中华书局影印本,1985 年。

16.《清世宗实录》,中华书局影印本,1985 年。

17. ［明］敖英：《东谷赘言》，《四库全书存目丛书》，齐鲁书社，1995 年。

18. ［明］不著撰人：《吏部考功司题稿》，台湾伟文图书公司，1977 年。

19. ［明］陈洪谟撰，盛冬铃点校：《治世余闻》，中华书局，1985 年。

20. ［明］陈子龙等辑：《明经世文编》，中华书局影印本，1962 年。

21. ［明］戴金等编，蒋达涛等点校：《皇明条法事类纂》，《中国珍稀法律典籍集成》，科学出版社，1994 年。

22. ［明］高攀龙：《高子遗书》，文渊阁四库全书本。

23. ［明］何良俊：《四友斋丛说》，中华书局点校本，1959 年。

24. ［明］何孟春：《何文简奏议》，台湾商务印书馆《景印文渊阁四库全书》，1983 年。

25. ［明］黄淮、杨士奇编：《历代名臣奏议》，台湾商务印书馆《景印文渊阁四库全书》，1984 年。

26. ［明］黄训辑：《皇明名臣经济录》，台湾文海出版社影印本，1984 年。

27. ［明］黄宗炎：《题周茂兰血书帖黄册》，《笔记小说大观》，江苏广陵古籍刻印社，1984 年。

28. ［明］焦竑辑：《国朝献征录》，台湾学生书局，1984 年。

29. ［明］焦竑撰，顾思点校：《玉堂丛语》，中华书局，1981 年。

30. ［明］李乐：《见闻杂记》，上海古籍出版社，1986 年。

31. ［明］李清撰，顾思点校：《三垣笔记》，中华书局，1982 年。

32. ［明］李贤：《古穰杂录摘抄》，《纪录汇编》，中华全国图书馆文献缩微复制中心，1994 年。

33. ［明］李诩撰，魏连科点校：《戒庵老人漫笔》，中华书局，1982 年。

34. ［明］林希元：《林次崖先生文集》，厦门大学出版社，2015 年。

35. ［明］陆容撰，佚之点校：《菽园杂记》，中华书局，1985 年。

36. ［明］祁彪佳撰，中华书局上海编辑所编：《祁彪佳集》，中华书局，

1960 年。

37. ［明］丘濬:《大学衍义补》,台湾商务印书馆《景印文渊阁四库全书》,1986 年。

38. ［明］申时行等:《明会典》,中华书局,1989 年。

39. ［明］沈德符:《万历野获编》,中华书局,1959 年。

40. ［明］沈德符:《万历野获编补遗》,中华书局,1959 年。

41. ［明］沈鲤《亦玉堂稿》,台湾商务印书馆《景印文渊阁四库全书》,1983 年。

42. ［明］宋濂等:《元史》,中华书局,1976 年。

43. ［明］王鏊:《震泽集》,台湾商务印书馆《景印文渊阁四库全书》,1983 年。

44. ［明］王鏊:《震泽长语》,《纪录汇编》,中华全国图书馆文献缩微复制中心,1994 年。

45. ［明］王世贞:《锦衣志》,《续修四库全书》,上海古籍出版社,2002 年。

46. ［明］王世贞:《弇山堂别集》,中华书局,1985 年。

47. ［明］王恕:《王端毅公奏议》,台湾商务印书馆《景印文渊阁四库全书》,1986 年。

48. ［明］王錡撰,张德信点校:《寓圃杂记》,中华书局,1984 年。

49. ［明］伍袁萃:《林居漫录》,台北伟文出版社影印本,1976 年。

50. ［明］西周生:《醒世姻缘传》,上海古籍出版社,1981 年。

51. ［明］谢肇淛:《五杂组》,上海书店出版社,2001 年。

52. ［明］徐学聚:《国朝典汇》,台湾学生书局,1986 年。

53. ［明］杨士聪:《玉堂荟记》,商务印书馆,1939 年。

54. ［明］叶权撰,凌毅点校:《贤博编》,中华书局,1987 年。

55.［明］叶盛撰，魏中平点校：《水东日记》，中华书局，1980 年。

56.［明］叶向高：《蘧编》，《四库禁毁书丛刊补编》，北京出版社影印，2005 年。

57.［明］易鸾等修：《嘉靖和州志》，《天一阁藏明代方志丛刊》，上海书店，1982 年。

58.［明］于慎行撰，吕景琳点校：《谷山笔麈》，中华书局，1984 年。

59.［明］余继登：《典故纪闻》，中华书局，1981 年。

60.［明］张瀚撰，盛冬铃点校：《松窗梦语》，中华书局，1985 年。

61.［明］张居正：《张太岳集》，上海古籍出版社，1984 年。

62.［明］张萱：《西园闻见录》，哈佛燕京学社，1940 年。

63.［明］赵南星：《赵忠毅公诗文集》，《四库禁毁书丛刊》，北京出版社影印，1997 年。

64.［明］郑晓撰，李致忠点校：《今言》，中华书局，1984 年。

65.［明］周念祖辑：《万历辛亥京察记事始末》，上海古籍出版社，1995 年。

66.［清］傅恒等《御批历代通鉴辑览》，吉林人民出版社影印本，1997 年。

67.［清］谷应泰：《明史纪事本末》，中华书局，1977 年。

68.［清］顾炎武著，［清］黄汝成集释，栾保群、吕宗力校点：《日知录集释》，花山文艺出版社，1990 年。

69.［清］黄六鸿：《福惠全书》，清康熙三十八（1699）年种书堂刊本。

70.［清］黄宗羲：《明夷待访录》，岳麓书社，2021 年。

71.［清］黄宗羲辑：《明文海》，中华书局，1987 年。

72.［清］龙文彬：《明会要》，中华书局，1956 年。

73.［清］谈迁：《枣林杂俎》，《元明史料笔记》，中华书局，2006 年。

74. ［清］永瑢等:《历代职官表》,商务印书馆,1936 年。

75. ［清］查继佐:《罪惟录》,浙江古籍出版社,1986 年。

76. ［清］查慎行:《西江志》,《中国方志丛书》,台湾成文出版社,1889 年。

77. ［清］张廷玉等:《明史》,中华书局点校本,1974 年。

78. ［清］赵翼:《廿二史札记》,中国书店,1987 年。

79. ［元］脱脱等:《金史》,中华书局,1975 年。

80. 撰人不详:《新编觉世梧桐影》,《明清善本小说丛刊》,台湾天一出版社影印,1985 年。

81. 陈义钟编校:《海瑞集》,中华书局,1962 年。

82. 怀效锋点校:《大明律》,法律出版社,1999 年。

83. 怀效锋点校:《大明律附大明令问刑条例》,辽沈书社,1990 年。

84. 黄彰健:《明代律例汇编》,台湾"中央研究院"历史语言研究所,1979 年。

85. 李国祥、杨昶主编,刘重来等编:《明实录类纂》,武汉出版社,1995 年。

86. 杨一凡等主编:《皇明诏令》,《中国珍稀法律典籍集成》,科学出版社,1994 年。

87. 杨一凡等主编:《大明令》,《中国珍稀法律典籍集成》,科学出版社,1994 年。

88. 杨一凡等主编:《洪武永乐榜文》,《中国珍稀法律典籍续编》,黑龙江人民出版社,2002 年。

89. 杨一凡等主编:《诸司职掌》,《中国珍稀法律典籍续编》,黑龙江人民出版社,2002 年。

90. 于平:《中国历代墓志选编》,天津古籍出版社,2000 年。

91. 钱伯城等主编：《全明文》，上海古籍出版社，1994 年。

二、研究著作类

1. 安作璋主编：《中国宦祸实录》，齐鲁书社，1999 年。

2. 柏桦：《父母官：明清州县官群像》，新华出版社，2015 年。

3. 柏桦：《明代州县政治体制研究》，中国社会科学出版社，2003 年。

4. 柏桦：《中国政治制度史》（第 3 版），中国人民大学出版社，2011 年。

5. 柏桦：《中国政治制度史教学参考资料》，中国人民大学出版社，2007 年。

6. 杜乃济：《明代内阁制度》，台湾商务印书馆，1967 年。

7. 方志远：《明代国家权力结构及运行机制》，科学出版社，2008 年。

8. 傅衣凌：《明清社会经济变迁论》，人民出版社，1989 年。

9. 傅衣凌主编，杨国祯等著：《明史新编》，人民出版社，1993 年。

10. 高一涵：《中国内阁制度的沿革》，商务印书馆，1934 年。

11. 高一涵：《中国御史制度的沿革》，商务印书馆，1926 年。

12. 关文发、颜广文：《明代政治制度研究》，中国社会科学出版社，1995 年。

13. 郭培贵：《明史选举志考论》，中华书局，2006 年。

14. 韩大成：《明代社会经济初探》，人民出版社，1986 年。

15. 侯建良：《中国古代文官制度》，党建读物出版社，2010 年。

16. 黄冕堂、刘锋：《朱元璋评传》，南京大学出版社，1998 年。

17. 黄冕堂：《明史管见》，齐鲁书社，1985 年。

18. 李铁：《中国文官制度》，中国政法大学出版社，1989 年。

19. 李洵：《下学集》，中国社会科学出版社，1995 年。

20. 李治安、杜家骥：《中国古代官僚政治：中国古代行政管理及官僚病剖析》,书目文献出版社,1993 年。

21. 梁启超:《饮冰室合集》,中华书局,1945 年。

22. 林慧如编:《明代轶闻》,中华书局,1932 年。

23. 刘圣中:《历史制度主义:制度变迁的比较历史研究》,上海人民出版社,2010 年。

24. 刘耀林:《明清笔记故事选译》,上海古籍出版社,1978 年。

25. 刘贞伦、岳珍编著:《历代笔记小说精华》,四川人民出版社,1999 年。

26. 龙文懋、崔永东:《传统文化的沉思:中国传统政治法律文化研究》,内蒙古人民出版社,2001 年。

27. 楼劲、刘光华:《中国古代文官制度(修订本)》,中华书局,2009 年。

28. 卢广森:《中国古代行政管理概论》,河南人民出版社,1993 年。

29. 罗冬阳:《明太祖礼法之治研究》,高等教育出版社,1998 年。

30. 苗棣:《魏忠贤专权研究》,中国社会科学出版社,1994 年。

31. 牛建强:《明代人口流动与社会变迁》,河南大学出版社,1997 年。

32. 邱永明:《中国封建监察制度运作研究》,上海社会科学院出版社,1998 年。

33. 瞿兑之、苏晋仁:《两汉县政考》,中国联合出版公司,1944 年。

34. 宋正海等:《中国古代自然灾异动态分析》,安徽教育出版社,2002 年。

35. 陶希圣、沈任远:《明清政治制度》,台湾商务印书馆,1967 年。

36. 万明主编:《晚明社会变迁问题研究》,商务印书馆,2005 年。

37. 王德昭:《明季之政治与社会》,独立出版社,1942 年。

38. 王剑:《明代密疏研究》,中国社会科学出版社,2005 年。

39. 王凯旋、李洪权:《明清生活掠影》,沈阳出版社,2002 年。

40. 王天有:《明代国家机构研究》,北京大学出版社,1992 年。

41. 王兴亚:《明代行政管理制度》,中州古籍出版社,1999 年。

42. 王亚南:《中国官僚政治研究》,商务印书馆,2010 年。

43. 韦庆远、柏桦:《中国官制史》,东方出版中心,2001 年。

44. 韦庆远:《张居正和明代中后期政局》,广东高等教育出版社,1999 年。

45. 韦庆远主编:《中国政治制度史》,中国人民大学出版社,1989 年。

46. 吴晗:《明史简述》,中华书局,1980 年。

47. 吴缉华:《明代制度史论丛》,台湾学生书局,1971 年。

48. 谢国桢:《明清笔记谈丛》,中华书局,1962 年。

49. 胥端甫:《明清史事随笔》,台湾商务印书馆,1969 年。

50. 于漪:《明清的故事》,江苏人民出版社,1958 年。

51. 张纯明:《中国政治二千年》,当代中国出版社,2014 年。

52. 张德信、毛佩琦主编:《洪武御制全书》,黄山书社,1995。

53. 张晋藩主编:《中国官制通史》,中国人民大学出版社,1992 年。

54. 张显清、林金树主编:《明代政治史》,广西师范大学出版社,2003 年。

55. 张显清:《严嵩传》,黄山书社,1992 年。

56. 周远廉主编:《中国封建王朝兴亡史》,广西人民出版社,1996 年。

57. 左言东:《中国古代行政管理概要》,知识产权出版社,1989 年。

58. [奥]凯尔森:《法与国家的一般理论》,沈宗灵译,中国大百科全书出版社,1996 年。

59. [法]孟德斯鸠:《论法的精神》,张雁深译,商务印书馆,1961 年。

60. [美]E.博登海默:《法理学法律哲学与法律方法》,邓正来译,中国政法大学出版社,1999 年。

61. [美]黄仁宇:《万历十五年》,中华书局,1995 年。

62. [美]莱因哈特·本迪克斯,《马克思·韦伯思想肖像》,刘北成等译,上海人民出版社,2002 年。

63. [美]劳伦斯·M.弗里德曼:《法律制度——从社会科学角度观察》,李琼英、林欣译,中国政法大学出版社,2004 年。

64. [美]牟复礼、[英]崔瑞德编:《剑桥中国明代史》,中国社会科学出版社,1992 年。

65. [美]王国斌:《转变的中国——历史变迁与欧洲经验的局限》,李伯重、连玲玲译,江苏人民出版社,1998 年。

66. [美]伊恩·罗伯逊:《社会学》,黄育馥译,商务印书馆,1990 年。

67. [日]阪仓笃秀:《明王朝中央统治机构研究》,汲古书院,2000 年。

68. [日]贝塚茂树:《中国古代的社会制度》,中央公论社,1977 年。

69. [日]川胜守:《中国封建国家的统治结构——明清赋役制度史研究》,东京大学出版会,1980 年。

70. [日]小野和子:《明季党社考——东林党与复社》,同朋舍,1996 年。

71. [英]伯特兰·罗素:《权力论——新社会分析》,吴友三译,商务印书馆,1991 年。

三、论文类

1. 艾永明:《明清"巡视"制度的异化与弊害》,《决策探索》,2013 年 7 期下半月。

2. 柏桦、李倩:《论明代〈诸司职掌〉》,《西南大学学报》,2014 年第 4 期。

3. 柏桦、李瑶:《明代王命旗牌制度》,《古代文明》,2017 年第 1 期。

4. 柏桦:《朱元璋与空印案》,《紫禁城》,2011 年第 5 期。

5. 暴鸿昌:《明代官员考察制度述论》,《学习与探索》,1990 年第 5 期。

6. 蔡明伦:《明代巡按御史制度的兴废》,《中国纪检监察》,2014 年第 20 期。

7. 常越男:《明清交替之际的制度变迁——以朝觐考察制度为例》,《"10—19 世纪中国制度变迁与社会演进"国际学术研讨会论文集》,2014 年 5 月。

8. 常越男:《明清时期的朝觐考察》,《历史档案》,2014 年第 2 期。

9. 陈国平:《明代官员考核制度述论》,《中南政法学院学报》,1993 年第 1 期。

10. 陈连营:《明代外官朝觐制度述论》,《河南大学学报》(哲学社会科学版),1990 年第 1 期。

11. 陈莹:《张居正的政治文化观与考成法》,《黑龙江史志》,2014 年第 19 期。

12. 董倩:《明代官吏考核制度探析》,《甘肃社会科学》,1995 年第 2 期。

13. 董倩:《巡按御史与明代地方政治》,《青海社会科学》,2000 年第 1 期。

14. 方志远:《明代的御马监》,《中国史研究》,1997 年第 2 期。

15. 付海梅:《明代的巡按御史制度研究》,《兰台世界》,2014 年第 35 期。

16. 高春平:《试论明代的巡按制度》,《山西大学学报》(哲学社会科学版),1990 年第 1 期。

17. 高寿仙:《明代官员考核标准与内容考析》,《第五届中国明史国际学术讨论会暨中国明史学会第三届年会论文集》,1993 年 8 月。

18. 高寿仙:《从〈兴革条例〉〈考语册式〉看海瑞的实政精神》,《明长陵营建 600 周年学术研讨会论文集》,2009 年。

19. 郭培贵:《〈明史·职官志四〉兵备道补正》,《文史》,2004 年第 3 期。

20. 何桂凤:《明代文官考核制度略述》,《牡丹江大学学报》,2011 年第 10 期。

21. 何俊志:《结构、历史与行为——历史制度主义的分析范式》,《国外社会科学》,2002 年第 5 期。

22. 胡铁球:《新解张居正改革——以考成法为中心讨论》,《社会科学》,2013 年第 5 期。

23. 蒋长芳:《张居正的考成法及其在改革中的作用》,《学术研究》,1980 年第 1 期。

24. 金弍:《张居正的考成法》,《安徽史学》,1985 年第 5 期。

25. 李德宝:《明代巡按御史的职权演变考略》,《学理论》,2010 年第 33 期。

26. 李熊:《明代巡按御史》,《史学月刊》,1988 年第 4 期。

27. 梁尔铭:《论明代巡按御史的考察职权》,《历史教学》(高校版),2007 年第 8 期。

28. 刘志坚、刘杰:《试论明代官吏考察制度》,《西北师大学报》(社会科学版),2001 年第 3 期。

29. 刘志坚:《关于明代官吏考核制度的几个问题》,《兰州大学学报》,1992 年第 1 期。

30. 柳海松:《论明代的朝觐制度》,《社会科学战线》,1994 年 4 期。

31. 柳海松:《论明代的京官考课制度》,《辽宁大学学报》(哲学社会科学版),2001 年第 1 期。

32. 柳海松:《论明代官吏考课制度的特点》,《社会科学辑刊》,1994 年第 5 期。

33. 柳海松:《明代官吏考课制度的建立与演变》,《社会科学辑刊》,1990 年第 2 期。

34. 毛佩琦:《明代分期刍议》,《明史论文集》,黄山书社,1994 年。

35. 孟昭信:《试论张居正的"考成法"》,《吉林大学社会科学学报》,

1993 年第 5 期。

36. 齐晓静:《明代巡按御史制度研究》,《牡丹江大学学报》,2013 年第 2 期。

37. 乔治忠:《历史主义方法是史学批评的基本方法》,《郑州大学学报》(哲学社会科学版),2004 年第 1 期。

38. 秦小兵:《明初的官员考核制度及其借鉴意义》,《人才资源开发》,2008 年第 3 期。

39. 任翔:《从考成法看张居正改革失败原因》,《内江师范学院学报》,2014 年第 9 期。

40. 宋纯路:《明代中后期巡按御史权力的膨胀及其原因》,《牡丹江师范学院学报》(哲学社会科学版),2003 年第 5 期。

41. 孙与常:《明宣宗对监察职官的考核与黜陟》,《社会科学战线》,1989 年第 1 期。

42. 陶道强、秦家伟:《明代御史巡按制度发展阶段述论》《大庆师范学院学报》,2015 年第 5 期。

43. 汪成玉:《谈张居正改革的成效、原因及启示——以"考成法"为视角》,《荆楚学刊》,2015 年第 3 期。

44. 王海妍:《论明中后期以来的捐纳与官吏之考核》,《广西社会科学》,2012 年第 7 期。

45. 王娟娟:《张居正考成法探析》,《山东省农业管理干部学院学报》,2010 年第 3 期。

46. 王明霞:《明代的文官考核制度及其利弊》,《松辽学刊》(社会科学版),1994 年第 1 期。

47. 王世华:《略论明代御史巡按制度》,《历史研究》,1990 年第 6 期。

48. 王松安:《明初官吏考核制度述论》,《许昌学院学报》,1986 年第

4 期。

49. 王兴亚:《明代官吏考核制度论略》,《黄淮学刊》(社会科学版),1995 年第 2 期。

50. 王仰文:《中国古代巡视制度的现代观察》,《兰州学刊》,2010 年第 2 期。

51. 王云:《明代巡视制度及其历史启示》,《兰台世界》,2014 年第 19 期。

52. 杨万贺:《论明代朝觐考察的作用与影响》,《黑龙江史志》,2010 年第 21 期。

53. 余劲东:《明代大计考语"虚"、"实"探因》,《江南大学学报》(人文社会科学版),2016 年第 4 期。

54. 余劲东:《明代朝觐考察道里费研究》,《史林》,2015 年第 6 期。

55. 余劲东:《明代京察访单之研究》,《中州学刊》,2015 年第 2 期。

56. 余兴安:《明代巡按御史制度研究》,《中国史研究》,1992 年第 1 期。

57. 张海瀛:《论张居正的考成法》,《晋阳学刊》,1987 年第 5 期。

58. 张和年:《张居正考成法的内涵及启示》,《重庆科技学院学报》(社会科学版),2016 年第 4 期。

59. 张小昆《由明朝"考成法"谈起》,《黑龙江史志》,2015 年第 3 期。

60. 周承业:《明代文官考课制度及其借鉴意义》,《广西大学学报》(哲学社会科学版),1994 年第 2 期。

致　谢

　　写作本书对于我来说，是一个培养意志力的过程。作为一名教师，工作日全身心地投入工作，认认真真地做好每一件事，无愧于自己的职业操守。作为一名母亲，坚持用业余时间来完成写作，而减少了陪伴幼子的时间，每每看到幼子失望的眼神，心里充满了愧疚感。但令人欣慰的是，幼子从最初的抗议转变到最后的理解，让我无比地感动。希望我的执着求学对孩子起到好的教育作用。

　　感谢恩师柏桦教授。恩师治学严谨，为学博大精深。从本书的选题、结构，资料的检索，到一字一句地推敲修改，都倾注了恩师的心血与精力。恩师给予我的不仅是学术上的指导，更有工作和生活上的关心，恩师是我人生道路上的榜样。感谢南开大学周恩来政府管理学院谭融教授、孙晓春教授、季乃礼教授、朱光磊教授、徐行教授、杨龙教授、程同顺教授，法学院岳纯之教授，他们的教诲拓宽了我的视野，为本书的写作提供了有益的启迪。

　　感谢我的父母，他们给了我最大的理解和支持。近几年来，我忙于工作和学习，父母承担了照顾幼子的重任，对他的饮食起居照顾得无微不至。感谢我的丈夫崔永根，帮我分担了很多社会事务，使我能够有更多的时间投入写作。感谢李泽岩、闫文博、周围杉、袁松等同门挚友的帮助，不但为我提供了很多珍贵的资料，也给予了我很大的鼓励。感谢天津科技大学的领导和同事们对我的支持和鼓励，使我能够顺利完成学业并继续开展研究工作。